L'HOMME
À LA CLEF D'OR

le goût des idées
série odyssées

collection dirigée
par
Jean-Claude Zylberstein

Parus

JEAN-PAUL ARON
Le Mangeur du XIXᵉ siècle

RAYMOND ARON
Dimensions de la conscience historique

ISAIAH BERLIN
Le Sens des réalités

LUCIANO CANFORA
La Nature du pouvoir

GEORGES CHARBONNIER
Entretiens avec Claude Lévi-Strauss

CYRIL CONNOLLY
Ce qu'il faut faire
pour ne plus être écrivain

JEAN DANIEL
Comment peut-on être français ?

ARTHUR C. DANTO
Andy Warhol

ROBERT DARNTON
Le Grand Massacre des chats

HANS MAGNUS ENZENSBERGER
Culture ou mise en condition ?

FRANCIS SCOTT FITZGERALD
Un livre à soi

GLENN GOULD
Entretiens avec Jonathan Cott

JEAN GUICHARD-MEILI
L'Art de Matisse

PIERRE HADOT
Discours et mode de vie philosophique

HANNS-ERICH KAMINSKI
Michel Bakounine

ABRAM KARDINER
Mon analyse avec Freud

JOSEPH KESSEL
Tous n'étaient pas des anges

ARTHUR KOESTLER
– Les Somnambules
– Le Cri d'Archimède
– Le Cheval dans la locomotive

SIEGFRIED KRACAUER
Les employés

NORMAN MAILER
L'Amérique

CURZIO MALAPARTE
– Ces chers Italiens
– Ces sacrés Toscans *suivi de*
Deux chapeaux de paille d'Italie

SOMERSET MAUGHAM
L'Humeur passagère

FRANÇOIS MITTERRAND
Le Coup d'État permanent

JEAN-MICHEL PALMIER
Walter Benjamin

KOSTAS PAPAIOANNOU
Hegel

HÉLÈNE PARMELIN
Picasso dit…
suivi de Picasso sur la place

KARL POPPER
À la recherche d'un monde meilleur

BERTRAND RUSSELL
– Essais sceptiques
– Le Mariage et la morale
suivi de Pourquoi je ne suis pas chrétien
Histoire de la Philosophie
occidentale (2 vol.)

ALEXANDRE SOLJÉNITSYNE
Le Déclin du courage

GEORGE STEINER
Langage et silence

ALBERT THIBAUDET
Physiologie de la critique

ALEXANDRE VIALATTE
Mon Kafka

MAX WEBER
La Ville

TOM WOLFE
Il court, il court le Bauhaus

STEFAN ZWEIG
Le Monde d'hier

Série Odyssées

ARTHUR KOESTLER
– La Corde raide
– Hiéroglyphes

CURZIO MALAPARTE
En Russie et en Chine

WALTER MEHRING
La Bibliothèque perdue.
Autobiographie d'une culture

JESSICA MITFORD
Rebelles honorables

BERTRAND RUSSELL
Autobiographie (1872-1967) (2 vol.)

GILBERT KEITH CHESTERTON

L'homme à la clef d'or

Autobiographie

Traduit de l'anglais
par Maurice Beerblock

Paris
Les Belles Lettres
2015

*En dépit de ses recherches l'éditeur n'a pu retrouver
les ayants droit du traducteur. Leurs droits sont réservés.*

Ce livre a été publié aux éditions Desclée de Brouwer en 1948

Titre original :
Autobiography by G. K. Chesterton

www.lesbelleslettres.com
Retrouvez Les Belles Lettres sur Facebook et Twitter.

*© 2015, pour la présente édition
Société d'édition Les Belles Lettres
95 bd Raspail 75006 Paris.*

*ISBN : 978-2-251-20048-4
ISSN : 2111-5524*

NOTE DU TRADUCTEUR

Le traducteur doit-il s'excuser, au seuil de cette autobiographie, du nombre et de l'importance des notes dont il a cru devoir en éclairer le texte ? Le lecteur à qui la littérature et la politique de la Grande-Bretagne sont familières lui pardonnera d'avoir souhaité que d'autres ne puissent lui reprocher de ne point satisfaire une curiosité qu'éveillent les allusions à des choses peu familières à ceux qui n'ont pas vécu en Grande-Bretagne ; à des événements oubliés ; à des personnages dont la réputation n'a pas franchi la Manche ; ou encore de ne point rafraîchir ici le souvenir qu'ils ont gardé de personnages plus notoires.

AVANT-PROPOS

Une préface à une autobiographie ? Voilà qui peut paraître singulier. Mais il s'agit ici de l'autobiographie de G.K. Chesterton. Et ceci, peut-être, explique cela.

On a pu dire de Chesterton que tels de ses personnages, roux à la page 65, étaient bruns page 206. Devenus bruns sans s'être teints, cela va sans dire. Le propos, sans doute, est d'un humoriste. G.K.C. écrivait-il sans se relire, emporté par cet humour qui lui servit à défendre les choses les plus sacrées ? C'est douteux. Quelque chose pourtant a pu passer dans son œuvre de cette allure qu'on lui voyait, quand, circulant par les rues encombrées de la cité de Londres, la houppelande noire en bataille et la crinière au vent, il se heurtait à un ami qu'il n'avait jamais vu venir. Où regardait-il, ce poète ? Ce très subtil observateur, comment observait-il ? Nulle pose chez lui, pas même la pose « à l'homme distrait ». Mais certaines choses comptaient trop pour que d'autres pussent compter beaucoup. Son âme n'était point myope.

Lui-même dit, parlant de la mission qui lui fut un jour confiée d'écrire (pour la collection des « English Men of Letters ») une vie du poète Robert Browning ?

Il y a dans ce livre très peu de faits proprement biographiques, et presque tous ceux qui s'y trouvent sont inexacts. Mais une chose y est quelque part enterrée : je crains que ce soit plutôt ma propre enfance que la biographie de Browning.

Ailleurs, comme pour empêcher toute équivoque, il dit encore :

J'ai écrit plusieurs livres qui ont passé pour être des biographies, des vies d'hommes qui avaient été réellement grands et remarquables, mais toujours en leur refusant méchamment les plus élémentaires détails de chronologie… Que suis-je donc moi-même pour que je doive être daté avec plus de soin que Dickens ou que Chaucer ? Quel sacrilège si je réservais pour moi ce que j'ai négligé de rendre à saint Thomas, à saint François d'Assise !

Chez cet écrivain volontiers paradoxal, c'est le polémiste qui fut historien, bien plus que le biographe. Il ne datait pas ce qu'il appelle ses « esquisses littéraires » ; il ne datait pas davantage les lettres qu'il écrivait. Cette paresse qu'il réservait aux choses qui ne lui semblaient pas essentielles possède un charme qui s'accommode mal des apartés. Il nous a paru que c'est au traducteur, lequel n'a rien de mieux à défendre que l'auteur qu'il a voulu servir, que revenait la tâche, obscure, mais non point ingrate, de dire les choses concrètes dont Chesterton lui-même n'avait pas le goût de parler.

Aussi le lecteur trouvera-t-il peut-être agréable qu'on lui donne ici les grands traits de cette vie illustre sur laquelle G.K.C. lui-même a brodé ; une chronologie sommaire, que le traducteur a d'abord dressée pour son propre usage, et qui lui a paru pouvoir servir à ceux qui, au cours de leur lecture, se poseraient les questions qu'il s'est parfois posées à lui-même.

ÉLÉMENTS D'UNE CHRONOLOGIE
ET D'UNE BIBLIOGRAPHIE

Gilbert Keith Chesterton est né le 29 mai 1874 à Campden Hill (Londres).

Fils aîné d'Edward Chesterton, agent immobilier retiré des affaires, et d'une mère écossaise, qui avait dans les veines du sang suisse et du sang français.

En 1887, il entre à l'École Saint-Paul, où il fut un élève moyen. Déjà attiré par le journalisme et la polémique, il y fonde un journal scolaire.

Il quitte Saint-Paul en 1892 pour l'école Slade, école des beaux-arts qui dépend de l'« University College » de Londres.

Là encore, élève moyen, sauf en caricature. (Il illustre plus tard plusieurs de ses livres et ceux de ses amis Bentley et Belloc).

Il quitte Slade pour suivre les cours de littérature anglaise de Ker, au même « collège », en compagnie de Ernest Hodder Williams qui, un peu plus tard, devient associé de la maison d'édition Hodder et Stoughton.

Hodder lui confie la critique des livres dans *The Bookman*, journal édité par sa maison.

G.K.C. travaille chez ses parents, dans un milieu où lettres et arts sont à l'honneur.

En 1895, il s'est déjà fait une réputation, comme critique et comme journaliste.

Le rédacteur littéraire des *Daily News*, son ami Archibald Marshall, l'engage.

Il rencontre George Cadbury, Lord Morley, George Wyndham, A. G. Gardiner et C.F.G. Masterman, cinq libéraux éminents ; puis

Hilaire Belloc, avec qui il se lie d'amitié, amitié fondée sur une communauté de vues en matière religieuse, politique et historique, et qui durera toute la vie. Bernard Shaw feindra plaisamment de confondre les deux amis pour les représenter sous les traits d'un personnage symbolique qu'il appellera : Chesterbelloc.

C'est avec Belloc qu'il fonde *The New Witness*, où il attaquera si durement la corruption politique.

En 1901, il épouse Frances Blogg ; demeure pendant quelque temps à Londres ; puis achète, à Beaconsfield, près de Londres, la maison où il mourra : « The Meadows ». En 1919, voyage en Irlande. En 1920, voyage en Palestine.

Il collabore au *Speaker* et à *Illustrated London News*, où il donnera, pendant un quart de siècle (de 1905 à 1930) un article hebdomadaire.

En 1922, il se convertit au catholicisme. La même année, voyage en Amérique.

Un article élogieux sur R.L. Stevenson lui vaut de connaître Sir Sidney Colvin.

Il écrit d'innombrables préfaces pour des ouvrages classiques anglais.

En 1930, nouveau voyage en Amérique, où il fait des conférences, notamment à l'Université de Notre-Dame, South Bend, État d'Indiana. La même année, voyage à Rome.

* * *

Ses livres peuvent se classer sous cinq rubriques. Nous désignerons par E ses essais, voyages et divers ; par R ses romans et ses contes ; par P ses poèmes ; par Pol ses livres de polémique ; par C ses ouvrages de critique et d'histoire.

Voici donc une liste à peu près complète, par ordre de date, des volumes publiés :

1900   *Greybeards at play* (P) ; *The Wild Knight and other poems* (P).

1901   *The Defendant* (E) : procès du pessimisme.

1902   *Twelve Types* (E) ; *Robert Louis Stevenson* (C).

1903   *Robert Browning* (C).

1904   *G.F. Watts* (C) ; *The Napoleon of Notting Hill* (R) : contre l'impérialisme.

1905   *Heretics* (POL), où il apparaît déjà vaguement chrétien ; *The Club of Queer Trades* (R) : le besoin du romanesque chez l'individu.

1906   *The Characteristics of R.L. Stevenson* (C) ; *Charles Dickens* (C).

1908   *All Things considered* (E) ; *The man who was Thursday* (R) : contre le pessimisme.

1909   *The Ball and the Cross* (E) : traduit chez Desclée de Brouwer par Charles Grolleau. C'est la réfutation de l'hérésie ; la société matérialiste sera délivrée par la Croix ; *Tremendous Trifles* (E) : procès de la spécialisation et défense du conservatisme ; *Orthodoxy* (POL) : critique du matérialisme.

1910   *Alarms and Discursions* (E) ; *What's wrong with the world* (POL) : défense de la démocratie ; *William Blake* (C) ; *George Bernard Shaw* (C).

1911   *The Innocence of Father Brown* (R). Premier roman policier d'une série où le héros est un prêtre catholique, pour lequel le père John O'Connor de Bradford lui servit de modèle ; *The Ballad of the White Horse* (P) ; *Appreciations and criticisms of the works of Charles Dickens* (C).

1912   *Manalive* (R) : traduit chez Desclée de Brouwer par Maurice Beerblock, sous le titre : *Supervivant*. C'est la défense de la monogamie et du mariage ; *A miscellany of men* (E) ; *Simplicity and Tolstoï* (E).

1913   *The Victorian Age in Literature* (C) ; *The flying inn* (R) : la société future) ;

1914   *The wisdom of Father Brown* (R).

1915   *Poems* (P) ; *Wine, Water and Songs* (P) ; *Les crimes de l'Angleterre* (POL).

1916   *A shilling for my thoughts* (E)

1917   *Utopia of the Usurers* (E) ; *A Short History of England* (C).

1919   *Irish Impressions* (E).

1920   *The Superstition of Divorce* (POL) ; *The New Jerusalem*
        (E) : le monde moderne manque de symboles ; *The Uses of
        Diversity* (E) : réponse du chrétien au scepticisme.

1922   *What I saw in America* (E) ; *The man who knew too much
        and other stories* (R) ; *The return of Don Quixote* (R) ; *The
        Ballade of St. Barbara and other verses* (P) ; *Eugenics and
        other evils* (POL).

1923   *Fancies versus Fads* (E) : procès du capitalisme ; *St. Francis
        of Assisi* (POL) : la purification par l'abstinence.

1925   *William Cobbett* (C) ; *The everlasting man* (POL) ; *Tales of
        the Long Bow* (R).

1926   *The Incredibility of Father Brown* (R) ; *The Queen of Seven
        Swords* (P) ; *The Catholic Church and Convention* (POL).

1927   *The Secret of Father Brown* (R) ; *Édition complète de ses
        poèmes* (P).

1928   *Generally Speaking* (E) : procès de notre sens des valeurs.

1929   *The Thing* (E) : l'Église sera le refuge contre la confusion ;
        The Poet and the Lunatics (R). (La raison contre la foi).

1930   *Come to think of it* (E) ; *Four faultless Felons* (R) ; *The
        Resurrection of Rome* (POL).

1931   *All is grist* (E) : Toutes les vertus modernes sont d'origine
        chrétienne.

1932   *Chaucer* (C) ; *Sidelights on New London and Newer York* (E).

1933   *St. Thomas Aquinas* (C) ; « *All I Survey* » (E).

1934   *Avowals and Denials* (E).

1936   *As I was saying* (E) ; *The Outline of Sanity* (POL). Le moyen
        âge était plus heureux ; *The Paradoxes of Mr. Pont* (R).

        *Au cours de ses dernières années, causerie littéraire heb-
        domadaire à la British Broadcasting Corporation (B.B.C.).
        Meurt à Beaconsfield le 14 Juin 1936.*

CHAPITRE I

TÉMOIGNAGES PAR OUÏ-DIRE

M'inclinant, plein d'aveugle crédulité, comme c'est ma constante coutume, devant l'autorité toute simple et la tradition des ancêtres ; faisant mienne, avec une confiance qui frise la superstition, une histoire dont je ne pouvais, à l'époque, contrôler la véracité ni par ma propre expérience, ni de mon propre jugement, je demeure fermement attaché à l'opinion d'après laquelle j'ai dû naître le 29 mai 1874 à Kensington[1], sur la colline de Campden ; et être baptisé, selon les rites de l'Église d'Angleterre, dans la petite chapelle de Saint-George, face à la tour de la Distribution des Eaux, qui dominait la colline susdite. Je n'entends attacher aucune signification spéciale à une relation possible entre les deux édifices ; je vais plus loin : je nie avec indignation que cette église ait été choisie tout exprès parce qu'il fallait toute la pression des eaux de la banlieue ouest pour faire un bon chrétien du petit enfant que j'étais.

Il n'en reste pas moins que la haute tour du réservoir était appelée à jouer un rôle dans ma vie. Mais cette histoire aura sa place ailleurs, car elle fait déjà partie de mon expérience personnelle, tandis que ma naissance, ainsi que je l'ai dit, est un événement que je n'accepte pour véritable que parce qu'il me fut transmis par voie de tradition orale. Un pauvre paysan, dans son ignorance, ne ferait pas autrement que je fais.

---

1. Quartier de Londres, qui n'est pas une « city », (telle Londres, tel Westminster), mais un Royal Borough (un bourg royal).

Avant d'en venir au récit de l'une quelconque de mes aventures personnelles, j'ai jugé bon de consacrer un court chapitre à quelques traits concernant ma famille, aux choses qui furent mon décor et aux faits survenus, faits que je tiens d'ailleurs d'une source non moins précaire, car je ne les connais, eux aussi, que par ouï-dire. Il est certain que ce que beaucoup de gens nomment « témoignages par ouï-dire », et que j'appelle, moi, témoignages humains, pourrait parfaitement être mis en doute en théorie, comme dans la controverse sur Bacon[2], ou comme la majeure partie du « Higher Criticism »[3]. Par exemple, l'histoire de ma naissance pourrait être inexacte ; je pourrais être le lointain héritier du Saint Empire Romain ; ou bien, étant ce nourrisson abandonné à Kensington sur le seuil d'une porte par des coupe-jarrets de Limehouse[4], n'être que le produit d'une hérédité abominable et criminelle. L'une ou l'autre des méthodes appliquées par les sceptiques à la recherche de l'origine du monde pourrait servir à rechercher ma propre origine ; tel enquêteur, grave et pesant, pourrait même aboutir à cette conclusion que je n'ai jamais vu le jour. Je préfère penser que mon lecteur et moi avons cela de commun que nous avons tous deux le sens commun, et que ceux qui liront ces lignes auront la patience de se contenter de l'ennuyeux abrégé de faits exempts de commentaires.

Je suis né de parents aisés, ou, comme on dit, convenables, et cependant honnêtes ; dans un milieu, en somme, où le mot « respectabilité » n'avait pas encore pris un sens exclusivement injurieux, et gardait encore je ne sais quel lointain rapport avec le sens de : « digne d'être respecté ». Il est vrai que, dès ma jeunesse, le sens du mot s'était mis à changer ; et je me rappelle une conversation entre mes parents où le mot « respectabilité » fut pris un jour dans les deux sens. Mon père, homme placide, facétieux et plein de marottes, ayant un jour laissé tomber, de son air détaché, qu'on lui avait demandé de

---

2. Le philosophe Francis Bacon, à qui certains attribuent les pièces de Shakespeare.

3. Le « Higher Criticism » s'occupe de l'origine des textes sacrés, de leurs auteurs, des dates, du caractère général des textes et de l'examen des critiques qui en ont été faites. Il s'oppose au « Lower Criticism » qui ne s'occupe que de la reconstitution des textes mêmes et qui n'est, en somme, que de la philosophie pure et simple.

4. Derrière les docks, quartier qui était alors, beaucoup plus encore qu'aujourd'hui, un quartier louche de Londres, habité surtout par des Chinois et par des métis. L'une des rues principales, Limehouse Causeway, donne son nom au quartier.

faire partie de ce qu'on appelait le conseil de fabrique, ma mère, qui était plus vive que lui, plus inquiète aussi, et plus disposée, par nature, à aller jusqu'au fond des choses, laissa échapper une exclamation qui ressemblait à un cri de douleur.

« Oh ! Édouard ! fit-elle, n'accepte pas, je t'en prie ! Tu deviendrais, du coup, tellement respectable ! Nous n'avons jamais été respectables à ce point-là. Ne commençons pas aujourd'hui ! »

Et j'entends encore mon père lui répondre (avec quelle douceur !) :

« Ma chérie, quand tu dis que nous n'avons jamais été respectables, tu fais de notre existence un tableau plutôt décevant. »

Les lecteurs de *Pride and Prejudice*[5] retrouveront ici, dans le caractère de mon père, quelques traits de celui de M. Bennett, tandis qu'il n'y avait certes rien de Mme Bennett dans celui de ma mère.

Quoi qu'il en soit, et c'est ce que je tenais à dire ici, mes parents appartenaient à cette classe moyenne un peu vieux jeu où il était encore permis à un homme d'affaires de s'occuper de ses propres affaires. Ils n'avaient encore aucune notion du point de vue, peut-être plus élevé, que nous avons connu plus tard ; je veux dire : de la conception commerciale, plus avancée que la leur, et plus aventureuse aussi, selon quoi un homme d'affaires est censé rivaliser avec ses confrères dans le dessein de les absorber, de les ruiner, de les détruire, on voudrait dire de les déglutir. Mon père était un libéral de l'école qui était encore en faveur quand apparut le socialisme. S'il tenait pour acquis que tout homme sain d'esprit croit à la réalité de la propriété privée, il ne prenait pas toujours souci de transformer cette conception en une entreprise privée. Il était de ceux qui se tiennent toujours, en affaires, pour assez comblés, et qui sont tout juste assez entreprenants, au sens moderne de ce mot. Il dirigeait une agence immobilière et une gérance d'immeubles où l'on se succédait de père en fils, et qui était établie à Kensington depuis plusieurs générations. Je me souviens qu'elle était l'objet d'une espèce de patriotisme local si vivace, que lorsque les plus jeunes associés eurent l'idée de créer des filiales en

---

5. *Orgueil et préjugé*, le roman le plus célèbre et peut-être le plus réussi de Jane Austen (1775-1817), la première en date des grandes romancières anglaises. Dans sa forme originale, ce roman s'appelait *First impressions*. Commencé en 1796, refusé par l'éditeur, il fut remanié et parut enfin en 1813.

dehors de Kensington même, ils se heurtèrent de la part des aînés à une évidente répugnance. Cette espèce particulière de fierté discrète était très caractéristique des hommes d'affaires d'un certain âge, en ce temps-là. Elle avait un jour donné lieu à une scène assez comique, née d'un double malentendu, et qui n'eut guère pu se produire sans cette secrète susceptibilité à l'égard de toute extension du crédit local. L'incident, par plus d'un côté, situe assez exactement ce qu'il y avait de particulier, en ces temps lointains, dans le ton et dans le langage.

Le père de mon père était un beau vieillard, à tête blanche, à barbe blanche, aux manières empreintes de cette solennité mêlée de rondeur qui seyaient si bien aux coutumes d'alors, tout de même qu'aux toasts portés pour exprimer des sentiments. Il pratiquait encore, à l'heure du dîner, le vieil usage chrétien qui consiste à chanter à table et il ne semblait nullement incongru quand il entonnait *The Fine Old English Gentleman*[6], aussi bien que d'autres chansons encore plus ampoulées du temps de Waterloo, voire de Trafalgar. J'ajouterai en passant qu'ayant assez vécu pour voir la nuit de Mafeking[7] et les chansons des patriotards du type Jingo[8] qui suivirent, j'ai gardé pour ces anciennes chansons pompeusement patriotiques un respect, démodé peut-être, mais véritable et sincère. Je vais jusqu'à me figurer que, pour la tradition de la langue, ces paroles, inspirées surtout de l'art de bien dire, valaient mieux que celles-ci, qui peignaient Wellington au lit de mort de Guillaume IV :

6. Vieille chanson anonyme, date inconnue.
7. Ville assiégée par les Boers (guerre du Transvaal) du 12 octobre 1899 au 17 mai 1900, date à laquelle le siège fut enfin levé, et qui marque virtuellement la fin et le succès de la campagne. L'Angleterre a commémoré la nuit de Mafeking comme on pourrait commémorer, en France, l'échec de l'offensive allemande sur Verdun pendant la guerre de 1914-1918.
8. Lors de la guerre russo-turque de 1878, les patriotards anti-russes chantaient une chanson guerrière de Macdermot, dont le refrain disait :
We don't want to fight, but, by Jingo, if we do
We've got the ships, we've got the men, we've got the money too !
C'est-à-dire :
Nous ne désirons pas la guerre, mais, par Jingo ! si nous devons nous battre
Nous avons ce qu'il faut, les bateaux, les hommes, et l'argent aussi.
Depuis lors, les mots « jingo » et « jingoïsme » sont devenus synonymes de « fanfaron bravache » et de « chauvinisme exalté ».

For he came on the Angel of Victory's wing
But the Angel of Death was awaiting the King[9],

9. *Car sur l'aile il accourt de l'Ange de Victoire,*
   Mais l'Ange de la mort guettait déjà le roi.

Ce sont deux vers de Robert Southey (1774-1843) l'un des poètes mineurs, avec Lord Byron (voir note 38, chap. I) et P.B. Shelley (note 2, chap. III), de la seconde génération des romantiques anglais. Études à Westminster School (d'où il fut exclu pour avoir écrit un article contre l'usage du fouet dans un magazine scolaire) et à Balliol (il avait l'intention d'entrer dans les ordres) où il rencontra S.T. Coleridge (voir note 6, chap. X). Les deux poètes tombèrent amoureux de deux sœurs qu'ils épousèrent (elles s'appelaient Frickers).

Southey partit pour Lisbonne, où il avait un oncle, pour y assurer son avenir (1795) ; mais rentra en Angleterre où il étudia le droit, mais sans poursuivre. Se fixa enfin dans la région des Lacs (voir note 39 chap. III) où il vécut de 1796 à 1807 d'une pension annuelle de 160 livres sterling que lui allouait son vieil ami de collège : Wynn. En 1807, une pension égale à celle de Wynn lui fut accordée par le Gouvernement. Il se consacra dès lors à son art avec une ardeur qui ne faiblit jamais. Auteur des plus prolifiques (poète, historien, essayiste), le nombre de ses ouvrages atteint presque le chiffre de cinquante, sans compter ses collaborations à des périodiques (93 articles dans le seul *Quarterly* entre 1808 et 1838). Ces périodiques le rétribuaient généreusement ; il laissa 12000 livres sterling.

Il eut une vie paisible. En 1805, il alla en Écosse où il rencontra Sir Walter Scott (voir note 23, chap. III) ; en 1808, il connut Landor (voir note 32, chap. VI) ; en 1811, Shelley (voir note 2, chap. III) vint le voir ; en 1813, quand le titre de poète lauréat fut offert à Walter Scott, et refusé par lui, Southey obtint le titre.

On sait que le titre de « Poet Laureate » est donné en Angleterre à un poète qui touche une subvention comme officier de la maison royale, en échange de quoi il est censé jouer le rôle de poète officiel de la Cour. Le titre fut parfois conféré par des Universités. En France, il y a quarante immortels ; l'Angleterre n'a qu'un « poet laureate ». Aujourd'hui, c'est John Masefield.

Les premiers poètes lauréats, au sens moderne du mot, furent *Ben Jonson* (vers 1615-16), *Sir W. Davenant* (1638) ; mais le titre semble avoir été octroyé officiellement pour la première fois à *John Dryden* (voir note 21, chap. I) vers 1670. Les autres lauréats furent, dans l'ordre chronologique : Thomas Shadwell (1688), Nahum Tale (1692), *Nicholas Rowe* (1713), Lawrence Eusden (1718), Colley Cibber (1730), William Whitehead (1757), Thomas Wharton (1785), Henry-James Pye (1790), Robert Southey (1813), Wordsworth — voir note 39, chap. III — (1843) ; *lord Tennyson* — voir note 9, chap. III — (1850) ; Alfred Austin (1896) ; Robert Bridges (1913) ; John Masefield — voir note 27, chap. VI — (1930).

Ceux dont les noms sont en italique sont enterrés dans le Poet's Corner, dans l'abbaye de Westminster. John Masefield, né en 1878, vit encore.

Southey a également voyagé en Belgique, en Hollande et en France (1815-1838) et fut fait docteur en droit civil *honoris causa* d'Oxford en 1820. En 1835, la pension du Gouvernement fut portée de 160 à 300 livres et l'on offrit à Southey le titre de chevalier héréditaire (« baronet »), titre qu'il déclina. Il avait également décliné en 1926 d'être membre du Parlement pour Downton. En 1837, il perdit sa première femme

Et que mieux valait encore prendre plaisir à cette rhétorique que de délirer de bonheur à hurler la strophe suivante, qu'on entendit, vingt ans après, dans tous les music-halls de l'Empire :

And when we say we've always won
And when they ask us how it's done
We proudly point to every one
Of England's soldiers of the Queen[10].

Je ne puis m'empêcher de soupçonner confusément qu'il existe une relation entre la dignité et le style. Ces gestes, en tout cas, tout comme les chansons du type et du temps de mon grand-père, avaient beaucoup à voir avec la dignité. Accoutumé comme il l'était aux façons cérémonieuses, le vieillard n'en dut pas moins être singulièrement dérouté par l'arrivée d'un personnage étrange qui, se présentant un jour au bureau, et après avoir brièvement conféré avec mon père sur des questions d'affaires, demanda, presque en chuchotant, si l'on pouvait lui accorder la très grande faveur d'être présenté à l'ancien chef de la maison, à l'ancêtre de la vieille firme. Il s'avança vers

---

et se remaria deux ans plus tard avec la poétesse Caroline Anne Bowles (1787-1854) avec qui il correspondait depuis plus de vingt ans. Nul autre poète n'est aussi connu par le nom, ni aussi peu par ses poèmes.

Œuvres principales :

a. Poésie : *My days among the Dead are Past ; The Battle of Blenheim* ; The Holly Tree ; The Inchcape Rock ; avec S.T. Coleridge : *The Devil's Thoughts ; Joan of Arc* (1795) ; *Thalaba* (1801) ; *Madoc* (1805) ; *The Curse of Kehama* (1810) ; *Rodrick, the last of the Goths* (1814) ; *A Tale of Paraguay* (1825) ; *All for Love* (1829), etc., etc.

b. Biographies : *Life of Nelson* (1813) ; *Life of Wesley* (1820) ; *Life and Edition of W. Cooper* (1833-37) ; *Lives of the British Admirals* (1833-40) ; *Life of Bunyan* (1830), etc., etc.

c. Histoire : *History of Brazil* (1810-19) ; *History of the Peninsular War* (1823-32) ; *Naval History* (1833-40), etc.

d. Essays : *Omniana* (1812) ; *A Vision of Judgment* (1821) ; *Book of the Church* (1824) ; *Sir Thomas More : Colloquies on Society* (1829) ; *The Doctor* (1834-47) ; *Essays Moral and Political* (1832) ; *Letters of Espriella* (1807), etc., etc.

10. *Quand nous disons : Toujours vainqueurs !*
    Et qu'on nous dit : Comment fis-tu ?
    Fièrement nous montrons du doigt
    Chacun des soldats de la Reine.

Strophe de la chanson « Soldiers of the Queen », très répandue vers la fin du règne de la reine Victoria, et qui se chante encore, le mot « King » remplaçant le mot « Queen ».

mon grand-père comme il eût fait vers une sorte de reliquaire, et, se confondant en salutations, en apostrophes révérentielles :

— Monsieur, dit-il, vous êtes… vous êtes… un monument, un… point de repère.

Vaguement flatté, mon grand-père, d'une voix couverte, murmura poliment que la maison était en effet fixée à Kensington depuis… depuis pas mal d'années.

L'étranger poursuivait, plein d'admiration :

— Monsieur, vous êtes… un personnage historique. Vous avez changé le destin de l'Église, le sort de l'État !

S'efforçant toujours de prendre un air détaché, mon grand-père se disait qu'un pareil langage devait être une manière poétique de parler d'une agence immobilière en pleine prospérité. Mais, dans l'esprit de mon père, la vérité commença à se faire jour. À force de patience et de méditation, il s'était fait une opinion sur tous les mouvements de la Haute Église[11] et de l'église tolérante, et, très versé sur ces questions, se souvint tout à coup de l'affaire « Westerton contre Liddell », où un

---

11. La High Church (Haute Église) est l'Église anglicane la plus rapprochée du catholicisme sur un certain nombre de questions, notamment celle des rites, du confessionnal et du célibat du clergé. À l'opposé se trouve la Low Church (Basse Église), celle qui se rapproche le plus du protestantisme pur. Quant à la Broad Church (Église tolérante), son nom vient de « Broad Church Party », qui a été appliqué, depuis 1850, d'une façon pas toujours exactement définie, à un groupe de chefs libéraux de l'Église d'Angleterre. Cette désignation a parfois été désavouée par les intéressés eux-mêmes. Se souvenir toujours que la différence entre Broad Church, High Church et Low Church doit s'entendre plutôt de la théologie que de la doctrine de l'Église en tant qu'institution.

Les membres du Broad Church Party furent fortement influencés par les écrits de S.T. Coleridge et par les théologiens modernes de l'Allemagne. Leurs conceptions se rapprochent de celles des latitudinaires du XVIIᵉ siècle. Le nom de Broad Church fut également donné à une école d'écrivains anglais du XVIIᵉ siècle, qui cherchaient à réconcilier l'Église d'Angleterre et l'élément puritain (Puritanisme, voir note 6, chap. XI).

On trouve en outre en Angleterre beaucoup de non-conformistes. On sait que l'on désigne généralement ainsi ceux qui ne se conforment pas à la religion d'une église établie. En Angleterre, les non-conformistes sont les protestants dissidents. En dépit de leurs croyances, nombreuses et variées (on en compte par centaines ; « le pays où il n'y a qu'une sauce et quatre cents religions » dit Voltaire), ils ne forment qu'un seul corps tout entier tourné, depuis 1662, contre l'Église d'Angleterre ; c'est que, depuis cette date, un « Act of Uniformity » exige l'adhésion de tous les membres du clergé à tout ce qui est contenu dans le Prayer Book. Cet édit fit sortir du sein de l'Église quelque deux mille prêtres, le cinquième de l'effectif total.

marguillier protestant avait poursuivi un pasteur devant les tribunaux ecclésiastiques, l'accusant de l'un des crimes les plus noirs du papisme, peut-être d'avoir porté un surplis.

Croyant toujours s'adresser au champion du protestantisme, l'étranger reprit d'une voix forte :

« J'espère que les offices de l'église paroissiale sont conduits maintenant d'une manière qui mérite votre approbation sans réserve. »

De l'air le plus jovial, mon grand-père répondit qu'il se souciait fort peu de la manière dont les offices étaient conduits. Paroles remarquables dans la bouche d'un champion du protestantisme, et qui ne furent pas sans provoquer chez son admirateur une recrudescence de surprise. C'est ici que mon père intervint. Il dissipa le malentendu, attirant l'attention du visiteur sur la nuance subtile qui distingue le nom de Westerton de celui de Chesterton.

J'ajoute que mon grand-père, chaque fois qu'on racontait devant lui cette histoire, avait coutume d'insister sur le fait qu'à la phrase : « Je me soucie fort peu de la manière dont les offices sont conduits », il avait eu soin d'ajouter : « pourvu que ce soit avec respect, avec sincérité. » Ces mots, qui mettaient toutes choses au point, il les répétait complaisamment, avec un mouvement de la main qui avait toute la gravité désirable. Je regrette d'ajouter que les sceptiques de la jeune génération ont toujours prétendu que ce correctif n'avait jamais été chez lui qu'une arrière-pensée.

Il n'en reste pas moins que mon grand-père fut heureux, et peut-être même pas tellement surpris, d'être appelé « un monument » et « un point de repère ». Fait tout à fait typique, selon moi, et qui vaut pour maint commerçant des classes moyennes de ce monde lointain, et même pour des gens qui ne dirigeaient qu'une très modeste affaire. L'espèce particulière de *bourgeoisie*[12] britannique dont je parle a été tellement transformée, tellement réduite aussi, depuis lors, qu'il serait même hasardeux d'affirmer qu'elle existe encore. On ne trouverait plus rien, en tout cas, qui lui puisse ressembler, du moins en Angleterre ; et j'imagine qu'en Amérique rien de pareil n'a jamais existé.

Une des particularités de cette classe moyenne, c'est d'abord qu'elle était vraiment une classe ; c'est aussi qu'elle était vraiment moyenne,

12. En français dans le texte.

c'est-à-dire entre les deux autres. Pour le bien comme pour le mal, et en tout cas très souvent jusqu'à l'outrance, elle se séparait à la fois de la classe qui se trouvait au-dessus d'elle et de celle qui était en dessous. De l'état des classes laborieuses, elle ne savait que peu de chose, et, pour tout dire, vraiment trop peu de chose ; elle préparait ainsi de grands dangers à la génération qui allait la suivre. Même de ses propres serviteurs, elle ne savait pour ainsi dire rien. Mes parents à moi ne furent jamais que bienveillants envers les domestiques ; mais dans son ensemble, la classe moyenne ne pratiquait ni cette familiarité un peu rude dans les rapports du travail qui est le propre des démocraties, ni ce reste de la gentillesse féodale qui se pratique encore aujourd'hui chez les vrais aristocrates. Il régnait, entre maîtres et domestiques, une espèce de silence qui équivalait à un embarras, voire à une gêne véritable. Une anecdote, recueillie elle aussi par ouï-dire, illustrera ce trait, et je l'ajoute ici à celle du champion protestant.

En l'absence du propriétaire, une dame de ma famille était allée demeurer dans la maison d'un ami ; elle y avait, pour la servir, une sorte de gouvernante, mettons de domestique d'un rang supérieur. La dame s'était figuré que la domestique préparait les repas uniquement pour elle ; la domestique, de son côté, s'était mis en tête qu'elle mangerait ce qui resterait des repas de la dame. La servante, donc, fit monter pour le déjeuner, mettons : cinq tranches de *bacon* : c'était plus que la dame en voulait. Par malheur, la dame avait une façon de voir, qui, dans son cas, était une idée fixe, idée qu'elle partageait d'ailleurs avec toutes les bourgeoises de son temps : elle pensait qu'il ne faut jamais rien gaspiller, et elle ne pouvait concevoir que, même consommée, une chose est gaspillée si celui qui la mange n'en avait nul besoin. Elle mangea donc tout le *bacon* qu'on avait préparé pour elle. Ce que voyant, la domestique, au déjeuner du lendemain, fit monter sept tranches de *bacon*. La dame eut d'abord un sursaut ; peut-être pâlit-elle un peu ; mais, sacrifiant au devoir, elle les mangea toutes. La servante commença d'éprouver qu'elle aimerait bien, elle aussi, manger quelque chose. Elle fit monter, le jour suivant, neuf tranches de bacon, peut-être même dix. Rassemblant toutes ses forces, la dame fonça dessus, tête baissée, et les engloutit. Les choses durent même aller plus loin. Et tout cela, à cause de cette réserve silencieuse qui était alors de mise entre les deux classes sociales. Je n'ose imaginer la façon dont finit l'aventure. Il semble logique que la conclusion dût être la suivante : la domestique mourut de faim, et la dame explosa. Mais je me plais à croire qu'avant d'avoir atteint cette extrémité, un contact quelconque put être établi, bien qu'il s'agisse de deux personnes vivant à deux étages différents d'une même demeure. Il reste que c'était là le côté faible des bourgeois de ce temps : ils n'étendaient pas jusqu'à leurs domestiques leur confiance domestique. Quand elle lisait dans un vieux livre que les vassaux de tel seigneur étaient servis dans les communs, la dame souriait, consciente de sa supériorité sur un monde à ce point arriéré ; elle n'en continuait pas moins à se sentir supérieure à ses propres vassaux, qui dînaient à l'étage au-dessous du sien[13].

Mais, s'il est vrai qu'on ait quelque raison de critiquer la classe moyenne d'autrefois, et si cordialement qu'on puisse joindre sa voix aux vers immortels de ce chant de l'avenir qui, dit-on, sont les suivants :

Class-conscious we are, class-conscious we'll be ;
Till our foot's on the necks of the bourgeoisie,[14]

elle n'en a pas moins droit, cette classe moyenne, à la justice de l'Histoire. Il existe d'ailleurs d'autres faits dont il convient aussi de se souvenir. L'un de ces faits, c'est que c'était bien un peu les conquêtes de cette classe moyenne en matière de culture, le fait qu'elle était vraiment une classe cultivée, qui la rendait si indûment inquiète de l'influence des serviteurs. Qu'elle attachât un peu trop d'importance à épeler correctement les mots, c'est chose possible ; mais elle attachait aussi une très grande importance à s'exprimer correctement, et le fait est qu'elle faisait correctement l'un et l'autre. Il y avait là toute une société où il n'eût pas été plus vraisemblable de rencontrer quelqu'un qui oubliât d'aspirer les *h* que quelqu'un qui se montrât préoccupé de s'ennoblir. Je découvris de très bonne heure, avec cette malice qui est propre à l'enfant, que s'il était une chose dont mes parents avaient

13. Littéralement : au bas bout de la table.
14. *Nous sommes conscients d'être de notre classe*
    D'être de notre classe conscients nous serons
    Jusqu'au jour où nous serons enfin debout,
    Montés, debout, sur la nuque des bourgeois.

une crainte véritable, c'était d'imiter, si peu que ce soit, le ton et la diction des domestiques. On m'a souvent conté (autre témoignage par ouï-dire) que, vers l'âge de trois ou quatre ans, hurlant de toutes mes forces pour me faire donner un chapeau accroché à une patère, et pris d'un bel accès de rage, je laissai échapper cet affreux propos : « Si on me le donne pas, je dirai *'at !*[15] » C'est que j'étais certain qu'une telle menace emplirait d'effroi ma famille entière à des lieues à la ronde. S'il est vrai que j'y trouve aujourd'hui beaucoup à redire, ce souci de l'instruction, de la correction du langage avait tout de même son bon côté. C'est à cette préoccupation bourgeoise que mon père devait, par exemple, de connaître sur le bout des doigts toute sa littérature anglaise, et que je pouvais moi-même réciter par cœur une bonne part d'icelle. Je la connaissais même longtemps avant de la pouvoir apprécier. Je pouvais citer de mémoire des pages entières de vers blancs tirés de Shakespeare, alors que j'ignorais encore le sens de la majeure partie de ces citations. N'est-ce pas là peut-être, au fond, le bon moyen de goûter la poésie ?

On rapporte aussi sur mon compte que, vers six ou sept ans, ayant fait un faux pas dans la rue, je m'étalai par terre au moment précis où je récitais, d'un air inspiré, les vers suivants :

Good Hamlet, cast this nighted colour off,
And let thine eye look like a friend on Denmark,
Do not for ever with thy veiled lids
Seek for thy noble father in the dust[16].

15. Le chapeau se dit : *hat*, dont l'*h* est aspiré. Les gens du commun négligent d'aspirer le *h*. Ils disent *at* pour *hat*. En somme, Chesterton enfant ne menaçait ses parents « de rien de moins que de parler comme un domestique ». L'oubli de l'*h* aspiré est, avec une certaine façon de prononcer les voyelles, le signe auquel un Anglais cultivé reconnaît immédiatement un homme du commun. C'est une des choses que tout le monde est censé savoir, comme on est censé connaître la loi. L'étranger lui-même est sans excuse. Il peut se tromper sur tout autre point, non sur celui-là. Quiconque néglige d'aspirer l'*h*, ou l'aspire où il n'y a pas lieu est définitivement déconsidéré aux yeux d'une certaine classe anglaise.

16. *Rejette, brave Hamlet, ces nocturnes fumées,*
   Laisse le Danemark à ton œil être ami,
   Ne cherche pas toujours, les paupières baissées
   Ton noble père en sa poussière enseveli.
C'est la réplique de la reine, acte I, scène III, du *Hamlet* de Shakespeare.

Juste à ce point, vraiment de circonstance, je piquai du nez vers la terre.

Ce dont on s'aperçoit peut-être moins encore, c'est que la classe spéciale à laquelle je fais allusion était non seulement nettement séparée de ce qu'il est convenu d'appeler les classes inférieures, mais tout aussi nettement de celles qu'on nomme supérieures. Depuis ce temps, on nous permettra de le dire avec toutes les excuses courtoises que comporte une telle opinion, cette classe ancienne s'est scindée en deux gros tronçons : d'une part les toqués, de l'autre les snobs.

Les derniers sont ceux qui souhaiteraient entrer dans la société ; les premiers, ceux qui voudraient sortir de la société pour entrer dans des sociétés : associations de végétariens, colonies socialistes, et autres groupements de la même espèce.

Mais la classe moyenne dont je parle ne comptait pas de toqués et, ce qui vaut mieux, pas de snobs. Il va sans dire qu'il y avait, dès ce temps-là, beaucoup de snobs ; mais les bourgeois moyens de qui je parle formaient vraiment une classe à part. Il n'entrait pas dans leurs soucis d'entrer en relations personnelles avec les gens de l'aristocratie, si ce n'est sur le terrain des affaires, et, trait devenu presque inconcevable dans notre Angleterre d'aujourd'hui, ils avaient une fierté : et c'était leur propre fierté.

Par exemple, presque tout le quartier de Kensington s'étalait et s'étale encore comme une carte, ou mieux : comme un plan, qui semble dressé tout exprès pour illustrer de façon vivante les *Essais* de Macaulay[17] ; il va sans dire que nous avions lu les *Essais* de Macaulay ; dans la simplicité qui résultait de notre isolement, il nous arrivait même souvent d'y ajouter foi. Nous connaissions tous les grands noms du parti des aristocrates « whig »[18] qui avaient fait la Révolution (et leur

---

17. Thomas Babington, Lord Macaulay (1800-1859), l'un des plus notoires historiens anglais, fut trois fois membre du parlement ; magistrat aux Indes de 1833 à 1838, où il élabora le code pénal ; plus tard, ministre d'État ; élevé à la pairie en 1857. Parmi ses œuvres, il faut citer l'*Histoire d'Angleterre depuis l'accession en trône de James II*, dont cinq volumes parurent entre 1849 et 1851, et qui est restée inachevée ; *Essais historiques et critiques* (auxquels G.K.C. fait ici allusion), trois volumes parus en 1843 ; *Speeches* (1854). Homme de lettres et poète à ses heures, il a laissé les *Lais de la Rome ancienne* (1842), recueil de poèmes demeuré célèbre.

18. Whig est le grand parti politique, fondé au XVIIe siècle par le premier Lord Shaftesbury (1621-1683), et qui devint ensuite le parti libéral tel qu'il a subsisté au

fortune en même temps) ; ils étaient inscrits bien en évidence sur toutes les propriétés de notre quartier de Kensington. Nous passions chaque jour devant « Holland House »[19], où Macaulay était reçu ; et devant la statue de Lord Holland, qui portait une inscription prétentieuse disant qu'il était le neveu de Fox[20] et l'ami de Grey[21]. La rue qui débouchait en face d'une maison où nous vécûmes portait le nom d'Addison[22] ;

Parlement jusqu'à nos jours. (Il faut se garder de conclure que les idées des whigs ont toujours été libérales ; c'est plutôt le sens du mot « libéral » qui a évolué).

Le mot « whig » n'est que l'abréviation du mot « whigamores » appliqué, dans un sens injurieux, aux représentants des paysans puritains de l'ouest de l'Écosse par leurs adversaires politiques. Opposés au parti du roi, les « whigs » formaient essentiellement un parti aristocratique, soutenu surtout par les dissidents et par les marchands de la Cité de Londres.

À leur tour, les « whigs » baptisèrent « tories » leurs adversaires, précurseurs des conservateurs d'aujourd'hui. « Tories » (au singulier : tory) serait un mot dialectal irlandais qui signifiait « poursuivant ». On prétend qu'il servait à désigner des Irlandais dépossédés, devenus hors la loi et qui vivaient de brigandage et de rapine sur les grandes propriétés terriennes ou militaires anglaises. Il fut ensuite le sobriquet de tous ceux que les « whigs » soupçonnaient d'être favorables au papisme. Les tories s'appuyaient sur la masse des grands propriétaires terriens et sur l'Église anglicane, qui fut toujours opposée aux dissidents.

Ces deux partis, « whigs » et « tories », ont donné sa formule au jeu parlementaire anglais, tel qu'il se pratique encore de nos jours. Il n'y a, en effet, que deux partis adverses. La naissance d'un parti nouveau : le « Labour party » (parti travailliste) n'a rien changé à cet état de choses, puisqu'il a pour ainsi dire entraîné la disparition du parti libéral ; et M. Nevinson a pu dire avec raison que le jeu parlementaire anglais ressemble à une partie de football.

19. Henry Richard Vassall Fox, Lord Holland (1773-1840) fut inébranlablement fidèle au parti whig. Sa résidence : Holland House était (selon Macaulay) le rendez-vous favori « des gens d'esprit et des jolies femmes, des peintres et des poètes, des lettrés, des philosophes et des hommes d'État ».

20. Charles-James Fox (1749-1806), fils du (premier) Lord (Henry) Holland, chef exceptionnellement doué du parti libéral. Ce libertin notoire fut premier ministre pendant la guerre de Sécession et pendant la révolte d'Irlande.

21. Le comte Henry George Grey, troisième du nom (1802-1894) chef du parti whig. Il entra dans la politique à un âge avancé, après avoir toujours habité la campagne et déjà père de quinze enfants. Auteur du Bill (projet de loi) sur la réforme parlementaire, projet qui fut voté. Avant le vote de cette loi, un grand nombre de villages dépeuplés, voire enlisés dans les sables de la côte, procédaient encore à un simulacre d'élection et envoyaient au parlement 143 représentants. On les appelait « rotten boroughs » (les bourgades pourries). La loi nouvelle transféra les droits de ces députés à des comtés et à des villes importantes et accorda le droit de vote à tout citoyen qui payait au moins dix livres de loyer annuel.

22. Joseph Addison (1672-1719). Un des écrivains les plus importants de la Renaissance classique de l'époque de Pope (Classical revival). À la fin du xviie siècle, la

plus tard, nous allâmes demeurer dans une autre qui portait le nom de Warwick, fils de la femme d'Addison. Un peu plus loin, une autre rue aurait été baptisée d'après le nom de la maison des Russell[23] ; vers le sud, une autre encore portait le nom de Cromwell, et près de nous, sur notre premier perchoir de Campden Hill, on pouvait lire le grand nom d'Argyll[24]. Tous ces grands noms m'exaltaient comme eût fait le son des trompettes, tout de même qu'ils exaltaient tout jeune garçon qui avait lu Macaulay. Mais jamais l'idée que nous pourrions un jour rencontrer l'un des porteurs de ces grands noms

littérature anglaise a vécu pendant trois générations sous l'égide de véritables dictateurs des lettres. Le premier en date fut le poète Dryden (1631-1700) ; le second, un autre poète : Pope (1688-1744) — voir note 31, chap. IV — ; le troisième et dernier fut le Dr Johnson (1709-1784) — voir note 28, chap. III.

Joseph Addison est membre du parlement en 1708 ; forme, en 1709, une association littéraire avec un autre écrivain, son ami Steele, fondateur du journal littéraire *Tatler* (1709-1711).

Ensemble, fondent un autre journal littéraire, *Spectator*, qui parut en 1711, en 1712 ; six numéros encore en 1714. C'est de cette époque que date l'essai comme genre littéraire. *Tatler* paraissait trois fois par semaine et publiait surtout des petites nouvelles et des potins des clubs de Londres. Le numéro de *Spectator* consistait surtout en un long essai, suivi d'annonces, le tout imprimé, comme pour *Tatler*, sur une feuille simple, recto verso, et sur deux colonnes.

Très courtisé par le parti « whig », qui lui alloua, dès sa sortie d'Oxford, une pension de 300 livres par an pour qu'il pût voyager et se préparer à la diplomatie. Enrichi, il épousa la comtesse de Warwick, veuve du comte. Son poème le plus célèbre : *Campaign* ; son drame le plus connu : *Cato* (Caton). Il mourut gérant du théâtre de Drury Lane. Inhumé à l'abbaye de Westminster.

23. Lord William Russell (1639-1683) fut un des chefs du parti « whig » qui soutint Shaftesbury dans son Exclusion Bill (1680). Aux termes de cette loi, tout prince de sang royal perdait ses droits à la couronne s'il épousait une catholique. Prit part surtout, aux côtés de Shaftesbury et de Sir William Temple, à la campagne en faveur du vote de l'*Habeas Corpus Act*, d'après quoi tout citoyen arrêté pour délit ou crime (la haute trahison exceptée) avait le droit d'être traduit devant un tribunal dans un délai maximum de vingt jours. Lord Russell eut une fin tragique. Injustement inculpé de participation à un complot contre la vie du roi (Rye House Plot) il eut la tête tranchée (1683).

Un autre membre de la famille, l'amiral Russell, comte d'Oxford (1651-1727) fut également un « whig » célèbre. Vainqueur de Tourville (1692) ; secrétaire de l'Amirauté (1695) ; conspira en secret pour restaurer James II.

24. Il s'agit ici d'Archibald Campbell, premier marquis d'Argyll (1598-1661). Sous Charles Ier, fut « commander of parliamentary Forces » ; mieux connu sous le sobriquet de « Gillespie Grumach », et plus tard de « Murdoch Campbell ». Son histoire et celle de son contemporain, le comte d'Airlie, autre royaliste, au service de Charles Ier, se trouve contée dans *Légendes de Montrose*, de Walter Scott (1819).

ne se présenta même à mon esprit. À plus forte raison ne désirais-je point connaître en personne ceux qui les portaient. Je me rappelle avoir fait rire beaucoup mon père un jour que je lui récitais ce vers de la vieille ballade écossaise :

> *Grande querelle un jour survint*
> *Entre* Argyle *et les* Airlie[25]

C'est qu'il savait, versé comme il l'était dans les affaires immobilières, que la maison de Lord Airlie étant voisine alors d'Argyll Lodge, rien en effet n'était moins improbable que l'hypothèse d'un conflit sérieux entre les deux domaines, c'est-à-dire surgissant directement par la force des choses dans le plan des affaires auxquelles il s'intéressait. Il était d'ailleurs en relations avec le vieux duc d'Argyll, et me fit voir un jour, comme une pièce remarquable, une lettre portant sa signature ; mais cette lettre n'était, à mes yeux d'enfant, rien de plus qu'une pièce curieuse, un objet de musée. Je ne m'attendais pas plus à voir Mc Callum More[26] entrer un jour, je ne sais comment, dans mon existence sociale qu'à voir Graham de Claverhouse[27], par exemple, paraître à notre porte sur son grand cheval noir, ou Charles II entrer chez nous pour nous demander une tasse de thé. À mes yeux, le duc qui vivait à Argyll Lodge n'était

25. Citation (inexacte) d'une vieille ballade anonyme écossaise du XVIIᵉ siècle, qui commence par la strophe suivante :
> *It fell on a day, and a bonnie summer day,*
> *When green grew aits (oats) and barley,*
> *That there fell out a great dispute*
> *Between Argyll and Airlie.*

26. Mac Callum (ou Mac Calain) More, titre gaélique de tous les comtes, marquis et ducs d'Argyll, chefs héréditaires du clan de Campbell. La division en clans a persisté chez les Celtes jusqu'à nos jours, fait unique dans l'Histoire. Chaque clan a son chef et l'Écosse voit encore aujourd'hui des assemblées (gatherings) pittoresques, qui rappellent les Jeux Olympiques de la Grèce ancienne, ou les assemblées des Saintes Maries de la Mer. Même les Écossais émigrés aux États-Unis restent strictement fidèles à la tradition du clan, et à l'esprit de famille.

27. John Graham of Claverhouse (1649 ?-1689), premier vicomte de Dundee, officier royaliste au service du « Scottish Privy Council », chargé d'exécuter les ordres sévères du Gouvernement en Écosse, sous le règne de Charles II et de James II. Tué à la bataille de Killiecrankie, où il soutenait Guillaume d'Orange contre les Highlanders. Personnage important du roman de Walter Scott : *Old Mortality* (Tales of my landlord) publié en 1816.

rien autre chose qu'un grand personnage historique. Or, l'intérêt que mes parents pouvaient porter à l'aristocratie venait justement de ce que l'aristocratie faisait encore partie de l'Histoire[28]. La chose vaut d'être mentionnée, parce que c'est très précisément cette distinction, bonne ou mauvaise, qui justifie la querelle, ou, si l'on veut, la vendetta dont je serai amené à parler plus loin.

Longtemps après cette période de ma vie, j'ai eu la chance d'être mêlé à la querelle politique du trafic des titres de pairie. Beaucoup de gens disaient alors que c'était gaspiller ses forces que de dénoncer un tel trafic. Ils se trompaient. La façon de traiter ceux qui portaient des titres de noblesse avait un sens ; et j'ai vécu assez longtemps pour voir ce que cela signifiait vraiment. Étant donné que je considérais déjà Lord Lorne[29] avec un respect en quelque sorte historique, si l'on m'avait présenté à un Lord Leatherhead, encore inconnu de moi jusque-là, je lui eusse témoigné le même respect d'essence historique. Tandis que, si je le rencontrais aujourd'hui, je me dirais qu'il n'est peut-être qu'un usurier quelconque, sorti de Dieu sait quel ruisseau du continent. Si bien qu'en somme, à cause de ce trafic des titres de pairie, des honneurs ont été, non point tant achetés ou vendus, que détruits.

Une famille digne de considération, qui fut en relation (et exclusivement en relations d'affaires) avec l'affaire que dirigeait ma famille, mérite d'être mentionnée ici, mais pour de tout autres raisons. La firme de mon père était (en fait, elle est encore) l'agent immobilier des importantes propriétés des Phillimore. Les biens des Phillimore appartenaient alors à deux frères, lesquels jouèrent tous deux, en tant qu'hommes publics, un rôle considérable : l'amiral Phillimore[30],

28. G.K.C. laisse entendre ici que les titres aristocratiques étaient déjà sur le point de faire l'objet de trafics et de marchandages.

29. Ainsi fut désigné le marquis d'Argyll jusqu'en novembre 1638.

30. Amiral Sir Augustus Phillimore (1822-1897) ; études à l'école de Westminster ; puis au « Royal Navy College » de Portsmouth ; lieutenant en 1845 ; commande le *Medea* de 1853 à 1855 ; capitaine en 1855 ; commande le *Curaçao* de 1859 à 1862 ; le *Defence* de 1862 à 1866 ; commodore de 1re et de 2me classe de 1868 à 1869 ; « Senior Naval Officer » à Gibraltar de 1870 à 1874 ; captain of the Fleet en 1873 ; contre-amiral en 1874 ; vice-amiral en 1879 ; amiral de la réserve navale de 1876 à 1879 ; amiral en 1884 ; commandant en chef de la base de Devonport de 1884 à 1887 ; Chevalier du British Empire en 1887.

A publié : *Life of Admiral of the Fleet Sir William Parker, baronet ; G.C.B.* (*Grand Croix de l'Ordre du Bain*) ; *Translation of French Naval Tactics* (1859).

depuis longtemps disparu, et le « Lord Justice » Phillimore[31], l'un des plus fameux parmi les juges anglais des temps modernes, et qui

31. G.K.C. se trompe quand il l'appelle « *Lord* Justice ». Juge de la Haute Cour de l'Amirauté, on ne peut l'appeler que « *Mr* Justice ». Pour être appelé « lord Justice », il faut être juge à la Cour d'Appel.

Sir Robert Joseph Phillimore (1810-1885) baronnet, premier du nom ; fils d'un professeur de droit civil à Oxford ; études à Westminster et à Christ Church, reçu docteur en droit civil (1838) ; appelé au barreau (1831) où il fit une brillante carrière ; député « whig » de 1852 à 1857 ; avocat de la division de l'Amirauté à la Haute Cour en 1855 ; Q.C. (Queen's Counsel) en 1850 ; chevalier en 1862 ; juge à la Haute Cour de l'Amirauté (1867-1883) ; baronnet en 1881. Lettré en langues classiques et modernes et juriste érudit. Œuvres principales : *Commentaries upon National Law* (1854-61) ; *Ecclesiastical Law* (1873-76).

Pour bien comprendre le sens de l'expression « Lord Justice », il faut se rendre compte dans ses grandes lignes de l'organisation judiciaire en Angleterre :

a. Les fonctions de la Cour de Cassation sont remplies par la Chambre de Lords, qui a à sa tête le Lord Chancellor (président de la Chambre des Lords et ministre de la Justice, c'est parmi les ministres anglais le mieux rémunéré) qui est assisté dans ses fonctions judiciaires par les quatre « Lords of appeal ». D'autres membres de la Chambre des Lords peuvent leur être adjoints à condition de remplir ou d'avoir rempli de hautes fonctions judiciaires.

b. Cour d'appel ordinaire. Elle est formée de cinq juges présidés par le « Master of Rolls ».

c. La Haute Cour (de Justice) qui comprend quatre départements (« divisions ») :

I) « Chancery Division », qui traite des affaires où l' « equity », c'est-à-dire le droit résultant exclusivement de la jurisprudence et des précédents établis par la dite Cour, pourrait être en contradiction avec le droit commun. Le « Lord Chancellor » est le président *ex-officio* de cette « Chancery Division », et il y est assisté par six juges.

II) « King's Bench Division », cour suprême du droit commun, tant civil que criminel. Son président s'appelle « Lord Chief Justice » ; assisté par quatorze juges, qui d'ailleurs siègent séparément ; car en Angleterre, la Cour, exception faite des cas d'appel, est toujours composée d'un seul juge. Ce sont ces quatorze juges qui, à Londres comme en province, président les cours d'assises. En matière criminelle, ils sont toujours assistés d'un jury, mais dans les causes civiles, le jury n'intervient que lorsque les partis le réclament.

Il y a deux espèces de jurys, car c'est le principe de la jurisprudence anglaise que chaque citoyen doit être jugé par ses pairs. On appelle « common jury » le jury composé d'artisans, de petits commerçants et de petits bourgeois, et « Special Jury » celui qui se compose de « gentlemen » (propriétaires, gros bourgeois professions libérales).

III) « Probate (Validité de testaments) Divorce and Admiralty Division », composée de deux juges dont le plus âgé s'appelle président.

IV) « Bankruptcy Division » ; un seul juge.

Tous les juges de toutes ces « divisions » ont le titre de chevalier (« Sir »), mais lorsqu'on s'adresse à eux à l'audience, il faut dire : « mylord », ou « your Lordship ».

En dehors de l'audience, tout juge de la Haute Cour de Justice est appelé : « Mr Justice ». Le juge de la Cour d'appel se nomme : « Lord Justice ». Il ne faut pas le confondre avec le président de « King's Bench Division », qui, comme nous l'avons dit, s'appelle « Lord Chief Justice. »

mourut plus récemment. Nous n'avions avec les Phillimore aucune relation personnelle, et n'avons, d'ailleurs, jamais rien tenté pour nous rapprocher d'eux, bien que je garde la mémoire de maint témoignage spontané de la magnanimité du vieil amiral. Mais c'est pour une autre raison que j'évoque ici le souvenir du décor un peu nébuleux des grands propriétaires de Kensington. C'est que le nom de Phillimore devait être mêlé, à deux reprises, d'une manière étrange et non dépourvue d'ironie, à mes aventures ultérieures. Pour ce qui est de l'amiral, je ne l'ai jamais rencontré ; il en va autrement de son fils, qui devait être alors un enfant de mon âge ; ce Phillimore-ci, je devais, beaucoup plus tard, le connaître, l'aimer, et puis le perdre, après qu'il eut été pour moi un ami en plus d'un allié dans la défense d'une cause qui, à l'époque dont je parle, eût paru fantastiquement lointaine à mes yeux d'enfant. Quant au juge, j'étais appelé à le voir siéger au tribunal, et à lui apporter mon témoignage en faveur de mon frère, debout au banc des accusés devant la cour d'Old Bailey[32], où il allait être déclaré coupable de patriotisme et d'intérêt au bien public.

Entièrement anglaise par le langage et par les usages sociaux, la famille de ma mère, que j'ai connue personnellement autant que par ouï-dire, portait pourtant un nom français. Une sorte de légende familiale voulait qu'elle descendît d'un simple soldat français des guerres de la Révolution, lequel, fait prisonnier et emmené en Angleterre, y était demeuré, une fois libre ; comme quelques autres, sans doute. Par l'autre branche, ma mère descendait d'Écossais, des Keith d'Aberdeen. Pour plusieurs raisons, un peu parce que ma grand'mère maternelle, qui survécut longtemps à son mari, avait une personnalité très charmante, un peu aussi à cause de cette note de romanesque que donne à une vie toute infusion de sang ou de patriotisme écossais, cette origine nordique avait pour moi un vif attrait ; elle a donné à mon enfance une couleur de légende. Mon grand-père maternel, que je n'ai point connu, devait être, lui aussi, un personnage bien curieux, avec, s'il n'était pas vraiment un personnage historique, quelque chose pourtant d'un type

32. Le grand tribunal de la « King's Bench Division ».

historique. Il fut l'un de ces vieux prêcheurs laïques wesleyens[33] ; ainsi se trouva-t-il mêlé à des controverses publiques. Destin qu'il transmit à son petit-fils. Il fut aussi, dès l'origine, l'un des chefs du mouvement antialcoolique « teetotal »[34] ; mais ce trait-ci ne me fut point transmis. Ce dont je suis absolument sûr, c'est que mon grand-père maternel avait en lui beaucoup de choses, sans parler de celles qu'exigent la prédication publique et l'antialcoolisme. Si je dis que j'en suis absolument sûr, c'est à cause de deux remarques qu'il lui arriva de faire ; ce sont même les deux seules remarques de lui qui soient parvenues jusqu'à moi. Un jour que ses fils, ainsi qu'il sied à toute jeunesse de tendance libérale, invectivaient contre la mode et les conventions du jour, il leur dit à brûle-pourpoint : « En disent-ils, contre la mode ! En disent-ils ! Mais, la mode, c'est la civilisation ! » Et voici l'autre remarque. Les mêmes représentants de la génération montante se plaisaient à jouer aux pessimistes. Le pessimisme est chose qu'on ne peut afficher, ni pratiquer, que dans l'âge heureux de la jeunesse. Ils critiquaient les Actions de Grâces générales du livre de prières, disant que beaucoup de gens ont peu de raisons d'être reconnaissants au Créateur de les avoir créés. À cette époque, mon grand-père était si âgé que c'est à peine s'il parlait encore ; pourtant, sortant soudain de son silence, il s'écria :

33. John Wesley (1703-1791) fut le fondateur du méthodisme, mouvement pratiqué surtout par des prédicateurs laïques et dont le sens essentiel est que nous devons tous individuellement « renaître » à la religion.

Ce fut un mouvement de réaction contre l'apathie de l'Église d'Angleterre. Le nom de « méthodiste » fut d'abord appliqué aux membres de la société religieuse établie à Oxford (1792) par Wesley, et qui avait pour objet d'encourager la pratique de la piété et de la moralité. Il fut ensuite étendu à tous ceux qui prirent une part active au mouvement et même aux simples sympathisants. Il y a aujourd'hui en Angleterre diverses formes de méthodisme (Wesleyans, Episcopal Methodists, Primitive, Independant, etc.) ; il y en a davantage encore en Amérique.

34. L'Angleterre a presque toujours connu l'existence d'un parti qui prêchait l'abstinence en matière de boissons alcooliques, mais une abstinence partielle. Les membres de ce parti faisaient suivre leur nom des initiales O.P. (Old Pledge, ancien serment). Un nouveau mouvement, qui prit naissance vers le milieu du XVIIIe siècle et dont Richard (Dicky) Turner (1724 ?-1788) fut peut-être l'initiateur, prêcha l'abstinence totale. Les membres de ce parti firent suivre leur nom de la seule lettre T (qu'on prononce en anglais : tee). Pour éclairer l'opinion, ils prirent l'habitude de faire suivre ce « T » du mot « total », mis entre parenthèses. Ainsi naquirent les mots « teetotal » et « teetotalers », qui désignent les abstinents complets.

« Moi ? Je bénirais Dieu de m'avoir créé, même si j'étais sûr d'être une âme perdue ! »

L'autre branche de ma famille, j'aurai l'occasion d'en parler plus au long quand j'en viendrai à mes propres mémoires. Si je fais place ici d'abord à mon ascendance maternelle, c'est que ce que j'en ai reçu est surtout de seconde main. Or, cette partie de mon livre est celle qui doit être biographique, et ne saurait, en aucun cas, être autobiographique. Elle parle de choses antérieures à ma propre existence, de choses qui sont derrière moi, qui ne firent que jeter leur ombre sur mes premiers pas ; de choses, en somme, que j'ai vues réfractées, plutôt que directement observées ; et, parmi ces choses, le plus grand nombre m'est venu du côté maternel. En particulier cet intérêt historique pour la maison de Keith, qui s'est trouvé mêlé à l'intérêt historique tout court que j'ai porté à des sujets comme celui de la maison d'Argyll. Pourtant, du côté de mon père non plus, les légendes ne faisaient pas défaut. La figure la plus éminente, en même temps que la plus proche de moi, fut ce capitaine Chesterton, célèbre en son temps comme réformateur de prisons. Il avait été l'ami de Dickens et devait, je crois bien, avoir lui-même quelque chose d'un personnage de Dickens. Une remarque, en passant : ces premiers souvenirs, ces légendes familiales me donnent à penser qu'ils furent nombreux, du vivant de Dickens, ces personnages de Dickens. Loin de moi, pour cela, l'envie de repousser la suggestion d'après quoi bon nombre des personnages de Dickens ne sont que des imposteurs. Il ne serait pas équitable de dire tout ce que j'ai dit à la louange de l'ancienne classe moyenne de l'époque victorienne si je n'étais tout prêt, d'autre part, à admettre qu'elle a produit parfois d'assez creuses, en même temps que d'assez pompeuses impostures. Tel grave ami de mon grand-père se promenait, le dimanche, portant un livre de prières, bien qu'il n'eût pas la moindre intention de se rendre à l'église. Il défendait d'ailleurs tranquillement la pratique de son imposture, disant à son ami, levant une main qui prêchait : « Je fais cela, Chessie[35], c'est pour donner l'exemple ! » Cet homme-là était évidemment un personnage de Dickens ; la chose est incontestable. Mais j'incline à penser que, personnage de Dickens, il était, à maint point de vue,

35. Abréviation familière pour « Chesterton ».

préférable encore à beaucoup de personnages d'aujourd'hui. Peu d'hommes, aujourd'hui, si dissimulés qu'ils puissent être, oseraient être éhontés à ce point. Même, je ne suis pas sûr que l'homme au livre de messe n'était pas vraiment plus naturel, j'allais dire plus sincère, que l'homme d'aujourd'hui qui laisse entendre qu'il est tourmenté par le doute et qu'il déteste les sermons, quand il n'a d'autre envie qu'un furieux désir d'aller jouer au golf. L'hypocrisie elle-même était plus sincère, dans ce temps-là ; elle était, en tout cas, plus courageuse.

Ce que je ne puis nommer d'un autre nom qu'une grande joie de vivre a rayonné sur toute cette époque ; quelque chose qui n'est plus guère évoqué de nos jours que dans la riche et joyeuse citation de Swiveller et de Micawber[36]. Le fait digne d'être noté, c'est que, la saveur d'une telle satisfaction d'être vivant, on pouvait la rencontrer alors chez un grand nombre de personnages tout à fait dignes et parfaitement obscurs ; beaucoup plus dignes, sans doute, que le pecksniffien[37] hypocrite et mal déguisé, avec son livre de prières ; et beaucoup plus obscurs que mon ancêtre le gouverneur et réformateur de prisons, personnage excentrique, certes, mais agissant ; j'allais dire éminent. Pour user d'un terme fort en usage à l'époque, cette espèce de saveur et de goût proprement indescriptibles n'étaient pas du tout réservés aux gens « comme il faut ». Je crois plutôt qu'ils étaient le produit de ce sens de l'humour qui reste peut-être encore notre trait populaire vraiment national, issu des restes de la rhétorique des orateurs du XVIIIe siècle, et de la rhétorique presque aussi ampoulée des poètes du XIXe, comme Byron[38], et comme Moore[39]. D'où qu'elle vint, il est évident qu'elle était commune à d'innombrables gens du commun, ou moyens, et plus spécialement aux employés de bureau. Par la suite, on a plutôt représenté l'employé de bureau comme un simple « cockney »,

36. Deux personnages célèbres de Charles Dickens : Swiveller, de *The Old Curiosity Shop* ; Micawber, de *David Copperfield*.

37. Pecksniff, personnage de *Martin Chuzzlewit*, de Ch. Dickens. C'est le type de l'hypocrite.

38. George Gordon, Lord Byron (1788-1824), grand poète de la deuxième génération des poètes romantiques anglais, dont l'influence en Angleterre, mais surtout à l'étranger, fut considérable au début du siècle dernier.

39. Thomas Moore (1779-1852) le plus important des poètes secondaires de l'époque romantique anglaise. Poète irlandais par excellence et auteur d'un grand nombre de chansons devenues populaires.

Londonien au rabais, parlant un langage écorché, ou mieux : avalé ;
une sorte d'anglais estropié, mais estropié à la suite d'un accident,
c'est-à-dire plutôt ébréché qu'écorché. Mais il y eut vraiment une
race qui ne parlait qu'en périodes aussi rondes que les plats dont elle
faisait usage, aussi rondes que les bols dans lesquels elle préparait le
punch à Noël. Mon père m'a souvent parlé d'un employé qui avait
été son collègue, au temps de sa jeunesse, voire de son adolescence,
et qui ne sortait jamais de la taverne, (ou de la gargote) où il prenait
ses repas, sans formuler cette solennelle adresse de remerciements,
qu'il débitait d'une grosse voix retentissante avant même d'avoir mis
seulement le pied dehors : « Veuillez dire à Mme Bayfield (c'était le
nom de la patronne du bouillon) que son steak était remarquable,
ses pommes de terre faites au tour, et que son dîner fut, en somme,
un dîner d'empereur ! » Cela ne ressemble-t-il pas à l' « *F.B.* » *de
Thackeray*[40], dans les moments où Thackeray se rapprochait le plus de
Dickens ? De la même source lointaine, le souvenir me revient d'une
autre scène, tout à fait digne de Dickens : un petit homme doux, à
face ronde et le nez chaussé de lunettes, de l'espèce que l'on plaisante
toujours et partout ; et un de ses collègues de bureau, nommé Carr,
d'un caractère plus mystérieux ; deux fantômes de l'époque où mon
père faisait son apprentissage. De temps en temps, le plus ténébreux
interpellait son collègue, d'un bout à l'autre du bureau :

— M. Hannay !

La face ronde, qu'illuminaient le sourire et les verres, sursautait,
pleine d'une candeur, d'un intérêt, d'un espoir jamais en défaut :

— M. Carr ?

M. Carr le fixait, l'air d'un sphinx, et d'une voix creuse, mais
sonore, articulait cette phrase sibylline :

— Espace illimité, M. Hannay !

Puis, se tournant vers ses collègues, et affectant un grand désespoir,
il répétait, hochant la tête :

— Il ne comprend pas ! Il ne peut pas comprendre !

J'ignore ce que les témoins de ce petit drame eussent pensé de
cette idée : le professeur Einstein entrant soudain dans le bureau, et,

---

40. Initiales du héros de « The Fitz Boodle Papers » et de « Men's wives » publiés
en 1842-43.

comme pour venger M. Hannay, proférant que l'espace n'est pas du tout illimité.

Mais l'intérêt, ici, est dans cet élément d'emphase, de rituel que revêtaient les plaisanteries ; et même la « mise en boîte » ; et jusqu'à la déception même de l'« emboîté ». Ce ton n'était pas moins répandu dans le milieu, plus humble encore, des charlatans et même des phénomènes ; comme Dickens l'avait remarqué. Il n'y avait pas moins de dignité tranquille chez les camelots qui demandent au badaud son argent, comme les orateurs lui demandent la popularité. L'un de mes plus anciens souvenirs personnels est de me revoir regardant, du haut d'un balcon, l'une des grandes avenues bordées de villas d'une station balnéaire ; de là-haut, je voyais un personnage en cheveux blancs, l'air vénérable, qui ne cessait, tout en gagnant le milieu de la chaussée, de soulever un chapeau blanc. D'une voix de tête, d'une voix de conférencier, il s'adressait à tous, c'est-à-dire à personne, et son discours débutait ainsi : « Quand je parus pour la première fois dans Cannon Street… pardon ! dans Cannon Place… » Il répétait ce numéro tous les jours, se trompant chaque fois au même endroit de son préambule, répétant chaque fois la même excuse. Je ne sais pourquoi ce spectacle me causait une joie énorme ; peut-être parce que j'imaginais qu'une poupée géante, une poupée mécanique, était venue grossir la troupe de ce que M. Maurice Baring[41] a appelé le théâtre des marionnettes de la mémoire. Mais l'intérêt de la scène tient à ceci : que le restant de la harangue du bonhomme semblait d'autant plus parfait, d'autant plus fignolé, qu'il avait débuté par cette erreur initiale répétée comme à plaisir. Le discours finissait chaque fois par une péroraison magnifique, où il était question d'un « lointain avenir », et du souvenir que le personnage garderait, à l'heure de la mort, « du bienveillant accueil » qu'il avait trouvé « la première fois qu'il avait paru dans Cannon Street… pardon ! dans Cannon Place ».

41. Maurice Baring (1874-1946) ; passa par Eton, Oxford et Cambridge ; se destina d'abord à la carrière diplomatique. Poète délicat, romancier subtil ; un des hommes les plus raffinés d'Angleterre. Connaissait admirablement plusieurs langues européennes. Peut-être le seul auteur anglais qui connût vraiment à fond et comprît admirablement la littérature russe. Il fut correspondant de guerre anglais pendant la guerre russo-japonaise. Auteur de *Daphne Adeane, C, Cat's cradle* (ce dernier roman traduit sous le titre « La princesse blanche »,) etc.

Je revois, c'est beaucoup plus tard, un autre personnage public, plus loquace encore que mon charlatan, arpenter ces mêmes avenues du bord de la mer. Celui-ci portait la toque et la robe universitaire ; il portait l'une et l'autre avec une bien mince autorité académique ; mais il représentait une époque beaucoup plus tardive, car il était amer, et son langage était celui d'un adversaire de son public. À ceux qui composaient son auditoire, il s'adressait en les traitant d'hypocrites, de sépulcres blanchis ; sur cette foule bien anglaise, ce traitement avait le singulier effet de la déterminer à jeter des gros sous dans la toque universitaire. Mais ceci, comme je l'ai dit, se passait plus tard. À l'époque plus ancienne dont je m'occupe ici, la chaleur d'une joviale courtoisie enveloppait tous les rapports ; l'air amical des gens de ce temps n'était jamais en défaut. L'étonnante patience de nos foules anglaises allait alors de pair avec une certaine pompe, mais cette pompe elle-même allait de pair avec la bonne humeur, et la raillerie même était joviale. Dieu sait que leur goût de la moquerie et leur héroïsme demeurent ; mais ils ne se conjuguent plus pour former un faux héroïsme qui prêterait à la moquerie ; tandis que quiconque a entendu les hommes dont je parle, ou seulement entendu parler d'eux par autrui, restera certain jusqu'à sa mort que Dick Swiveller a vraiment pu dire : « Quand celui qui t'adore ne t'a rien laissé que son nom… au cas où il arriverait des lettres ou des paquets à faire suivre » ; ou que le pauvre homme, préposé à l'introduction des visiteurs[42] à une réunion mondaine, a pu murmurer tour à tour à chaque invitée : « Aurais-je un cœur fait pour la fausseté, point ne pourrais faire tort à telle que vous. » Il y avait dans ces propos, dans la manière dont ils étaient tenus, une chaleur qui ne saurait être imitée par les petits maîtres d'aujourd'hui, quelle que soit leur petite maîtrise. Et le monde est moins gai d'avoir perdu cette solennité.

Il est une autre vertu, proprement victorienne, que mainte autre vertu attribuée aux Victoriens ne saurait discréditer, et qui n'appartient pas tant à ma génération qu'à celle de mon père ou à celle de mon grand-père ; ou du moins, si l'on admet que je fus particulièrement chanceux, qu'à mon père et qu'à mon grand-père. Je devais donc en

---

42. Il s'agit probablement d'un pauvre bougre que l'on trouve dans *Our School* de Dickens (1857) qui fait partie du volume intitulé *Reprinted Pieces* (1858).

faire ici mention, si elle trouve son illustration dans des incidents dont j'ai pu garder la mémoire. En toute circonstance, mes parents observaient une ligne de conduite conforme à la plus sévère probité commerciale ; mais peut-être cette conception fut-elle plus stricte dans tout ce milieu de commerçants, flegmatiques jusqu'à l'impassibilité, qu'elle ne fut plus tard, quand la notion de réussite commerciale se trouva mêlée, non seulement de cynisme, mais d'un goût singulier pour l'aventure, et presque pour la piraterie. Ce changement peut être perçu, comme ce fut le cas dans l'évolution du mot « respectable », dans le climat de certains mots. Aujourd'hui, le modèle idéal, en matière de morale, et même en matière de religion, surtout dans la religion telle qu'elle est popularisée par des journaux qui s'adressent aux millions d'hommes d'affaires modernes, c'est d'être un « aventurier ». Monstre on ne peut plus menaçant pour la morale, puisque les hommes d'affaires de ma vieille classe moyenne se sentaient marqués comme au fer rouge par ce titre d'aventurier. Il faut croire que, par la suite, le monde a dû justifier certaines aventures à peu près indéfendables en les parant de la magie de l'aventure. En tout cas, ce n'est pas là seulement mon opinion personnelle, c'est-à-dire l'opinion d'un homme attardé dans une époque de réaction. C'était déjà celle des vieux optimistes, même des meilleurs, celle des économistes les plus orthodoxes de l'époque où le changement commença d'apparaître, et qui se figuraient vivre déjà dans une époque de réforme. Mon père et mes oncles appartenaient entièrement à l'époque qui croyait au progrès, et, d'une façon générale, à toutes les choses nouvelles. Ils y croyaient d'autant plus qu'ils trouvaient de plus en plus difficile de croire aux choses anciennes et, même, dans une certaine mesure, de croire à quoi que ce fût. Mais, s'ils croyaient au progrès en tant que libéraux, il leur arrivait souvent, en tant qu'honnêtes gens, de convenir que certaines choses allaient plus mal qu'avant. J'entends encore mon père me dire qu'il commençait à être empoisonné par un essaim de personnages sollicitant des commissions non officielles, au cours de transactions où leur rôle eût dû se borner à représenter d'autres intérêts que les leurs propres. De ces intermédiaires, mon père parlait, non seulement avec le plus profond dégoût, mais un peu comme si ces mœurs étaient aussi nouvelles que gênantes. Lui-même avait coutume de recevoir cette sorte de fâcheux avec une explosion de cordialité, voire d'hilarité exubérante, fort plaisamment simulées ; c'était d'ailleurs la seule occasion où son humour put être qualifié de dur, voire de féroce. Un agent, discutant au nom d'un tiers, laissait-il entendre qu'une récompense acceptable pourrait peut-être faciliter les négociations, mon père, avec une formidable bonne humeur, lui répondait : « Mais, bien sûr ! Comment donc ! Pourvu que tout ceci reste entre amis et se passe au grand jour, sans cachotterie ! Vos directeurs, j'en suis certain, ne peuvent qu'être ravis d'apprendre que je vous verse cette petite… cette petite… » Il était presque toujours interrompu par une sorte de cri de frayeur ; le courtier, si accommodant tout à l'heure, le courtier si diplomate battait brusquement en retraite, le plus élégamment qu'il pouvait, en grande alarme. « Cela ne prouve-t-il pas, disait mon père, avec un rationalisme plein d'innocence, l'immoralité de ces transactions ? »

Mon oncle Sydney, qui était son associé, assistait à ces entretiens, mais comme un témoin dont il était difficile de répondre, car il était moins complaisant. Mon père s'intéressait positivement à tout, mais il n'exprimait son opinion qu'avec une certaine réserve. De tous les hommes que j'ai connus, il était l'un des rares qui prêtassent vraiment l'oreille à un argument ; en outre, plus traditionnel que beaucoup de ses pairs, dans cet âge de libéralisme ; et féru des choses anciennes ; il avait une réelle passion pour les cathédrales de France, et, d'une façon générale, pour toute l'architecture gothique révélée en ce temps-là par Ruskin[43]. Qu'il pût admettre, d'autre part, les manifestations du progrès moderne, la chose n'est pas tellement inconcevable. Mon oncle,

43. John Ruskin (1819-1900) écrivain et artiste de premier plan. Écossais né à Londres ; fils unique d'un importateur de vins, il hérita d'une grosse fortune. Dès l'enfance, manifesta un vif amour de la nature exempte d'artifice. Études au collège de Christ Church (Oxford), où il décrocha le prix Newdigate (1839). Après sa licence (1842) étudia la peinture et devint un ardent admirateur du paysagiste Joseph Mallord William Turner (1775-1851). Pour le défendre contre la critique, il publia (1843) le premier volume de l'ouvrage qui devint par la suite un vaste traité (*Modern Painters*) ; le deuxième volume parut en 1846, le troisième et le quatrième en 1856 ; le cinquième en 1860. Ouvrage qui établit sa réputation, d'ailleurs justifiée, comme premier critique anglais. Bien que ses opinions soient paradoxales, Ruskin témoigne d'une rare faculté d'observation, servie par une imagination très riche ; c'est aussi un maître du langage. Il discuta aussi mainte question de morale et de philosophie. Étudia ensuite l'art en Italie et dans tous les musées d'Europe. Au retour de ces voyages d'études il publia *The Seven Lamps of Architecture* (1849) et *The Stones of Venice* (3 vol., 1851-1853).

lui, était exactement le contraire d'un *laudator temporis acti*. C'était un de ces hommes sensibles et consciencieux, très représentatifs du monde moderne, ayant, lui aussi, conscience, et jusqu'au scrupule, que son devoir était d'admettre les choses nouvelles, et de sympathiser avec les jeunes, tout comme des moralistes plus anciens jugeaient scrupuleusement de leur devoir de respecter les vieilles choses et d'obéir à leurs aînés. Je me rappelle avec quelle ardeur il me parlait des espérances qu'éveillaient en lui les prophéties optimistes officiellement formulées dans un livre intitulé : « *Looking Backwards* »[44] ; titre d'ailleurs plutôt ironique, attendu que la seule chose qui fût interdite à des « futuristes » de cette nature était justement de regarder en arrière, et que toute la philosophie, sublimée plus tard grâce au génie de M. Wells[45], se ramenait au devoir de regarder toujours en

Professeur d'art à Oxford en 1869, puis en 1876 ; dans l'intervalle fit construire un grand nombre de maisons à loyers réduits.

Ses autres œuvres : *Sesame and Lilies* (1864), *The Ethics of the Dust* (1865), *Frondes Agrestes* (1875), *Arrows of Chance* (1883), etc., etc. En 1871, entreprit la publication de *Fors Clavigera*, période mensuel consacré à la « Conservation and Elevation » de la vie sociale populaire et en particulier à la sauvegarde des classes laborieuses contre les maux résultant de l'organisation industrielle moderne.

Son célèbre pamphlet *Pre-Raphaelitism* date de 1851. Il s'y faisait le défenseur d'un mouvement inauguré en 1850 par des jeunes artistes et hommes de lettres (la plupart à la fois artistes et écrivains) unis sous le nom de « Pre-Raphaelite Brotherhood » pour résister aux conventions existantes, en art et en littérature, par un retour à des formes d'art qu'ils croyaient être celles qu'on observait en Europe avant Raphaël. Dès avant la publication du pamphlet de Ruskin, ils avaient publié leur doctrine dans les colonnes d'un périodique, appelé *The Germ : Thoughts towards Nature in Poetry, Literature and Art*, dont le premier numéro avait vu le jour le 1er janvier 1850 et dont le titre fut remplacé, au troisième numéro, par celui-ci : *Art in Poetry being Thoughts towards Nature*, et qui disparut après quatre numéros.

À l'origine, ce groupe comprenait sept personnes : Dante Gabriel Rossetti (voir note 20, chap. XIII) né en 1828, mort en 1882 ; son frère Michael Rossetti (1829-1919), William Holman Hunt (1827-1910), John Everett Millais (1829-1896), Thomas Woolner (1826-1892), Frederick George Stephens (1828-1907) et James Collinson (1825 ?-1881). Par la suite, d'autres membres vinrent se joindre à ce groupe, notamment William Morris (voir note 41, chap. VI).

44. À peu près : *Regards en arrière*.

45. Herbert George Wells, (1866-1946), célèbre auteur contemporain, fils d'un modeste commerçant ; débuta comme apprenti chez un drapier, période à laquelle il fait souvent allusion dans les meilleurs de ses romans. Fut ensuite instituteur dans une Grammar School (école primaire) ; puis, études supérieures à la Normal School of Science, à South Kensington. Resta dans l'enseignement jusqu'en 1893 ; se consacra ensuite aux lettres.

avant. Beaucoup plus que mon père, mon oncle appartenait à ce type d'homme scrupuleusement optimiste et confiant. Il eût été le dernier à se poser en défenseur du bon vieux temps. Mais c'était aussi un homme honnête, tout à fait honnête, et cela se voyait. Je me souviens qu'il me disait un jour, avec cette ride contrariée qui lui barrait parfois le front et révélait chez lui une inquiétude, inconsciente mais visible : « Je suis forcé de convenir que la moralité commerciale n'a pas cessé de décliner au cours de ma carrière. »

J'admets bien volontiers, ou plutôt je me flatte que, pour tout ce qui ressemble à la sympathie accordée à de telles utopies, des hommes comme ceux-là étaient en avance sur leur temps. Mais je me flatte bien davantage encore que, dans le développement considérable qu'a pris la haute finance, dans les temps modernes, ils aient été bien en arrière sur leur temps. Il est bien vrai que les hommes de leur classe furent, dans l'ensemble, dangereusement aveugles et sourds en matière d'exploitation économique ; mais, toutes proportions gardées, ils se montraient plus vigilants, plus susceptibles sur l'autre question : celle de la décence en matière d'argent. Il ne leur vint jamais à l'esprit que l'on pût admirer un homme parce qu'il était ce qu'on appelle aujourd'hui un spéculateur audacieux, pas plus qu'on ne pouvait admirer une femme d'être audacieuse en sa tenue. Il y avait, dans les deux cas, quelque chose qui tenait du même changement de climat. L'absence d'ambition sociale entrait largement en ligne de compte dans une telle façon de voir. Quand les abus de pouvoir furent vraiment marqués par l'étroitesse de vues ou la stupidité, ils furent, dans une large mesure, attribuables à l'ignorance ; mais ceci

---

Ses romans peuvent se classer en trois groupes : 1° les romans où domine l'imagination et le fantastique (*The Time Machine*, 1895 ; *The Invisible Man*, 1897 ; *The War of the Worlds*, 1898 ; ce sont les romans à prophéties) ; 2° les romans de caractères à forme humoristique : *Love and Mr Lewisham* (1900) ; *Kipps* (1905) ; *The History of Mr Polly* (1910), etc. ; 3° romans à thèse, où l'auteur parle du progrès et des idéals de l'humanité : *Mr Britling sees it through* (1916) ; *The World of William Clissold* (3 vol., 1926) ; etc., etc.

Intéressé par la biologie et par l'Histoire, H.G. Wells publia aussi un *Outline of History* (1920) ; une *Short History of the World* (1922) ; et écrivit en collaboration avec son fils J.P. Wells et Julian Huxley (savant éminent, descendant de Thomas Huxley — voir note 38, chap. VI —) *The Science of Life* (1929).

Wells doit être considéré comme un des auteurs les plus prolifiques, les plus doués et les plus universellement connus de son temps.

n'était rien au regard de la faute, si grave et si funeste, qui consistait à ignorer les torts réels infligés à la classe ouvrière, et les droits mêmes du travailleur. Dieu sait (il se peut que, dans certains cas, le lecteur lui-même sache), que je n'éprouve nulle admiration pour la prospérité commerciale, égoïste et pleine de suffisance, de l'Angleterre du XIXe siècle. Vue sous l'angle le plus favorable, elle ne fut qu'une manifestation d'individualisme, et qui n'aboutit, en fin de compte, qu'à la destruction de l'individu ; un industrialisme qui ne fit rien, sinon empoisonner jusqu'au sens même du mot « industrie ». Sous l'angle le plus défavorable, cette prospérité aboutit à une victoire vulgaire, celle de l'exploitation de l'homme par l'homme et celle de l'escroquerie. Je ne fais ici qu'attirer l'attention sur un point particulier, et qui concerne un groupe particulier, une classe spéciale, d'ailleurs éteinte aujourd'hui ; et c'est pour dire que, si les hommes de cette classe ignoraient l'exploitation de l'homme par l'homme, ou ne lui marquaient que de l'indifférence, l'escroquerie leur causait une indignation véritable. Dans un même ordre d'idées, peu de gens pourront m'accuser de puritanisme ; mais je pense qu'il faut rendre cette justice à la tradition puritaine que certaines idées de modérantisme dans les relations de société ne doivent pas être tenues pour étrangères au retard apporté au triomphe total de la finance épateuse et aux petits stratagèmes de la parcimonie. Il y a eu, en tout cas, une évolution certaine depuis la classe moyenne qui faisait confiance à l'homme d'affaires qu'elle chargeait de prendre soin de son argent parce qu'il était attentif et discret, jusqu'à celle qui a fait confiance à l'homme d'affaires chargé de faire rentrer d'autant plus d'argent qu'il était plus audacieux et plus matérialiste. La dernière ne s'est pas toujours demandé pour le bien de qui l'homme d'affaires moderne ferait rentrer plus d'argent, ni d'où venait l'argent qu'il ferait rentrer.

Je sais que j'ai eu beaucoup de chance avec ma famille ; mais d'autres, qui furent moins fortunés que moi dans ce domaine, ne furent pas plus disposés à commettre les fautes auxquelles on donne communément aujourd'hui l'étiquette de « victoriennes ». C'est qu'en effet le victorianisme ne fut pas du tout victorien, au sens moderne de ce mot. Ce fut un temps de croissantes épreuves, et, en somme, exactement le contraire de la solide respectabilité bourgeoise ; et cela pour la raison que sa morale et sa théologie allaient sans cesse s'amenuisant. On aurait pu le comparer, non sans raison, à ce qui l'a suivi, et non point aux siècles qui le précédèrent. L'époque victorienne se vantait parfois d'être « domestique » ; elle se trompait : le « home » de l'Anglais d'alors n'était pas, et de loin, aussi « domestique » que le foyer de cet affreux étranger, je veux dire du Français libertin et vivant sans règle. C'était le temps où l'Anglais mettait tous ses fils en pension et ses domestiques en quarantaine. Il m'est impossible d'imaginer comment on a pu dire que la maison de l'Anglais était son château[46], attendu qu'il était l'un des rares citoyens d'Europe qui ne possédât même pas la maison qu'il habitait[47] ; et cette maison n'était, à tout prendre, rien de plus qu'une triste boîte en briques ; celle qui, de toutes les maisons imaginables, ressemblait le moins à un château. Surtout, loin d'être strict en matière d'orthodoxie religieuse, le foyer de l'Anglais fut presque le premier, dans toute l'histoire de l'humanité, à se montrer irréligieux. La génération victorienne fut la première à demander à ses enfants d'adorer le foyer sans adorer l'autel. Ceci était également vrai pour tous, qu'ils allassent à onze heures à l'église, avec plus de ponctualité ou de décence que le joyeux fumiste au livre de prières, ou qu'ils fussent révérencieusement agnostiques ou latitudinaires, comme beaucoup de ceux qui vivaient alors dans mon entourage. Pour la plupart, c'était la vie de famille, mais débarrassée de ses réunions, de ses fêtes, de ses reliquaires, de ses cultes privés, de tout ce qui avait été sa poésie dans le passé, à cette génération. Parler des meubles lourds d'un père aux idées non moins lourdes, nommer tables et chaises ses dieux lares, c'était encore plaisanter : car le fait est qu'il était le premier homme pour qui il n'y avait pas de dieux lares, mais seulement des meubles.

Voilà pour le côté le plus terne ; mais on a exagéré encore davantage quand on a parlé du côté sombre de l'époque. Les romanciers modernes

---

46. Englishman's house is his castle (La maison de l'Anglais est son château : dicton).

47. L'Anglais habite plutôt une maison qu'un appartement, toujours plus coûteux en Angleterre. Mais, dans les grandes villes, cette maison ne lui appartient qu'exceptionnellement et, même quand elle appartient à celui qui l'habite, le terrain sur lequel elle est bâtie peut appartenir et la plupart du temps appartient à un autre propriétaire à qui l'occupant paie une redevance annuelle. Tels grands propriétaires terriens (le duc de Westminster, le duc de Bedford) possèdent encore aujourd'hui le terrain d'immenses quartiers du centre de Londres.

et les autres se sont mis à nous faire le coup de représenter le foyer de la vieille classe moyenne comme une sorte d'asile privé pour aliénés, où les fous menaient les affaires ; comme dans le cas de ce Mad Hatter (Chapelier fou)[48] et même excessivement fou, qui habitait Hatter's Castle. Exagération grotesque. Qu'il y ait eu des parents atteints d'égoïsme à ce degré, c'est certain ; mais je n'en revois guère plus de trois dans tout l'ensemble de notre ancien cercle social ; or, la fausseté de la comparaison ne s'applique pas moins à leur cas. Quelques-uns ont pu être des fanatiques en matière de religion. Je me rappelle que l'un d'eux enfermait ses filles et les gardaient littéralement prisonnières ; et je me souviens d'un autre qui disait du premier : « Ne voyez-vous pas qu'il se figure que personne d'autre n'est capable de réfléchir, sauf lui et Herbert Spencer[49]. » Je me souviens aussi d'un troisième, radical à

48. Héros du roman « *Hatter's Castle* » par A.J. Cronin, dont on a récemment tiré un film en Angleterre.

49. Herbert Spencer (1820-1903) un des philosophes anglais les plus éminents du XIXe siècle ; né à Derby, fils d'un professeur dissident ; études entièrement privées, sous la direction de son père, qui le destinait à l'Université ; mais Herbert, attiré par les sciences, devint ingénieur. Comme tel, travailla pendant neuf ans (1837-46) à la construction du chemin de fer de Londres à Birmingham. Vers la fin de cette période, s'intéressa à des questions sociologiques et politiques et publia, en 1842 : *The Proper Sphere of Government*. À l'expiration de son contrat avec la Compagnie des Chemins de fer, se consacra exclusivement à ses études ; en 1850, publie son premier ouvrage important : *Social Statics* où il cherche à prouver que la société était régie par des lois définies, tout comme tout autre organisme vivant. L'essentiel de sa future doctrine y est déjà aisément reconnaissable ; mais ce ne fut qu'entre 1855 et 1860 qu'il établit le plan du système philosophique à la réalisation duquel il consacra toute sa vie.

En 1862 paraît son ouvrage : *Premiers principes*, qui est une sorte d'introduction à sa philosophie ; il succédait à une première esquisse : « principes de psychologie ». En 1864 paraît : *Principes de biologie* ; en 1870-72 : les nouveaux *Principes de psychologie* ; de 1876 à 96 : *Principes de sociologie* ; de 1879 à 1893 : les *Principes de Morale*, qui complètent l'ouvrage.

Il faut mettre Spencer sur le même plan qu'Auguste Comte, que Darwin et que John Stuart Mill, c'est-à-dire comme un des pères du positivisme, de l'évolutionnisme et de l'utilitarisme. Selon Spencer, tous les phénomènes universels se réduisent à une seule loi fondamentale : la loi d'évolution. Il déclare aussi que nos sens et notre intelligence ne peuvent nous donner qu'une connaissance relative du monde. Spencer est hautement responsable de la propagation de l'agnosticisme, qui n'est pas l'athéisme ; car l'agnostique ne nie pas Dieu ; il dit seulement qu'il n'a pas le moyen de le connaître. Outre les ouvrages mentionnés ci-dessus, Spencer a publié : *Essays* (1858-1874) ; *Education* (1861) ; *The Classification of the Sciences* (1864) ; *The Man versus the State* (1884). Son *Autobiographie* ne fut publiée qu'après sa mort, en 1904.

l'extrême, qui se posait en champion de la liberté en toutes choses et en tous lieux, sauf chez lui. La remarque a son importance historique. Des tyrans, irréligieux ou religieux, il s'en trouve partout. Mais ce type de tyrans fut vraiment le produit de l'époque où le bourgeois moyen avait encore le pouvoir de diriger enfants et domestiques, alors qu'il n'avait plus ni croyances, ni gildes, ni rois, ni prêtres, ni quoi que ce fût pour se diriger lui-même. Aux yeux des gens des classes supérieures, c'était déjà un anarchiste ; mais c'était encore un tyran aux yeux de ceux qui lui étaient inférieurs par le rang. Il n'en est pas moins vrai que c'était un type anormal, et je n'en revois pas un seul, dans ma parenté, qui eût avec lui la moindre ressemblance.

Il faut évidemment, dans le tableau de cette société oubliée, faire la part de l'élément de puritanisme. En ce qui concerne ma famille, il se manifestait surtout par la désapprobation, d'ailleurs illogique, de certaines formes extérieures du luxe et de la dépense. Notre table craquait sous le poids de dîners beaucoup plus somptueux que ceux que mangent bien des aristocrates d'aujourd'hui, mais mes parents ne pouvaient réprimer, par exemple, le sentiment bien arrêté que prendre un fiacre était le fait d'un parvenu, un trait de dissipation proprement inexcusable. Où ce sentiment avait-il sa source ? Je crois qu'il faut la chercher dans un orgueil exagéré à ne pas singer l'aristocratie. Je me rappelle que mon grand-père, pour lors octogénaire ou presque, et qui eût pu s'offrir autant de fiacres qu'il eût voulu, demeurait debout sous la pluie, parce que sept ou huit omnibus à la file lui passaient complets sous le nez ; et, rentré chez nous, disant à mon père (à voix basse, de peur que le propos blasphématoire ne parvînt aux oreilles des enfants) : « S'il en était encore passé trois, ma parole, je crois que j'aurais pris une voiture ! » Pour ce qui est de l'usage des fiacres, je ne puis me vanter d'avoir porté intact l'écusson de ma famille, ni d'ailleurs d'avoir, à d'autres points de vue, mené une existence calquée sur l'austère modèle de mes ancêtres mâles. Mais, pour ce qui est du motif qui les faisait agir, je reste prêt à les défendre, ou tout au moins à déclarer qu'on s'est beaucoup mépris à leur sujet. Ils étaient des derniers descendants de Mme Gilpin[50], qui faisait arrêter

50. Personnage d'une ballade de William Cowper, intitulée *John Gilpin* (imprimée anonymement en 1782, et officiellement en 1785). Elle décrit l'excursion burlesque

la chaise à quelques pas de sa maison, de peur que les voisins ne la tinssent pour fière. Eh bien, je ne suis pas très sûr que son point de vue ne fût pas beaucoup plus sain que celui de la femme chic que l'on peut voir se promener dans la Rolls Royce de n'importe qui, de peur que les voisins ne la croient de condition modeste.

Tel était, pour autant que je sache, le paysage social dans lequel j'ai d'abord vécu, et tels étaient les gens parmi lesquels je suis né. Si ce paysage et si ces gens paraissent respectables, voire raisonnables au point de désappointer ; s'ils paraissent médiocres au regard de toutes ces qualités déplaisantes qui font qu'une biographie est vraiment populaire, j'en ai regret ; comme je regrette de n'avoir point à offrir à la curiosité publique un père dont l'humeur sombre et sauvage soit à la source de tout mon tragique héritage ; une mère au visage blafard, peut-être ravagée dans sa santé comme dans son humeur et dont les instincts de suicide m'auraient livré aux tentations d'un tempérament artiste. Je déplore qu'il n'y ait, dans le cercle de ma famille, rien de beaucoup plus savoureux qu'un lointain oncle gentiment impécunieux ; et je déplore enfin de ne pouvoir remplir mon devoir d'homme vraiment à la page, en maudissant ceux qui m'ont fait ce que je suis, quoi que je vaille (je ne suis pas exactement fixé sur ce dernier point). Je suis presque sûr, au contraire, que la plus grande part de ce que je suis n'est arrivé que par ma faute. Et je suis forcé d'avouer que je me reporte vers le décor de mes premières années avec un plaisir qui devrait, sans aucun doute, être réservé à l'utopie du futuriste. Or, ce paysage, tel que je le revois avec mes yeux d'aujourd'hui, ne fut pas tout à fait dépourvu d'un caractère de vision ou de symbole ; parmi toutes les choses qui le restituent à mon souvenir, je me trouve remonter, en fin de compte, vers celles que j'ai mentionnées les premières. Pour l'une ou l'autre raison, ces choses-là ont fini par se substituer à bien d'autres, dans cette allégorie en action qu'est une existence humaine : la petite église où je fus baptisé, le réservoir des eaux, la tour de briques, la tour nue, aveugle, vertigineuse, qui, aux premiers

---

du ménage Gilpin qui, depuis 20 ans, n'avait pas pris de vacances. Madame Gilpin et ses enfants vont de Londres à Edmonton (aujourd'hui banlieue nord de Londres) dans une chaise à porteurs, le mari suivant à cheval. Le cheval prend le mors aux dents et dépasse Edmonton ; puis faisant demi-tour, franchit encore une fois Edmonton et revient à Londres, au point d'où il est parti.

regards jetés par moi vers son sommet, semblait s'accrocher aux étoiles. Peut-être participe-t-elle de la notion confuse et chaotique d'une tour d'eau, c'est-à-dire en eau ; un peu comme si la mer elle-même put se tenir sur l'un de ses bouts, comme dans un typhon. Il est certain qu'un jour, plus tard, sans qu'il me soit possible de préciser à quel moment, l'idée m'est venue d'un énorme serpent aquatique, qui était peut-être le Grand Serpent de Mer, et qui avait un peu ce caractère de proximité qui appartient au cauchemar, d'un dragon aperçu dans un rêve. Et, confondue en quelque sorte avec le serpent, se dressait la petite église, sa flèche brandie comme un épieu, ou comme une lance. Et c'est avec plaisir que je me suis toujours rappelé qu'elle était dédiée à saint George[51].

---

51. Saint national d'Angleterre, toujours représenté à pied et en armure, perçant le dragon de sa lance. (Voir aussi note 3, chap. V).

CHAPITRE II

L'HOMME À LA CLEF D'OR

La toute première chose que je me rappelle avoir vue de mes yeux, c'est un jeune homme qui passait à pied sur un pont. Il avait une moustache frisée, un air de confiance en soi qui frisait l'insolence ; à la main, une clef démesurément grande, d'un métal jaune et brillant, et sur la tête une haute couronne d'or, ou peut-être seulement dorée. Le pont s'élançait dans le vide, appuyé par un bout à la raide paroi d'un précipice vertigineux ; dans le lointain, des pics s'étageaient, fantastiques ; par l'autre bout, le pont rejoignait le sommet de la tour d'un château, crénelé presque à l'excès. Dans la tour, une fenêtre ; et par cette fenêtre, une dame jeune regardait. Pour tout l'or du monde, je ne saurais me rappeler l'air qu'avait la jeune dame, mais je suis prêt à me mesurer avec quiconque oserait nier qu'elle était adorable.

Si l'on m'objectait qu'un tel tableau se situe malaisément au sein de la famille d'un agent mobilier qui demeurait, au siècle dernier, dans les années d'après soixante-dix, un peu au nord de la grand'rue de Kensington, je serais bien forcé de reconnaître que la scène, en effet, n'était pas réelle, mais que je la vis par une fenêtre bien plus merveilleuse encore que la fenêtre de la tour : par l'avant-scène d'un petit théâtre construit pour nous par mon père ; et, s'il faut qu'on m'importune pour des détails aussi étrangers au sujet, j'ajouterai que le jeune homme couronné avait environ six pouces de hauteur, et s'avérait, à l'examen, être fait de carton. Mais la chose certaine, strictement vraie, c'est que je me rappelle avoir vu ce jeune homme avant n'importe quelle autre personne dont j'ai gardé le souvenir ; et que, pour autant que ma mémoire soit en cause, ce fut bien là le spectacle sur quoi mes yeux s'ouvrirent d'abord sur ce monde. Aussi la scène du jeune homme passant le pont a-t-elle une sorte d'authenticité originelle impossible à décrire ; c'est une chose qui demeure constamment comme embusquée à l'arrière-plan de toutes mes pensées ; comme la toile de fond du théâtre des choses. Je n'ai pas l'ombre de souvenir de ce que le jeune homme faisait sur le pont, ou de ce qu'il se proposait d'entreprendre avec la clef jaune ; la connaissance ultérieure, et d'ailleurs exempte de joie, de la littérature et de la légende me donne à penser qu'il n'est pas improbable que le jeune homme allait délivrer la belle captive. Détail psychologique assez piquant : tandis que je ne me souviens d'aucun autre personnage de la pièce, je me revois très nettement enregistrant ce détail : que le jeune homme couronné avait une moustache et pas de barbe. J'ai aussi comme une notion vague de l'existence d'un autre gentleman, également couronné, et qui, lui, portait toute la barbe. Je crois que l'on peut imaginer, sans crainte d'erreur, que le personnage barbu était destiné à jouer le rôle du méchant roi ; et il ne nous faudrait guère plus de preuves convergentes pour l'inculper d'avoir enfermé à clef la dame dans la tour. Tout le reste s'est évanoui : les épisodes de la tragédie, le sujet, l'histoire, les autres personnages ; mais cette scène unique fulgure encore au fond de ma mémoire comme un coup d'œil entrevu sur quelque incroyable paradis ; et, pour autant que je sache, j'en garderai le souvenir alors que tout autre souvenir se sera évanoui pour toujours.

En dehors du fait que ce souvenir est mon tout premier souvenir, j'ai plusieurs raisons pour lui donner la première place. Je ne suis pas un psychologue, Dieu merci ; mais si les psychologues continuent à répéter ce que les personnes ordinaires et saines d'esprit n'ont cessé de dire : que les premières impressions comptent beaucoup dans la vie, je retrouve dans ce souvenir le symbole de tout ce que j'aime en fait d'images, et même d'idées. Toute ma vie, j'ai aimé les bords, les arêtes ; et la limite qui amène une chose à se dresser très vivement contre une autre. Toute ma vie, j'ai aimé les bornes et les cadres ; je prétends que le plus vaste désert paraît plus vaste encore vu par une fenêtre. N'en déplaise à tous les graves critiques dramatiques, j'avance en outre que le théâtre parfait doit s'efforcer d'atteindre au caractère extatique des tableaux vus dans les optiques. J'ai aussi un goût très marqué pour les abîmes, les ravins, pour tout ce qui accuse d'une façon subtile la nuance qui va d'une chose à une autre ; et ce goût très marqué que j'ai toujours eu pour les ponts tient à ce fait qu'une arche vertigineuse et sombre souligne le vide beaucoup mieux que le vide lui-même. Je ne puis retrouver le souvenir de la beauté de la princesse ; mais à revoir le pont que le prince traversait pour aller jusqu'à elle, je juge de ce qu'elle était. Et je crois qu'en éprouvant dès lors toutes ces choses, je pressentais déjà, d'une façon fragmentaire, les suggestions d'une philosophie que je n'ai jamais trouvée en défaut depuis lors. C'est sur cette question de vérité qu'une querelle pourrait s'engager entre les psychologues les plus matérialistes et moi-même. Si un homme venait me dire que je ne prends plaisir au mystère du pont et de la fenêtre que parce que j'ai vu ces images lorsque je n'étais qu'un petit enfant, je prendrais la liberté de lui répondre qu'il n'a pas dû beaucoup approfondir la chose. Je dirais, d'abord, que j'ai dû voir des milliers d'autres choses avant le pont, et après ; qu'il faut qu'il y ait eu chez moi un élément de sélection, une raison à ce choix. Il est encore plus évident que le fait de fixer une date n'est même pas commencer à traiter le sujet. Si quelque lecteur laborieux des petits manuels de psychologie enfantine me crie, tout faraud de sa malice : « Vous n'aimez le romantique, et en particulier les théâtres d'enfants, que parce que votre père vous a montré un de ces théâtres quand vous étiez enfant vous-même », je répondrais, armé d'une patience toute chrétienne : « Fou que vous êtes, vous avez bien raison ! Votre explication est, dans ce sens, incontestablement la bonne. Mais ce que vous dites, de votre air spirituel, c'est, tout simplement, que, si j'associe ces souvenirs à l'idée du bonheur, c'est parce que j'étais heureux quand je les vis. Votre remarque n'aborde même pas la question de savoir pourquoi j'étais heureux. Pourquoi le fait de regarder, par un trou carré, un morceau de carton jaune, transporterait-il quelqu'un au septième ciel à n'importe quel moment de la vie ? Pourquoi ce fait produirait-il spécialement une telle impression, à ce moment-là ? Voilà le fait psychologique qu'il faudrait expliquer ; je n'en ai jamais rencontré d'explication rationnelle d'aucune sorte ».

Qu'on excuse cette parenthèse ; et aussi d'avoir parlé de la psychologie de l'enfance, ou de tout autre chose qui puisse faire rougir. C'est qu'il y a là une question sur laquelle je trouve que quelques-uns de nos psychanalistes étalent sans rougir une trop insolente audace. Je n'ai nulle envie de voir mes réflexions confondues avec l'abominable et dégradante hérésie d'après quoi nos esprits ne sont que le produit de conditions accidentelles, et n'ont en conséquence nulle relation finale avec la vérité. En m'excusant autant qu'il est possible auprès des libres-penseurs, je continue à me tenir pour libre de penser. Et quiconque veut bien se donner la peine de réfléchir un instant verra que cette pensée est bien la fin de tout penser. Il est parfaitement inutile de discuter, si toutes conclusions sont faussées par les circonstances où nous sommes. Nul ne peut corriger le préjugé de personne, si tout esprit n'est que prévention.

Dieu merci, l'entr'acte fini, je vais pouvoir poursuivre et m'occuper des rapports plus réels entre ma mémoire et mon histoire. Il sera d'abord nécessaire de dire quelques mots de la mémoire elle-même ; et de l'authentique crédit qu'on peut accorder à de telles histoires. Si j'ai parlé d'abord d'un fragment de féerie dans un théâtre pour enfants, c'est qu'il résume, selon moi, très clairement, les plus fortes influences qui s'exercèrent sur mon enfance. J'ai dit que ce petit théâtre avait été construit par mon père ; quiconque a jamais tenté d'en construire un ou seulement de monter une pièce de cette sorte sait que cela suppose une connaissance remarquable de métiers divers et la pratique de plus d'un tour de main. Construire un petit théâtre implique qu'on est à la fois, et dans maint autre sens que le sens commun, le charpentier de la scène, l'architecte, l'entrepreneur, le dessinateur, le peintre de paysages, le conteur aussi, et tout cela ensemble. Eh bien, quand je regarde aujourd'hui en arrière, quand je considère ma vie, et l'art plutôt irréel, plutôt inauthentique que j'ai tenté de pratiquer, je sens que j'ai vécu une existence bien plus étroite que celle de mon père.

Il va sans dire que le seul nom de mon père suffit à évoquer de bien plus vastes souvenirs. Un des premiers, c'est de me revoir jouant dans notre jardin sous la garde d'une jeune fille qui portait des nattes de cheveux dorés ; c'est de revoir, un peu plus tard, ma mère criant de la maison à la jeune fille : « Vous êtes un ange ! », compliment que j'étais prêt à accepter sans y impliquer de métaphore. Cette jeune fille vit aujourd'hui à Vancouver, et elle s'appelle Mme Kidd ; elle et sa sœur firent plus pour embellir mes premières années que la plupart des gens que j'ai fréquentés à cette époque. Depuis lors, j'ai rencontré ce qu'on avait coutume d'appeler les gens d'esprit de l'époque ; mais je n'ai point connu de conversation plus piquante. Parmi ces premiers souvenirs, je retrouve aussi ces paysages du bord de la mer qui furent comme des éclairs d'azur dans la vie des garçons de ma génération. North Berwick, avec sa verte colline en forme de cône, qui semblait la personnification même de la Colline ; puis une plage française dont l'image est associée dans mon esprit à un groupe de petites filles qui étaient les enfants de Mawer Cowtan, un vieil ami de mon père que je n'oublierai jamais. J'avais d'ailleurs tout un arrière-plan de cousins et de cousines ; mon parrain Tom Gilbert, celui qui me donna son dernier prénom, le premier des miens, avait une ribambelle de filles ; mon oncle Sidney une ribambelle de garçons ; et tous ces cousins et cousines se meuvent encore, dans mon souvenir, un peu comme les chœurs d'hommes et de femmes dans une grande tragédie grecque. L'aîné des garçons, celui que j'ai le mieux connu à un moment donné, fut tué pendant la grande guerre presque en même temps que mon frère ; la plupart des autres, je suis heureux de le dire, sont encore pour moi des amis autant que des parents.

Mais tous ces souvenirs, pourtant mémorables, n'apportent aucune conclusion à mes premières spéculations personnelles sur la nature même du souvenir. La jeune fille aux nattes jaunes est un souvenir lointain, dans la mesure où quelques-uns des autres sont inévitablement devenus des souvenirs plus récents, effacés sitôt qu'éprouvés.

En vérité, les choses dont nous nous souvenons sont celles-là même que nous avons oubliées. Je veux dire que lorsqu'un souvenir nous revient, brusque et impérieux, à travers cette protection que lui offre l'oubli, il apparaît, pendant un instant, exactement tel qu'il était ; mais si nous y pensons souvent, tandis que ses traits essentiels restent incontestablement fidèles, il se transforme peu à peu, pour devenir, de plus en plus, notre souvenir de la chose plutôt que la chose elle-même. J'ai eu une petite sœur, qui mourut quand j'étais enfant. Je n'ai presque rien d'autre à dire d'elle ; car c'était le seul sujet que mon père n'abordât jamais. C'était le seul chagrin terrible de sa vie, pour le reste anormalement heureuse, et même joyeuse. N'est-il pas étrange de penser que nous n'avons jamais parlé de cela jusqu'au jour de sa mort ? Je ne la revois pas sur le point de mourir ; mais je la revois très bien tombant d'un cheval à bascule. Je sais, par l'expérience de deuils éprouvés plus tard, que les enfants sentent exactement, sans qu'il soit besoin de leur rien expliquer, la nature de l'émotion, le climat émotionnel qui règne dans une maison en deuil. Mais, dans le cas de ma petite sœur, le plus grand des deux malheurs doit, je ne sais comment, s'être mêlé, superposé au moins grave, et finalement identifié avec lui. Je n'ai jamais pensé à cette chute que comme à un événement tragique ; tout se passe en moi comme si ma petite sœur s'était tuée en tombant d'un cheval vivant. Quelque chose a dû peindre la scène et la repeindre en mon esprit jusqu'au jour où, vers l'âge de dix-huit ans, j'eus soudain conscience que la scène était devenue le tableau représentant Amy Robsart[1], couchée au pied de l'escalier, où elle a été jetée par Varney et un autre vilain. On touche ici du doigt la difficulté réelle qu'il y a à se remémorer quoi que ce soit ; c'est qu'on s'est trop rappelé la chose, pour s'en être souvenu trop souvent.

Je donnerai un autre exemple de ce tour de passe-passe psychologique, bien qu'il implique une anticipation sur les événements postérieurs. Un de ces regards sur ce que j'appellerai mon histoire préhistorique m'apporte le souvenir d'une longue chambre, située tout en haut de la maison, et baignée d'une lumière qui ne fut jamais ni terrestre ni marine ; et de quelqu'un qui sculptait (ou peut-être peignait) avec de la couleur blanche la tête en sapin d'un cheval de bois ; tête presque archaïque dans son extrême simplification. Depuis ce jour, j'ai toujours été troublé jusqu'au plus profond de moi-même par la vue d'un poteau de bois peint en blanc ; et davantage encore par un cheval blanc aperçu dans la rue ; et ce fut pour moi quelque chose comme la rencontre d'un ami dans un conte de fée quand, le premier jour de ma lune de miel, je me trouvai, à Ipswich, sous l'enseigne de l'Auberge du *Cheval Blanc*. C'est uniquement pour cette raison que cette image m'est toujours restée ; ma mémoire s'y est constamment reportée ; j'ai même fait ce que j'ai pu pour effacer et pour souiller la pureté du *Cheval Blanc* en écrivant sur lui une interminable ballade. En général, un homme n'arrive pas à oublier le jour de son mariage ;

---

1. Amy Robsart, fille de Sir John Robsart, qui épousa Robert Dudley, comte de Leicester, en 1550 ; personnage du roman de Walter Scott : *Kenilworth*, où un autre personnage s'appelle Varney.

surtout quand il s'agit d'un mariage aussi hautement comique que le mien. Ma famille a gardé, à ma grande confusion, le souvenir d'un certain nombre de légendes, aujourd'hui familières : histoires de trains manqués, de bagages perdus, d'autres choses tenues pour plus extravagantes encore. On cite ce fait contre moi, et qui est d'ailleurs parfaitement véridique, que je m'arrêtai, au cours de notre voyage, pour boire un verre de lait dans une boutique, et pour acheter dans une autre un revolver et des cartouches. Il s'est trouvé des gens pour estimer que c'étaient là, pour un marié, de singuliers cadeaux à se faire à lui-même le jour de son mariage ; si la mariée l'eût moins bien connu, je suppose qu'elle eût pu se figurer qu'il était candidat au suicide, ou que c'était un meurtrier, ou bien, chose plus grave encore, un abstinent total. Mais ces choses me semblaient à moi les plus naturelles du monde. Je n'achetais le revolver ni pour me tuer, ni pour tuer ma femme ; car je ne fus vraiment jamais un homme moderne. Je l'achetais parce que c'était la grande aventure de ma jeunesse, et avec le vague sentiment de protéger ma femme contre les pirates, qui, sans doute, devaient infester les Norfolk Broads[2], vers lesquels nous nous dirigions ; après tout, les Norfolk Broads abritent encore un nombre singulièrement important de familles portant des noms danois[3]. Je ne serais nullement chagrin que l'on trouvât tout cela bien enfantin ; mais il est évident qu'il y faut voir une réminiscence de nos jeux de garçons. Quant à la consommation rituelle d'un verre de lait, ce fait-là fut vraiment une réminiscence de l'enfant. Je fis halte dans cette laiterie parce que j'y prenais un verre de lait chaque fois que je me promenais, enfant, avec ma mère. La chose me parut un cérémonial approprié pour unir, dans un geste, les deux grandes relations de la vie d'un homme. À l'extérieur de la boutique, on voyait l'image d'une Vache Blanche, qui était comme le pendant de l'image du *Cheval Blanc* ; l'une au commencement de mon nouveau voyage, l'autre à la fin. Mais ce qui compte ici, c'est que le fait même que ces allégories avaient été de nouveau revécues au moment de mon mariage, et dans mon âge mûr, les transforme, pour

2. Région de la côte est de l'Angleterre, dont les lagunes sont très fréquentées par les baigneurs parce que les eaux y sont calmes et peu profondes.
3. Allusion aux incursions des Vikings.

ainsi dire, et, en un certain sens, les voile, tandis qu'elles évoquent les premières visions de l'enfant. L'enseigne du *Cheval Blanc* a été repeinte, et c'est seulement de cette manière qu'elle s'est effacée. Je ne m'en souviens pas autant que je me souviens de m'en être souvenu.

Mais si je veux vraiment être véridique en reconstituant ces jours lointains, il faut que je racle autour de moi jusqu'à ce que je trouve quelque chose qui, n'étant pas trop émoussé, arrive à m'accrocher moi-même ; je veux dire : quelque chose qui soit suffisamment oublié pour que je puisse m'en ressouvenir. J'en fais l'expérience, en ce moment même, tandis que j'écris. Cherchant à reconstituer ce décor perdu, je me rappelle soudain, pour la première fois, qu'il y avait, à côté de la boutique du laitier, une autre boutique qui possédait à mes yeux d'enfant un charme bien mystérieux ; on y vendait de l'huile et des couleurs, et notamment une peinture d'or qui tapissait des coquillages ; il y avait là aussi des sortes de craies pâles et pointues, qui me sont ensuite devenues beaucoup moins familières. Je ne pense point ici aux couleurs plus éclatantes de ces boîtes banales, la laque carminée, ou le bleu de Prusse, bien que j'exultasse alors et exulte encore à les voir. Car un autre petit garçon, appelé Robert Louis Stevenson[4], a brouillé mes couleurs sur cette espèce de palette ; et j'ai vécu assez pour en jouir en imprimé aussi bien qu'en peinture. Mais, quand je me rappelle que ces craies oubliées comportaient un bâton de « rouge clair », couleur beaucoup plus ordinaire, la pointe de la craie rouge pénètre en moi, douloureusement, comme si elle allait me faire saigner.

De ces souvenirs d'ordre général, et relatifs au souvenir même, je tire une certaine déduction. Ce qui était merveilleux dans l'enfance, c'est que tout en elle était merveilleux. Son univers n'était pas seulement un univers plein de miracles ; c'était un univers miraculeux. Ce qui me cause cette exaltation, c'est presque tout ce dont je me

4. Robert Louis Stevenson (1850-1894), célèbre romancier écossais, un des créateurs du roman d'aventures et l'un des premiers qui parla des mers du Sud. Son prophète en France fut Marcel Schwob : *Treasure Island, Dr Jekyll and Mr Hyde* (1886), etc. Né à Édimbourg, fils d'ingénieur, son « Île au Trésor » fit sa célébrité (1883), même dans son pays. *Kidnapped* (1886), *The Master of Ballantrae* (1889), *The Wrecker* (1892), *Catriona* (1893), etc., etc. Plusieurs volumes d'essais : *Virginibus Puerisque* (1881) et *Familiar Studies of Men and Books* (1882).

souviens ; et non seulement les choses que je trouverais les plus dignes d'être rappelées. C'est en quoi cette exaltation diffère de l'autre grande émotion du passé ; je veux dire : de tout ce qui se rapporte au premier amour et à la passion romantique ; car ceci, bien que non moins poignant, finit toujours par se résoudre : le souvenir du premier amour est étroit et affilé comme une rapière qui percerait le cœur ; mais les souvenirs d'enfance sont plutôt comme cent fenêtres ouvertes de tous les côtés de la tête.

Je viens de faire une sorte d'expérience psychologique en matière de mémoire. Je me suis efforcé, en pensant aux choses oubliées, de les confronter avec celles dont je me souviens ; dans le cas des souvenirs d'enfance, bien qu'elles soient sans forme précise, je suis sûr qu'elles sont de la même couleur. Je me suis longtemps souvenu de la laiterie ; je viens de me rappeler la boutique où l'on vendait de si belles couleurs ; or, je n'ai pas la moindre idée de ce qu'était la boutique contiguë au marchand de couleurs. Je suis sûr que c'était une boutique qui rayonnait de la même clarté matinale, de la même clarté évanouie, puisqu'elle était dans la même rue, et sous le même ciel. Je n'ai aucune idée non plus de la rue où donnait la rangée des fenêtres de la longue pièce où l'on sculptait ou peignait la tête du cheval blanc ; mais je sens, dans un éclair de certitude, que c'était une rue heureuse ; ou bien, si l'on doit se montrer pédant, une rue où j'aurais dû être heureux. Or il n'en va pas ainsi, même avec les heures les plus heureuses de ce qu'on nomme les affaires de cœur que l'on a connues plus tard. J'ai déjà dit comment ma lune de miel commença devant la Vache Blanche de mon enfance ; mais il va sans dire que, dans mon temps, j'avais été moi-même un hurluberlu[5], pour ne pas dire un veau, au jeu des amourettes dansant au clair de lune, longtemps avant le miel de la lune de miel. Ces rêves diurnes, eux aussi, sont comme les épaves de quelque chose de divin ; mais ils ont la couleur du couchant plutôt que celle du grand jour. J'ai marché, certains soirs, à travers la campagne afin d'apercevoir, comme un point clair, au loin, parmi des maisons, une certaine fenêtre, et une tête qu'on discernait à peine ; et je me suis senti transporté comme

---

5. *Calf*, veau ; *moon-calf*, faiseur de brides à veau, hurluberlu. Chesterton joue sur les mots et le jeu de mots est intransportable. De même pour *calf-love*, amourettes.

à l'appel de rugissantes trompettes, comme par le salut de Béatrice. Mais je ne croyais pas alors, et je ne pense pas aujourd'hui que les autres fenêtres et les autres maisons étaient toutes aussi intéressantes ou presque ; or, c'est là justement ce que suggère le coup d'œil sur le monde merveilleux de l'enfant. Nous avons lu des pages innombrables sur l'amour qui rend le soleil plus brillant, les fleurs plus éclatantes ; cela est vrai en un certain sens ; mais pas dans le sens que je veux dire. L'amour transforme le monde ; tandis que le petit enfant vivait dans un monde sans changement ; ou plutôt, l'homme sent que ce n'est pas le monde, mais lui-même qui a changé. L'homme a changé longtemps avant l'approche de ce grand trouble, du trouble glorieux qu'est l'amour pour la femme ; il y a là quelque chose de neuf en soi, de concentré, de crucial aussi ; de crucial dans le vrai sens, c'est-à-dire : aussi près que Cana du Calvaire. Dans le dernier cas, ce qui est aimé devient *instantanément* ce qui peut être perdu.

J'attire ici l'attention sur un point : c'est que nous pouvons nous faire une idée de ce qu'est l'humeur de l'enfant et c'est en nous efforçant de penser, non seulement à ce qui a réellement été, mais aussi à ce qui aurait dû être. Je pense aux façades postérieures des maisons dont je n'ai vu que les façades principales ; aux rues qui s'étendaient bien loin derrière les rues que j'ai connues ; aux choses qu'on laissait derrière le coin de rue qu'on avait tourné ; et ces choses inconnues me font encore frissonner. L'un des jeux de l'imagination auquel j'ai joué pendant toute ma vie consiste à prendre certain livre orné d'images qui représentent de vieilles maisons hollandaises, et de penser, non pas à ce qu'il y avait sur les images, mais à tout ce qui ne s'y trouvait pas, aux coins inconnus, aux rues latérales, transversales de cette même ville étrange. Ce livre, mon père l'avait écrit et illustré lui-même ; c'était un livre fait simplement pour être regardé chez soi ; un livre, dirai-je, de consommation exclusivement domestique. Trait typique : dans la période de Pugin, mon père avait travaillé l'enluminure gothique ; mais, lorsqu'il s'y remit, ce fut dans un autre style, celui de la noire Renaissance hollandaise, des volutes grotesques qui suggèrent la sculpture sur bois beaucoup plus que la taille des pierres. Il était de cette sorte d'hommes qui aiment à tenter toutes choses une fois. Ce livre est le seul qu'il ait jamais écrit ; et il ne s'est jamais soucié de le publier.

À certaines gens, mon père eût pu rappeler M. Pickwick, à cela près qu'il fut toujours barbu, et jamais chauve. Il portait lunettes ; il avait la sérénité pickwickienne du caractère et prenait plaisir aux voyages et aux incidents drôles qui arrivent aux voyageurs. Il était plutôt calme que le contraire, mais son calme celait une grande fertilité d'idées, et il est certain qu'il aimait à « faire marcher » les gens. Je me rappelle, pour donner un exemple parmi cent autres inventions pareilles, comment il enseigna gravement des noms des fleurs à quelques dames ; insistant tout spécialement sur les noms populaires qu'on leur donne dans telle ou telle région : « Les gens de la campagne les appellent des *couteaux de matelots* », disait-il d'un air détaché, après avoir affecté de les désigner par leur nom scientifique ; ou bien encore : « Je crois qu'on les appelle des *lacets de boulanger* dans le comté de Lincoln » ; et c'est un bel exemple de la simplicité humaine que de noter jusqu'à quel point mon père estimait pouvoir avancer en toute sécurité dans un discours aussi instructif. Ses auditrices le suivirent encore sans sursauter quand il leur dit d'un ton léger : « Un simple brin de bigamie sauvage ». Ce fut seulement lorsqu'il ajouta qu'il existait une variété locale connue sous le nom de « bigamie de l'Évêque », que l'excentricité de son caractère commença de se faire jour dans l'esprit de celles qui l'écoutaient. Peut-être est-ce cette apparence d'une indéfectible amabilité à quoi il faut attribuer ce rapport que je trouve, dans un ancien carnet de notes, sur des jeux qui consistaient à simuler des jugements imaginés par lui-même et par ses frères : on y lit qu'Edward Chesterton fut jugé pour crime de vexation. Mais la même faculté d'invention lui servait à créer pour les enfants ces anticipations permanentes qui sont si justement appelées des surprises. Et c'est ce côté-ci de la chose dont il est ici question.

Sa virtuosité, tant comme expérimentateur que comme artisan dans toutes ces matières, était surprenante. Sa tanière, ou, si l'on veut, son atelier, était encombrée jusqu'à une grande hauteur par les couches stratifiées de quelque dix ou douze jeux de son invention ; peintures à l'eau, modelages, photographies, vitraux, découpages, lanternes magiques, enluminures médiévales. J'ai hérité de lui, et j'espère avoir imité son habitude de dessiner ; dans tout autre domaine, je suis de bout en bout un homme maladroit. Au temps de sa jeunesse, il avait vaguement été question de lui faire étudier les arts afin d'en faire une profession ; mais l'affaire que dirigeait la famille offrait évidemment plus de sécurité ; et sa vie suivit le tracé d'une certaine prudence satisfaite, dénuée de cupidité, et qui est extraordinairement représentative, autant que de lui-même, de tous ceux de son sang et de sa génération. Jamais il ne rêva de tirer parti de l'un quelconque de ses talents plastiques en vue d'une entreprise mercenaire, ou de les utiliser pour autre chose que pour son propre plaisir et pour le nôtre.

Il apparaissait un peu à nos yeux comme l'Homme à la Clef d'or : un magicien ouvrant les portes des châteaux habités par des esprits, les sépulcres de héros défunts ; et il n'y avait aucune incongruité à nommer sa lanterne une lanterne vraiment magique. Or, durant qu'il faisait tout cela, mon père n'était connu du monde alentour, et même des voisins qui vivaient près de nous, porte à porte, que comme un homme d'affaires très capable et très sûr, quoique plutôt dénué d'ambition. Ce fut là pour moi une première, une excellente leçon de vie ; j'appris de lui que, dans toutes les choses qui comptent, le dedans est beaucoup plus grand que le dehors. Dans l'ensemble, je suis plutôt heureux qu'il n'ait jamais été un artiste. Le fait d'être un artiste eût pu l'empêcher pour devenir l'amateur qu'il a été. Être un artiste eût pu gâter sa carrière ; je veux dire : sa carrière privée. Il n'eût jamais pu transformer en bonheur vulgaire les mille riens qu'il réalisait avec tant de bonheur.

Si je voulais résumer l'idée que je me fais des Chesterton, mes parents du côté paternel (entreprise qui n'est peut-être pas sans danger, car beaucoup d'entre eux vivent encore,) je dirais qu'ils furent, et qu'ils sont extraordinairement anglais. Ils ont une teinte nettement perceptible, un ton dominant de disposition bienveillante, un bon sens non dénué de rêverie, une certaine loyauté tranquille dans leurs relations personnelles, très perceptible même chez l'un d'eux qui, comme mon frère Cécil[6], était suprêmement combatif et provocant dans ses relations publiques. Je crois que cette sorte de santé dormante

6. Cecil Edward Chesterton (1879-1918) ; études à Saint-Paul's School ; débute dans le journalisme en 1901 ; d'abord à l'*Outlook*, puis dans un grand nombre d'autres journaux et magazines. Membre important de la « Fabian Society » (1906-7) ; abandonne ce socialisme pour s'attaquer au « Système des partis » politiques (1910) ; attaché à la rédaction, puis rédacteur en chef du *The New Witness* (1910-1916) ; s'attaque au Contrat Marconi (1912) et d'une façon générale se consacre à exposer la corruption

est plutôt un trait anglais ; par comparaison, il peut n'être pas tout à fait fantaisiste d'admettre qu'il y avait, après tout, quelque chose de français dans la constitution de la famille de ma mère ; car, ainsi qu'on l'observe habituellement dans de tels croisements, ils étaient plus petits de taille, souvent plus foncés de couleur, résistants, extraordinairement tenaces, imbus de préjugés, mais de préjugés présentés de manière plaisante, pleins aussi d'esprit combatif. Quoi qu'on puisse inférer en pareille matière (et personne n'a fait jusqu'ici autre chose que deviner, en matière d'hérédité) c'est pourtant dans un autre dessein que j'ai mentionné ce qu'il y avait de savoureux dans la race d'une telle lignée. Anglais par tant de côtés, les Chesterton l'étaient à un degré suprême dans leur propension naturelle à l'amateurisme. Il y a là un élément, chez ce type d'hommes d'affaires de la Vieille Angleterre, qui les séparent des plus nettement de l'homme d'affaires américain ; et aussi, d'ailleurs, jusqu'à un certain point, du nouvel homme d'affaires anglais, qui copie l'Américain. Quand l'Américain commence à suggérer que « le métier de vendre peut être un art », il veut dire qu'un artiste devrait mettre tout son art dans l'art de vendre. L'Anglais à l'ancienne mode, comme était mon père, vendait des maisons pour vivre, mais il remplissait de sa vie sa propre maison.

Une marotte n'est ni une vacance, ni un congé. Ce n'est pas seulement une détente momentanée, nécessaire pour régénérer le travail ; et, à ce point de vue, un dada doit être nettement distingué de la plupart des choses auxquelles on donne le nom de sport. Une bonne partie, à tel ou tel jeu, est une bonne chose ; mais ce n'est pas la même chose qu'une marotte ; et beaucoup de gens vont jouer au golf ou chasser la grouse parce que c'est là une forme concentrée de récréation ; tout comme ce que nos contemporains trouvent dans le whisky est une forme concentrée de ce que nos pères trouvaient répandu dans la bière. Si une demi-journée de congé est faite pour

des professionnels de la politique. Conférences en Amérique au cours de l'hiver 1914-1915. Fait la guerre en 1917-1918 dans la Highland Light Infantry.

A publié : *Gladstonian Ghosts* (1905) ; *People's Drink* (1909) ; *Party and People* (1910) ; *The Party System* (en collab. avec H. Belloc ; voir note 4 chap. V) 1911 ; *Nell Gwynne* (1911) ; *The Perils of Peace* (1916), etc.

Sa veuve, Mrs Cecil Chesterton, née A.E. Jones, est également un écrivain de valeur, particulièrement occupée de questions sociales.

arracher un homme à lui-même, ou pour faire de lui un homme neuf, la chose sera mieux faite par le moyen de quelque violente, de quelque excitante compétition, comme est le sport. Mais un dada n'est pas l'affaire d'une demi-journée ; c'est la moitié d'une vie entière. Il serait plus exact d'accuser le maniaque de vivre une double vie. Et telle manie, comme celle de construire des petits théâtres, revêt un caractère qui se développe *parallèlement* à l'effort professionnel quotidien, et n'est pas seulement une réaction contre cet effort. Se consacrer à une telle marotte ce n'est pas uniquement « prendre de l'exercice » ; c'est « faire de l'ouvrage ». Ce n'est pas simplement exercer son corps pour reposer son esprit, chose excellente, mais aujourd'hui généralement reconnue. C'est exercer le reste de son esprit, chose aujourd'hui presque entièrement négligée. Browning[7], ce Victorien modèle, dit qu'il aime savoir qu'un boucher peint, qu'un boulanger fait des poèmes ; il ne serait guère satisfait d'apprendre qu'un boucher joue au tennis, un boulanger au golf. Or, mon père et mes oncles, Victoriens typiques, eux aussi, de l'espèce qui suivit Browning, étaient tous marqués à des degrés divers par ce goût qu'ils avaient d'avoir des goûts qui leur étaient propres. L'un d'eux donnait

---

7. Robert Browning (1812-1889) est considéré, à côté de Lord Tennyson, comme un des plus grands poètes anglais de l'époque victorienne. Le grand événement de sa vie : son mariage avec Elizabeth Barrett, elle-même poétesse notoire. Après son mariage, elle s'installa en Italie, où Browning mourut, à Venise. Auteur de poèmes très érudits et, malgré leur valeur poétique incontestable, assez difficiles à lire sans commentaires. Son corps fut ramené en Angleterre et inhumé à Westminster Abbey (*Pauline, Paracelsus, Sordello, Pippa Passes, Dramatic lyrics* et l'énorme épopée intitulée *The Ring and the Book*).

Sa femme Elizabeth Browning (1806-1861), lisait Homère en grec, sans dictionnaire, et faisait des vers à l'âge de 8 ans. À 15 ans fit une chute qui détermina chez elle une maladie de la moelle épinière et l'obligea à rester étendue pendant plusieurs années. Publia son *Essay on mind* en 1826, et son premier volume de poèmes : *Prometheus Bound* en 1833. Écrivit alors sans interruption.

Rencontra Robert Browning en 1845 et s'enfuit avec lui pour se soustraire à la tyrannie de son père (1846). Ils allèrent vivre en Italie où ils demeurèrent jusqu'à leur mort.

En 1847, Elizabeth écrivit ses *Sonnets from the Portuguese*, où elle feignait de traduire des vers du portugais. Ces sonnets lui furent inspirés par son dévoûment passionné à son mari ; ils sont dignes d'être mentionnés. C'est à tort qu'on les a parfois appelés *Sonnets of the Portuguese*. Elle a laissé aussi un roman en vers blancs, qui contient beaucoup d'éléments autobiographiques et qui s'appelle *Aurora Leigh* (1856).

tous ses loisirs au jardinage ; il existe quelque part dans les annales de l'horticulture un chrysanthème qui porte son nom, et qui date des premiers jours où les chrysanthèmes arrivèrent chez nous, venant des îles du Soleil Levant. Un autre voyagea en simple commerçant, et de la façon la plus ordinaire en apparence ; mais il fit, tout en voyageant, une des plus étonnantes collections des toqués et des charlatans (de quoi remplir des mémoires bien meilleurs que ceux-ci), qu'il avait rencontrés au cours de ses randonnées, et avec lesquels il avait discuté, sympathisé, cité Browning et George Macdonald[8], et à qui j'imagine qu'il n'avait pas dû faire peu de bien, car il était lui-même éminemment intéressant, intéressant surtout parce qu'il s'intéressait aux gens et aux choses. Chez nous, comme je l'ai dit, il n'était pas question de ne se livrer qu'à une manie, mais à cent, empilées l'une par-dessus l'autre ; et c'est par un accident qui m'est personnel, ou peut-être à cause d'un goût qui m'est personnel, que la marotte qui est restée toujours présente à ma mémoire est la marotte d'où était né ce jouet qui était un théâtre. En tout cas, le fait d'avoir pu observer un tel ouvrage a profondément influencé ma vie et mes opinions jusqu'à ce jour.

Je ne sais pas faire grand chose, auprès de ce que je croyais, enfant, qu'il faut savoir faire. Mais j'ai appris à aimer « voir faire » les choses ; non pas le bras de levier qui, en fin de compte, est la cause qui fait qu'elles sont fabriquées, mais le bras qui les fait. Si mon père avait été quelque vulgaire millionnaire possédant un million de machines à filer du coton, un million de machines à fabriquer du cacao, comme il m'eût semblé plus petit ! Cette expérience que j'ai faite m'a rendu profondément sceptique en présence de tout ce qui se dit aujourd'hui de la fadeur attachée à l'état de domesticité ; sur l'état servile et dégradant de qui n'a qu'à faire des poudings et des pâtés. N'avoir qu'à faire des choses ! Il n'y a pas de chose plus grande à dire de Dieu lui-même, sinon qu'Il fait des choses. Le manufacturier ne pourrait pas manufacturer des choses lui-même ; il ne peut que payer pour qu'elles soient manufacturées. Dans le même ordre d'idées, je suis aujourd'hui incurablement affligé d'un pâle sourire, quand j'entends

---

8. George Mac Donald (1824-1905), poète et romancier, auteur du récit poétique intitulé *Within and Without* (1855) ; très admiré par Tennyson.

une foule de gens frivoles, incapables de faire quoi que ce soit pour gagner leur vie, parler de l'inévitable, de l'étouffante étroitesse du foyer victorien. Dans notre foyer victorien, nous réussissions à faire bon nombre de choses que les gens d'aujourd'hui achètent à des prix insensés dans des boutiques d'art ; on devrait dire d'arts et métiers, puisqu'elles ont tout autant de métier que d'art. Toutes les choses que l'on produisait chez nous, ou qui étaient, dans un sens ou dans l'autre, faites à la maison, demeurent dans mon imagination comme demeure une légende ; et celles qui touchaient à la cuisine ou à l'office non moins que les autres. Les « toffees » me plaisent, aujourd'hui encore, bien mieux que les chocolats les plus chers, que les chocolats que vendent par millions des Quakers millionnaires ; mais c'est surtout parce que nous faisions nos « toffees » nous-mêmes.

Le N° 999 du volumineux catalogue de la bibliothèque des ouvrages que je n'ai pas écrits (et qui sont tous tellement plus étincelants, plus convaincants que ceux que j'ai écrits) raconte l'histoire d'un citadin prospère dont la vie semblait cacher un obscur secret ; un jour, des détectives le surprenaient jouant encore à la poupée, ou avec des soldats de plomb, ou à tel autre jeu puéril. Je peux dire, avec toute la modestie qui convient, que je suis un peu cet homme-là, et en toutes choses, sauf en ce qui concerne la solidité de ma réputation et le succès de ma carrière commerciale. Dans ce sens, l'histoire était peut-être encore plus vraie de mon père avant de l'être de moi ; mais moi, du moins, je n'ai jamais cessé de jouer ; et je voudrais qu'on disposât de plus de temps afin de jouer davantage. Je voudrais que l'on n'eût pas à gaspiller en ces occupations frivoles que sont les conférences, ou la littérature, le temps que l'on pourrait donner à un travail sérieux, solide, constructif, comme découper, par exemple, des personnages dans du carton et coller dessus du clinquant de toutes les couleurs. Et j'en viens, en disant ceci, à la troisième raison qui m'a poussé à prendre ici le théâtre-jouet pour thème ; c'est une raison au sujet de laquelle il y aura beaucoup de malentendus, à cause de tout ce qui a été dit et répété, et du sentiment de banalité qui en est venu à s'attacher au sujet. Une de ces choses qui sont toujours comprises de travers pour avoir été trop souvent expliquées.

Je suis enclin à beaucoup contredire au culte d'aujourd'hui pour l'enfant qui joue. Par la faute de diverses influences d'une culture récente et plutôt romanesque, le personnage de l'enfant s'est peu à peu confondu avec un modèle d'enfant gâté. La beauté réelle a été gâtée par l'émotion, presque dépourvue de scrupules, de personnes adultes qui ont elles-mêmes beaucoup perdu le sens de la réalité. La pire hérésie de cette école moderne consiste à dire qu'un enfant ne s'intéresse qu'au faire semblant. Théorie interprétée dans le sens, à la fois sentimental et sceptique, qu'il n'y a pas beaucoup de différence entre faire accroire et croire, entre le faire semblant et la foi. Or, le véritable enfant ne confond pas la réalité avec la fiction. Il aime la fiction, c'est tout. Il la met en action parce qu'à son âge il ne peut encore ni l'écrire, ni même la lire ; mais jamais il ne laisse la fiction ennuager sa saine clairvoyance. Pour le véritable enfant, il n'est pas deux choses qui puissent être plus totalement opposées que jouer au voleur et voler des bonbons. Il ne pourrait jouer assez de parties de « gendarmes et voleurs » pour en arriver à penser que le vol est vraiment quelque chose de bien. Lorsque j'étais enfant moi-même, je percevais très clairement la distinction. Je voudrais la voir encore à moitié aussi clairement aujourd'hui. Je jouais à être un voleur, au bout de notre jardin, pendant des heures d'affilée ; mais ce jeu n'avait rien de commun avec la tentation que j'éprouvais de chiper dans la chambre de mon père sa nouvelle boîte de peinture. Je n'étais nullement dans un état de malhonnêteté ; j'écrivais avant de savoir écrire, voilà tout. Heureusement, peut-être, pour l'état du jardin qui s'étendait derrière chez nous, je transformai, de très bonne heure, mes rêves en quelque chose qui ressemblait grossièrement à l'art d'écrire ; c'est-à-dire, surtout, en dessinant des cartes irrégulières et disgracieuses de pays fabuleux, habités par des hommes d'une forme et d'une couleur invraisemblables, et portant des noms plus invraisemblables encore. Mais, capable de peupler le monde de dragons, jamais je ne doutai que les héros se doivent de combattre contre les dragons.

Il faut que je m'arrête ici pour reprocher à tant de personnes qui se targuent d'aimer les enfants, leur cruauté involontaire envers les enfants. Il est tout à fait faux de dire qu'une fable avec une morale déplaît à l'enfant. Très souvent, au contraire, il préfère la morale à la fable. Les adultes ont tendance à vouloir prêter leur propre goût de la raillerie désabusée à un cerveau encore assez vigoureux pour être tout à fait sérieux. Les adultes aimaient ce qu'il y a de comique chez

Sandford et Merton[9], mais les enfants aimaient Sandford, aimaient Merton. Je sais que, pour ma part, en tout cas, je les aimais beaucoup, et que j'avais dans *L'Honnête Fermier* et dans *Le Noble Nègre* la foi la plus entière. Je me hasarde à insister sur le fait, ne fût-ce qu'entre parenthèses, car, sur ce point aussi, il existe un malentendu courant, ce qu'on pourrait appeler une convention verbale courante ; et qui n'a pas moins de force parce que c'est une convention contre la convention. Il est banal aujourd'hui, banal jusqu'à la convention, de montrer de l'impatience quand on parle des histoires pédantes et morales destinées aux enfants ; des histoires démodées, traitant de choses, par exemple dans le genre de celle-ci : le vol considéré comme un péché ; puisque j'évoque ici une atmosphère démodée, je ne puis pas me retenir de porter témoignage sur le côté psychologique de la question.

Cela dit, je dois sincèrement confesser que j'ai souvent aimé jusqu'à l'adoration les histoires prétentieuses à tendances moralisantes. Je ne crois pas que j'en tirerais aujourd'hui un plaisir littéraire délicat, mais là n'est pas la question. Ceux qui réprouvent ces histoires morales sont des hommes : ce ne sont plus des enfants. Mais je crois qu'une foule de gens admettraient qu'ils ont aimé enfants le conte moral, s'ils avaient gardé le courage moral de le dire. Et la raison en est toute simple. Les adultes réagissent contre ce côté moralisateur parce qu'ils savent que cette morale-là ne sert souvent qu'à masquer l'immoralité. Ils savent que ces platitudes ont été utilisées par des hypocrites et par des pharisiens, par la ruse ou par la perversion. Mais l'enfant ne sait rien de la ruse ou de la perversion. Il ne voit rien que

---

9. Harry Sandford et Tommy Merton, principaux personnages de *The History of Sandford and Merton, a Tale for the Boys* (3 vol.), de Thomas Day (1748-1789) et qui parurent : le premier volume en 1783, le second en 1787 et le dernier en 1789. Succession d'épisodes où Tommy Merton, homme riche et blâmable, est opposé au fils vertueux du fermier : Harry Sandford. La morale est formulée par le Révérend Père Barlow, leur tuteur. Récit dépourvu de tout sentiment d'humour, et destiné à exprimer la doctrine de l'auteur que la vertu rapporte et que l'homme peut être amélioré par l'instruction et par l'appel à son humanité et à sa raison, il fut traduit en français avant la fin du xviiie siècle. Thomas Day fit ses études à Oxford, et devint avocat ; le but principal de son histoire est de réconcilier le naturalisme de Rousseau avec une moralité plus saine.

Une parodie intitulée *The New History of Sandford and Merton* fut publiée en 1872 par Sir F.C. Burnand (1836-1917), rédacteur en chef de *Punch* de 1880 à 1906, et auteur d'un grand nombre d'histoires bouffonnes.

l'idéal moral lui-même ; il voit simplement que cette moralité idéale est vraie. Car elle est vraie.

Il est une autre erreur que commet le cynique moderne à propos du conteur d'histoires morales. Il se figure toujours, à sa manière cynique, qu'il y a, dans l'idéal de récompense, un élément de corruption, et de même dans la position de l'enfant qui peut dire, comme dans les vers de Stevenson, « Quand je fus sage comme un ange, après manger j'eus une orange ». À celui à qui l'expérience n'a apporté que l'ignorance, la récompense apparaît toujours comme un vulgaire marché conclu avec l'enfant. Le philosophe moderne sait qu'il faudrait un pot-de-vin vraiment considérable pour l'induire, lui, à être bon. Il en est donc pour lui comme pour le politicien d'aujourd'hui, si on lui disait : « Je vous donnerai cinquante mille livres, quand vous aurez, dans une seule occasion déterminée, fait la preuve que vous avez tenu parole ». Le prix concret semble une chose tout à fait distincte du travail fait à contre-cœur. Mais l'enfant ne voit pas les choses ainsi. Le prix ne serait pas ce qu'il est aux yeux de l'enfant si la Reine des Fées disait au Prince : « Vous recevrez la pomme d'or de l'arbre magique quand vous aurez combattu le dragon ». Car l'enfant n'est pas un manichéen. Il ne pense pas que les choses bonnes soient, par leur nature, séparées du fait d'être bon. Autrement dit, il ne considère pas, comme fait le réaliste réticent, la bonté comme une chose mauvaise. À ses yeux, la bonté, le don de la pomme d'or, et la pomme d'or elle-même qu'on appelle une orange, sont autant de parties d'un paradis substantiel, et vont naturellement de pair. En d'autres mots encore, l'enfant se considère comme étant normalement en termes amiables avec les autorités naturelles ; et non pas comme étant normalement en train de se quereller ou de marchander avec elles. Il connaît les obstacles égoïstes, les malentendus ordinaires ; mais, au fond de son cœur, il ne considère pas comme extraordinaire que ses parents soient bons pour lui jusqu'au don d'une orange, ou qu'il doive être bon pour eux, jusqu'à leur offrir quelques échantillons élémentaires de sa bonne conduite. Il n'a pas le sentiment d'être corrompu. C'est nous seuls, qui avons mangé la pomme (ou l'orange) défendue, qui pensons au plaisir comme au résultat d'un marché.

Mais mon but essentiel ici est de dire ceci : à mes yeux, mon enfance tout entière est d'une qualité qui peut s'avérer indescriptible, mais qui n'est pas vague le moins du monde. Elle est même plutôt plus définie que la différence entre l'obscurité complète et la lumière du jour, ou entre avoir mal aux dents et ne pas avoir mal aux dents. Pour la suite de mon histoire, il est nécessaire que je tente de mettre sur pied ce premier chapitre, qui est aussi le plus ardu ; et je dois m'efforcer, d'une manière ou d'une autre, de formuler ce que je veux dire quand je dis que ma propre enfance fut d'une sorte, ou si l'on veut, d'une qualité, toute différente de la qualité du reste de ma vie, qui fut heureuse, et d'un bonheur immérité.

De cette qualité positive de mon enfance, l'attribut le plus général fut la clarté. C'est ici que je diffère, par exemple, de Stevenson, que j'admire si chaudement par ailleurs, mais qui parle de l'enfant comme d'un être qui marche la tête enveloppée d'un nuage. Il parle de l'enfant comme d'un être qui vit normalement dans un rêve diurne vertigineux, un rêve où il ne peut distinguer la fantaisie de la réalité. Or, les enfants, comme les adultes, sont fantaisistes par instants ; mais ce n'est pas là ce qui, dans ma pensée comme dans ma mémoire, distingue les enfants des adultes. Ma mémoire me restitue le souvenir d'une sorte de lumière blanche épandue sur toutes choses, détachant les choses avec une grande clarté, et magnifiant plutôt leur solidité. Le fait est que cette lumière blanche avait en soi la vertu d'une sorte de merveilleux ; comme si le monde était aussi neuf que je l'étais moi-même, mais non point comme si le monde était autre chose qu'un monde réel. Je suis bien plus disposé aujourd'hui à me figurer qu'un pommier vu au clair de lune ressemble un peu à un fantôme, à une nymphe grise ; ou à voir, au crépuscule, les meubles changer de place et ramper d'une manière fantastique, comme dans une histoire de Poe[10] ou de Hawthorne[11]. Mais quand j'étais enfant, j'éprouvais

10. Edgar Allan Poe (1809-1849), grand écrivain et poète américain, de père et de mère acteurs, et qui longtemps resta obscur dans son pays ; découvert en France grâce aux travaux de Baudelaire et de Mallarmé. Ses vers peuvent être considérés comme les plus rythmés de la langue anglaise et peut-être de la littérature universelle. En prose, il fut le vrai pionnier du roman policier tel qu'on le conçoit aujourd'hui. [*The murder in the rue Morgue* (Solution d'un assassinat), 1841, et *The Golden Bug* (Solution d'un cryptogramme), 1841].

11. Nathaniel Hawthorne (1804-1864), célèbre auteur américain connu surtout comme romancier. Fut consul américain à Liverpool (1853) et vécut en Italie de 1858 à 1860. Essentiellement moraliste, il se préoccupe des mystères du péché et

une sorte de confiant étonnement à contempler le pommier tout en le tenant pour ce qu'il était. J'étais sûr de la réalité du pommier, mais non moins sûr de la surprise que me causait sa vue ; aussi sûr que j'étais sûr que c'est Dieu qui a fait les pommes, les grosses comme les petites. Les pommes pouvaient être petites comme j'étais moi-même petit ; mais elles étaient fermes, comme j'étais solide, moi aussi.

Il y avait dans mon humeur quelque chose qui tenait d'un éternel matin, et j'avais plus de plaisir à voir allumer le feu qu'à imaginer des visages éclairés par le feu. Le Frère Feu, que saint François aimait, me semblait plus un frère que ces visages de rêve qui viennent aux hommes qui ont connu d'autres émotions que la fraternité. Je ne sais pas si j'ai jamais, comme on dit, demandé la lune ; mais je suis sûr que si je l'avais demandée, je me serais attendu à ce qu'elle fût aussi solide qu'une colossale boule de neige ; et que j'aurais toujours eu plus de goût pour des lunes que pour de simples clairs de lune. Il n'est que les mots du langage pour exprimer les faits ; encore ne le font-ils que vaguement ; mais c'était là un fait, et non pas une figure du langage. Ce que j'ai dit d'abord du théâtre-jouet pourrait m'être opposé pour prouver le contraire, et pour fournir un exemple du plaisir pris par moi à une chose qui n'est qu'une simple illusion.

Si la chose se produisait, c'est qu'on se serait entièrement mépris sur ce que j'ai dit de ce jouet qui était un théâtre. En fait, il n'y avait dans mon affaire rien d'une illusion, ni, davantage, d'une désillusion. Si ce livre-ci n'était qu'une histoire moderne empreinte d'un réalisme impitoyable, il va sans dire que je ferais une description déchirante de la façon dont mon esprit fut brisé par la désillusion quand je découvris que le prince n'était qu'une figure de carton peint. Mais ceci n'est pas une histoire moderne d'un réalisme impitoyable. C'est au contraire une histoire vraie. Et la vérité, c'est que je ne me rappelle nullement si je fus le moins du monde déçu, ou indifférent. Toute la question se ramène à ceci : que j'aimais encore le petit théâtre de mon père quand je sus que ce n'était qu'un jouet ; j'aimais encore

ne se laisse point convaincre par les remarques optimistes de son contemporain, le grand philosophe américain R.W. Emerson. Ouvrages les plus connus : *The Scarlet Letter* (1850), *The House of Seven Gables* (1851), *The Blithedale Romance* (1852), *The marble Faun* (1860).

les personnages de carton quand je m'aperçus que ce n'était que du carton. La lumière blanche merveilleuse qui baignait tout cela n'était pas le moins du monde un éclairage de théâtre ; en fait, les choses qui brillent encore aujourd'hui dans ma mémoire étaient pour la plupart de modestes accessoires de la technique la plus banale : les bâtons parallèles en bois blanc qui tenaient le décor en place ; bois blanc encore étrangement associé, dans mon instinct imaginatif, au métier saint du Charpentier. Il en allait de même avec tous les autres jeux, avec tous les autres prétextes auxquels j'ai pris plaisir ; par exemple avec le spectacle de marionnettes, avec Polichinelle et sa femme. Non seulement je savais que les personnages étaient en bois, mais j'avais besoin qu'ils fussent en bois. Je ne pouvais imaginer qu'un coup aussi sonore pût être appliqué, si ce n'est par un bout de bois sur une tête de bois. Mais je prenais à les voir taillés et peints à la ressemblance, ou mieux à l'étonnante et grimaçante caricature de l'humanité, l'espèce de plaisir qu'un homme de la préhistoire eût pu prendre au spectacle d'un métier primitif. J'étais content que le morceau de bois fût un visage, mais j'étais également content que le visage fût un morceau de bois. Cela ne signifiait pas que le drame en bois, comme le drame en carton, n'éveillât pas en moi des idées et des imaginations véritables, et ne me donnât pas de splendides visions des possibilités de l'existence. Naturellement, l'enfant ne s'analysait pas à cette époque ; et l'homme d'aujourd'hui ne pourrait davantage analyser l'enfant d'alors. Mais je suis certain qu'il n'était pas simplement trompé, ou pris au piège. Il savourait la fonction suggestive de l'art, exactement comme un critique d'art en peut jouir ; sauf qu'il en tirait bien plus de plaisir. Pour la même raison, je ne pense pas avoir jamais été beaucoup tourmenté au sujet de saint Nicolas, ou par cette confidence murmurée un jour par un autre enfant, et que l'on prétend si terrible : « le Père Noël, c'est simplement ton père ! » Peut-être le mot « simplement » frapperait-il tous les enfants comme étant le *mot juste*[12].

Mon idolâtrie bien arrêtée pour Polichinelle et pour sa femme illustrait le même fait, et la même illusion. Je n'étais pas seulement reconnaissant pour le plaisir que je prenais, mais j'en vins à me

12. En français dans le texte.

sentir plein de gratitude pour l'équipement et l'agencement même du spectacle ; la tour aux quatre angles de toile, et l'unique fenêtre carrée au sommet, et tout le reste, jusqu'à ce minimum de convention et ce décor si manifestement peint. Pourtant, ces choses étaient celles-là mêmes que j'aurais dû déchirer et détruire avec rage, comme étant les pièges tendus par l'imposture, si j'avais vraiment considéré que l'explication dénaturait l'expérience. Je fus content, non mécontent, quand je découvris que les personnages magiques pouvaient être animés grâce à trois doigts humains. J'avais raison ; car ces trois doigts humains sont plus magiques que n'importe quel personnage magique ; les trois doigts qui tiennent la plume, l'épée, l'archet du violon ; les trois mêmes doigts que le prêtre lève pour bénir, emblèmes de la Sainte Trinité. Il n'y avait dans ma pensée aucun conflit entre les deux symboles magiques.

Je vais ici me résumer, faire la somme, en formulant quatre déclarations qui sur cette page vont ressembler beaucoup à des énigmes. Mais je puis assurer le lecteur qu'elles ont un rapport direct avec la conclusion de mon livre. Ayant, pour vivre, inondé le monde d'essais qui se comptent par milliers, j'ai peut-être tendance à laisser cette histoire s'égarer jusqu'à n'être elle-même qu'une sorte d'essai ; mais je répète que ce n'est pas un essai ; c'est bien une histoire. C'est à tel point une histoire que je fais ici usage d'un procédé qui s'inspire de l'histoire policière. Dans les quelques premières pages d'un roman policier, on trouve souvent trois ou quatre allusions destinées à exciter la curiosité plutôt qu'à la satisfaire ; si bien que le sursaut du vicaire qui reconnaît soudain quelqu'un, ou le cri du cacatoès dans la nuit, ou le buvard brûlé, ou la hâte avec laquelle tel personnage écarte toute allusion aux oignons, sont exposés au commencement, mais restent inexpliqués jusqu'à la fin. Il en va de même avec l'entr'acte morne et difficile de ce chapitre-ci ; c'est une simple introspection relative à l'enfance, mais qui n'est pas introspective. Le lecteur patient pourra découvrir que ces obscures allusions ont quelque chose à voir avec le mystère qui va suivre de mon existence mal dirigée, et même avec le crime qui précède la fin. Je vais, en tout cas, les exposer ici, sans les accompagner d'aucune discussion des choses qu'elles font prévoir.

Premièrement : ma vie s'est déroulée dans une époque d'évolution ; mot qui, en fait, ne signifie rien d'autre que déroulement.

Mais beaucoup des évolutionnistes de cette époque semblaient vraiment vouloir exprimer par « évolution » le déploiement de ce qui n'existait pas encore. J'en suis, depuis, et dans un certain sens particulier, venu à croire au développement ; c'est-à-dire au déroulement de ce qui existe. Or, la chose peut sembler une vantardise à la fois hardie et suspecte, si je proclame que j'étais ce qu'il est convenu d'appeler un enfant en possession de toutes ses facultés. Du moins, beaucoup de ceux qui m'ont le mieux connu en doutaient-ils fortement. Mais je veux dire que les distinctions que je fais ici étaient déjà présentes en moi ; je n'en étais pas conscient, mais je les contenais en moi. En somme, elles existaient dès mon enfance dans cet état de gestation, latente et pour ainsi dire implicite, bien qu'il n'y eût certainement rien d'implicite dans l'idée que je me faisais de l'obéissance, et qui n'avait rien de commun avec l'idée que l'on s'en fait.

Deuxièmement : je savais, par exemple, que faire semblant n'est pas décevoir. Je n'aurais pas pu définir la distinction, si elle avait été débattue ; mais cela tenait à ce qu'il ne m'était jamais venu à l'esprit qu'elle pouvait être débattue. C'était simplement parce qu'un enfant comprend la nature de l'art longtemps avant qu'il comprenne la nature de la discussion. Or, il n'est pas rare encore d'entendre dire que les images sont des idoles, et que les idoles ne sont que des poupées[13]. Je me contente de dire ici que même les poupées ne sont pas des idoles, mais, dans le vrai sens, des images. Le mot « images » même veut dire « choses nécessaires à l'imagination » ; mais non « choses contraires à la raison ». Non, pas même chez l'enfant. Car l'imagination, c'est presque l'opposé de l'illusion.

Troisièmement : j'ai noté que je prenais plaisir à voir Polichinelle et sa femme comme au spectacle d'une pièce, et non comme en un rêve[14] ; et, en effet, tout l'extraordinaire état d'esprit que je cherche à ressaisir était vraiment l'opposé d'un rêve. C'était plutôt comme si j'eusse été pour lors plus véritablement éveillé que je suis aujourd'hui,

---

13. Jeu de mots intraduisible, basé sur une similitude phonique entre les mots « doll » (poupée) et « idole ».

14. Allitération, intransportable en français, et basée sur la similitude entre *drama* et *dream*.

comme si je me fusse déplacé dans une lumière du jour plus grande, et qui était à notre grande lumière du jour ce que la lumière du jour est au crépuscule. Sauf que, naturellement, à ceux qui voient ses dernières lueurs à travers le crépuscule, la lumière semble plus inquiétante, plus mystérieuse que n'importe quelle obscurité. En tout cas, elle semble différente ; je suis absolument, résolument certain de cela, bien que, dans une question de sensation aussi subjective, aucune démonstration ne soit possible. Quel était le sens réel de cette différence ? J'en ai aujourd'hui une espèce de notion ; mais je ne l'exposerai pas à ce moment de mon histoire.

Quatrièmement : il semblera tout naturel, il n'en sera pas moins tout à fait faux d'inférer de tout ceci que je vécus une enfance exceptionnellement confortable, et dans un contentement complet ; ou bien que ma mémoire n'est qu'un cadran solaire qui n'a marqué que les heures ensoleillées. Mais ce n'est pas là le moins du monde ce que je veux dire ; c'est là une tout autre question. Je fus souvent malheureux durant mon enfance, tout comme les autres enfants ; mais le bonheur et le malheur semblaient d'une trame différente, et subis de façons différentes. Tout comme les autres enfants, je fus souvent espiègle ; et je ne doutai jamais un instant de la moralité de toutes les histoires morales ; c'est-à-dire que les gens devraient être malheureux, en principe, quand ils ont été méchants. Autrement dit, je tenais l'idée tout entière de repentir et d'absolution implicitement enfermée en moi, mais non développée. Outre tout ceci, je n'étais nullement ignorant de la douleur, qui est une chose assez irréfutable ; par exemple, je fus bien partagé en fait de maux de dents, et mieux encore en fait de maux d'oreilles ; et peu de gens peuvent s'abuser jusqu'à considérer les maux d'oreilles comme une forme de l'hédonisme épicurien. Mais, ici encore, il y a une différence. Pour une raison inexplicable, et d'une façon impossible à décrire, la douleur n'a pas laissé dans ma mémoire l'espèce de stigmate de l'intolérable et du mystérieux qu'elle laisse dans un esprit mûr.

De ces quatre faits énoncés, je puis porter témoignage aussi fidèlement que s'il s'agissait de faits comme mon caprice pour tel petit canon, ou comme mon goût de grimper aux arbres. Leur signification en relation avec l'assassinat, ou avec tel autre mystère, apparaîtra plus tard.

Car je crains d'avoir étendu et prolongé jusqu'à l'absurde ces commentaires sur la nursery, comme si j'avais mis un temps immodérément long, non pas à mourir, mais à naître, ou du moins à être élevé. Je ne le cache point, je crois qu'il faut prolonger l'enfance ; et je ne regrette pas d'avoir été un enfant arriéré. Mais je ne puis dire qu'une chose, c'est que ces notes sur l'enfance sont nécessaires, si tout le reste doit être autre chose que niaiserie ; et non pas seulement niaiserie de nursery. Dans les chapitres qui vont suivre, je passerai à ce qu'il est convenu d'appeler les événements réels, bien qu'ils soient bien moins réels que ce qui précède. Sans me donner des airs de chercheur d'aventures ou de globetrotter, je puis dire que j'ai vu pas mal de choses de ce monde ; j'ai voyagé, j'ai vu des lieux intéressants, j'ai conversé avec des gens intéressants ; j'ai été mêlé à des querelles politiques qui tournèrent souvent en batailles entre factieux ; je me suis entretenu avec des hommes d'État à l'heure où se jouait le sort des États ; j'ai rencontré la plupart des grands poètes et des prosateurs de mon temps ; j'ai voyagé sur les traces de quelques-uns des tourbillons, cyclones, typhons et séismes, aux extrémités de la terre ; j'ai vécu dans des maisons rasées par le feu pendant les guerres tragiques de l'Irlande ; j'ai promené mes pas dans les ruines de palais polonais laissées derrière elles par les armées rouges ; j'ai entendu parler des signaux secrets du Ku Klux Klan[15] sur les frontières du Texas ; j'ai vu les Arabes fanatiques surgir du désert pour attaquer les Juifs à Jérusalem. Beaucoup de journalistes ont vu beaucoup plus de ces choses que j'en ai vues moi-même ; mais j'ai été journaliste, et j'ai vu ces choses de mes yeux ; il ne sera pas difficile de remplir de ces choses quelques autres chapitres ; mais elles seront sans signification si personne ne comprend qu'elles ont moins de sens pour moi que Polichinelle et sa femme sur la colline de Campden.

En un mot, je n'ai jamais perdu le sentiment que c'est ceci qui était ma vraie vie ; le vrai commencement de ce qui eût dû être une

---

15. Organisation secrète qui tire son nom du mot grec « κύκλος » (cercle) et de Clan, cercle mystérieux, société secrète. Elle a existé dans les États du Sud des États-Unis d'Amérique de 1865 à 1876, dirigée surtout contre les nègres. Ressuscitée depuis la guerre de 1914-1918 et dirigée maintenant non contre les seuls nègres, mais aussi contre les Catholiques romains, contre les juifs, contre tous les étrangers.

vie plus vraie ; une expérience, qui s'est perdue au pays des vivants.
Il me semble que lorsque je sortais de chez nous, quand je me tenais
sur cette colline couverte de maisons, dont les rues plongeaient en
pentes raides vers Holland Park, où, des terrasses des nouvelles
maisons rouges, le regard pouvait franchir une vaste dépression
de terrain et voir dans le lointain scintiller le Crystal Palace[16] (et le
voir de loin était un jeu pour la jeunesse du quartier), je fus dès lors
subconsciemment certain, tout comme je suis consciemment certain
maintenant, que là était la route blanche et solide, et le digne début
de la vie de l'homme ; et que c'est l'homme lui-même qui, plus tard,
assombrit l'enfance avec des rêves, ou s'égare en s'en éloignant pour
sa propre désillusion. C'est l'adulte seul, et non l'enfant, qui vit une
vie de « faire semblant » et de « faire accroire » ; c'est lui, et non
l'enfant qui a la tête dans un nuage.

En ce temps-là, naturellement, je ne savais même pas que cette
lumière du matin de la vie pouvait un jour s'évanouir ; encore moins
savais-je quoi que ce soit sur toutes controverses concernant le point
de savoir si elle peut être retrouvée. Les discussions de cette époque
passaient aussi haut par-dessus ma tête que la tempête dans les airs ;
ne prévoyant pas le problème, je ne prévoyais naturellement aucune
des recherches que j'entreprendrais pour lui trouver une solution. Je
me contentais simplement de regarder le défilé des gens dans la rue,
tout comme je regardais défiler les personnages du petit théâtre ; de
temps en temps, il m'arrivait de voir des choses curieuses, plutôt en
couleur, à deux sous, que noires à un sou[17], et qui étaient dignes des
plus incroyables spectacles du petit théâtre. Je me revois me promenant
un jour avec mon père le long de la Grand'Rue de Kensington, et
regardant une foule de gens pressés, près d'un passage étroit et
sombre, du côté sud de cette voie fréquentée. J'avais déjà vu des
foules avant ce jour-là, et j'étais préparé à les entendre crier ou se
bousculer. Mais je n'étais pas préparé à ce qui arriva ensuite. En un
éclair, une sorte d'ondulation courut dans les rangs des curieux, et

16. Bâtiment énorme dans Hyde Park, où eut lieu, en 1851, la première exposition
internationale des produits de l'industrie, due à l'initiative du prince Albert (mari de la
reine Victoria). Fut ensuite transporté à Sydenham, dans le sud de Londres ; incendié
depuis ; n'a pas été reconstruit.
17. Images noires, moins chères que les coloriées.

tous ces phénomènes tombèrent à genoux sur le trottoir. Je n'avais jamais vu des gens jouer à ce jeu, si ce n'est à l'église ; je fis halte ; je regardai. Puis je me rendis compte qu'une sorte de petit cab noir venait de s'arrêter à l'entrée du passage ; de la voiture sortit un fantôme habillé de flammes. Rien de ce qu'il y avait dans la boîte à couleurs à un shilling n'avait jamais déclenché une telle conflagration d'écarlate, de tels lacs de laque ; ni semblé si splendidement capable de teindre en rouge la mer nombreuse. Le fantôme s'avança, ses ardentes draperies pareilles à un grand nuage rouge du couchant, levant de longs doigts frêles au-dessus de la foule, en signe de bénédiction. Je regardai son visage, et fus frappé par un contraste ; son visage était mortellement pâle, pâle comme l'ivoire, très ridé et très vieux, comme assemblé de nerfs, d'os et de tendons mis à nu ; les yeux caves dans un trou d'ombre ; mais non point laid ; portant sur chacun de ses traits le signe de la ruine, mais de la ruine d'une très grande beauté. Visage si extraordinaire que, pendant un moment, j'en oubliai les vêtements écarlates si parfaitement dignes d'enthousiastes louanges.

Nous passâmes notre chemin ; puis mon père me dit : « Sais-tu qui c'était ? C'était le Cardinal Manning »[18].

Ensuite, une de ses marottes artistiques lui revenant soudain à l'esprit, qu'il avait abstrait et humoristique, il ajouta : « Comme modèle, pour des peintres, il aurait fait une fortune ! »

---

18. Henry Edward, cardinal Manning (1808-1892), grand prédicateur et homme d'État. Zélé philanthrope, il s'intéressait aussi aux questions d'enseignement ; favorisa la politique intérieure de Gladstone, vers la fin de leurs deux existences.

CHAPITRE III

L'ART D'ÊTRE UN CANCRE

Le passage de l'enfance à l'adolescence, la mystérieuse transformation dont ce monstre qu'on nomme un écolier est finalement le produit pourrait se résumer en un seul trait dérisoire. À mes yeux, les anciennes majuscules de l'alphabet grec, le grand Théta, par exemple, sphère barrée par le milieu, comme Saturne, ou le grand Epsilon, debout comme un grand calice courbé, ont gardé un mystère, un charme inexplicables. Ils sont comme les caractères tracés en signe de bienvenue au paradis de mon aurore. Bien qu'elles me soient beaucoup plus familières, les minuscules grecques me font l'effet de petites choses méchantes, l'effet d'une nuée de moustiques. Quant aux accents, j'ai triomphalement réussi, à travers toute une succession de termes scolaires, à éviter complètement de les apprendre ; et je n'ai sans doute jamais connu de joie plus grande qu'en cet instant où je découvris, plus tard, que les Grecs non plus ne les avaient jamais appris. Je goûtai, ce jour-là, avec quelle radieuse fierté, que j'étais sur ce point aussi ignorant que Platon et que Thucydide. Du moins ces accents étaient-ils inconnus des Grecs qui écrivirent la prose et la poésie que l'on tenait pour dignes d'être étudiées ; et qui furent inventées par les grammairiens ; je crois que c'est sous la Renaissance. Phénomène psychologique simple ; la vue d'une majuscule grecque me remplit encore aujourd'hui de plaisir, la vue d'une minuscule, d'indifférence teintée de dédain ; les accents, d'une juste indignation qui touche au blasphème. Je crois que la chose doit s'expliquer ainsi : que j'ai appris les majuscules grecques, comme les majuscules anglaises, à la maison ; qu'on me parlait d'elles simplement, pour le plaisir, quand j'étais encore un enfant ; tandis que, les autres, je les ai apprises dans le temps qu'on appelle communément le temps des études, c'est-à-dire le temps pendant lequel je reçus, de quelqu'un que je ne connaissais pas, un enseignement relatif à des choses que je ne désirais pas connaître.

Je ne dis tout ceci que pour montrer que j'étais, à six ans, une personne bien plus sage, bien plus large d'esprit qu'à l'âge de seize. Je n'entends fonder là-dessus aucune théorie pédagogique. Le ciel m'en garde ! Cet ouvrage ne peut pas, sur certains points, éviter d'être quelque peu théorique ; mais il n'a pas besoin d'ajouter l'injure au dommage en se montrant instructif par surcroît. Je n'entends point me retourner contre mes maîtres, pour la raison qu'il ne m'a pas plu d'apprendre ce qu'ils étaient tout prêts à m'enseigner. Il se peut que, dans les écoles perfectionnées d'aujourd'hui, l'enfant soit instruit de telle sorte qu'il croasse de plaisir à la vue d'un accent grec. Mais je crois beaucoup plus probable que les nouvelles écoles ont dû se débarrasser des accents grecs en se débarrassant du grec lui-même. Et il se fait que, sur ce point, je me retrouve plutôt du côté de mes anciens maîtres, contre moi-même. Je suis bien aise, en tout cas, que mes efforts persévérants pour ne pas apprendre le latin aient été déjoués dans une certaine mesure, bien aise aussi de ne pas avoir entièrement réussi à échapper à la contamination de la langue d'Aristote et de Démosthène. Du moins sais-je assez de grec pour pouvoir comprendre la plaisanterie, quand quelqu'un dit devant moi (comme on fit l'autre jour) que l'étude de cette langue convient mal à une ère de démocratie. Je ne sais de quelle langue ce quelqu'un croyait que venait le mot de « démocratie » ; il faut admettre que le mot semble maintenant faire partie d'une langue qu'on appellerait « la langue journaliste ». Mais la question qui m'intéresse n'est pour l'instant que personnelle ou psychologique ; je me borne à apporter mon témoignage sur ce fait curieux que, pour une raison ou pour une autre, un jeune garçon passe souvent de l'état précoce où il désire savoir à peu près tout, à un stage plus tardif où il désire ne savoir à peu près rien. Un voyageur plein d'expérience et de sens pratique, et n'ayant rien en soi de mystique, me fit un jour à brûle-pourpoint la remarque suivante : « Il doit, me disait-il, y avoir quelque chose de faussement dégoûtant dans l'enseignement même, puisque tant de gens ont des enfants merveilleux, et que tous les adultes sont tellement bêtes ! » Je comprends très bien ce qu'il voulait dire ; mais je me demande si mon inutilité présente est le fait de l'enseignement, ou si elle tient à quelque cause plus mystérieuse et plus secrète.

L'adolescence est une des choses les plus complexes et les plus incompréhensibles qui soient. Même après l'avoir traversée, on ne sait pas très bien ce qu'elle fut. Un homme ne peut jamais tout à fait comprendre un jeune garçon, même après avoir été lui-même un jeune garçon. Il pousse, sur tout ce qui fut un jour un enfant, une sorte de protection hérissée de piquants qui lui fait comme une chevelure ; une insouciance, une combinaison bizarre d'énergie dispersée et sans objet, et une disposition à accepter aisément toutes les conventions. Il m'est arrivé de m'engager aveuglément dans une joyeuse partie où il n'était question de rien de moins que de se conduire littéralement comme un aliéné et de m'être à chaque instant rendu compte que j'ignorais absolument pourquoi j'agissais ainsi. Quand je rencontrai pour la première fois mon meilleur ami sur un terrain de jeu, nous luttâmes sauvagement pendant trois quarts d'heure ; pas scientifiquement, et à coup sûr sans aucune idée de vengeance ; car je ne l'avais jamais rencontré, et je l'ai toujours beaucoup aimé depuis ; mais, par une sorte d'impulsion, inépuisable, insatiable, nous ruant çà et là, l'un sur l'autre, par le terrain, et roulant à maintes reprises dans la boue. Or, je crois que, durant tout ce temps, nos deux esprits étaient parfaitement paisibles et raisonnables. Quand nous cessâmes, épuisés, et qu'il se mit à me citer Dickens, ou les *Bab Ballads*[1], ou je ne sais quelles autres choses que j'avais lues, nous nous engageâmes dans une aimable discussion sur la littérature, discussion qui s'est poursuivie, par intermittences, depuis ce jour-là jusqu'au jour où nous sommes.

---

1. *Bab Ballads*, recueil de ballades humoristiques qui sont pour la plupart des satires de la société. L'auteur en est Sir W.S. Gilbert (1836-1911), qui écrivit en collaboration avec Sir A. Sullivan (1842-1900) des opéras-comiques célèbres. Les *Bab Ballads* furent d'abord publiées dans *Fun*, de 1866 à 1871, et, en volume, en 1869. Un volume complémentaire intitulé : *More Bab Ballads*, parut en 1873. Beaucoup des opéras de Gilbert et Sullivan : *Patience, Iolanthe, Ruddigore, Trial by Jury, The Mikado*, etc., sont inspirés par les Bab Ballads. On dit en parlant d'une chose absurde ou burlesque à forme humoristique : c'est Gilbertien !

Ces choses-là ne peuvent s'expliquer, si ceux qui les ont faites ne peuvent pas eux-mêmes les expliquer. Depuis lors, j'ai vu vivre des garçons dans plus d'un pays, des garçons de diverses couleurs : de jeunes Égyptiens dans les bazars du Caire, des mulâtres dans les taudis de New York. Et j'ai observé que, se conformant à quelque loi primordiale, ils tendent tous à faire trois choses : à circuler par trois ; à se promener sans but apparent ; et, presque invariablement, à se jeter soudain l'un sur l'autre, et, non moins soudainement, à cesser de se battre.

Certains pourront s'étonner que je traite de « conventionnelle » une telle façon de se conduire ; cela tient à cette idée que deux banquiers, ou deux associés, n'ont pas l'habitude de se rouler ensemble, les quatre fers en l'air, pour se distraire ou dans un esprit de pure amitié. On pourrait répliquer que deux associés ne sont pas nécessairement des amis aussi purs. En tout cas, il est vrai que le mot de convention, appliqué à cette conduite, comporte bien autre chose que le sens verbal de collision. Or c'est exactement cette convention-là qui sépare l'écolier de l'enfant. Quand je fréquentais l'école Saint-Paul à Hammersmith, il y avait vraiment entre nous une sorte de convention d'indépendance ; ce qui, dans une certaine mesure, faussait déjà, par définition, la notion même d'indépendance ; parce qu'elle était déjà une fausse maturité. Rappelons-nous l'erreur relative au faire-semblant dans l'enfance. En réalité, l'enfant ne fait pas réellement semblant d'être un Peau-Rouge, pas plus que Shelley[2] ne prétendait être un

2. Percy Bysshe Shelley (1792-1822). À côté de Lord Byron (voir note 38, chap. I) et de John Keats (1795-1821), un des chefs de la seconde génération des romantiques ; un des plus purs génies poétiques de tous les temps. Fils d'un gentilhomme campagnard, fit ses études à Oxford d'où il fut expulsé pour ses idées antireligieuses, après qu'il eut publié, en 1810, un pamphlet « sur la nécessité de l'athéisme ». Son père refusant de le recevoir avant qu'il se soit amendé, il se marie, à 19 ans, avec la fille d'un aubergiste dont il se séparera trois ans plus tard.

Très attiré par les théories du philosophe William Godwin (1756-1836), un idéaliste qui prétendait que l'homme peut devenir parfait, quitte Londres et gagne la Suisse en compagnie de Mary, la fille du philosophe ; il l'épousa en 1816, après le suicide de sa première femme.

En Suisse, il rencontre Byron ; se lie avec lui d'une grande amitié. Ils vivent en voisins près de Genève. En 1816, voyage en Italie, où il trouve la mort, tué par des pirates, selon les uns, mais vraisemblablement victime d'un accident pendant une partie de canot par grosse mer, dans le golfe de la Spezzia.

nuage, ou Tennyson[3] un ruisseau. La chose peut être démontrée : il suffit d'offrir au nuage un pamphlet politique, au ruisseau la pairie, au Taureau rouge de la Prairie un gros sou pour acheter des bonbons. Mais il est vrai que le jeune garçon fait réellement semblant d'être un homme ; et même, métamorphose beaucoup plus effrayante, un homme du monde. De mon temps, un écolier pouvait se sentir anéanti le jour où l'on apprenait (affreuse révélation) qu'il avait une sœur, voire un nom de baptême.

Le caractère fatal de cette révélation consistait en réalité dans ce qu'il faisait éclater la convention tout entière de nos existences, la convention selon quoi chacun de nous était son maître, pareil à un gentleman indépendant vivant de moyens qui lui étaient propres. Le secret que chacun de nous avait réellement une famille, des parents qui payaient pour son entretien, demeurait ignoré *par convention* ; il n'était révélé que dans des moments de folle vengeance. Le fait est qu'une telle convention impliquait déjà une légère nuance de corruption ; précisément parce que tout ceci était déjà plus sérieux, moins franc, que les petits mensonges de l'enfance. Nous avions dès lors commencé d'être ce que ne sont jamais les enfants : des snobs. Les enfants purifient, désinfectent toute leur impersonnalisation théâtrale en disant : « Si on faisait semblant d'être ceci... d'être cela ? » Les écoliers que nous étions ne disaient jamais : « Faisons semblant ». Nous faisions semblant sans le dire.

Les garçons, je l'ai dit, se promènent par trois. Trois est certainement le nombre symbolique de la camaraderie, même si ce n'est pas toujours exactement la même chose que l'amitié. J'ai eu la chance de connaître l'une et l'autre, comme *Les Trois Mousquetaires* ou comme *Les*

Œuvres principales : un poème philosophique : *Queen Mab* (1813) ; *Alastor* (1816) ; *Revolt in Islam* (1817) ; *Hellas* (1821) ; une tragédie : *The Cenci* (1819) ; *Prometheus Unbound* (1819) ; *Ode to the West Wind* (1819) ; *Ode to a Skylark* (même année) ; un long drame en vers : *Epipsychidion* (1821), *Adonaïs* (1821 ; élégie sur la mort de Keats).

Plus à l'aise dans ses rêves que dans la réalité de ce monde, Shelley se comparaît lui-même à Ariel. Pour lui, « beauté » voulait presque dire « bonté idéale » ; il attendait le retour de l'âge d'or et sa mélancolie venait surtout de le voir tant tarder, malgré les efforts du poète.

3. Voir note 9, ci-après.

Trois Soldats de M. Kipling[4]. Le premier de mes amis[5], celui avec qui je luttais, a écrit, depuis ce temps-là, le meilleur roman policier des temps modernes et cache encore, sous son déguisement presque impénétrable de collaborateur du *Daily Telegraph*, un esprit très averti d'humoriste. Il était, (en fait, il est encore) absolument remarquable par le mélange qu'on trouvait en lui d'une extraordinaire gravité de visage et d'une extrême agilité de mouvement. J'ai souvent dit de lui qu'il avait une tête de professeur sur un corps d'arlequin. C'était un plaisir de pure essence poétique que de le voir se promener dans la rue, l'air un peu pompeux, puis, tout soudain, escalader un réverbère avec l'agilité d'un singe pour allumer sa cigarette, se laisser retomber, et reprendre sa promenade avec la même expression de sereine tranquillité. Il avait un esprit extraordinairement bien équilibré, et dont il pouvait faire presque tout ce qui lui plaisait ; voire même écrire un article de tête très banal pour un quotidien de Londres. Mais il pouvait, avec la même simplicité, écrire clairement des choses intégralement absurdes. Ce fut lui qui inventa cette forme sévère, on

4. Rudyard Kipling (1865-1935), un des plus célèbres auteurs anglais contemporains ; cousin de Lord Baldwin of Bewdley ; né aux Indes ; le premier chantre de l'impérialisme britannique. Aussi important comme poète que comme prosateur ; débuta dans la carrière littéraire comme poète et journaliste. Un des auteurs anglais les mieux connus en France, où ses livres ont presque tous été traduits. Aimait la France et la comprenait.

De son œuvre nombreuse, citons trois recueils de poèmes : *Barrack Room Ballads* (1892), *The Seven Seas* (1896), *The five nations* (1903) ; et, comme œuvres en prose, *Plain Tales from the Hills* (1888) ; *The light that failed* (1891) ; *The Jungle book* (1894) ; *The Second Jungle book* (1895) ; *Kim* (1901), etc., etc.

5. Il s'agit de Edward Clerihew Bentley, journaliste et écrivain, né à Londres en 1875 ; études à Saint-Paul School (avec G.K.C.) et Merton College (Oxford) ; entré au barreau en 1902 ; puis journaliste ; collaborateur régulier du *Daily News* pendant dix ans ; articles de tête (pendant 22 ans) dans le *Daily Telegraph* ; poèmes dans *Punch* et, comme il le dit lui-même, maintes autres choses dans maint autre périodique.

En 1906, écrit : *Biography for beginners* et, en 1929 : *More biography*.

Le roman policier dont parle ici G.K.C. est intitulé : *Trent's Last Case* ; il a paru avec une préface dédicatoire (à G.K.C.) où Bentley rappelle que G.K.C. lui a dédié : *The Man who was Thursday*.

Bentley n'écrivit ce roman que pour faire l'expérience d'un nouveau genre de roman policier ; il n'en attendait pas grand'chose et fut tout surpris de le voir traiter de chef-d'œuvre. En 1936, Bentley en publia un autre, mais, cette fois, en collaboration avec un ami : *Trent's own Case*. Puis *Trent intervenes* (1938) ; *Baseless biography* (1939) ; *Those days* (1940).

voudrait dire majestueuse, de vers libre qui a, depuis, été désignée par le second de ses prénoms et qu'on nomme « le Clerihew » (son nom est Edward Clerihew Bentley) ou « Manuel de l'art d'écrire une biographie à l'usage des débutants » ; vers libre qui date du temps où nous allions en classe, du temps où il écoutait de sa place un exposé de chimie, l'air excédé, une feuille de buvard vierge devant lui. Et sur cette feuille, il écrivait, inspiré par l'Esprit limpide qui préside à toute chanson, ces vers dépouillés d'ornements futiles :

Sir Humphrey Davy
Detested gravy.
He incurred the odium
Of discovering sodium[6].

J'avais, dès ce temps-là, l'habitude de dessiner des images, ou du moins ce qu'on appelait des images, pour illustrer ces vers biographiques ; mais, naturellement, ce ne fut pas avant que plusieurs décades se fussent écoulées que nous eûmes, Bentley et moi, l'idée de publier un livre, et même de publier quoi que ce soit. Longtemps après que nous fûmes devenus tous deux d'incorrigibles écrivassiers, nous demeurâmes des écoliers obscurs ; jamais nous n'imaginions que nous pussions devenir autre chose ; je ne pense pas que nous nous rendions clairement compte que nous serions vraiment un jour autre chose que des écoliers ; que le temps de l'école finirait un jour. À ce point de vue, nous manquions autant d'ambition que des enfants qui se fussent chuchoté des choses dans une langue secrète. Toutes nos plaisanteries se rapportaient à notre petit cercle, ou aux événements quotidiens de l'école ; mais il est vrai qu'elles couvrirent assez de papier pour remplir toute une bibliothèque. Je me rappelle un interminable roman romanesque pour lequel j'étais toujours en train

6. Ce qui suit donnera une idée de ces bouts rimés.
    Or, sir Humphrey Dausse
    Qui détestait la sauce
    Tomba dans l'odieux
    De découvrir le... sodieux.
    Il s'agit de Sir Humphrey Davy (1778-1829), chimiste célèbre qui décomposa le premier le potassium en 1807 et découvrit les effets du gaz hilarant.

de dessiner des images, et dont je pense encore aujourd'hui que c'était
un morceau de fantaisie effrénée. L'idée en était simplement sortie
de nos promenades derrière trois de nos professeurs dont deux, qui
étaient grands et jeunes, encadraient un troisième, qui était vieux et
tout petit ; de sorte que la scène suggérait un peu l'idée que les deux
grands soutenaient l'autre. Là-dessus s'était édifiée une grande théorie
d'après laquelle le plus âgé des professeurs (l'un des personnages les
plus importants de l'école) n'était en fait qu'une marionnette articulée
que les deux autres promenaient partout avec eux, et remontaient,
quand c'était nécessaire, pour lui faire faire sa ronde quotidienne. Le
mannequin et les deux conspirateurs étaient entraînés par nous dans
un cycle d'aventures invraisemblables, écrites en un piteux langage
et dont quelques lambeaux doivent encore exister quelque part. Mais
est-il utile de dire que nous ne pensâmes jamais à en faire autre chose
qu'en tirer du plaisir. Et cet usage m'est parfois apparu comme n'étant
pas, somme toute, une si mauvaise chose à faire avec les choses.

À la vérité, mon ami Bentley avait, en effet, et a encore, un talent
inné pour ces cartes stratégiques fantaisistes et compliquées, ou bien
pour suggérer d'absurdes intrigues. Il a quelque chose de l'industrieuse
fantaisie du père Ronald Knox[7], quand il trace la carte détaillée du
Barsetshire imaginaire de Trollope[8], ou qu'il invente quelque invraisemblable cryptogramme pour prouver que c'est la reine Victoria qui
écrivit « In Memoriam »[9]. Je me rappelle qu'un jour toute l'école fut

7. Reverend Ronald Arbuthnott Knox (1888-1936), chapelain catholique de
l'Université d'Oxford ; études à Eton et à Balliol ; « fellow » au Trinity College (1910),
chapelain anglican de 1912 à 1917 (à Oxford). En 1917, se convertit au catholicisme,
et reste chapelain catholique d'Oxford. Comme écrivain, est attaché à la rédaction
de *Punch*. Auteur de plusieurs volumes, dont quelques romans policiers. Écrivit la
préface de quelques-uns des ouvrages de Trollope.
    Œuvres principales : *Some loose stones* (1913) ; *A Spiritual Aeneide* (1918) ;
Memoirs of the Future (1923) ; *The Viaduct Murder* (1925) ; *The three taps* (1927) ;
Essays in satire (1928) ; *Broadcast Minds* (1932) ; *Still Dead* (1934) ; *Heaven and
Charing Cross* (Recueils de sermons, 1935), etc.
    8. Anthony Trollope (1815-1882), romancier typiquement victorien bien connu,
qui publia une série de « Barchester Novels » dont : *Barchester Towers* (1857), etc.
Barsetshire est le nom du comté imaginaire dont Barchester est la ville principale.
    9. Un des poèmes les plus célèbres d'Alfred Lord Tennyson (1809-1892) ; baron,
premier du nom ; fils d'un clergyman ; études avec son père et au Trinity College
(Cambridge). Obtint le prix, connu sous le nom de « Chancellor's Medal », pour les
vers anglais en 1829.

assemblée afin d'offrir un souvenir à un professeur qui allait nous quitter pour aller occuper un « fellowship »[10] à Peterhouse[11]. Le discours congratulatoire avait été composé par le professeur d'une des classes supérieures : le hasard voulut que ce fût un vieux monsieur, très érudit certes, mais d'esprit lourd et solennel, et dont l'allure et la diction étaient également pédantes et prosaïques. Bentley et moi étions assis côte à côte, n'espérant aucune distraction, si ce n'est de la solennité même de l'orateur, quand l'assemblée tout entière fut secouée comme par un coup de tonnerre. Le vieux monsieur venait de dire une plaisanterie. Chose moins admissible, c'était une très bonne plaisanterie. Il avait dit qu'envoyer notre ami de cette école-ci à ce collège-là, c'était dépouiller Paul pour payer Pierre. Nous nous regardâmes médusés ; mais Bentley me fournit, un peu plus tard, une explication des plus convaincantes, et qui épuisait le sujet : le vieux professeur avait passé sa vie entière à composer et à préparer cette unique plaisanterie. D'abord, il avait usé de son influence auprès du censeur de l'école Saint-Paul afin d'obtenir pour le jeune professeur une place dans son personnel. Ensuite il avait intrigué auprès des autorités universitaires pour lui faire obtenir un fellowship à Peterhouse. Il avait vécu toute sa vie dans l'attente du moment de savourer cette heure. Il venait de faire aujourd'hui sa première et sa

Il avait publié (1827) : *Poems by two Brothers*. En 1830, il publie : *Poems, chiefly lyrical* ; en 1832, il voyage sur le continent. Se fiance en 1833 ; mais ne se mariera qu'en 1850. En 1842 paraît une édition de ses poèmes, en deux volumes ; Sir Robert Peel lui octroie, la même année, une subvention de deux cents livres ; en 1847, il publie *The Princess* ; et, en 1850 : *In Memoriam* ; élu, cette année-là, poète lauréat (voir note 9, chap. I, sur Southey). Son activité littéraire va croissant jusqu'en 1884, date à laquelle il est fait pair pour ses seuls mérites d'écrivain, cas presque unique dans les annales anglaises.

Auteur aussi de *Maud*, de *Idylls of the King*, etc. A largement puisé son inspiration dans les romans de la Table Ronde. Est considéré comme un des plus grands, comme un des plus purs poètes de langue anglaise. Son fils a publié en 1897 une Vie de Lord Alfred Tennyson.

10. Le « fellow » est l'un des membres du Conseil pédagogique et administratif d'un collège quelconque d'une Université anglaise ; le collège est, au sein de la faculté, une unité quasi-autonome.

11. Peterhouse (littéralement : la maison de Pierre) est le collège (de Cambridge) pour lequel ce maître était désigné comme « fellow ». Bentley et G.K.C. étaient élèves de l'École Saint-Paul, une des meilleures écoles secondaires.

dernière blague ; il était désormais probable qu'il ne tarderait pas à rendre l'âme en paix.

Un troisième élément de notre original trio devait apporter à nos secrets le souffle de l'ambition, l'air du vaste monde. C'était un grand garçon brun, très mince, nommé Lucien Oldershaw, qui avait l'air et qui était en effet, par certains côtés, très sensible ; mais sur ces grandes questions, il était beaucoup moins timide que nous n'étions nous-mêmes. Fils d'un acteur, il avait voyagé, beaucoup plus que nous, et par toute l'Angleterre ; il avait fréquenté d'autres écoles ; il en savait beaucoup plus long que nous sur la diversité de la vie. Par-dessus tout, une idée le possédait, presque fiévreusement, vaste, étonnante, dévastatrice, l'idée de FAIRE quelque chose ; de faire quelque chose à la manière des adultes, qui étaient les seuls êtres que l'on pût concevoir faisant des choses. Je me rappelle que mes cheveux se dressèrent sur ma tête quand il parla pour la première fois, d'un air détaché, du bulletin officiel de l'école, qui était pour moi quelque chose d'aussi officiel que les prières scolaires, ou que la fondation scolaire. Aucun de nous n'avait jamais rêvé de collaborer au bulletin plus qu'à la grande Encyclopédie Nationale. Mon nouvel ami, qui était un peu plus jeune que moi, nous entretint d'un ton léger d'une vieille idée qu'il avait eue d'établir une certaine coordination entre les bulletins de toutes les grandes écoles ; ceux d'Eton, de Harrow, de Winchester, de tous les autres. Il nous eût proposé de conquérir et de gouverner l'Empire britannique, que je n'eusse pas pu être plus ébranlé ; mais il écarta le sujet aussi légèrement qu'il l'avait évoqué, et ce fut pour nous proposer tranquillement de publier un magazine à nous, et qui serait imprimé chez un vrai imprimeur. Il devait avoir un pouvoir de persuasion considérable, car nous fîmes ce qu'il voulait. Entre garçons de notre âge nous fondâmes une petite société que nous baptisâmes « Debating Club »[12] des petites classes, bien que personne à ma connaissance, n'eût jamais eu connaissance d'un « Debating

---

12. En Angleterre, les « debating clubs » existent partout, pour tous les âges, pour toutes les conditions sociales. Ce sont, en petit, des lieux de réunion, copiés sur la célèbre « Union Debating Society », qui est la pépinière des grands parlementaires britanniques. On y cultive, non point, comme un Français pourrait s'y attendre, l'art oratoire, mais plutôt, mais surtout l'art de conduire des débats.

Club » des classes supérieures. Il y avait bien l'Union[13] à laquelle on appartenait quand on était en dernière année, tout comme on faisait d'autres choses effrayantes, quoique régulières, comme de dîner avec le censeur. Mais c'étaient des choses que nous n'envisagions pas plus, à cet âge, que nous n'envisagions de mourir.

Nos débats sont restés consignés dans les volumes épars de notre étrange petit journal, les personnages de la pièce étant mystérieusement représentés par leurs initiales, comme s'ils eussent fait partie d'une société secrète dans un roman à sensation ; on y lisait que « M.B. » s'était violemment inscrit en faux contre la déclaration du dernier orateur ; ou encore : « Ces remarques provoquèrent de la part de « M.C. » une protestation indignée. Celle-ci et d'autres formules non moins définitives font que ces vieux bouquins demeurent encore la lecture préférée de mon ami M. Edward Fordham, lui-même membre du Club, et qui était ravi de rédiger sa chronique dans le style journalistique le plus somptueux et le plus fleuri, et de s'y moquer de lui-même et d'autrui. Je crois qu'il attache, aujourd'hui encore, un intérêt tout particulier au passage d'un de ces rapports qui déclare, parlant de l'un des jeunes membres de la société : « M. L.D. décrivit sommairement (*sic*) les gouvernements de France, d'Amérique, d'Allemagne, d'Autriche, d'Italie et d'Espagne ». Parfois pourtant, il arrivait que la rhétorique burlesque de Fordham lui retombât sur le nez. Rapportant l'une des innombrables querelles qui agrémentaient nos goûters, il écrivait : « Un gâteau poisseux à deux sous adhérait à l'honorable joue du président, envoyé là par la main de F. en mission de miséricorde ». Je puis même ajouter ici que le président, c'était moi ; c'était généralement de cette manière que j'étais honoré. Mais l'imprimeur me vengea : il traduisit le gâteau poisseux à deux sous (penny bun of the sticky order) par « a peony but of the stick order » (une pivoine, mais toute en tige) formule botanique des plus suggestives. Ce fut là pour moi le début d'une longue carrière de martyr, où je fus constamment victime des coquilles typographiques, et qui atteignit son apogée le jour où j'écrivis, parlant d'un ministre

13. L'Union, c'est-à-dire l'Union Debating Club, copie des grandes « Union Debating Societies » d'Oxford et de Cambridge (voir note précédente).

non-conformiste « a distinguished correspondent » ce qui, une fois imprimé, devint : « a distinguished corespondent »[14] !

Notre « debating club » était donc fondé, et il « débattit » réellement, si la chose peut être appelée de ce nom. Cette partie de notre activité ne me gênait guère ; car je n'avais pas cessé de discuter depuis que j'étais né ; j'avais discuté, ceci ne fait aucun doute, avec mon frère, et qui sait ? peut-être déjà avec ma nourrice. Mais ce qui était infiniment plus épouvantable, c'est que notre journal parut vraiment, fut imprimé, et que j'y collaborai en y donnant des poèmes ampoulés, où de mauvaises imitations de Swinburne[15] alternaient si exactement avec de plus mauvaises imitations des *Lais de l'ancienne Rome*[16], que les plus simples de mes nombreux amis acquirent l'impression que j'avais décidément un style à moi. Je n'ai jamais relu ces vers ; il y a des limites à l'impudeur et au remords que l'autobiographie elle-même impose. Mais je dois convenir que, pour une raison que j'ignore, ils suscitèrent un certain intérêt ; et notre tentative commença à flotter à la surface de la vie scolaire au point de faire enfin l'objet de l'attention officielle, ce qui était la dernière chose que j'eusse désiré. Il n'est que tout juste équitable de dire que notre magazine contenait très probablement des vers meilleurs que les miens, et certainement des vers mieux faits. Le petit groupe de douze membres qui constituait notre société comptait dans ses rangs Robert Vernède, qui, lui aussi, imitait Swinburne, mais qui était capable de comprendre à quel point Swinburne avait imité les poètes grecs. Il est à la fois triste et amusant de penser que, de toute cette ardente inspiration de Swinburne, ma mémoire ne peut retrouver l'écho que d'une parodie ; d'une parodie où le style des premiers chœurs de Vernède, à la mémoire d'« Atalanta »[17], était repris par Bentley dans un adieu à Vernède quittant la table où nous venions de prendre le thé :

14. Dans le premier cas : *correspondant* ; dans le second (corespondent) : c'est-à-dire « complice » en matière d'adultère et de divorce.

15. A.C. Swinburne (1837-1909), poète grandiloquent, le dernier (avec George Meredith) des grands poètes victoriens, et l'épigone du préraphaélisme ou nouveau romantisme. (*Poems and ballads*). Polyglotte, il écrivit en latin, en italien, en français, voire en grec (prologue de sa pièce : *Atalanta in Calydon*, qui marqua le début de sa gloire, 1865). Il a traduit François Villon, après Rossetti.

16. De Macaulay, note 16, chap. I.

17. Voir note 15, ci-dessus.

Let the milk that was poured
Be the draught of the cat,
For from under the board
From the seat where he sat
The feet of his boots are departed ;
*   he has widowed the hall of his hat*[18].

Vernède et Bentley étaient amis intimes ; ils avaient en commun un mélange de placidité et d'activité. La placidité de Vernède n'était pas, comme l'autre, sèche et sérieuse ; mais, au contraire, somnolente et orientale comme celle d'un Bouddha ou (comme ses premiers amis préféraient dire) pareille à celle d'un chat. Il avait ce visage d'un ovale presque japonais qu'on peut voir à certains types de Français du Midi, desquels il descendait. Il fut un beau poète, plein de promesses ; et il écrivit, au début de la guerre, une très noble invocation à la mer anglaise, dont les foules doivent encore se souvenir. Mais les promesses du poète, il ne les tint pas tout entières, car il en tint une autre, une promesse meilleure : il mourut en brave au champ d'honneur.

Pour le reste, ce qui caractérise bien la différence qui existait entre nous trois, c'est que l'œuvre de E.C.B.[19], qui fut mon premier ami, et, dans toutes les acceptions, mon ami original, fut la seule, dans toute notre publication, que son auteur eût pu publier telle quelle quinze années plus tard. Quels que soient les autres mérites relatifs de nos esprits divers, le sien était de beaucoup l'esprit le plus mûr ; peut-être pour la raison qu'il se bornait surtout à être critique, ou nonchalamment sarcastique. En tout cas, les fables bouffonnes qu'il écrivait pour notre journal eussent fait d'excellents morceaux pour

---

18. Voici, autant que la chose est possible, qui peut donner une idée de ces vers qui tirent leur saveur de ce que leur ton lyrique s'applique à des choses qui ne le commandent nullement :
Laisse le lait qui fut versé,
Servir de part au chat,
Car de dessous le siège
Où il était assis,
Ses chaussures s'en sont allées ;
Et le vestiaire est veuf de son chapeau.
C'est une parodie du dernier chant de *Atalanta in Calydon*, de Swinburne.
19. Edward Clerihew Bentley (note 5, ci-dessus).

n'importe quelle feuille authentique. Rien d'ailleurs, dans ces essais, de particulièrement juvénile ; de tous les hommes que j'ai connus, Bentley est celui dont l'esprit a le moins changé, le moins perdu de son équilibre ; il est celui, surtout, qui, à travers les erreurs de jeunesse, eut le moins de peine à trouver cet équilibre. Il avait aussi, je l'ai dit, une sorte de versatilité tranquille ; il était capable de réaliser les projets des autres en les améliorant ; il pouvait, comme on dit, mettre la main à tout. Dans cet absurde chiffon de journal scolaire, les trois premiers collaborateurs écrivirent à tour de rôle des lettres sous trois pseudonymes différents ; et je crois bien que les meilleures étaient les siennes. Vingt ans plus tard, quand Belloc et moi inaugurâmes un plan de ballades pour le *Eye Witness*, Bentley nous rejoignit bientôt, et presque de la même façon qu'au temps de l'école. Et je pense que, là encore, les meilleures ballades furent les siennes. Mais il était, pour lors, et peut-être pour longtemps encore, trop détaché, trop ironique, pour prendre rang de vedette dans la défense d'une cause, ou de n'importe quelle entreprise où les jeunes agissent généralement en commun et dans le sens du combat. Quand certains d'entre nous faisaient semblant d'être des Chevaliers de la Table Ronde, Bentley se contentait d'être Dagonet le bouffon ; c'est-à-dire d'être l'homme sage. C'est dans ce rôle de bouffon solennellement augural qu'il commença d'attirer l'attention de ses aînés. Quand le vieux censeur de l'École Saint-Paul jeta les yeux sur une parodie de *The Dog in the Manger*[20], qui décrivait le bétail comme empêché « de restaurer leurs

20. Citation de l'essai : *Anatomy of Melancholy*, par Robert Burton (1576-1640), (première partie, § 2), publié en 1621. Voici le passage entier :
« Like a hog, or a dog in the manger, he doth only keep it because it shall do nobody else good, hurting himself and others ».
C'est-à-dire :
« Tel un pourceau, ou un chien dans une mangeoire, il ne l'occupe que parce que cela ne peut faire plaisir à personne, nuisible à lui-même comme à autrui ».
Le succès de ce tableau fut tel que l'expression « le chien dans la mangeoire » est restée depuis pour symboliser l'importun malveillant.
Robert Burton (1577-1639) fut l'un des auteurs les plus remarquables de son temps ; fit ses études à Brasenose College (Oxford) En 1599 fut élu « fellow » de Christ Church où il passa sa vie entière. On sait peu de chose de cette vie, bien que Robert Burton passe pour avoir été un éminent mathématicien, un philologue et un lettré authentique. On le connaissait sous le sobriquet de « Democrites Junior » ; il passe pour s'être suicidé.

vaches intérieures », il fut pris d'une convulsion extraordinaire de son rire qui était déjà naturellement extraordinaire, et qui, comme les autres mouvements de sa voix non moins extraordinaire, commençait comme un orgue et finissait comme un sifflet d'un sou. « Ce garçon voit le monde marchant sur la tête », dit le censeur de l'École Saint-Paul. Nous étions projetés d'un seul coup en pleine lumière.

Il est temps de parler un peu de nos professeurs et en particulier du censeur. Si immensément importants que nous nous crussions, comparés à ces ennemis lointains mais respectables, ils ne faisaient pas moins partie de l'école. Le plus singulier et le plus amusant de tous, M. Elam, a déjà été esquissé en noir et blanc, et d'une manière brillante, sous la plume de M. Compton Mackenzie[21]. J'ai oublié si M. Mackenzie a mentionné ce qui m'a toujours frappé comme la plus troublante excentricité de cet excentrique ; la dérision dépourvue de réserve avec laquelle il parlait de sa profession, de sa situation,

Ce sobriquet lui vint de ce que la longue préface de son principal ouvrage : *Anatomy of Melancholy* (première édition : 1621 ; cinq autres éditions avant la mort de l'auteur, avec des variantes ; la version définitive fit l'objet d'une sixième édition parue en 1651-52) est intitulée : « Démocrite au lecteur » ; l'auteur y parle de lui et de ses études, mais seulement par allusion.

Dans son dessein, le traité de Burton est un traité médical. L'introduction expose que « la mélancolie est une maladie congénitale qui existe en chacun de nous ». La première partie traite de la définition, des causes, des symptômes et des caractères de la mélancolie ; la deuxième partie de sa guérison ; la troisième partie de la mélancolie particulière à l'amour et de la mélancolie propre à la religion. Mais le sujet se développe jusqu'à couvrir la vie humaine tout entière ; les réformes sociales et politiques, tout de même que la santé physique et mentale sont considérées comme étant de son ressort. Il traite le sujet tour à tour avec humour ou avec pathos, et avec un esprit de tolérance religieuse. Dans l'exposition et l'illustration de son argumentation, Burton use de citations ou de paraphrases à un degré extrême, et qui s'étendent sur un vaste champ littéraire, depuis la Bible et les Pères de l'Église jusqu'aux écrivains élisabéthains, en passant par les classiques grecs et latins.

Son curieux ouvrage est un mélange de tous les auteurs, classiques et médiévaux ; toutes les citations donnent de la force à ses arguments et illustrent sa thèse. Chaque page est marquée de la plus pénétrante ironie, du clair bon sens et parfois de sombre humour ; avec, au fond, un sentiment de gravité qui s'élève par instants jusqu'à une éloquence d'un charme singulier.

Anatomy of Melancholy est en somme un véritable arsenal de connaissances variées et doit être plutôt tenu pour tel que pour un traité médical. Milton, le Dr Johnson (voir note 28, ci-après), Sterne, Byron (voir note 38, chap. I) et Charles Lamb, subirent tous l'influence de ce livre, ou en furent plus ou moins marqués.

21. Auteur contemporain bien connu, né en 1883.

de ceux qui la partageaient avec lui, et même de ceux qui étaient au-dessus de lui dans l'exercice de cette profession. Il expliquait la différence entre la satire et l'amertume propre au *risus sardonicus* par une frappante parabole : « Si, marchant dans la rue, je tombais dans la boue, je rirais d'un rire sardonique. Mais s'il m'arrivait de voir le censeur de l'école tomber dans la boue, je rirais d'un rire sarcastique ». Si je mentionne ici son nom, c'est surtout pour une autre raison : c'est qu'un jour il se vida du mépris qu'il avait dans le cœur pour ce qu'il appelait « le métier de sous-maître » en posant cette question à un élève : « Robinson, lui dit-il, pourquoi envoie-t-on les garçons à l'école ? » Les yeux baissés, d'un air de vertu offensée, Robinson répondit d'une voix faible : « Monsieur, c'est pour apprendre ». « Non, mon garçon, non, répondit le vieux monsieur, en secouant la tête. Ce n'est pas là la vraie raison. La vraie raison, c'est qu'un jour, à déjeuner, M. ROBINSON a dit à Mme ROBINSON : « Ma chère, il faut absolument que l'on s'occupe de ce garçon ! Il me gêne, il vous gêne, et c'est un fléau pour les domestiques ». Puis avec une indescriptible exagération de dédain et de grimaçante amertume, il ajouta : « Il va falloir payer quelqu'un !... »

J'ai dit que, si je conte ici cette vieille anecdote, c'est pour une autre raison ; c'est, un peu, parce que je voudrais suggérer une réponse différente de celle que fit M. Elam. Quand il m'est arrivé de réfléchir à ce problème au cours de mon adolescence, j'avoue que je ne me sentis nullement poussé à le résoudre dans le sens hautement moral qui caractérise la réponse de Robinson. L'idée que j'étais venu à l'école pour travailler était trop bouffonne pour troubler un instant mon esprit. Il était évident aussi qu'elle contrastait trop évidemment avec les faits, comme d'ailleurs avec le résultat. J'aimais beaucoup mes amis ; pourtant, comme il est fréquent à cet âge, je les aimais beaucoup trop pour laisser ouvertement paraître que j'étais ému de les aimer. Mais je me rappelle en être arrivé presque sérieusement à cette conclusion que, s'il faut qu'un garçon aille à l'école, ce doit être surtout pour étudier le caractère de ses maîtres. Aujourd'hui encore, je pense que cette réflexion n'était pas dénuée de sens. Après tout, le maître est le premier adulte instruit que le garçon soit amené à fréquenter assidûment, après avoir été présenté à un âge peu avancé à son père et à sa mère. Or, nos professeurs, à Saint-Paul, étaient très intéressants ; même ceux qui n'étaient pas aussi ostensiblement extravagants que le célèbre M. Elam. À l'un d'eux, homme très distingué, j'ai personnellement une obligation infinie ; je veux parler de l'historien de la mutinerie des Indes et des campagnes de César, M.T. Rice Holmes[22]. Il réussit, Dieu sait comment, à deviner mon désir irrévocablement arrêté, ma détermination désespérée, de paraître stupide ; et aussi à découvrir cet affreux secret : que j'étais, après tout, doué de plus de raison qu'une brute. Il me posait à brûle-pourpoint des questions qui étaient à cent lieues du sujet traité, me surprenait à avouer que j'avais entendu parler de la *Chanson de Roland*, ou même lu une pièce ou deux de Shakespeare. Quiconque sait un peu ce qu'était l'écolier anglais de cette époque ne songera pas un instant à imaginer qu'il y avait pour moi un plaisir quelconque à me trouver dans cette situation de bon élève en vedette. Nous étions tous hantés par l'horreur de nous faire valoir ; c'était là peut-être le seul principe moral un peu cohérent que nous possédassions. Je me rappelle un garçon qui était sur ce point d'honneur si follement sensible qu'il pouvait à peine supporter d'entendre un de ses amis répondre exactement à la question la plus facile. Il trouvait que le camarade aurait dû imaginer quelque bévue, et cela dans l'intérêt de la camaraderie en général. Le jour où cet aveu relatif au poème épique français m'eut été arraché, malgré mes efforts, il se fourra littéralement la tête dans son pupitre, et laissa tomber le couvercle dessus, grognant de honte, mais d'une honte généreuse, impersonnelle, et chuchotant, irrité : « Oh ! ferme ça ! Ferme ça ! » Il est vrai qu'il offrait peut-être l'exemple d'un cas exagéré ; mais j'approuvais entièrement le principe qui le faisait agir. Je me revois aussi courant vers l'école, très excité, récitant tout

22. Thomas Rice Edward Holmes (1855-1933) ; études : « Merchant Taylor's School » (célèbre école secondaire qui porte le nom de la gilde qui la dotait à l'origine), puis Oxford ; débute comme sous-directeur de l'école primaire de Lincoln (1878-80) ; puis directeur de « Blackheath's Proprietary School » ; « housemaster » à Saint-Paul's School (1886-1909) ; en 1909, on lui alloue une pension pour lui permettre de se livrer à ses travaux philologiques ; en 1927, il est élu vice-président de la Roman Society (Société d'études latines).
   Parmi ses publications, citons : *History of Indian Mutiny* (1883) ; *Cesar's Conquest of Gaul* (1911) ; *The architect of the Roman Empire* (1928) ; nombreux autres ouvrages sur Jules César ; une des autorités de son époque en la matière ; fait significatif à ce sujet : l'autorisation de traduire ses ouvrages en allemand a été sollicitée.

haut des vers agressifs de « Marmion »[23] avec une emphase, une
exaltation passionnées ; et puis, entré en classe, répétant ces mêmes
vers d'une voix neutre et sans accent, comme un orgue de Barbarie,
avec le ferme espoir que rien dans ma voix ne trahirait que je faisais
une différence entre le sens d'un mot et celui d'un autre.

Je crois que jamais personne ne put me prendre en faute en cette
matière, excepté M.T.R. Holmes[24], et aussi M.R.F. Cholmeley[25], qui,
plus tard, devint le professeur particulier de mes deux amis intimes,
et qui, je suis heureux de le dire, se joignit souvent, par la suite, à
nos réunions d'anciens élèves. Mais, d'une manière ou de l'autre,
une rumeur devait avoir commencé à courir, parmi les autorités de
l'école, que nous n'étions pas aussi bêtes que nous voulions bien le
paraître. Un jour, à ma grande consternation, le censeur m'arrêta dans
la rue et me fit un pas de conduite, me cornant aux oreilles que je
possédais un don littéraire qui pourrait donner des résultats pourvu
que quelqu'un réussît à lui donner quelque consistance. J'en étais

23. Récit poétique publié en 1808, de Sir Walter Scott (1771-1832), célèbre poète
et romancier de l'époque romantique ; études à l'Université d'Édimbourg ; avocat
(1792) ; étudie l'allemand ; se marie en 1797 ; publie une traduction de *Lenore* de
Burger's et d'autres ballades romantiques allemandes (1799). Fait paraître : *Border
Minstrelsy* (3 vol., 1802-1803) et *Lay of the last minstrel* (1805) ; édite Dryden (voir
note 9, chap. I) avec une vie du poète (1808) ; publie également une édition de Swift
— voir note 1 — (1819) ; puis de très nombreux ouvrages en vers, presque inconnus
en France (dont *Marmion*) ; et, en prose, surtout des romans, tous traduits en français
et qu'on appelle « Waverley Novels » parce que le premier de ces romans historiques,
publié en 1814, s'appelait *Waverley*.

Parmi ces romans : *Guy Mannering* (1815) ; *The heart of Midlothian* (1816) ;
The Bride of Lammermoor (1819) ; *Rob Roy* (1818) ; *Ivanhoe* (1821) ; *Woodstock*
(1826), etc., etc. Écrivit aussi une *Life of Napoleon Buonaparte* (1827) et *History of
Scotland* (1829-30). Peut-être plus connu en Angleterre comme poète que comme
romancier ; tout comme Victor Hugo est plus connu comme romancier dans les pays
de langue anglaise ; fait qui tient à l'impossibilité presque absolue de transposer la
poésie d'une langue dans l'autre.

24. Voir note 22, ci-dessus.

25. Robert Francis Cholmeley, né en 1862, pédagogue éminent ; études à
Marlborough et à Oxford ; sous-directeur du collège d'Eton en 1886 ; « housemaster »
à Saint-Paul's School (que fréquenta G.K.C.) ; « headmaster » à Owen's School,
Islington (1908), puis président de l'« Incorporated Association of Headmasters »
de 1923 à 1927 ; Ordre de l'Empire Britannique en 1918 ; Officier de l'Instruction
publique en France (1927).

Auteur de : *Secondary Education in England* (l'Instruction secondaire en
Angleterre), etc.

égaré, abasourdi. Quelque temps après, à ma terreur désespérée, il entreprit de crier tout haut, à l'occasion d'une distribution de prix, devant une foule de parents et d'autres absurdes intrus, que, bien qu'il s'agît d'une publication non officielle, à laquelle il aurait peut-être hésité à accorder l'*imprimatur*, notre petite revue révélait des marques de réels talents. Nous sentîmes confusément qu'il eût été encore plus effrayant qu'il la lui accordât, l'*imprimatur*. L'*imprimatur* nous eût fait l'effet d'un pouce de géant écrasant notre revue.

Frédérick Walker[26], directeur de Manchester[27], et, plus tard, censeur de l'École Saint-Paul, était, comme beaucoup de gens le savent aujourd'hui, un homme tout à fait remarquable. Il appartenait à cette classe d'hommes qui, comme le docteur Johnson[28], pourraient vivre en anecdotes. En fait, par certains côtés, il n'était pas tellement différent du Dr. Johnson. Il lui ressemblait par le volume saisissant de la voix, par la lourdeur du visage et du corps, et par certaine tendance à exploser en dehors du moment qui semblait le plus opportun ; en train de converser avec une bonne humeur et un rationalisme parfaits, il éclatait soudain à propos d'une chose qui paraissait insignifiante. Mais, pour les choses essentielles, son sens du frapper dur était généralement tout à fait pertinent, et même avait un caractère familier, sympathique, qui sentait son Angleterre du nord. C'est de lui que l'on cite cette parole mémorable : Une dame grincheuse lui ayant écrit pour lui demander à quel rang social appartenaient les jeunes gens qui

26. Frederick William Walker (1830-1910), pédagogue ; études à Rugby et à Oxford ; surtout mathématicien, ce qui ne l'empêcha pas d'entrer dans le barreau (1857) ; « fellow » d'un collège d'Oxford de 1859 à 67, mais n'y est pas resté ; fut, dès 1859-76, « highmaster » de la célèbre Manchester Grammar School (école secondaire) ; depuis cette date et jusqu'en 1895, « headmaster » à Saint-Paul's School, que fréquentait G.K.C.

27. Manchester Grammar School, école qui, sous ce nom d'école primaire, est une des meilleures écoles secondaires d'Angleterre.

28. Dr Samuel Johnson (1709-1784), personnage très curieux dans l'histoire des lettres anglaises, et dont l'importance réside moins dans les œuvres, d'ailleurs peu nombreuses, qu'il a laissées, que dans la puissance même de sa personnalité. Influença profondément l'esprit de son époque. Ses tendances étaient nettement classiques. Son ami et secrétaire bénévole, James Boswell, publia, en 1791, *The life of Samuel Johnson*, qui est restée une des biographies les plus remarquables de la littérature anglaise et peut-être universelle. Même les *Entretiens* de Gœthe et d'Eckermann ne peuvent lui être comparés. Les ouvrages les plus importants du Dr Johnson sont : *Dictionnaire de la langue anglaise ; The lives of the poets* (1781).

fréquentaient son école, il répondit : « Pour autant que votre fils se conduise bien, et que les trimestres soient régulièrement payés, aucune question, Madame, ne sera posée à l'enfant sur son rang social ».

Je fus un jour pétrifié de surprise à voir mon nom cité dans un avis affiché au tableau, avis disant qu'on allait m'accorder les privilèges accordés aux élèves de la plus haute classe, bien que je n'y appartinsse pas. Cette lecture ne produisit sur moi d'autres désirs que celui d'obtenir le privilège, voire la protection de la cave à charbon, et de n'en plus jamais sortir. En même temps, j'appris qu'une section spéciale de la plus haute classe venait d'être créée pour mes deux plus grands amis, afin qu'ils pussent poursuivre leurs études en vue des bourses d'histoire à la Faculté. J'eus l'impression d'un monde qui se fût brisé en morceaux, ou renversé la tête en bas. Et, en effet, toutes sortes de choses se produisirent, vers ce temps-là, qui semblaient tout à fait en dehors des lois naturelles. Par exemple : j'obtins un prix, le prix Milton, attribué à ce qu'on appelait un poème primé. Je suis heureux de dire que je ne pourrais me rappeler aujourd'hui une seule syllabe de ce poème que j'avais fait. Mais je me rappelle quel en était le sujet, et ce n'est pas sans un léger tressaillement d'ironie : car ce sujet, c'était saint François Xavier, le grand jésuite qui prêcha les Chinois. Je rappelle toutes ces choses, si contraires au cours que ma vie scolaire avait eu jusque-là, parce que je ne suis pas fâché de faire exception à la tendance moderne qui reproche au vieux maître d'école victorien sa stupidité et sa négligence, et représente la jeune génération actuelle comme une troupe éblouissante de Shelleys inspirés, ivres de lumière et de liberté. La vérité, dans le cas qui m'occupe, c'est que ce fut moi qui fis preuve de stupidité ; bien que je pense que ce fut, en réalité et dans une large mesure, une stupidité affectée. C'était moi, en tout cas, qui me réjouissais d'être ignoré, et qui ne demandais rien de plus que d'être oublié. Si quelqu'un, à mon grand dépit, me tira de l'atmosphère confortable et bien abritée des échecs et de l'obscurité où je m'étais complu jusque-là, ce furent bien les autorités de l'école, car, personnellement, j'étais parfaitement heureux au tout dernier rang de la classe.

Pour le reste, je crois que la principale impression que je produisis sur la plupart des maîtres, et de même sur beaucoup de mes condisciples, fut une conviction, d'ailleurs parfaitement fondée, que j'étais endormi.

Ce que personne ne savait peut-être, pas même moi, c'est que je dormais, en effet, réellement, et que je rêvais en dormant. Mes rêves n'étaient pas beaucoup plus raisonnables ou plus intéressants qu'ils sont ordinairement chez les personnes aussi profondément engourdies que j'étais moi-même ; mais ils avaient déjà sur ma vie une influence obscure ; je veux dire que, si j'étais moi-même oisif, mon esprit était déjà occupé. Avant de former les amitiés particulières dont je parle, j'étais quelque peu isolé ; non point fâcheusement impopulaire, ni persécuté en aucun sens, mais vraiment solitaire. Or, bien que je fusse solitaire, je n'étais point fâché de l'être, et je crois pouvoir déclarer que je n'étais pas insociable. Effet de cette solitude : tout jeune, les gens que je rencontrai et fréquentai (j'entends en dehors des amis que j'eus par la suite) furent des gens singuliers et n'ayant comme moi aucune personnalité bien arrêtée. Ces relations furent des accidents ; et une ou deux, je le crains bien, furent même davantage : des désastres. Je me rappelle un jeune homme qui fit, dans ma vie de tous les jours, une apparition qui eut le don de m'intriguer autant que pourrait faire un roman policier. Je ne puis imaginer comment j'en arrivai à fréquenter ce personnage ; encore moins comment il en arriva à me fréquenter moi-même ; car c'était un brillant mathématicien, et qui devait avoir potassé dur les mathématiques ; tandis que je les potassais moins encore, s'il est possible, que n'importe quelle autre chose au monde. En outre, j'étais très désordonné, et lui, au contraire, très ordonné : portant un grand col propre et une veste d'Eton ; et sur ce grand col une grosse tête, très bien brossée, mais avec je ne sais quoi d'étrange et peut-être de trop mûr sur un visage de grenouille. Un jour il me demanda si je pourrais lui prêter une *Algèbre* de Hall et Knight. Dans la mesure où l'enthousiasme pour l'étude de l'algèbre était en cause, j'aurais pu lui répondre : « Plus grand que le mien est ton besoin »[29], joignant à la citation tous les gestes de Sir Philip Sidney[30]. Il n'en fallait pas moins accorder un minimum d'attention

29. Citation d'un évangile.
30. Sir Philip Sidney (1554-1586), un des quatre grands auteurs anglais, avec Marlowe entre Chaucer et Shakespeare, qui remplissent toute la première période de la littérature élisabéthaine. Homme de lettres, chevalier distingué (même aux tournois), poète, romancier, penseur. Parmi ses œuvres poétiques, mentionnons : *Astrophel et Stella* (1591) ; un roman, au style un peu précieux : *Arcadia* ; puis un

au programme de mathématiques ; aussi lui dis-je, en lui prêtant le livre, que j'en aurais besoin dans le courant de la semaine suivante. Comme l'échéance approchait, je fus très intrigué de constater que j'avais beaucoup de peine à récupérer mon *Algèbre*. Mon brillant mathématicien fournissait des réponses évasives ; il invoquait des raisons pour remettre à plus tard, faisait de vagues promesses ; si bien qu'à la fin, je me querellai avec lui, faisant usage de mots violents qui sont en réalité, entre écoliers, plus communs comme mots que comme violences ; toutefois, je lui signifiai que j'étais prêt à faire un sérieux effort pour lui boxer la figure. Cette menace le fit capituler ; il me conduisit jusqu'à son placard individuel, qu'il ouvrit avec répugnance. Je découvris que le placard était garni, du haut en bas, de près de vingt-cinq exemplaires identiques de l'*Algèbre* de Hall et Knight, qu'il avait dû obtenir par des manœuvres similaires auprès de relations similaires. Je crois me rappeler qu'il quitta l'école peu après, sans que son départ fût l'occasion d'aucun scandale particulier ; j'espère que le pauvre diable a retrouvé ailleurs son équilibre. Dieu me garde de faire le moraliste ; j'étais moi-même parfaitement capable, à mainte époque de ma jeunesse, de devenir fou d'une manière pacifique, mais non par un appétit exagéré pour l'*Algèbre* de Hall et Knight.

Il y eut encore un autre garçon avec qui je faisais route pour aller à l'école et avec qui je fus lié de la même camaraderie fortuite ; petit garçon très formaliste et très décoratif, comme il convenait au fils du clergyman vénérable et un peu pesant qui occupait à l'école un des plus hauts postes dans le personnel enseignant. Il était, lui aussi, correct en sa tenue ; il était, lui aussi, un élève très diligent ; et, comme celui de qui j'ai parlé, il avait lui aussi une habitude singulière : c'était le plus fertile, le plus abondant et le plus véritablement désintéressé des menteurs que j'aie jamais eu le plaisir de connaître. Rien de bas, ni de matériel dans sa propension à mentir ; il ne mentait ni pour tromper

des premiers ouvrages de théorie littéraire, *The Defense of Poesy* (1595). Ses deux célèbres contemporains furent le poète Edmund Spenser (1552-1599) qui fut son ami personnel et écrivit quelques vers sur sa mort, et dont le plus grand titre de gloire est l'interminable poème *The Faerie Queen* ; l'autre John Lyly (1554-1606), auteur d'un curieux roman : *Euphues*, dont le style particulier, malgré de grands défauts qui firent l'objet des railleries de tous les écrivains anglais, et de Shakespeare lui-même, n'en joua pas moins un rôle très important dans la formation de la prose anglaise.

les gens, ni pour obtenir quoi que ce fût ; mais simplement pour se vanter, comme Monsieur de Crac ; en termes tranquilles, sans éclat, durant tout le trajet depuis Holland Park jusqu'à Hammersmith[31], il me contait sur soi les histoires les plus déconcertantes, sans élever la voix, sans montrer le moindre embarras ; et rien d'autre en lui qui valût d'être retenu. Je me suis souvent demandé ce qu'il était devenu, et s'il avait suivi son père dans la carrière de l'Église. Des esprits légers pourront me répondre qu'il est peut-être descendu assez bas pour écrire des nouvelles, voire des histoires criminelles, comme j'ai fait moi-même ; chose que certains considèrent comme presque aussi grave qu'un embrigadement dans le clan des criminels. Je ne pense pas, en ce cas, qu'aucune de ses histoires serait assez plausible pour faire figure d'œuvre d'imagination.

Peut-être le même cycle d'accidents qui me mit, pour la première fois, sur la route de ces personnages singuliers fut-il responsable d'un autre accident d'ordre social, celui-ci très heureux, puisqu'il aboutit à me faire voir les deux côtés d'une question sociale très complexe, à propos de quoi beaucoup de sottises sont débitées de part et d'autre ; les pires sottises étant celles que débitent ceux qui parlent comme si la question n'existait pas du tout. Il faut dire, d'abord, que l'école Saint-Paul, en langage d'écolier, était, plus que tout autre, connue comme une école de bûcheurs. J'ai à peine besoin de me laver de l'accusation d'avoir été moi-même un bûcheur ; il va de soi aussi qu'il y avait à Saint-Paul beaucoup de paresseux, dont quelques-uns presque aussi paresseux que j'étais moi-même. Mais le type d'élève studieux s'y trouvait également représenté, et même en plus grande proportion qu'il est d'usage ; car l'école était aussi célèbre pour décrocher des bourses universitaires que pour ses succès en matière de sport ou dans d'autres domaines de la notoriété. Il y avait encore une autre raison pour laquelle l'élève studieux était en vedette à Saint-Paul. Pour dire les choses familièrement, je dirai que, s'il y avait tant de bûcheurs, c'est, pour une part, parce qu'il y avait beaucoup de Juifs.

Chose étrange, j'ai passé plus tard pour antisémite, alors que, dès mes débuts à l'école, j'avais le nom d'être prosémite. J'ai eu beaucoup d'amis parmi les Juifs, et certains d'entre eux sont restés pour moi

---

31. Là se trouvait l'École Saint-Paul, que fréquentait G.K.C.

des amis pour la vie entière ; nos relations n'ont jamais été troublées par des différends d'ordre politique ou social. Je suis heureux d'avoir débuté par ce bout ; mais vraiment je n'ai pas fini le moins du monde autrement que j'avais commencé. Je tenais alors par instinct, je tiens aujourd'hui par expérience, que la bonne manière, la manière juste, est de s'intéresser aux Juifs en tant que Juifs ; puis de mettre mieux en valeur les vertus juives, très négligées, et qui sont le complément, parfois même la cause de ce que le monde prend pour les défauts des Juifs. Par exemple, une des grandes vertus des Juifs est la gratitude. Je fus, dans mon jeune temps, accusé de donquichottisme et de fanfaronnade prétentieuse parce que je protégeais les Juifs ; et je me rappelle avoir un jour empêché une étrange petite créature à la peau noire et au nez crochu d'être persécutée, ou, plus exactement, brimée ; car la pire torture qui lui était infligée consistait, en réalité, à la bousculer légèrement, à l'envoyer d'un garçon sur l'autre sous les regards empreints d'une feinte curiosité scientifique et ce jeu était accompagné de questions dans le genre de celle-ci : « Qu'est-ce que c'est ? » « Est-ce que c'est vivant ? etc.… » Trente ans plus tard, ce petit démon, devenu un adulte barbu, totalement éloigné de moi par le type, par la profession, les intérêts, les opinions, trouva moyen de déverser sur moi un torrent ininterrompu de témoignages de gratitude des plus embarrassants, en souvenir de cet incident sans importance. De même, j'ai remarqué la puissance des liens familiaux qui existent entre les Juifs et qui, à ce que j'ai pu voir, était non seulement passée sous silence, mais niée par les collégiens par ailleurs les plus pondérés. Sans aucun doute, si j'en vins à connaître des Juifs, c'est justement parce que, à ce point de vue, ils étaient un peu anormaux, comme j'étais alors en train de devenir moi-même anormal. Il n'est rien pourtant que j'en sois venu à tenir pour plus normal ; il n'est rien que je désire davantage remettre à sa place normale que ces deux choses-là : la famille, et la notion de gratitude. Or, à cette époque-là, à la lumière de ces vertus vues du dedans, il fut souvent possible de comprendre, non seulement l'origine, mais même la justification d'une bonne part de la critique antisémitique vue du dehors. Car c'est souvent la loyauté même de la famille juive qui apparaît à ceux qui sont chrétiens comme une déloyauté. Ainsi que le lecteur pourra s'en rendre compte avant la fin de mon histoire, c'était la chose même que j'admirais chez mes amis intimes, et en particulier chez deux frères appelés Solomon, que j'en vins finalement à condamner chez deux ennemis politiques, les frères Isaacs[32]. Les premiers étaient bons selon toute morale, les seconds vulnérables même selon leur propre morale ; tous avaient pourtant les mêmes vertus.

Je n'éprouve nulle honte à avoir demandé aux aryens de montrer plus de patience envers les Juifs, ou aux Anglo-Saxons d'avoir plus de patience envers les tourmenteurs des Juifs. Tout le problème des deux cultures et des deux traditions enchevêtrées est beaucoup trop profond, trop complexe, de part et d'autre, pour être tranché par de l'impatience. Par contre, je fais preuve de très peu de patience envers ceux qui se refusent systématiquement à résoudre le problème. Je ne puis expliquer les Juifs ; mais à coup sûr, je ne ferais pas exprès de résoudre le problème en le laissant de côté, en fournissant pour m'en débarrasser n'importe quelle explication. Les Juifs n'ont pas non plus de pire ennemi que cette espèce de Juif sceptique qui parfois cherche, en s'expliquant, à dérouter l'adversaire. J'ai lu tout un volume de théories de toutes sortes, de théories contradictoires concernant la source historique particulière d'une telle illusion fondée sur une différence entre Aryens et Sémites ; qu'elle venait des prêtres du moyen âge ; qu'elle était restée marquée en nous par le fer rouge de l'Inquisition ; ou que c'était une théorie de tribu provenant du teutonisme ; ou que c'était les désirs révolutionnaires de quelques Juifs qui se trouvaient être les gros banquiers du capitalisme ; ou encore que c'était la résistance capitaliste au petit nombre de Juifs qui se trouvaient être les principaux fondateurs du communisme. Toutes ces théories distinctes sont fausses dans des voies distinctes, soit qu'elles oublient que la chasse que le moyen âge faisait aux hérétiques épargna les Juifs plus que les Chrétiens, et, en tout cas, pas

32. Godfrey Isaacs, grand homme d'affaires et son frère très éminent : Rufus Daniel Isaacs, premier comte et marquis de Reading, premier du nom (1860-1936). Célèbre juriste et homme d'État libéral anglais. Le plus grand homme d'État juif en Angleterre après Disraeli. Conseiller du Roi en 1898. Membre du parlement de 1904 à 1914. Solicitor General en 1910 ; attorney general de 1910 à 1913 ; lord chief Justice de 1913 à 1921 ; ambassadeur extraordinaire aux États-Unis en 1918 ; vice-roi des Indes (1921-1926) ; ministre des Affaires étrangères en 1931. Fut le premier attorney-general qui fut ministre par la suite.

moins que les Chrétiens, soit que le capitalisme et le communisme sont tellement presque une même chose, dans leur essence morale, qu'il ne serait pas surprenant qu'ils prissent leurs chefs parmi les mêmes éléments ethniques. Mais d'une façon générale, une dérobade est toujours contraire aux exigences du sens commun ; comme elle était déjà contraire au sens commun d'un garçon de treize ans. Je ne crois pas que la foule d'un champ de courses soit empoisonnée par la théologie médiévale ; ni que les terrassiers d'un bar de Mile End[33] soient influencés par l'ethnologie d'un Gobineau[34] ou d'un Max Müller[35] ; et je ne crois pas davantage qu'une foule de petits garçons revenant d'un terrain de cricket, ou sortant d'une pâtisserie, se soucient d'économie marxiste ou de finance internationale. Pourtant tous ces gens-là reconnaissent les Juifs pour ce qu'ils sont, dès qu'ils les voient ; et les écoliers les reconnaissaient, et non pas avec une grande hostilité, sauf par moments ; mais par intégration subconsciente. Ce qu'ils voyaient en eux, ce n'était ni qu'ils étaient des Sémites, des schismatiques, des capitalistes, ou des révolutionnaires, mais des étrangers ; des étrangers, mais d'une espèce particulière, et qu'on n'appelait pas des étrangers. Cela n'empêchait ni l'amitié, ni même l'affection, surtout en ce qui me concerne ; mais cela n'a jamais empêché l'amitié ni l'affection pour des étrangers ordinaires. L'un de ces amis de mes premières années, aujourd'hui professeur de latin à l'University College[36], se trouvait avoir toutes les vertus des Juifs, et toutes les autres par surcroît ; il devint plus tard un des membres du petit club dont j'ai parlé, et passa par Oxford avec distinction ; peut-être avec plus de distinction que mes autres amis.

33. Quartier est de Londres, habité par des dockers et autres personnages beaucoup moins recommandables.

34. Joseph Arthur, comte de Gobineau (1816-1882), diplomate et homme de lettres français et premier théoricien de la théorie des races. Fut toujours plus apprécié en Allemagne qu'en France : *Essai sur l'inégalité des races humaines* (1853-55), où pour la première fois, il soutenait la thèse de la suprématie de la race nordique.

35. Max Muller (1823-1900), célèbre philologue allemand, mais qui professe à Oxford. Sanscritologue éminent, il attachait une grande importance à des questions comme celle de l'aryanisme.

36. Malgré son nom, ce collège n'est qu'un de ceux qui forment l'ensemble de l'Université d'Oxford.

Mais la plupart des membres de notre petit club passèrent ainsi dans les vieilles universités et devinrent des personnages pleins de promesses, soit dans le plan académique, soit dans le plan social ou politique ; deux d'entre eux furent présidents de l'Union[37] d'Oxford, et deux autres de l'Union de Cambridge. Fait assez caractéristique, Oldershaw se trouva presque instantanément immergé, « embringué » dans la création d'un autre journal officieux, le J.C.R.[38] où parurent nombre de curiosités littéraires mémorables ; y compris le premier ouvrage d'un écrivain alors inconnu de moi, mais assez reconnaissable aujourd'hui dans des vers comme ceux-ci : « Nous avons dormi sur le sol éclairé par le feu, auprès des canons, en Bourgogne ». Bentley, invité par une dame, amateur de poésie, à écrire quelque chose qui fût dans le genre de l'Alma Mater de Wordsworth[39], garda toute sa raide et sarcastique légèreté pour composer les simples strophes qui finissent ainsi :

37. Voir notes 12 et 13, ci-dessus.

38. Initiales de « Junior Common Room », club où se rencontrent les étudiants du collège. Il existe une « Senior Common Room » pour le personnel enseignant.

39. William Wordsworth (1770-1850), le plus grand poète de la première génération des grands romantiques anglais ; fils d'avoué ; enfance sans événements ; puis collège Saint-John à Cambridge (1787-1791). Encore étudiant, voyage sur le continent, s'enthousiasme pour la Révolution française. Licencié, retourne en France, où il séjourne pendant quelque temps à Blois puis à Orléans où il s'éprend d'une jeune Française : Annette Vallon, dont il reconnut la fille, mais qu'il ne crut pas pouvoir épouser. Peu à peu, se trouve si étroitement mêlé aux affaires de ses amis girondins, qu'il échappe de peu à la guillotine ; rentre en Angleterre. Il y recueille plusieurs héritages et s'établit pour y mener la vie paisible et laborieuse d'un homme de lettres fortuné. Fit encore quelques voyages, mais de peu de durée.

En 1798, publia, en collaboration avec S.T. Coleridge (voir note 6, chap. X) : *Lyrical Ballads*, dont la préface est une sorte de manifeste romantique. En 1799, s'établit à Grasmere, dans le district des Lacs (extrême nord-ouest de l'Angleterre, aux confins de l'Écosse), (d'où le nom de son école : « The Lake poets »). Se maria en 1802 ; rencontre Walter Scott en 1805.

Son but comme poète fut de trouver une expression adéquate aux sentiments les plus simples et les plus essentiels, par opposition au style artificiel de ses prédécesseurs. Il fut un des grands maîtres du sonnet. Fut fait « poète lauréat », honneur où il succédait à Robert Southey (note 9, chap. I) en 1843.

Œuvres : *Prélude* écrit en 1798 et en 1805 et publié seulement en 1850 ; *Peter Bell* (1819) ; *Ecclesiastical Sketches* (1822) ; *Sonnets* (1838).

Toutes les œuvres de Wordsworth furent éditées par le professeur Knight en même temps que le Journal de sa fille, sous le titre : *Poetical and Prose works of William Wordsworth, together with Dorothy Wordsworth's Journal* (1896).

It seems a pity certainly
That two such men as we
By such a trifle as the Grave
Should separated be.

'T was ever thus ; we might have had
A pleasant afternoon,
But Man is always born too late
Or else he dies too soon[40].

tandis que Lawrence Solomon, le savant ami juif de qui j'ai parlé, écrivit à peu près la meilleure des parodies de l'*Omar* de Fitzgerald[41], sujet alors à la mode, mettant en garde les étudiants de ne pas s'attendre à Blue ou à First[42] : « Car ils ne furent point pour moi ; pourquoi donc seraient-ils pour vous ? » En fait, je pense qu'il dut avoir un « First » ; mais tous doivent avoir vécu assez longtemps pour vérifier la morale du poème : et cette morale disait :

40. Essayons de traduire :
   Il semble certes lamentable
   Que deux hommes comme nous deux
   Par ce petit rien qu'est la tombe
   Doivent être un jour séparés.
Ce fut toujours ainsi, nous aurions pu passer
   Une après-dînée agréable,
   Mais l'homme naît toujours trop tard
   Ou bien il meurt trop tôt.
Notons que, dans l'édition anglaise, le premier vers est remplacé par : « It is annoying to reflect ».
41. Edward Fitz Gerald (1809-1883) a traduit ou adapté en anglais les quatrains (Rubaiyat') du célèbre poète persan Omar Khayam ; il les publia en 1859. À l'époque, ce fut un des grands événements littéraires ; non seulement le traducteur avait parfaitement réussi à conserver l'esprit de l'original dans ces quatrains extrêmement condensés et si difficiles à transposer dans une autre langue, mais il les avait disposés d'une telle façon qu'on pouvait les lire comme un seul long poème. L'influence de ce livre ne peut-être pas très profonde ; mais elle fut durable : on s'en ressent encore de nos jours.
42. On appelle « Blue » la suprême distinction sportive qu'un étudiant d'Oxford ou de Cambridge puisse obtenir. C'est le droit de représenter son Université contre l'Université rivale. Il y a des « blues » pour toutes les variétés de sports. Dans l'ordre académique, le « first » correspond au « blue » de l'ordre sportif. Il désigne celui qui a passé son grade (équivalent à notre licence) avec la mention « excellent », fait extrêmement rare.

For them that win and them that lose the game,
For you, for me, the ending is the same,
To climb the stairs to our old College room
Look o'er the door ; and see another's name[43].

Il semble que la tendance générale chez mes condisciples fut d'exceller dans la poésie légère ; Fordham, qui partit pour Cambridge, a écrit maints poèmes à la fois satiriques et lyriques, qui d'ailleurs furent publiés, et maints drames satiriques qui mériteraient bien de l'être. Si je rassemble ici quelques histoires de mes anciens amis, qu'on ne croie pas que c'est que je veuille prendre congé d'eux dans ces mémoires ; c'est au contraire que je suis forcé d'y admettre une multitude de gens beaucoup moins intéressants. Un certain contraste entre les vies qu'ils ont menées et leurs carrières m'a toujours frappé : j'y vois un curieux exemple de cette loi d'après laquelle on ne peut faire fond, une fois pour toutes, sur la personnalité et le libre arbitre de l'homme. Un ami de Fordham, homme normal, viril, ambitieux, et même populaire, dans le sens de « à la mode », m'a toujours paru le type d'homme fait tout exprès pour l'uniforme, soit à la cour, soit à l'armée, et au service des vertus les moins contestables. Or, quand la grande guerre éclata, il devint un agitateur pacifiste, intransigeant, ignorant de toute convention. Un autre, un ami de Vernède, l'un de ces rares types d'intellectuels chez qui une tradition puritaine a vraiment abouti à la floraison d'une culture hellénique complète, est au contraire l'homme le moins égoïste que j'aie connu, un altruiste de cette espèce qui n'est pas encore satisfaite de son altruisme ; je dirais volontiers qu'il fut plutôt une espèce de saint ; et je n'aurais été nullement surpris de le voir se muer, en 1914, en objecteur de conscience. Il partit pour le front comme l'éclair, et eut, dès sa première bataille, une jambe emportée par un obus.

Durant tout le temps que se passaient les événements que j'ai contés, des choses singulières rampaient en moi, luttant l'une contre

43. Pour qui gagne et pour qui doit perdre la partie,
   Pour vous, pour moi, pour tous, l'aventure est la même :
   On monte l'escalier de sa chambre au Collège,
   On regarde la porte ; on voit le nom d'un autre.
Parodie de Omar Kayam, de Fitz Gerald.

l'autre dans un esprit qui n'avait pas encore atteint son développement. De tout cela, je n'ai pas dit un mot dans ce chapitre ; c'est que ce fut l'effort constant, et d'ailleurs victorieux, de la plus grande partie de ma vie scolaire de les garder secrètes. Quand ils partirent pour Oxford ou pour Cambridge, je dis adieu à mes amis, tandis que moi, qui étais alors pris presque tout entier par le désir d'être peintre, je m'en fus fréquenter une école de beaux-arts, mettant du même coup le point final à mon adolescence.

CHAPITRE IV

L'ART D'ÊTRE LOUFOQUE

Je m'acquitte ici de la partie la plus sombre et de la plus difficile de ma tâche ; peindre cette période de la jeunesse pleine de doute, de morbidité, de tentations, et qui, bien que surtout subjective en ce qui me concerne, a laissé dans mon esprit, pour la vie entière, la certitude de la réalité objective du péché. Avant de traiter le sujet en détail, une explication sur un point, en guise de préface, me paraît nécessaire. En matière de religion, j'ai été souvent mêlé à des controverses relatives à des problèmes qui étaient plutôt des défis ; j'ai finalement adopté une position qui, aux yeux de beaucoup, est elle-même une provocation. En devenant chrétien, un chrétien orthodoxe, et finalement un catholique, dans le sens de catholique romain, j'ai peiné ceux qui me voulaient du bien et beaucoup de gens sages et prudents, par une ligne de conduite qu'ils jugeaient téméraire. Or, sur la plupart des questions sur lesquelles on m'a surtout désapprouvé, je ne suis nullement honteux de moi-même. En tant qu'apologiste, je suis tout le contraire d'un homme qui s'excuse[1]. Dans la mesure où un homme peut être fier d'une religion qui a ses racines mêmes dans l'humilité, je suis très fier de ma religion ; je suis fier surtout de ces domaines de ma religion qui sont le plus communément appelés les superstitions. Je suis fier d'être enchaîné par des dogmes anciens, ou, comme le répètent avec tant de pertinence mes amis les journalistes, d'être l'esclave de croyances défuntes ; car je sais que ce sont les croyances hérétiques qui sont mortes, et que le dogme

---

1. Jeu de mots : *to apologize* veut dire : s'excuser.

raisonnable seul vit assez longtemps pour être appelé ancien. Je suis fier de ce que les gens nomment les artifices du prêtre ; attendu que ce terme occasionnel de mépris ménage la vérité médiévale qu'un prêtre, comme tout autre homme, devrait être vraiment un artisan. Je suis très fier de ce que les gens appellent l'idolâtrie de la Vierge ; parce que c'est elle qui introduisit dans la religion, aux âges les plus sombres, cet élément de chevalerie qu'on est en train aujourd'hui d'admettre, bien tardivement, et bien mal, sous la forme du féminisme. Je suis très fier d'être orthodoxe en ce qui concerne les mystères de la Trinité ou de la Sainte Messe ; je suis fier de croire au confessionnal ; je suis fier de croire à la Papauté.

Mais je ne suis pas fier de croire au diable. Pour parler plus exactement, je ne suis pas fier de connaître le diable. C'est par ma faute que je fis sa connaissance et entretins cette connaissance par des voies qui, si elles avaient été suivies plus longtemps, eussent pu me conduire à adorer le diable, ou le diable sait quoi. Du moins n'y a-t-il dans cette doctrine, mêlée à ma connaissance, aucune ombre de contentement de soi, pas plus que de déception sur moi-même. Sur ce point-là, un homme peut bien n'avoir intellectuellement raison qu'en ayant moralement tort. Je ne suis nullement impressionné par les apparences et les grâces morales des sceptiques sur la plupart des autres sujets. Je ne suis pas trop épouvanté par le jeune monsieur qui dit qu'il ne peut accepter de soumettre son intelligence à un dogme ; car je me demande s'il a été jusqu'à faire usage de son intelligence au point de définir ce que c'est que le dogme. Je ne suis pas très sérieusement impressionné par ceux-là mêmes qui appellent la confession une lâcheté ; car je me demande sérieusement si eux-mêmes auraient le courage de passer par l'épreuve de la confession. Mais, quand ils disent : « Le mal n'est que relatif ; le péché n'est que négatif ; il n'y a pas de méchanceté positive ; le mal, c'est seulement l'absence de bonté positive », alors je sais qu'ils ne disent des choses absurdes et creuses que parce qu'ils sont bien meilleurs que je suis ; que parce qu'ils sont plus innocents et plus normaux, et pour tout dire plus près de Dieu.

Ce que je puis appeler ma période de folie coïncida avec une période de laisser-aller et d'oisiveté ; une période où il m'était impossible de m'attacher à n'importe quel travail régulier. J'errais parmi des tas de choses ; dont quelques-unes peuvent bien n'avoir pas été sans relation avec la psychologie de mon cas. Je ne voudrais pas un instant suggérer qu'elles en furent la cause et, beaucoup moins encore, les tenir pour une excuse ; mais c'est un fait contributoire que, parmi mes errements dans cette trouble période, je m'égarai dans le spiritisme sans même avoir décidé d'être spirite. En fait, je l'étais, mais d'une manière plutôt inusitée ; non seulement détaché, mais indifférent. Mon frère et moi avions l'habitude de faire marcher la planchette, ce que les Américains appellent le « ouija » ; mais je crois bien que nous étions parmi les rares adeptes qui jouassent le jeu pour l'unique plaisir de jouer. Je ne voudrais pas, toutefois, repousser la suggestion qu'on a faite quand on a dit que nous jouions avec le feu, ou même avec le feu d'enfer. Dans les mots qui furent écrits pour nous par la planchette, il n'y eut rien de manifestement dégradant ; mais le fait est qu'un certain nombre furent nettement décevants. J'en ai vu bien assez pour pouvoir témoigner, avec une certitude entière, qu'il se produit en effet quelque chose qui n'est pas naturel, dans le sens ordinaire du mot, ou qui est le produit de la volonté humaine, normale et consciente. Le phénomène est-il le résultat de quelque force subconsciente, mais encore humaine, ou le fait de quelque pouvoir, qui est bon ou mauvais, ou indifférent, mais extérieur à l'humanité ? Je ne voudrais pas tenter d'en décider. La seule chose que je dirai avec certitude, sur ce pouvoir invisible et mystique, c'est qu'il ment. Mensonges qui peuvent être des blagues, des pièges, des leurres pour l'âme en péril, ou qui peuvent être mille autres choses ; mais quoi qu'ils soient, ce ne sont pas des vérités sur l'autre monde ; ni davantage, tout compte fait, sur le monde où nous sommes.

J'en donnerai un ou deux exemples. Nous demandâmes un jour à la planchette, en procédant de notre manière habituelle, c'est-à-dire sans but bien précis, quel conseil elle donnerait à une personne de nos connaissances, membre du Parlement, d'esprit positif, mais plutôt terne, et qui faisait malheureusement autorité en matière d'enseignement. Avec une promptitude qui tenait de l'effronterie (à cette période déjà tardive de nos expériences, elle était toujours très prompte, sinon toujours très claire), la planchette répondit par ces simples mots : « Qu'il demande le divorce ». La femme du politicien était à ce point respectable, et j'ajoute, tellement laide, que la matière d'une aventure scandaleuse semblait ici faire défaut. Nous nous enquîmes donc gravement auprès de notre esprit familier, le priant de nous expliquer ce que diable il voulait dire ; ce qui était bien de circonstance. Le résultat fut plutôt bizarre. Le « ouija » traça très rapidement un mot immensément, incroyablement long, qui fut d'abord parfaitement illisible. Il l'écrivit encore une fois ; il l'écrivit quatre ou cinq fois ; il était évident que le mot était toujours le même ; pour finir, il apparut avec certitude que le mot commençait par les trois lettres « ORR ». Je déclarai que tout cela était absurde, qu'il n'y avait pas de mot dans la langue anglaise qui commençât par « ORR » ; sans même parler de la longueur. Pour finir, la planchette s'y reprit de nouveau et écrivit le mot clairement ; et c'était : « ORRIBLEREVELATIONDANSLAAUTESOCIETE ».[2]

Si c'était notre subconscient qui parlait, au moins notre sub-conscience avait-elle le sens de l'humour. Mais que ce fût plutôt notre subconscient que notre conscient (à moins que ce fût quelque chose qui n'était ni l'un ni l'autre) me semble démontré par le fait concret que nous continuions à chercher quel était le mot tandis que le « ouija » l'écrivait coup sur coup, et que nous n'eûmes pas un instant, avant la révélation finale, la moindre idée de ce que c'était. Je pense qu'aucune des personnes qui nous ont connu, mon frère et moi, ne peut nous croire capables de nous mystifier l'un l'autre aussi longtemps, ni aussi gravement, ni aussi nettement. Nous aussi, comme notre subconscient, nous avions le sens de l'humour. Mais des exemples de cette sorte me remplissent d'étonnement, et aussi d'une légère inquiétude, quand je considère le nombre de gens qui semblent prendre au sérieux les communications des esprits et fon-der là-dessus des religions, des philosophies morales. Il y aurait eu, en effet, quelque « orrible révélation » dans « la aute », et quelque « orrible révélation » sur notre propre état mental et sur notre conduite morale, si nous nous étions rendus sur l'heure chez le membre du parlement, porteurs, dans ce langage roturier, de notre petit message provenant des sphères supérieures.

Autre exemple dans le même sens. Mon père, qui était présent tandis que mon frère et moi nous livrions à ces folies, eut la curiosité de savoir si l'oracle pouvait répondre exactement à une question précise sur un fait qu'il était seul à connaître, et que nous ignorions. Il demanda donc quel était le nom de jeune fille de la femme d'un

---

2. L'esprit néglige d'aspirer les H et révèle ainsi son origine roturière (voir note 15, chap. I).

de mes oncles, qui vivait dans un lieu éloigné (il s'agissait d'une dame que les jeunes gens de notre génération n'avaient pas connue). Avec la fulgurante décision de l'infaillibilité, la plume de l'esprit répondit : « Manning ». Avec une décision non moins prompte, mon père répondit : « Absurde ! » Nous reprochâmes alors à notre génie tutélaire son lamentable romanesque, et sa hâte plus lamentable encore. L'esprit, décidément jamais battu, fournit comme un défi cette explication : « Mariée antérieurement ! » Et à qui, demandâmes-nous très sérieusement, notre tante lointaine, mais respectée, avait-elle été mariée auparavant ? L'instrument inspiré répondit sur-le-champ : « Au Cardinal Manning !3 »

Je m'arrête un instant ici pour demander ce qui serait advenu de moi et de tout mon cercle social, et quel eût été pour finir l'état de mon esprit ou ma conception générale du monde dans lequel je vivais, si j'avais pris ces révélations des esprits comme certains spiritualistes paraissent prendre celles qu'ils reçoivent : je veux dire : au sérieux. Que ces choses soient les jeux de quelque esprit espiègle ou frappeur, les contractions de quelque sens subliminal, ou encore la raillerie de quelque esprit malin, qu'elles soient n'importe quoi, il est évident qu'elles ne sont pas sûres, dans le sens de : « dignes de foi ». Quiconque s'y serait fié comme à des choses sûres aurait fini par atterrir non loin d'un asile d'aliénés. Or, quand on en vient à choisir une philosophie parmi toutes les sectes et toutes les écoles du monde moderne, il est à peine possible de ne pas tenir compte de ces faits-là. Chose curieuse, comme je l'ai déjà rapporté, le Cardinal Manning s'était trouvé sur mon chemin dès mon enfance, comme une sorte d'hallucination flamboyante. Le portrait du Cardinal Manning est aujourd'hui pendu au bout de la pièce où je travaille, symbole d'un état spirituel que beaucoup appelleraient ma seconde enfance. Mais n'importe qui admettrait que ces deux états d'enfance sont en somme plus sains que n'eût été ma condition si je m'étais mis à approfondir l'affaire de la Faute du Cardinal, en fouillant dans le lointain passé de ma tante des Colonies.

Mais les conseils d'esprits plus sages ou, qui sait ? plus élevés dans l'au-delà ne me rendirent pas insensé à ce point. Je me suis parfois figuré, depuis lors, que la pratique du « ouija », de la vraie psychologie

3. Voir note 18, chap. II.

de laquelle nous savons si peu de chose, peut fort bien avoir contribué à créer chez moi cet état de trouble, et même de morbidité, cet état d'indolence et de rêverie par où je passai dans ce temps-là. Je ne voudrais dogmatiser ni dans un sens, ni dans l'autre ; peut-être mon état ne dut-il rien à la consultation de la planchette ; peut-être tous ces phénomènes observés chez moi furent-ils purement mécaniques ou accidentels. C'est possible. Je quitterai donc la planchette sur un plaisant adieu, en lui accordant le bénéfice du doute ; j'accorde qu'elle peut avoir été une blague, un caprice, une fée, n'importe quoi, pourvu qu'il soit bien entendu que je ne voudrais plus y toucher, même de loin, même du bout d'une gaffe. Il est d'autres aspects des recherches psychiques, en relation avec des choses où ma responsabilité se trouve beaucoup plus engagée, et où une gaffe eût été bien utile ; mais autant quitter ici la trace de mes relations, banales et purement accidentelles, avec les sciences occultes, puisqu'il n'y aura pas lieu d'y revenir ; et puisque je n'ai point l'intention d'en juger d'après de si frivoles expériences. Cet intérêt croissant pour le surnaturel a continué à se répandre et à se fortifier pendant tout le cours de ma vie. Ma vie couvre, en effet, exactement la période du changement réel ; changement dont ne se rendent pas compte ceux qui ne se sont occupés que des changements ultérieurs, ou de solutions spirituelles inconciliables. Quand je n'étais encore qu'un petit garçon, aucune personne normale cultivée ne croyait qu'un fantôme pût être autre chose qu'une betterave percée de trous ; un esprit, c'était une chose à laquelle personne ne croyait, l'idiot du village excepté. Quand je fus devenu un jeune homme, toute personne ayant un cercle un peu étendu de relations comptait au moins un ou deux amis qui s'étaient pris de fantaisie pour ce qu'on appelait les médiums et les visions. Quand j'eus atteint l'âge mûr, des savants de tout premier ordre, comme Sir William Crookes[4] et Sir Oliver Lodge[5], prétendirent avoir

4. (1832-1919), une des lumières de la chimie moderne ; il faisait aussi autorité en matière d'hygiène publique ; découvrit entre autres choses le radiomètre. Auteur de *Select Methods of Chemical Analysis* (1871). S'intéressa beaucoup aux questions de spiritisme.

5. Physicien et psychologue éminent, né en 1851 et mort récemment ; faisait autorité en matière d'électricité. Fut un des principaux membres actifs de la *Society for Psychical Research*.

étudié les esprits comme on peut étudier les araignées, et découvert l'ectoplasme exactement comme on découvre le protoplasme. À l'heure où j'écris, l'affaire a pris les proportions d'un mouvement religieux considérable, grâce à l'activité de feu Sir Arthur Conan Doyle[6], qui fut beaucoup moins un homme de science qu'un journaliste. J'espère que personne ne me tiendra pour assez fou pour songer à offrir ces embryons d'expérience sans but précis comme dignes d'affecter la véritable controverse. Dans cette controverse, en effet, et pendant la majeure partie de ma vie, j'ai toujours défendu le spiritisme contre le scepticisme ; mais il est vrai que je défendrais aujourd'hui le catholicisme contre le spiritisme lui-même. Au temps dont j'écris, peu de choses venaient d'ailleurs à notre connaissance, à part quelques histoires égarées ; et les fantômes étaient parfois de pure fantaisie. Il était question de spectres, de présences matérialisées, transportées en des lieux éloignés ; on racontait l'histoire d'un homme qu'on avait vu entrer chez un « bistrot », et qui déclarait par la suite qu'il ne s'était pas trouvé, corps présent, dans un tel lieu, n'ayant rien à y faire. Il y en avait beaucoup d'autres, d'histoires, et plus plausibles, que mon frère et moi répétions avec une sorte d'exaltation d'emprunt, exempte d'une raisonnable déduction, et dénuée d'une doctrine définie ; mais mon père, dont l'agnosticisme victorien s'appliquait, comme au reste, à la question que nous cherchions vainement à résoudre, écoutait, placide, tout le chapelet des révélations par les esprits, secouait la tête et disait : « C'est très bien, toutes ces lueurs, ces trompettes, ces voix ; moi, j'attache ma foi à la parole de l'homme qui disait qu'il n'était pas entré chez le bistrot. »

Presque tout ceci se passait pendant que je suivais les cours de cette école des beaux-arts, dont j'ai parlé. Mes relations occasionnelles avec le spiritisme continuèrent, d'une manière bizarre et grâce à une coïncidence, après que je l'eus quittée : en effet, le hasard voulut que j'allai travailler, d'ailleurs très peu de temps, dans les bureaux d'une maison spécialisée dans l'édition d'ouvrages spirites et théosophiques

---

6. Sir Conan Doyle (1859-1930), docteur en médecine, connu surtout comme romancier ; créateur de Sherlock Holmes. Vers la fin de sa vie, fut un des plus fervents adeptes du spiritisme. Sa veuve décédée en juin 1940, a continué ses pratiques, et prétendit avoir vu son mari défunt lui apparaître matérialisé.

appartenant à la rubrique générale « occultisme ». Si ce ne fut pas
tout à fait la faute des vrais spirites, ou des vrais esprits, ce ne fut
pas non plus tout à fait la mienne si je m'égarai en des lieux bizarres
autant qu'inconfortables où le spiritisme était roi. Le premier jour
où je fus dans le bureau dont j'ai parlé, j'eus un premier aperçu,
tout à fait révélateur, des dessous de l'occultisme ; car je n'étais que
très vaguement au courant de cette affaire, comme d'ailleurs de la
plupart des autres affaires. Je savais que nous venions de publier un
gros volume, dont nous poussions le lancement avec vigueur et qui
s'appelait : *Vie et Lettres de feu le Docteur Anna Kingsford*[7], docteur
de qui je n'avais d'ailleurs jamais entendu parler, bien que beaucoup
de nos clients parussent n'avoir guère entendu parler d'autre chose. Je
ne tardai pas à être complètement éclairé : une dame éplorée bondit
dans le bureau, où, à brûle-pourpoint, elle entra dans une description
des plus touffues de ses symptômes d'ordre spirite, me priant de lui
dire quels livres convenaient le mieux à son état, livres que j'étais
tout à fait incapable de choisir pour elle. Timidement, j'offris le
monument : *Vie et Lettres* ; elle recula d'effroi, avec quelque chose
qui ressemblait à un faible cri : « Non, non ! fit-elle. Il ne faut pas !
Je ne dois pas ! Anna Kingsford m'a dit qu'il ne fallait pas ! » Un
peu plus calme, elle ajouta : « Anna Kingsford elle-même m'a dit
ce matin que je ne dois PAS lire sa vie ; que lire sa vie serait très
mauvais pour moi ». Je me risquai à dire, ou mieux à bégayer, usant
de toute la rudesse du langage vulgaire :

— Mais… le Dr Anna Kingsford est mort !

— Elle m'a dit ce matin de ne pas lire ce livre ! répéta la dame.

— J'espère, fis-je, que le Dr. Kingsford n'a pas donné le même
conseil à trop de gens ; ce serait une mauvaise affaire pour la maison.
Le propos me semble fâcheux dans la bouche du Dr. Kingsford !

Je découvris bientôt que le mot « fâcheux » était beaucoup trop
doux pour désigner le Dr. Anna Kingsford. Avec tout le respect que
l'on doit à son ombre, qui n'est pour moi que l'ombre d'une ombre,
j'aurais dû dire dès lors, et je dirais aujourd'hui, que le mot le plus

---

7. Dr Anna Kingsford, née Bonus (1846-1888), épousa (1867) un clergyman et se
convertit, trois ans plus tard, au catholicisme ; fut ensuite végétarienne, puis théosophe,
etc. La « Vie » dont parle G.K.C. doit être celle de Edward Maitland, publiée en 1895.

charitable… c'était le mot « fou ». Si je signale ici le fait, c'est que, s'il n'implique nulle contradiction avec la théorie cosmique du spiritisme, il illustre bien l'accident à l'occasion duquel je me heurtai brutalement à une étrange sorte de spirite ; et il n'est pas sans relation avec une vue plus générale de la raison et de la religion. Le moins qu'on puisse dire, c'est que la dame célébrée dans ce livre était une femme au moins bizarre. Elle se vantait d'avoir fait mourir un certain nombre d'hommes rien qu'en pensant à eux intensément ; son excuse, c'est que ces hommes faisaient figure de défenseurs de la vivisection. En outre, elle avait des rencontres, très visionnaires sans doute, mais très familières, avec divers hommes publics éminents, qui séjournaient apparemment dans des régions mystiques de souffrance. Je me rappelle un entretien qu'elle avait eu avec M. Gladstone[8], au cours duquel une discussion sur l'Irlande et le Soudan n'avait pu se poursuivre, M. Gladstone étant devenu de plus en plus incandescent par transparence. « Sentant qu'il désirait qu'on le laissât seul, dit avec beaucoup de tact le Dr. Anna Kingsford, je disparus ».

Je crois qu'il est temps qu'Anna Kingsford disparaisse aussi de cette narration fragmentaire. J'espère ne commettre à son égard aucune injustice ; je suis à peu près sûr qu'elle était animée de l'enthousiasme le plus généreux, mais « j'attache ma foi », comme disait mon père, à ce tact exquis, à ce sens très social du décorum qui lui disait que le fait de devenir incandescent par l'intérieur est une chose que nul gentilhomme digne de ce nom ne souhaite faire en présence d'une dame.

Dans l'ensemble, le plus joyeux spirite que j'aie rencontré, du moins jusqu'à une époque bien postérieure, l'enquêteur psychique pour qui je ressentis la plus immédiate sympathie, était un homme qui croyait fermement avoir un jour obtenu d'un médium un bon tuyau pour le Grand prix, et qui continuait à importuner les médiums pour tirer d'eux des informations de la même nature. Je lui suggérai qu'il ferait bien d'acheter *The Pink'Un*[9], et de le transformer en un

---

8. William Ewart Gladstone (1809-1888), une des figures de proue du règne de la reine Victoria. Débuta comme député conservateur et finit sa carrière comme le plus fameux des chefs libéraux. Il fut premier ministre ; inhumé à l'abbaye de Westminster.
9. *The Pink'Un*, c'est-à-dire *The Pink One*, celui qui est Rose, Le Rose. Les journaux de sport et de course sont souvent imprimés sur papier de cette couleur. Il existait alors une feuille sportive très répandue et qui s'appelait vraiment *The Pink'Un*.

journal où les deux sujets seraient confondus et que l'on vendrait dans tous les kiosques sous le nom de « Nouvelles sportives et spirites ». Une telle entreprise ne pouvait manquer d'amener bookmakers et jockeys à s'intéresser au domaine plus élevé de la contemplation spirituelle ; sans parler des propriétaires de chevaux, qui probablement n'en ont pas moins besoin. D'autre part, un tel parti adjoindrait aux théories spirites un côté commercial à la fois heureux, perspicace et sain, qui pourrait faire beaucoup pour les rendre populaires, et donnerait à quelques-uns de leurs adeptes une apparence subtile de contact avec les choses objectives et concrètes, voire avec ce qu'on appelle vulgairement le sens commun ; chose qui, je le sentais dès cette époque, semblait faire défaut à certains d'entre eux. Inutile de s'étendre ici là-dessus.

Pour le reste, puisque je suis sur le sujet, je puis donner au lecteur l'assurance que je n'ai jamais fait l'expérience d'aucun fait qu'on puisse appeler psychique, ce qui pourrait offrir une suprême excuse à mes croyances ultérieures aux choses de l'esprit.

À peine ai-je même eu l'occasion de toucher aux étranges coïncidences psychiques qui touchent si fort presque tout le monde ; à moins que l'on compte pour une expérience personnelle l'histoire dont on chérissait chez moi le souvenir sous le nom de « double de Sarolea ». Le docteur Sarolea[10], ce fougueux Flamand qui était professeur de français, est certainement l'un des hommes les plus étonnants qui se soient trouvés sur ma route, bien que je ne l'aie connu que beaucoup plus tard ; mais le fait certain, c'est que nous l'attendions

---

10. Charles Sarolea (né en 1870), docteur en philosophie et lettres de l'Université de Liége, docteur en philosophie *honoris causa* de l'Université de Bruxelles, docteur en droit à Montréal et à Cleveland, etc. Se distingua pendant la guerre en récoltant plus de 100.000 livres sterling pour les réfugiés belges. Invité par Albert Ier à l'accompagner comme conseiller politique, il fit avec son souverain le voyage au Brésil et en Afrique occidentale (1920). Fondateur et premier président de la maison d'édition Georges Crès et Cie ; consul de Belgique à Édimbourg en 1901 ; puis professeur de littérature française à l'Université d'Édimbourg. Rédacteur en chef de la collection Nelson à Édimbourg puis de la Collection Oallia (chez Dent). Citons parmi ses publications : *Henrik Ibsen* (1891) ; *La liberté et le déterminisme* (1893) ; *Essais de philosophie et de littérature* (1898) ; *Essais de littérature et de politique* (1906) ; *Joan of Arc* (en anglais ; 1918) ; *Europe and the league of Nations* (idem ; 1919) ; *R.L. Stevenson and France* (idem ; 1924) ; etc., etc. La récréation préférée de ce polyglotte remarquable est d'ajouter chaque année une langue nouvelle à son répertoire.

pour dîner, quand ma femme reconnut nettement par une fenêtre la longue silhouette et la barbe en pointe qu'on ne pouvait confondre avec rien ; or, après cette apparition, le docteur avait complètement disparu du paysage. Ce qui fait de cette histoire une histoire à donner le frisson, c'est que l'instant d'après, un Écossais très jeune se présenta à la porte de la maison demandant à voir le docteur Sarolea. L'Écossais resta à dîner ; mais non le double. Or, l'Écossais aurait dû venir avec le double, qui (on le sut plus tard) l'avait attendu, un peu irrité, au National Liberal Club. Selon certaine hypothèse, la fureur de Sarolea avait précipité son corps astral jusqu'à Beaconsfield, mais la substance en avait été entièrement dépensée au moment où il avait atteint la maison. D'après une autre théorie, à laquelle mon esprit plus matérialiste donna naturellement la préférence, il avait été assassiné par le jeune Écossais et jeté dans l'étang de mon jardin ; mais des recherches ultérieures entreprises par des détectives établirent que cette dernière hypothèse n'était pas fondée. Je ne mentionne mon hypothèse personnelle, que je préfère de beaucoup à toute autre, que parce qu'il est impossible de citer le docteur Sarolea, même en ce point, un peu prématuré, de mon histoire, sans dire quelque chose de lui. Le docteur Sarolea est l'un des plus savants linguistes d'Europe ; chaque semaine, il apprend une langue nouvelle. Sa bibliothèque est l'une des merveilles du monde, pour ne pas dire une des monstruosités du monde. La dernière fois que je le vis, il me donna l'impression d'être en train d'acheter les maisons qui touchaient à la sienne, à droite et à gauche, pour faire place à sa bibliothèque. Et je me disais : Qu'est-ce qui peut être plus probable au monde que de voir un homme de cette sorte se trouver à la fin de sa vie exactement dans la situation de Faust ? Hypothèse plus raisonnable : quoi de plus vraisemblable que d'imaginer Méphistophélès croisant Sarolea au coin de la route, tandis qu'il se rendait chez nous, venant de la gare de Beaconsfield ; et lui proposant le célèbre marché aux termes duquel, d'un coup de sa magie, il aurait transformé Sarolea en l'élégant jeune homme qui frappait à notre porte l'instant d'après ? Cette théorie psychique serait même soutenue le par fait que le jeune homme est en train de réussir dans la politique ; et n'est point infirmée par le fait que le docteur Sarolea (je suis heureux de le dire) est toujours vivant, toujours actif à Édimbourg. La seule difficulté est une difficulté qui affecte aussi ma théorie triomphante que Shakespeare écrivit les œuvres de Bacon (théorie beaucoup plus solide que la théorie opposée), et qui empêchait mon père de croire à l'histoire du bistro ; elle me conduit à soupçonner que cet incident plutôt singulier se réduit à l'une de ces coïncidences assez quotidiennes, comme celle qui consiste, par exemple, après avoir pris un inconnu pour un ami, à rencontrer le même ami un peu plus loin. En somme, la seule objection à ma théorie, par ailleurs complète et convaincante, c'est que je n'en puis croire un seul mot.

Tout ceci, comme je l'ai dit, se produisit bien des années plus tard ; si j'en parle ici, c'est afin d'empêcher que l'on prenne au sérieux mon expérience psychique. Mais, en ce qui concerne la période plus ancienne décrite dans ce chapitre-ci, c'est pour les mêmes raisons que j'y fais ici allusion. Je veux dire que, si je commence par cet exemple de recherches psychiques d'amateur, c'est parce que le fait même que je m'y suis livré sans raison, comme sans résultat, et pour n'arriver à aucune conclusion, illustre le fait que l'on se trouve ici devant une période de la vie où l'esprit ne fait qu'errer et que rêver ; et souvent s'en va dérivant vers de très dangereux récifs.

La période de ma vie que rapporte ce chapitre-ci est à peu près celle où j'ai fréquenté une école d'art ; et sans doute ne laisse-t-elle pas d'être un peu influencée par les conditions de la vie dans un tel milieu. Rien n'est plus difficile à apprendre que la peinture, et il n'est rien que la plupart des gens prennent moins souci d'apprendre. Une école d'art est un lieu où deux ou trois personnes travaillent avec une énergie farouche, tandis que toutes les autres perdent leur temps à un degré que je n'eusse pas cru que la nature humaine pût atteindre. En outre, ceux qui travaillent sont, je ne dirai pas les moins intelligents, mais, par la nature même des choses, provisoirement les plus étriqués ; ceux dont l'intelligence, par ailleurs très aiguë, est momentanément bornée à la résolution d'un problème strictement technique. Ils ne cherchent ni à discourir ni à philosopher ; c'est que le tour de main qu'ils tentent d'acquérir est à la fois pratique et incommunicable ; un peu comme s'il s'agissait d'apprendre à jouer du violon. La philosophie est ainsi, généralement, laissée aux paresseux ; et c'est d'ordinaire, une très paresseuse philosophie. À l'époque dont je parle, c'était, en outre, une philosophie très négative, voire nihiliste. Et, bien que je n'aie jamais voulu beaucoup en convenir, elle a jeté une ombre sur mon esprit et m'a fait comprendre que la plupart des idées dignes et profitables étaient, comme par hasard, dans une position de défense. J'aurai davantage à dire plus tard sur cet aspect de la question ; pour le moment, le fait à retenir est qu'une école d'art peut être un lieu où la paresse peut trouver l'occasion de s'exercer beaucoup et que j'étais alors moi-même très paresseux.

L'art est peut-être long, mais les écoles sont courtes, et très éphémères. Il y en a eu cinq ou six depuis le temps où je fréquentais mon école. Mon époque était celle de l'impressionnisme, et personne n'osait seulement rêver qu'il pourrait y avoir un jour quelque chose qui ressemblât au post-impressionnisme et au post-postimpressionnisme. Le tout dernier cri consistait à rattraper Whistler[11], et à le saisir par le cheveu comme s'il était le Temps en personne. Depuis lors cette mèche blanche ostentatoire s'est plutôt fanée jusqu'à n'être qu'une harmonie en blanc et gris, et ce qui fut une fois si jeune est devenu à son tour vénérable. Je crois pourtant qu'il y avait dans l'impressionnisme un sentiment de spiritualité, comparativement à cet âge-ci qui est celui du scepticisme. Je veux dire qu'il illustrait le scepticisme, dans le sens de subjectivisme. Son principe était que, si tout ce qu'on peut voir d'une vache est une tache blanche avec une ombre violette, on ne devrait représenter que cette tache et que cette ombre ; jusqu'à un certain point, on ne devait croire qu'à la tache et qu'à l'ombre, plutôt qu'à la vache elle-même. En un certain sens, le sceptique impressionniste donnait tort au poète qui disait qu'il n'avait jamais vu de vache violette. Il avait même tendance à dire qu'il n'avait vu qu'une vache violette, ou plutôt qu'il n'avait pas vu la vache, mais seulement le

11. James Abbott Mc Neill Whistler (1834-1903), peintre et graveur américain distingué, se fixa à Chelsea (quartier d'artistes de Londres) en 1863, après une vie aventureuse en maints pays, dont la Russie. À côté d'Oscar Wilde (voir note suivante et d'un autre dessinateur célèbre de cette époque : Aubrey Beardsley, Whistler fut l'une des figures maîtresses de cette fin de siècle qu'on a appelée « les 1890 ». Il exerça une immense influence sur l'art contemporain dans les pays anglo-saxons. Fameux tant pour son esprit que pour sa peinture, il publia (1890) *The gentle art of making enemies* ; intenta un procès en diffamation au grand critique d'art : John Ruskin (1819-1900) pour avoir condamné son tableau *The falling rocket* (la Fusée qui retombe) et obtint un farthing de dommages-intérêts.

Parmi ses toiles les plus connues, il faut citer : *Portrait de ma mère* (au Musée du Luxembourg) ; *Nocturnes* et les portraits de Thomas Carlyle (voir note 5, chap. XIII) et de miss Alexander.

violet. Quels que puissent être les mérites d'un tel principe en tant que méthode d'art, il y a évidemment là-dedans, comme méthode de pensée, quelque chose de hautement subjectif et de sceptique. Il conduit tout naturellement à cette hypothèse métaphysique que les choses n'existent que telles que nous les percevons, ou qu'elles n'existent pas du tout. La philosophie de l'impressionnisme est nécessairement toute proche de la philosophie de l'illusion. Et une telle atmosphère tendait aussi à contribuer, si indirectement que ce fût, à former un certain climat d'irréalité et de stérile isolement qui, à cette époque, réagit sur moi, et, je crois, sur beaucoup d'autres.

Ce qui me surprend, quand je regarde en arrière pour considérer ma jeunesse et même mon enfance, c'est l'extrême facilité avec laquelle elle peut faire retour aux choses fondamentales ; et même à la négation des choses fondamentales. À un âge très précoce, le raisonnement m'avait conduit à l'idée que la pensée pure suffisait. C'est une terrible chose à faire ; car elle peut conduire à penser qu'il n'y a rien d'autre que la pensée. Je ne distinguais pas très bien, à cette époque, la différence entre l'état de veille et le rêve ; non seulement comme climat, mais en tant que doute métaphysique, je me figurais que toute chose pouvait n'être qu'un rêve. Les choses se passaient comme si j'eusse moi-même projeté l'univers hors de moi, avec ses arbres et ses étoiles ; c'est là une conception qui est si proche de l'idée d'être Dieu, qu'elle est manifestement plus proche encore de l'idée de folie. Mais je n'étais pas fou, ni au sens médical du mot, ni physiquement ; je poussais tout simplement le scepticisme de mon époque aussi loin qu'il pouvait aller. Je ne tardai pas à me rendre compte qu'il me conduirait beaucoup plus loin que n'allaient la plupart des sceptiques. Tandis que de mornes athées venaient m'expliquer que rien d'autre n'existait que la matière, je les écoutais, en proie à la tranquille horreur du détachement, soupçonnant que rien d'autre n'existait que l'esprit. Depuis lors, j'ai toujours senti qu'il y avait quelque chose de pauvre et d'inférieur chez les matérialistes, et dans le matérialisme même. L'athée me déclarait pompeusement qu'il ne croyait pas qu'il y avait un Dieu ; et il y avait des heures où je ne croyais même pas qu'il y eut au monde un athée.

Comme des extrêmes dans l'ordre mental, ainsi des extrêmes dans l'ordre moral. Il y a quelque chose de véritablement dangereux dans l'aisance avec laquelle j'étais capable d'imaginer le crime le plus fou, tandis que je n'avais point encore commis le plus bénin des crimes. Quelque chose d'une telle mentalité peut avoir eu sa source dans l'atmosphère des décadents, dans leurs perpétuelles allusions aux luxurieuses horreurs du paganisme ; mais je n'ai pas le goût d'insister beaucoup sur une telle excuse ; je soupçonne plutôt que je fabriquais moi-même la plupart de mes états morbides. Quoi qu'il en soit, c'est un fait qu'il fut un temps où j'atteignis à cette condition d'anarchie morale intérieure où un homme peut dire, après Wilde, qu'« Atys au couteau plein de sang valait mieux que ce que je suis ». Je n'ai jamais éprouvé la plus faible tentation pour la folie particulière qui fut celle de Wilde[12] ; n'empêche que j'étais alors parfaitement capable d'imaginer les pires exagérations, les déviations les plus éloignées d'une passion normale ; mon humeur tout entière était dominée et comme opprimée par une sorte de congestion de l'imagination. Comme Bunyan[13] qui, dans sa période morbide, se peignait poussé à proférer

12. Oscar Fingall O'Flahertie Wills Wilde (1856-1900), fils de Sir William Wilde, un des plus célèbres chirurgiens de son temps et d'une femme de lettres bien connue, qui écrivait sous le pseudonyme de « Speranza » ; études à Trinity College (Dublin) et à Magdalen College (Oxford) où il obtint le Newdigate Prize, une des grandes récompenses universitaires, accordées pour un poème, un essai, etc. Écrivain illustre et populaire de la fin du XIXᵉ siècle, de bonne heure célèbre par ses recueils de contes : *The Happy Prince* (1888), *The House of Pomegranates* (1892), par un recueil de récits, *Lord Arthur Savile's Crime* (1891), et par le roman, *The picture of Dorian Gray*, 1891.

Fit ensuite une éblouissante carrière comme dramaturge avec *Lady Windermere's Fan* (1892), *A Woman of no importance* (1893), *An ideal husband* et *The importance of being Ernest* (1895). Fit publier (d'abord en français) une pièce : *Salomé* (1893). Après un procès de mœurs retentissant, fut emprisonné à Reading (1895-1897), d'où il sortit anéanti, brisé, pour écrire deux chefs-d'œuvre et mourir : *De Profundis* et *The Ballad of Reading Gaol* (1898).

13. John Bunyan (1628-1688), auteur de *Pilgrim's Progress* (1676). Fils d'un ferblantier, presque autodidacte, s'enrôla en 1644, mécontent du remariage de son père (dans les Parliamentary Forces, troupes de la révolution). Profondément ému par la mort d'un camarade, il lut deux livres de dévotion appartenant à sa femme ; après cette lecture, abandonna tous plaisirs, cessa de blasphémer, se pénétra de la Bible, et suivit les offices religieux. Devint adepte d'un secte de baptistes, à la tête de laquelle se trouvait Mr Gifford, et polémiqua avec les Quakers (voir note 24, chap. IX). Arrêté pour prédication subversive, fut emprisonné (1661) et relâché par la « Declaration of Indulgence » (amnistie) de Charles II. Fut probablement emprisonné de nouveau (1675) et continua à écrire jusqu'à la fin de sa vie.

Pilgrim's Progress est une allégorie présentée sous forme de rêve. Dans la première partie, il suit Christian (Chrétien) depuis sa conversion jusqu'à sa mort. Les doutes du

d'affreux blasphèmes, j'étais irrésistiblement poussé à exprimer ou à dessiner d'horribles idées, d'horribles images ; à m'enfoncer de plus en plus bas comme dans un aveugle suicide spirituel. Je n'avais jamais entendu parler sérieusement de la confession, dans ce temps-là ; mais c'est de cela, dans des cas semblables, dont on a vraiment besoin. Je ne crois pas que ce soient là des cas si peu communs. Enfin, ce qui importe ici, c'est que je m'enfonçai bien assez bas pour découvrir le diable ; et même, pour vaguement le reconnaître. Du moins, jamais, même dans ce premier état d'incertitude et de scepticisme, ne versai-je beaucoup dans les discussions courantes sur la relativité du mal ou l'irréalité du péché. Quand j'émergeai plus tard de cette crise sous l'aspect d'une sorte de théoricien, et que l'on me traita d'optimiste, peut-être était-ce parce que j'étais l'une des rares personnes, dans ce monde de diabolisme, qui croyait réellement au diable.

À la vérité, l'histoire de ce qui fut appelé mon optimisme fut plutôt singulière. Après avoir été plongé pendant quelque temps dans les plus noirs abîmes du pessimisme contemporain, une violente poussée de révolte se fit en moi ; je voulus déloger cet incube, et rejeter ce cauchemar. Mais, tandis que je méditais encore sur toutes ces choses, seul, avec le faible secours de la philosophie et nul secours réel du côté de la religion, j'imaginai une théorie bien à moi, une théorie rudimentaire, vague et mystique. En substance, elle se ramenait à ceci : que le simple fait d'exister, réduit à ses limites essentielles, était déjà assez extraordinaire en soi pour être exaltant. N'importe quoi était magnifique, comparé à rien. La lumière du jour ne serait-elle qu'un rêve, c'était un rêve diurne ; ce n'était pas un cauchemar. Le seul fait que l'on pouvait déployer, mouvoir autour de soi ses bras et ses jambes (ou ces objets douteux, extérieurs, du paysage qu'on appelait ses bras et ses jambes) prouvait que ce rêve diurne ne comportait pas le sentiment de paralysie que comporte le cauchemar. Ou bien, si c'était là un cauchemar, c'était un plaisant cauchemar.

chrétien y sont représentés par des géants, ses péchés par un lourd fardeau qu'il porte, sa conversion comme sa fuite de la Cité de Destruction, ses luttes avec le péché qui l'assiège comme une bataille avec Apollyon (Roi de l'Abîme sans fond) et sa mort comme la traversée laborieuse d'un fleuve profond. La deuxième partie raconte comment la femme de Chrétien : Christiana et sa famille, sont conduites par Greatheart par la route qu'a suivie Christian, jusqu'au moment où tous sont réunis.

En fait, j'étais allé, en tâtonnant, jusqu'à rejoindre une position qui n'était pas très éloignée de cette phrase de mon puritain de grand-père, quand il disait qu'il remerciait Dieu de l'avoir créé, même s'il devait perdre son âme. Je restais comme suspendu aux restes de la religion par un fil ténu de reconnaissance. Je remerciais les dieux, quels qu'ils fussent, non, comme Swinburne, de ce qu'aucune vie ne fût éternelle, mais de ce que toute vie fût vivante ; non point, comme Henley, de m'avoir donné une âme invincible (car je n'ai jamais été optimiste à ce point, quant à mon âme), mais de m'avoir donné mon âme et mon corps, même s'ils pouvaient être vaincus. Cette façon de considérer les choses avec une espèce de minimum mystique de gratitude fut naturellement, dans une certaine mesure, soutenue par le petit nombre des écrivains à la mode qui n'étaient pas des pessimistes ; par Walt Whitman[14] surtout, par Browning et par Stevenson ; par le mot de Browning : « Dieu doit être content de voir qu'on aime tant son univers », ou par le mot de Stevenson : « croire à la bonté finale des choses ». Mais je ne crois pas que c'est trop dire que de dire que je pris tout cela d'une manière qui m'était propre, même si c'était une manière que je ne pouvais ni très clairement discerner, ni très clairement définir. Ce que je voulais dire, que je pusse ou non réussir à le dire, c'était ceci : qu'aucun homme ne sait jusqu'à quel point il est optimiste, même quand lui-même se nomme un pessimiste ; parce qu'il n'a pas mesuré la profondeur de sa dette envers ce qui l'a créé, envers ce qui lui a permis de s'appeler de l'un ou l'autre nom. À l'arrière-plan de notre esprit, si l'on peut dire, sommeillait, oublié, ce grand étonnement de notre existence même, tout prêt à jaillir à la première occasion. Le but de la vie artistique, de la vie spirituelle était de creuser jusqu'à le dégager ce lever de soleil englouti, cette aurore de surprise ; afin qu'un homme assis dans un fauteuil puisse

---

14. Poète américain (1819-1892), né à Long Island (N.-Y.), d'origine hollandaise. Ne reçut aucune instruction, ce qui lui permit plus aisément qu'à un autre de rejeter les conventions relatives à la prosodie et de prendre de grandes libertés avec les lois rythmiques. Sa poésie a sa musique propre. Il découvre la beauté et la puissance divine dans les moindres créatures de la terre et exalte l'énergie latente de l'individu. Selon lui, tout homme a les mêmes droits de manifester les impulsions éternelles de vie et de beauté qui dorment en lui. Auteur de *Feuilles d'herbe* (1855) ; apôtre du dynamisme. Son génie n'eût peut-être pas été reconnu, s'il n'eût été découvert par le célèbre philosophe R.W. Emerson.

comprendre soudain qu'il est vraiment vivant, et être heureux. Il y avait d'autres aspects de ce sentiment, d'autres arguments pour le justifier ; je compte y revenir. Ce n'est, ici, que la part nécessaire au récit ; attendu qu'elle implique le fait que, lorsque j'ai commencé à écrire, j'étais plein de la résolution, ardente et neuve, d'écrire contre les décadents et les pessimistes qui régnaient sur toute la culture de l'époque.

Ainsi, parmi les vers de jeunesse que je commençais à composer dans ce temps-là, il y avait un poème intitulé *The Babe Unborn*[15] où j'imaginais la créature pas encore créée appelant l'existence et promettant de pratiquer toutes les vertus pourvu qu'il lui soit permis seulement de faire l'expérience de la vie. Un autre poème imaginait un railleur impie priant Dieu de lui donner des yeux, des lèvres, une langue, pour tourner en dérision celui qui les lui donnait ; ce qui n'était, après tout, qu'une version plus mordante de la même idée. Je crois aussi que ce fut vers ce temps-là que j'eus la première notion d'un thème que j'introduisis plus tard dans une histoire intitulée *Manalive*[16] ; celle d'un être bienveillant circulant par la vie, armé d'un révolver avec lequel il mettait subitement en joue un pessimiste, au moment où ce philosophe disait que la vie ne valait pas d'être vécue. L'histoire ne fut imprimée que longtemps après ; mais les vers furent réunis en un petit volume, et mon père eut l'imprudence de m'aider à les faire imprimer sous le titre de : *The Wild Knight*. Or, c'est là une partie importante de mon histoire, dans la mesure où une partie quelconque de mon histoire a de l'importance ; car elle me faisait entrer dans la littérature, et même elle me fit connaître des gens de lettres.

En effet, mon petit recueil de poèmes fut commenté avec une chaleur et une générosité accablantes par M. James Douglas[17], alors très notoirement reconnu comme un critique littéraire de premier

---

15. « Avant la naissance ».

16. Version française, sous le titre *Supervivant*, chez Desclée, de Brouwer et Cie.

17. James Douglas, né en 1867 à Belfast, journaliste bien connu, rédacteur en chef de *Sunday Express* depuis 1920, et administrateur de « London Express Newspapers Ltd. ». A écrit des articles critiques dans la *Chambers' Cyclopaedia of English Literature, The Athenaeum*, etc. Fut rédacteur en chef de *The Star*, journal du soir. Mort en 1940. Parmi ses œuvres : *Theodore Watts-Dunton* (1904) ; *The man in the pulpit* (1905) ; *The unpardonable Sin* (roman, 1907) ; *Adventures in London*, 1909 ; *Down Shoe Lane* (1930) ; *The Bunch Book* (1932), etc.

plan. L'impétuosité, comme la générosité, fut toujours au nombre des qualités les plus attrayantes de M. Douglas. Pour je ne sais quelle raison, il insista sur le fait, l'affirmant d'une manière positive, qu'il n'existait pas d'auteur du nom de G.K. CHESTERTON ; que le nom de l'auteur des vers était manifestement un *nom de plume*[18] ; qu'il était évident que l'ouvrage n'était pas celui d'un débutant, mais d'un écrivain ayant déjà connu le succès ; enfin, que l'auteur de *Wild Knight* ne pouvait être que M. John Davidson[19]. Cette déclaration provoqua, cela va sans dire, un démenti indigné de M. John Davidson. Ce spirituel poète remercia le Seigneur de n'avoir jamais écrit pareilles absurdités ; et j'étais, quant à moi, très cordialement d'accord avec lui. Pas très longtemps après, quand M. John Lane[20] eut accepté le manuscrit du *Napoléon de Notting Hill*, déjeunant chez cet éditeur, j'engageai une conversation très plaisante avec un jeune homme blond, placé à ma gauche, et un peu plus âgé que moi. Un personnage d'apparence plus singulière, un peu l'air d'un elfe, chauve, le cheveu noir, portant une touffe méphistophélique et un monocle, se joignit par-dessus la table à notre conversation ; nous trouvâmes que nous étions du même avis sur un grand nombre de questions littéraires ; il nous en vint, je crois pouvoir le dire, un goût durable l'un pour

18. En français dans le texte.

19. John Davidson (1857-1909), poète du pessimisme, au style vigoureux ; professeur de lycée en Écosse (1872-1889) ; publia *Scaramouch in Naxos* (1889) et autres pièces, avant de s'établir à Londres (1889). Écrivit aussi un roman *Perfervid* (1890) et, en 1893, la première série de *Fleet Street Eclogues* qui fit éclater aux yeux de tous d'incontestables dons poétiques. A publié depuis : *Ballads and Songs* (1894), son œuvre la plus célèbre ; la deuxième série de *Fleet Street Eclogues* (1896) ; *New Ballads* (1897) et *Last Ballads* (1899). Abandonna alors la poésie pour le théâtre et écrivit des pièces originales et des traductions de pièces étrangères. Publia enfin (1908) sa série de *Testaments* (1908) où il expose, en vers blancs, une philosophie à la fois matérialiste et aristocratique, qui avait déjà été formulée dans l'introduction à *The Theatrocrat*, publié en 1905. Obtint, en 1906, une pension du Gouvernement, mais se noya volontairement à Penzance (Cornouailles), laissant inachevé un poème : *God and Mammon*.

20. John Lane (1854-1925), célèbre éditeur anglais, l'un des fondateurs, avec M. Elkin Matthews de la maison d'édition « The Bodley Head » (1887). Seul à la tête de l'affaire depuis 1894, fonda le « Yellow Book » (1894-1897), la revue la plus importante pour l'étude de la génération dite « de 90 », à laquelle collaborèrent des écrivains comme Aubrey Beardsley, Max Beerbohm, Henry James, etc.

l'autre. Par la suite, je découvris que le premier s'appelait M. James Douglas, et le second M. John Davidson.

Mais me voici poussant mon histoire dans le plan de la littérature jusqu'à un point que je n'ai pas encore atteint dans d'autres plans, le politique et le social ; pour des raisons de commodité, pourquoi ne pas achever ici cette partie de mon développement, qui a d'ailleurs souvent l'allure d'une flânerie ? L'accident favorable le plus important qui suivit, et qui me mit en relations avec le monde des lettres fut peut-être le fait d'avoir écrit une chronique assez longue sur un livre consacré à Stevenson ; peut-être était-ce le premier des livres plutôt stupides qui furent écrits pour diminuer Stevenson. Je défendis Stevenson avec tant de véhémence, pour ne pas dire de violence, que j'eus la bonne fortune d'attirer l'attention d'écrivains très distingués qui, bien que n'étant certainement eux-mêmes ni violents, ni véhéments, étaient très particulièrement stévensoniens. Je reçus une lettre charmante, et, plus tard, une large hospitalité et de multiples encouragements de Sir Sidney Colvin[21] ; j'allai souvent le voir chez lui ; j'eus le plaisir d'y rencontrer la dame qui devint plus tard Lady Colvin ; j'y entendis Stephen Phillips[22] lire à haute voix sa pièce *Ulysses*. Personne n'eût pu être plus généreux, plus attentif, que Colvin fut jamais pour moi ; mais je crois que nous n'eussions jamais pu être ensemble dans un accord aussi complet que son propre accord avec Stevenson, voire avec Stephen Phillips. Sauf sur le sujet de Stevenson, nous différions d'avis sur tous les sujets de la terre et du ciel ; Sir Sidney Colvin était à la fois un impérialiste en politique et un rationaliste en religion ; et avec tout son raffinement glacé, il était tout cela avec une irrésistible ténacité. Il haïssait toutes les mystiques, les radicales comme les chrétiennes, et aussi les romanesques qui plaidaient en faveur des

21. Sidney Colvin (1845-1927) professeur d'art à Cambridge et plus tard conservateur du département des Estampes et des Dessins au British Museum. Aussi critique bien connu et auteur de monographies sur W.S. Landor et Keats. Publia des *Lettres* de Keats (1887), l'Édition dite d'Édimbourg des Œuvres de R.L. Stevenson (1894-1897) et des Lettres de R.L. Stevenson (1899 et 1911) dont il était l'ami.

22. Stephen Phillips (1868-1915), poète, fils d'un clergyman de Somertown ; fut acteur pendant six ans ; enseigna l'histoire, puis la littérature ; à partir de 1912 édita *The Poetry Review*.

Œuvres : *Christ in Hades* (1896) ; *Poems* (1897), etc., et des pièces en vers blancs, dont la plus connue est : *Paolo and Francesca* (1899).

petites nationalités ; en fait, il haïssait tout ce que j'avais tendance à être moi-même. Mais le même lien, l'amour de Stevenson, m'attacha, un peu plus tard, à un autre homme de lettres très éminent, Sir Edmund Gosse[23]. Par certains côtés, je me suis toujours senti plus à l'aise avec Sir Edmund Gosse ; c'est qu'il dédaignait toutes les opinions, et non pas seulement les miennes. Il avait une bonne humeur extraordinaire dans son cynisme impartial, et l'art de gourmander sans se moquer. Nous avons toujours compris qu'il ne prenait pas plaisir à nous critiquer, mais à la critique elle-même, qu'il pratiquait comme un art pour l'art, à cent lieues de toute méchanceté personnelle. Sa critique en était d'autant plus artiste, à cause de ce tour poli et comme soyeux qu'il lui donnait. J'aimais beaucoup Sir Edmund Gosse ; et j'éprouve un grand bonheur à me souvenir que l'une des dernières choses qu'il dut faire en ce monde fut de m'écrire une lettre pour me remercier d'une autre défense de Stevenson, écrite longtemps après, il y a seulement quelques années. Dans cette lettre, il disait de Stevenson, avec la forte simplicité qui pouvait émaner d'un tel homme : « Je l'ai aimé et je l'aime encore ». Je n'ai pas le droit, dans mon cas, d'user de termes aussi vigoureux, mais j'éprouve à l'endroit de Gosse quelque chose qui ressemble à ce que Gosse éprouvait pour Stevenson.

Vers la même époque, je découvris le secret de la bienveillance chez une autre personne qui jouissait d'une trompeuse réputation d'aigreur. M. Max Beerbohm[24] m'invita à déjeuner ; et depuis lors j'ai toujours su qu'il est lui-même le plus subtil de tous ses paradoxes. Un homme ayant la réputation qu'il a pourrait se trouver offensé d'entendre parler de son amabilité ; je regrette de ne pouvoir fournir à un esprit aussi lettré d'autre explication que celle-ci : que j'ai mis le mot en latin, ou en français, parce que je n'ai pas osé le mettre en anglais. Max Beerbohm a joué son rôle dans la mascarade de son

---

23. Edmund Gosse (1849-1928), critique célèbre et homme de lettres qui, entre autres choses, mit à la mode et popularisa la littérature scandinave en Angleterre, et notamment Ibsen, dont il écrivit une admirable biographie. Ami intime de Swinburne, publia aussi des poèmes et un roman : *Father and Son* (1907).

24. Né en 1872 ; critique, essayiste et caricaturiste de la plume et du pinceau ; débuta très jeune (1896) par un ouvrage audacieusement intitulé : *The Works of Max Beerbohm* (*sic*). Homme d'esprit, ironiste et styliste, il réserva surtout les traits de sa critique au Maniérisme littéraire et aux prétentieux dans l'ordre social ; vivait presque continuellement en Italie. Un roman : *Zulika Dobson* ; des vers ; des essais, etc.

temps, qu'il a si brillamment décrite ; et il para son rôle, en exagérant peut-être la parure. Son nom passait pour un synonyme d'impudence ; et lui-même pour un étudiant étalant l'effronterie d'un enfant des rues vêtu comme un dandy. Il était censé souffler dans sa propre trompette la fanfare sonore de sa propre louange ; on a conté d'innombrables histoires sur l'éhontée tranquillité de son égoïsme. On a dit comment, étudiant, et n'ayant guère écrit que quelques essais, il les fit relier sous ce titre pompeux : *Les Œuvres de Max Beerbohm* ; comment il avait eu le dessein de publier une collection de biographies qui s'appellerait : « Frères de grands hommes », où le premier volume eût été intitulé : « Herbert Beerbohm Tree »[25]. Or, dès l'instant où j'entendis sa voix, où je notai l'expression de ses yeux, je sus que tout cela était exactement le contraire de la vérité. Max était, et il est encore, un homme remarquablement modeste pour un homme de ses dons et de son époque. Je ne l'ai jamais entendu, ni dans une phrase, ni même dans une intonation, se vanter de savoir plus qu'il sait, ni de juger mieux qu'il juge réellement ; ou, plus exactement, se vanter de savoir plus de la moitié de ce qu'il sait. La plupart des hommes se mettent un peu trop à nu dans la conversation ; ils ont leurs victoires insincères et leurs insincères vanités ; mais Max me semble plus modéré, plus clairvoyant quand il s'agit de lui-même que quand il s'agit d'un autre sujet. Il est, en toutes choses, plus sceptique que je suis moi-même, par tempérament ; mais il est absolument certain qu'il ne se laisse pas aller à la basse idolâtrie qui consiste à croire en soi-même. Je souhaite être sur ce point aussi bon chrétien que lui. J'espère, dans l'intérêt de sa personnalité officielle ou publique, qu'il s'arrangera pour survivre à ce dernier affront. Mais, à ceux qui n'ont pas pu deviner tout ceci, parce qu'un étudiant intelligent prit plaisir à se livrer à une plaisanterie intellectuelle, il reste beaucoup à apprendre sur la coexistence possible de l'humour et de l'humilité.

Pour finir, une couronne de ce que je ne saurais appeler d'un autre nom que « respectabilité » fut posée sur ma tête par la maison

---

25. Sir Herbert Beerbohm Tree (1853-1917), demi-frère de Max Beerbohm (voir note précédente), né à Londres ; études à Schnepfeuthal (Allemagne) ; acteur qui parut pour la première fois sur une scène londonienne en 1878 ; puis directeur de théâtre (Haymarket) ; fonda en 1897 « His Majesty's Theatre » ; l'un et l'autre comptent, sous sa direction, de grands succès. Fait chevalier en 1909.

Macmillan ; elle le fut sous la forme d'une très flatteuse invitation à écrire pour l'« English Men of Letters Series »[26], l'étude consacrée à Browning. L'invitation venait de me parvenir le jour où je déjeunai avec Max Beerbohm ; Max prit un air pensif pour me dire : « C'est pendant qu'il est jeune qu'un homme devrait parler de Browning ». Or, nul ne sait qu'il est jeune tandis qu'il l'est encore ; je ne compris pas ce jour-là ce que Max Beerbohm voulait dire ; mais je vois bien aujourd'hui qu'il avait raison ; comme il a presque toujours raison.

Quoi qu'il en soit, je n'ai pas besoin de dire que j'acceptai l'invitation à écrire un livre sur Browning. Je ne dirai pas que je l'écrivis ; mais j'écrivis un livre où il était question de l'amour, de la poésie, de la liberté, de mes vues personnelles sur Dieu et sur la religion (ce point-ci fort peu développé), et de diverses théories que j'avais concernant l'optimisme, le pessimisme, et sur ce que doit être le dernier espoir du monde ; un livre où le nom de Browning paraissait tout de même de temps en temps ; introduit, pourrais-je presque dire, avec une adresse remarquable, et tout au moins avec une apparence décente de périodicité. Il y avait dans ce livre très peu de faits proprement biographiques, et presque tous ceux qui s'y trouvaient étaient inexacts. Mais une chose y est enterrée quelque part ; je crains que ce soit plutôt ma propre enfance que la biographie de Browning.

J'ai poursuivi le récit de cette partie, la partie littéraire, de ma biographie, devançant ainsi les autres parties. Mais il était évident, longtemps avant tout ceci, que le centre de gravité de ma vie avait glissé de ce que, pour rester courtois, nous appellerons « les beaux-arts », à ce que, pour rester non moins courtois, nous appellerons « la littérature ». L'agent de ce changement de direction fut, dans le premier cas, mon ami Ernest Hodder Williams[27], qui fut plus tard le chef de la maison d'édition bien connue. Il suivait des cours de latin

---

26. Collection de biographies littéraires, peut-être la plus célèbre collection anglaise, fondée par Lord Morley, note 38, chap. V.

27. Sir (John) Ernest Hodder Williams (1876-1927) créé chevalier en 1919. Président du conseil d'administration de la célèbre maison d'édition : Hodder and Stoughton Ltd, et de Wakley and Son Ltd ; propriétaire du plus célèbre périodique médical anglais : *The Lancet*.

et d'anglais à University College[28], tandis que moi-même suivais (ou ne suivais pas) les cours d'art de la Slade School[29]. Je le rencontrai au cours d'anglais ; pour cette raison, je puis me vanter de compter parmi les nombreux élèves qui sont restés reconnaissants au professeur W.P. Ker[30] de son enseignement extraordinairement vivant et de son influence stimulante. La plupart des autres étudiants qui suivaient son cours préparaient des examens ; je n'avais même pas cet objectif, dans cette période de ma vie dénuée d'objectif. Il en advint que j'acquis une réputation absolument imméritée de dévouement désintéressé à la culture pour elle-même ; une fois, j'eus l'honneur de représenter seul la totalité de l'auditoire du professeur Ker. Il fit ce jour-là un cours aussi sérieux, aussi fouillé que jamais, mais dans un style peut-être un peu plus familier ; il me posa quelques questions sur mes lectures ; et, comme je disais je ne sais plus quoi de la poésie de Pope[31], il me dit avec une satisfaction évidente : « Ah ! je vois que vous avez été bien

28. Voir note 36, chap. III.

29. Nom d'une école des beaux-arts de Londres.

30. William Paton Ker (1855-1923), (prononcez : Kar), né à Glasgow, études à Glasgow et à Balliol ; fut professeur d'anglais à Cardiff (1883) ; à Londres (1889) et professeur de poésie à Oxford (1920). Orateur, conférencier et écrivain d'une vitalité et d'une érudition prodigieuses, a publié : *Epic and Romance* (1897) ; *The dark Ages* (1904) ; *The art of poetry* (1923), etc.

31. Alexandre Pope (1688-1744), poète classique et philosophe, chronologiquement le second des dictateurs littéraires anglais (voir note 22, chap. I et 28, chap. III). Il débutait dans la poésie quand le premier dictateur, Dryden (voir note 9, chap. I) mourut. Publia son *Ode on Solitude* à 12 ans, et perdit la santé par excès de travaux intellectuels. Immenses étaient ses ambitions : mais son instruction demeura très imparfaite par défaut de méthode et aussi parce que, catholique romain, il ne pouvait fréquenter aucune des deux grandes Universités. A publié *Pastorals* (1709), ouvrage qui fut abondamment commenté par les critiques ses contemporains. Son poème *Essay on criticism* (1711) le plaça au premier rang des hommes de lettres de son temps. Il écrit *The rape of the lock* — La Boucle volée — (1714) ; puis une édition, pas très bonne, de Shakespeare (1725), et *Essay on Man* (1733). Dans l'intervalle, la fortune et la célébrité vinrent à lui, grâce à une traduction de l'Iliade d'Homère (1713 à 1720), bien que cette traduction fût loin d'être parfaite ; et la postérité a sanctionné le jugement de l'évêque Richard Bentley (1662-1742), président du Trinity College de Cambridge : « It is a pretty poem, Mr Pope, but you must not call it Homer ! » (Joli poème, M. Pope, mais vous avez tort de l'appeler Homère).

En 1725-26, il publia également une traduction de l'*Odyssée*, qui eut moins de succès.

Entre 1727 et 1732, Pope et Swift (voir note 30, chap. VI), publièrent ensemble *Miscellanies* qui produisit sur ceux qui y étaient nommés une telle fureur que Pope

élevé ». Pope était traité sans justice de la part de cette génération des admirateurs de Shelley et de Swinburne.

Hodder Williams et moi parlâmes souvent littérature après ces conférences littéraires ; il en conçut l'idée, une idée fixe, que j'étais capable d'écrire ; illusion qu'il conserva jusqu'à sa mort. En conséquence, et en fonction de mes études prétendues artistiques, il me passa quelques livres d'art en me priant d'en rendre compte ; ces comptes-rendus étaient destinés à *The Bookman*[32], le célèbre périodique de sa maison, et de sa famille. Je n'ai pas besoin de dire que, ayant complètement échoué dans l'art d'apprendre à dessiner et à peindre, je fus très à l'aise pour me lancer dans des critiques sur les côtés faibles de Rubens, ou sur le talent mal dirigé du Tintoret. J'avais découvert la plus facile de toutes les professions ; j'ai continué depuis lors.

Quand je considère tout cela, et, du reste, toute ma vie en général, avec le recul nécessaire, la chose qui me frappe le plus, c'est la chance extraordinaire que j'ai eue. J'ai plaidé la cause de l'histoire morale ; mais je conviens qu'il est contraire à tous les principes normaux qu'une telle mesure de chance ait été dispensée à l'apprenti paresseux que j'ai été. Dans le cas de mon association avec Hodder Williams, ce fut contre toute raison qu'un être à ce point anticommercial pût devenir l'ami d'un homme ayant à ce point le sens des affaires. Dans le cas du choix d'un métier, il fut outrageusement injuste qu'un homme pût réussir à devenir journaliste pour l'unique raison qu'il n'avait pu être un artiste. Je dis un métier, non une profession ; car

fut amené à écrire (1728) un long poème intitulé : *Dunciad* (de « dunce » = cancre), où l'évêque Richard Bentley ne fut pas épargné (vol. IV, vers 20 et suiv.).

Pope fut un versificateur habile et un satiriste mordant, surtout aux dépens de ses amis. Il avait probablement plus d'esprit que Dryden, mais peut-être moins de génie. Ce fut surtout un imitateur, plutôt qu'un poète original ; il n'en est pas moins l'une des colonnes du classicisme anglais. Sa vanité était insatiable ; sa rancune ne l'était pas moins ; il a montré une préférence remarquable pour les sentiers sinueux plutôt que pour les voies directes ; mais il était indubitablement capable d'un grand attachement et sa compassion en présence de la misère ou de la souffrance était authentique et sincère, peut-être parce qu'il était lui-même débile, voire légèrement difforme et presque un nain par la taille. Sa vie ne fut « qu'une longue maladie ».

32. Revue littéraire qui a cessé d'exister vers 1935, date à laquelle elle a fusionné avec le *London Mercury* ; puis toutes deux ont fusionné avec *Life and Lettres To Day* (1939).

la seule chose que je puisse dire en ma faveur en ce qui concerne les deux métiers, c'est que mon attitude à leur égard ne fut jamais solennelle. Si donc on veut que j'aie exercé une profession, au moins n'ai-je jamais été un professeur. Mais, c'est encore dans un autre sens qu'il y eut, au cours de ces premières étapes, un élément de chance et même de hasard. Je veux dire que mon esprit demeura toujours très détaché, et presque ahuri ; et ces occasions qui me furent offertes furent des choses qui tombèrent sur moi à la façon de calamités. Dire que je n'étais pas ambitieux serait faire apparaître la chose beaucoup trop comme une vertu, alors que ce n'était chez moi qu'un défaut, un défaut pas trop disgracieux tout de même ; ce fut, plutôt, le singulier aveuglement de la jeunesse, que nous sommes bien capables d'observer chez les autres, mais que nous ne pouvons plus expliquer dès qu'il s'agit de nous. Mais, surtout, si j'en parle ici, c'est parce que cet aveuglement se rattache à la continuité de cette énigme de l'esprit, énigme d'ailleurs non résolue, à laquelle je faisais allusion au début de ce chapitre. La cause essentielle, c'est que mes yeux étaient tournés vers le dedans plutôt que vers le dehors, ce qui donnait, je crois bien, à ma personnalité morale un strabisme des moins attrayants. J'étais encore comme oppressé par le cauchemar métaphysique des négations sur l'esprit et sur la matière, plein de l'imagerie morbide du mal, portant comme un fardeau le mystère de mon cerveau et celui de mon corps ; mais dès cette époque, j'étais déjà en révolte contre l'un et l'autre ; déjà en train de m'efforcer d'établir une plus saine conception de la vie cosmique, quitte à courir le risque qu'elle s'égarât du côté de la santé. J'allais jusqu'à m'appeler un optimiste ; mais c'est que j'étais si terriblement près d'être un pessimiste. C'est la seule excuse que je puisse invoquer. Toute cette partie de mon expérience fut jetée plus tard dans le moule informe d'une œuvre de pure imagination que j'appelai : « L'Homme qui était Jeudi »[33]. À l'époque, le titre retint un peu l'attention et donna même naissance, dans les journaux, à bon nombre de plaisanteries. Les uns, faisant allusion à mes goûts prétendus pour la vie joyeuse, affectèrent de l'appeler « l'Homme qui

---

33. Traduit en français sous le titre « Le nommé Jeudi ».

avait soif »[34]. D'autres firent semblant de trouver tout naturel que le nommé Jeudi soit le frère noir du nommé Vendredi. Faisant preuve de plus de pénétration, d'autres encore le traitèrent comme un titre inspiré de la plus pure fantaisie, comme si j'eusse dit : « Celle qui était huit heures et demie », ou « La vache qui était demain soir ». Mais ce qui m'intéresse, c'est que personne ou presque, parmi ceux qui lurent le titre, ne parut avoir retenu le sous-titre ; lequel était « Un cauchemar », et qui fournissait la réponse à bon nombre de questions critiques.

J'insiste ici sur ce point parce qu'il est de quelque importance pour la compréhension de ce temps-là. On m'a souvent demandé ce que j'entends par le monstrueux ogre de pantomime qui, dans ce récit, s'appelle Dimanche ; certains ont suggéré, pas trop faussement dans un certain sens, que je l'avais mis là comme un symbole blasphématoire du Créateur. Or la question, c'est que toute l'histoire est un cauchemar de choses ; de choses qui sont, non point telles qu'elles sont, mais telles qu'elles apparaissaient au jeune demi-pessimiste des années qui ont suivi 90 ; l'ogre, qui paraît brutal, mais qui, d'une façon assez mystérieuse, est également bienveillant, n'est pas tant Dieu, dans le sens religieux ou irréligieux, que la Nature telle qu'elle apparaît au panthéiste, au panthéiste dont le panthéisme cherche à se dégager laborieusement du pessimisme. Pour autant que l'histoire ait un sens en elle-même, elle fut conçue dans le dessein de peindre d'abord le monde dans ce qu'il a de pire, et de modifier le tableau de manière à suggérer que le monde n'est pas aussi noir qu'on l'avait peint d'abord. J'ai expliqué que toute l'affaire était le produit du nihilisme des années 90, dans ces lignes dédicatoires que j'écrivis pour mon ami Bentley, qui avait vécu la même période et connu les mêmes problèmes ; je lui disais, d'une manière un peu trop oratoire : « Qui comprendra, si ce n'est vous ? » En réponse à quoi un chroniqueur fit très sensément observer que si personne ne comprenait le livre, à l'exception de M. Bentley, il semblait déraisonnable de demander à d'autres de le lire.

---

34. Jeu de mots où G.K.C. rapproche « thirsty » (altéré) de « thursday » (jeudi). On a trouvé préférable de ne pas chercher une équivalence qui n'eût prouvé que de l'ingéniosité.

Si j'en parle pourtant ici, c'est que, bien que cet incident se produisît au début de mon histoire, il était appelé à prendre une tout autre signification avant la fin. Sans cette conséquence lointaine, le souvenir en pourrait paraître aussi dénué de sens que le livre lui-même ; mais pour l'instant, je ne puis qu'enregistrer ici les deux faits en faveur desquels je réussis, dans ce livre, d'une manière ou d'une autre, et dans un certain sens, à porter témoignage. Le premier, c'est que je tentais vaguement de créer un optimisme nouveau, fondé, non point sur le maximum, mais sur le minimum de bien. Je n'en voulais pas tant au pessimiste qui se plaignait qu'il y eût si peu de bien ; mais j'étais furieux et prêt à abattre de ma main le pessimiste qui demandait ce qu'il y avait de bon dans le bien. Le second fait, c'est que, dès les premiers jours même, voire pour les pires raisons, j'en savais déjà trop sur le mal pour prétendre à me débarrasser du mal. C'est ainsi que j'introduisis à la fin un personnage qui, réellement, et avec une pleine compréhension des choses, nie le bien et le défie de se justifier. Le Père Ronald Knox m'a dit, beaucoup plus tard, de cet air ironique qui était le sien, qu'il était convaincu que le reste du livre serait utilisé pour faire la preuve que j'étais un panthéiste et un païen, et que les critiques futurs des Livres Saints[35] n'auraient pas de peine à montrer que l'épisode de l'Accusateur était une interpolation faite par des prêtres.

Ce ne fut pas le cas ; en fait, ce fut tout à fait le contraire. À cette époque, j'eusse été tout aussi ennuyé que n'importe qui, si j'avais surpris un prêtre à se mêler de mes affaires ou à interpoler des passages de mon manuscrit. J'ai mis cette déclaration dans mon histoire, portant témoignage du mal suprême (qui n'est que l'impardonnable péché de ne pas souhaiter être pardonné), non parce que je l'avais appris de l'un des millions de prêtres que je n'avais jamais rencontrés, mais parce que je l'avais appris tout seul. J'étais déjà tout à fait certain que je pouvais, si je voulais, me retrancher de toute la vie de l'univers. Ma femme, quand on l'interroge sur ce qui l'a convertie au catholicisme, répond toujours : « C'est le diable ».

Mais ceci vient si longtemps après que cela n'a aucun rapport avec la philosophie tâtonnante et conjecturée de l'histoire en question.

---

35. Voir note 3, chap. I.

J'aime beaucoup mieux citer ici le tribut d'un type d'homme totalement différent, mais qui était néanmoins l'un des très rares qui n'eussent jamais rien compris à cet infortuné roman de ma jeunesse. C'était un psychanalyste distingué, de l'espèce la plus moderne, la plus scientifique. Ce n'était pas un prêtre, loin de là ; nous pourrions même dire (comme le Français à qui on demandait s'il avait déjeuné sur le bateau) : « Au contraire ! » Il ne croyait pas au diable, merci Dieu, s'il y a un Dieu à qui dire merci ; mais c'était un homme qui étudiait avec acharnement son propre sujet ; et mes cheveux se dressèrent sur ma tête quand il me dit qu'il avait trouvé très utile mon histoire de jeunesse ; qu'elle lui avait servi de correctif dans ses observations de clients morbides ; surtout le processus grâce auquel chacun des anarchistes diaboliques n'est plus, pour finir, qu'un bon citoyen déguisé. « Je connais un grand nombre d'hommes qui étaient sur le point de devenir fous », me disait-il avec gravité, « et qui furent sauvés parce qu'ils avaient réellement compris *L'Homme qui était Jeudi* ». Il doit avoir un peu exagéré dans le sens de la bienveillance. Il se peut, bien entendu, qu'il fût lui-même un peu fou ; mais, au fait, n'étais-je pas un peu fou moi-même ? Il n'en reste pas moins que je confesse me sentir un peu flatté de penser qu'au cours de cette période, qui fut celle de ma loufoquerie, je puis avoir été utile à d'autres loufoques.

Dessin humoristique de l'auteur
(Chesterton signant un chèque à une fête de charité en 1912).

Hors-texte de l'édition originale.

CHAPITRE V

LE NATIONALISME ET NOTTING HILL

Au point où j'en suis arrivé de cette histoire, il faut que je remonte un moment en arrière afin de pouvoir poursuivre de l'avant. Au cours des pages qui précèdent, j'ai beaucoup parlé de l'Art, de l'art chez moi et de l'art à l'école ; de l'art que j'ai perdu par ma propre faute, ou bien acquis grâce aux mérites de mon père ; de la reconnaissance que je dois à l'amateur, et des excuses que je dois aux maîtres ; en somme, de tout ce qui m'a été enseigné sans que je l'apprisse, et de tout ce que j'ai appris sans que personne me l'enseignât. Or, dans un tableau en raccourci de cette époque, cette prédominance des préoccupations artistiques est plutôt hors de proportion avec l'ensemble, si l'on songe à la position contemporaine de la science. Il est parfaitement exact que je ne pus jamais être équitablement appelé un scientifique ; même, entre les sections classiques et les modernes de ma vieille école, j'aurais toujours choisi plutôt de flâner au cours de grec que de ne rien faire au cours de chimie. N'empêche que la science était dans l'air de tout ce monde victorien ; enfants ni jeunes gens ne pouvaient demeurer complètement insensibles aux aspects pittoresques de la science. Plusieurs des vieux amis de mon père étaient scientifiques, dans leurs manies, ou dans leur profession ; parmi eux se trouvait un très joyeux maître d'école, Alexandre Watherston, qui portait constamment sur lui un marteau géologique avec lequel, pour ma plus grande joie, il dégageait des murs ou des rochers des animaux fossiles ; de sorte que le seul mot de marteau géologique évoque encore en moi quelque chose d'aussi poétique et d'aussi primitif que le marteau de Thor[1].

1. Dieu scandinave du tonnerre, toujours armé d'un marteau.

Le frère de ma mère, Beaumont-Grosjean, était chimiste de profession et spécialiste de l'analyse. Homme truffé d'humour. Je me rappelle encore comment il prétendait avoir démontré par l'analyse que de tous les produits du commerce, un seul était pur : et que c'était le Cirage Nubien. Je crois que le produit n'existe plus, de sorte qu'on ne pourra ni me reprocher la publicité que je lui fais ici, ni me récompenser pour en avoir parlé. Mais mon oncle était à ce point captivé par ce cas unique de probité commerciale qu'il se servait couramment du nom de ce cirage comme d'un terme moral d'éloge, d'un criterium ; disant par exemple : « Nul n'eût pu se conduire d'une manière plus nubienne », ou bien : « Un geste à ce point nubien fait bien peut-être honneur à la nature humaine ». Le même oncle me contait des histoires féeriques de la science, histoires auxquelles, je regrette de le dire, je croyais beaucoup moins qu'aux contes de fées. Par exemple, il me disait que, lorsque je sautais à bas d'une chaise, c'était la terre qui sautait à ma rencontre. À cette époque, je tenais pour certain que ce n'était là qu'un mensonge, ou, tout au moins, rien de plus qu'une grosse plaisanterie. Mais si je parle ici de la science et de mon oncle le scientifique, c'est pour une tout autre raison.

J'ai tout juste l'âge de me rappeler le monde tel qu'il était avant le téléphone. Je n'étais encore qu'un enfant ; je me souviens que mon père et mon oncle installèrent le premier téléphone que j'aie vu de ma vie, et cela par leurs propres moyens, métaux et produits chimiques ; un téléphone en miniature, qui permettait de parler de la dernière chambre à coucher sous les toits jusqu'au bout de notre jardin. Mon imagination en fut très vivement frappée, et je ne crois pas avoir été jamais impressionné au même degré par n'importe quel perfectionnement ultérieur du téléphone. La question n'est pas sans importance pour l'ensemble de la théorie de l'imagination. Je fus bien étonné d'entendre une voix résonner ainsi dans la chambre quand elle partait en réalité d'aussi loin que de la rue voisine. La chose m'eût à peine surpris davantage si la voix fût venue de la ville prochaine. Et je ne suis pas plus surpris qu'elle puisse venir aujourd'hui d'un autre continent. Le temps du miracle est passé. En somme, même pour les grandes choses de la science, c'est sur une petite échelle que je les admirais le plus. C'est ainsi que j'ai toujours observé que j'étais beaucoup plus attiré par le microscope que par le télescope.

Enfant, je n'étais pas du tout renversé quand on me parlait d'étoiles lointaines que la lumière du soleil n'atteignait jamais, pas plus que lorsqu'on me parla, dans mon âge mûr, d'un empire où le soleil ne se couchait jamais. Je n'avais nul besoin d'un empire sans couchers de soleil. Mais je me sentais exalté et comme inspiré, quand je regardais par un petit trou un cristal gros comme une tête d'épingle ; et à le voir changer de forme et changer de couleur comme un coucher de soleil pour pygmées.

Je me suis déjà querellé par deux fois avec des hommes qui m'étaient supérieurs et passionnés pour le romanesque chez l'enfant, à propos de cette réalité de l'aventure merveilleuse de l'enfance. D'abord je ne suis pas d'accord avec eux quand ils considèrent l'imagination de l'enfant comme une sorte de rêve ; alors que je me rappelle plutôt mes rêves d'enfant comme un homme qui rêve pourrait se souvenir du monde où il vit à l'état de veille. En second lieu, je nie que des enfants aient souffert de la tyrannie des histoires morales, car je me rappelle le temps où me priver de mes histoires morales m'eût semblé la plus abominable des tyrannies. Afin de rendre tout ceci bien clair, je dois encore m'inscrire en faux contre une autre idée qui fait partie des notions communes de l'idée romanesque que l'on se fait couramment de « l'aurore de la vie ». La chose n'est pas très facile à expliquer ; je puis même dire que j'ai passé à tenter de l'expliquer la plus grande partie de ma vie ; j'ai d'ailleurs échoué. Sur les charretées de livres mal faits dans lesquels j'ai complètement échoué à l'expliquer, je n'ai nulle envie de m'appesantir. Mais peut-être ce qui suit pourrait-il servir au moins comme définition générale, ou, sinon comme définition, du moins comme suggestion. Vaguement d'abord, et ensuite, de plus en plus clairement, j'ai senti que le monde conçoit la liberté comme une chose qui agit simplement de dedans en dehors. Or, je l'ai toujours conçue comme une chose qui travaille du dehors vers le dedans.

La description poétique ordinaire des premiers rêves de la vie est celle d'une simple aspiration, d'un pur désir tourné vers des horizons de plus en plus larges. L'imagination est censée opérer dans le sens de la direction de l'infini, alors qu'ainsi compris, l'infini serait l'opposé même de l'imagination. Car l'imagination se sert d'une image. Et une image est, par essence, une chose qui a un contour, et par conséquent

des limites. Ensuite, je soutiens, si paradoxale que la chose puisse
paraître, que ce que l'enfant désire, ce n'est pas simplement tomber par
la fenêtre, ou voler par les airs, ni même se noyer dans la mer. Quand
il désire aller vers d'autres lieux que ceux où il se trouve, c'est encore
dans un lieu qu'il désire aller ; même si personne n'y est jamais allé
avant lui. Mais, en fait, la vérité est plus frappante encore. Il est clair, à
en juger par les faits, que l'enfant est positivement amoureux de limites.
Son imagination même lui sert à inventer des limites imaginaires. Sa
nurse ni sa gouvernante ne lui ont jamais dit qu'il est de son devoir
moral de mettre alternativement le pied sur un pavé, puis sur un autre,
en évitant, en enjambant celui qui les sépare. Il prive délibérément ce
monde où nous sommes de la moitié de ses pavés, afin de s'exalter à
triompher dans un défi qu'il s'est proposé à lui-même. J'ai joué tout
seul à ce jeu sur tous les paillassons, planchers et tapis de la maison
paternelle, et, au risque d'être détenu dans un établissement spécial
aussi longtemps qu'il plaira à Sa Majesté britannique, j'avoue que j'y
joue encore souvent. Dans ce sens-là, donc, j'ai constamment essayé
de réduire l'espace mis à ma disposition ; de diviser et de subdiviser
en petites prisons heureuses la maison où j'étais parfaitement libre
d'aller à mon gré. Je crois qu'il y a dans ce caprice psychologique une
vérité sans laquelle le monde moderne tout entier manque sa chance
essentielle. Si nous considérons les livres pour l'enfance qui sont le
plus en faveur, ou du moins si nous avons la patience d'y regarder à
deux fois, nous trouverons qu'en réalité tous soutiennent ce point de
vue, même lorsqu'ils sont généralement considérés comme soutenant
le point de vue opposé. Le charme de Robinson Crusoé n'est pas tant
dans le fait que Robinson a pu réussir à trouver son chemin vers une
île lointaine que dans le fait qu'il ne pourrait trouver aucun moyen
d'en sortir. C'est ce fait-là qui donne un intérêt si intense, si exaltant
à toutes les choses que Robinson avait avec lui sur son île, la hache,
le perroquet, les fusils et la petite réserve de grain. L'histoire de
l'*Île au Trésor* n'est pas l'exposé, la confession d'un vague désir de
partir en mer par mesure d'hygiène. Elle finit où elle a commencé,
et elle a commencé quand Stevenson dessine une carte de l'île, avec
toutes ses baies, tous ses caps, découpés avec la netteté d'un travail
à la scie. Et l'éternel intérêt que suscite l'Arche de Noé, en tant
que jouet, consiste en ce qu'elle suggère, d'une manière complète,

l'idée d'entassement compact associée à celle d'isolement ; l'idée de créatures si comiquement éloignées les unes des autres et fantastiques, enfermées toutes dans la même boîte ; un peu comme si on avait dit à Noé de mettre le soleil et la lune dans ses bagages. Autrement dit, c'est exactement le jeu auquel je jouais moi-même, quand, ayant entassé sans ordre sur un sofa toutes les choses dont j'avais le plus besoin, j'imaginais que le tapis, autour de moi, c'était la mer environnante.

Ce jeu de se donner à soi-même des limites est l'un des plaisirs secrets de la vie. Comme on dit dans les petits manuels en parlant de tel ou tel jeu, « le jeu peut se jouer de différentes manières ». Une très bonne manière de jouer, c'est de regarder la bibliothèque qui se trouve à votre portée, et de vous demander si vous pourriez trouver un plaisir suffisant à cette collection d'ouvrages que le hasard a placés là, même si vous ne possédiez pas d'autres livres. Mais le jeu est toujours dominé par ce principe de division, de restriction, qui commence au jeu que joue l'enfant avec les pavés. J'insiste ici là-dessus, parce que cette notion doit être tenue comme une chose réelle, et, en ce qui me concerne, enracinée, si l'on veut que les autres considérations que j'ai présentées là-dessus puissent avoir un sens quelconque. S'il plaît à quelqu'un de dire que j'ai fondé toute ma philosophie sociale sur les jeux d'un petit enfant, je suis tout prêt à m'incliner et à sourire.

C'est maintenant tout à fait le lieu d'insister sur le fait que j'ignore à quel moment exact de mon enfance ou de ma jeunesse l'idée s'est cristallisée en moi sous la forme de ce que je serais disposé à appeler une sorte de patriotisme local.

Un enfant possède, sans l'avoir apprise, à la faveur de l'instinct (ou peut-être grâce à quelque autre faveur), l'idée de fortifier les choses, de les défendre ; de dire, par exemple, qu'il est le roi du château, mais en même temps d'être plutôt plus content que son château soit si petit, et non plus grand. Mais comme c'est là toute ma thèse : qu'il y a quelque chose de très réel derrière tous ces premiers mouvements de l'esprit, je ne pense pas avoir jamais éprouvé de surprise à constater que cet instinct correspondait à une idée. Néanmoins, par une coïncidence plutôt curieuse dans ma vie, cette observation venait à peine de se former en moi en tant qu'idée personnelle, quand je la trouvai soutenue, confirmée et comme rivée par une idée publique. Si je suis retourné depuis vers les idées publiques, c'est-à-dire vers l'apparence extérieure de mon existence, j'ai du moins tâché d'expliquer que la partie la plus importante était demeurée longtemps à l'intérieur de ma vie ; peut-être longtemps avant que je l'y découvrisse.

Je me promenais un jour par les rues de ce quartier de North Kensington, me racontant à moi-même des histoires féodales de sièges et d'assauts, à la manière de Walter Scott, et cherchant confusément à les adapter à ce désert de briques et de mortier qui m'entourait. Je sentais que Londres était déjà une chose trop grande et trop éparse pour être une cité, au sens de « citadelle ». À dire vrai, Londres me semblait plus grande et plus éparse que l'Empire britannique lui-même. De la manière la plus irrationnelle, quelque chose arrêta mon œil et charma mes regards tandis que je considérais un îlot réduit de petites boutiques mal éclairées. Je m'amusai à imaginer que ces boutiques seules devaient être protégées, défendues comme un hameau dans une région déserte. Je trouvai tout à fait drôle de les compter, et de me rendre compte qu'elles contenaient les éléments essentiels de la civilisation : une pharmacie, une librairie, un magasin de produits alimentaires, un débit de boissons. Enfin, pour ma grande joie, j'y découvris aussi un vieux magasin de curiosités, tout hérissé de vieilles épées et d'anciennes hallebardes ; manifestement, l'antiquaire était destiné à munir d'armes les gaillards qui devaient combattre pour défendre l'îlot sacré. Confusément, je me mis à me demander à quoi la garde se heurterait ; vers quoi elle se porterait ; vers quoi elle avancerait. Alors, levant la tête, j'aperçus, un peu pâle à cause de la distance, mais néanmoins immense quant à l'altitude, la tour de la Compagnie des Eaux, tout près de la rue où je suis né. Et tout à coup je m'avisai que s'emparer du réservoir d'eau aboutirait en fait à cet exploit d'ordre militaire qui consisterait à inonder toute la vallée. De ce torrent, de cette cataracte imaginaire des eaux du réservoir municipal surgit en mon esprit la première idée fantastique d'une histoire intitulée : *Le Napoléon de Notting Hill*.

Je n'ai jamais pris aucun de mes livres au sérieux ; mais je prends très au sérieux mes opinions. Si je mentionne ici cette aventure, heureusement oubliée, ce n'est pas que je désire rivaliser de gravité académique avec M. Dodgson, lequel précisa les conditions exactes de temps et de décor dans lesquelles il s'avisa pour la première fois que le « snark » était, en vérité, un *Boojum*[2]. Mais c'est que ce détail de mes souvenirs est lié à des choses beaucoup plus réelles. C'est qu'il se fait que c'est le seul moyen d'expliquer ce qui allait être, bientôt après, ma position de politique réelle. Il faut qu'il soit d'abord clairement compris que la politique d'alors, et même dans l'acception ordinaire, ma propre politique, tendait toute ou dérivait toute dans le sens exactement opposé au patriotisme local. Les deux grands courants du cours de ma jeunesse et du début de ma maturité furent l'impérialisme et le socialisme. Ils étaient censés lutter l'un contre l'autre et se combattre, et ainsi faisaient-ils sans doute, en ce sens qu'on brandissait des drapeaux rouges devant des Union Jacks[3]. Mais, comparés à ces tâtonnements confus de mon imagination, les deux choses se conjuguaient ; du moins, se conjuguaient-elles autant que les croix de l'Union Jack mêmes. Les deux courants croyaient à l'unification et à la centralisation sur une large échelle. Ni l'un ni l'autre n'eussent pu trouver un sens à ma propre fantaisie, qui, elle, souhaitait voir les choses réduites à une échelle de plus en plus petite. Cette fantaisie elle-même était, en effet, trop confuse et trop indistincte encore pour suggérer une théorie ayant le caractère d'un choix ; et, d'une certaine manière imprécise, j'acceptais les théories à la mode. Je lus Kipling, et fus séduit par maints côtés, bien que choqué par d'autres. Je m'appelais moi-même un socialiste, parce que la seule alternative, si l'on n'était pas socialiste, était de ne pas être socialiste ; et ne pas être socialiste était une chose parfaitement horrible ; cela équivalait à être un snob, un cerveau étroit et sarcastique, qui grogne contre les charges locales, contre les classes travailleuses ; ou bien un horrible vieux darwinien grisonnant, disant qu'il faut détruire les faibles, que les faibles doivent être collés au mur. Mais, au fond de mon cœur, c'est à regret que j'étais socialiste. J'acceptais la plus grande chose comme un moindre mal, ou même comme un moindre bien.

Dans le sens où j'étais ce socialiste réticent, j'étais même prêt à être un impérialiste malgré soi, un impérialiste à son corps défendant.

2. *Snark* et *Boojum* sont deux personnages de l'ouvrage de Lewis Carroll, l'auteur d'*Alice in Wonderland* (voir note 48, chap. I) et qui s'appelle : *The Hunting of the Snark*.

3. L'Union Jack est la réunion, sur le même drapeau national du Royaume Uni (non de l'Empire britannique), des trois croix de saint George (Angleterre), de saint Patrick (Irlande) et de saint André (Écosse).

Un peu comme le M. Burden de M. Belloc[4] était un impérialiste malgré lui ; car, en fait, j'avais hérité la tradition d'un monde ancien des affaires, pas très différent de celui de M. Burden. Tous mes instincts me disaient que je ne pouvais pas abandonner complètement le patriotisme ; ni alors, ni plus tard, à aucun moment, je n'avais aucun goût pour ce qu'on entend communément par pacifisme. J'étais disposé à accepter l'aventure coloniale, si c'était là le seul moyen de protéger mon pays, tout comme j'étais prêt à accepter l'organisation collectiviste si elle offrait le seul moyen de protéger les plus pauvres de mes concitoyens. J'acceptais que la Grande-Bretagne pût se vanter d'avoir un empire, s'il n'y avait vraiment rien de mieux dont elle pût se vanter. Je consentais à laisser M. Sidney Webb[5] s'occuper des pauvres, si personne d'autre ne voulait s'occuper d'eux, ou si (ce qui semblait être considéré comme un axiome en matière de science sociale) il était tout à fait impossible aux pauvres de veiller sur eux-mêmes. Mais aucune part de mon cœur ou de mon imagination n'entrait dans ces larges généralisations ; et quelque chose, au fond de moi, dans mon subconscient, était toujours en train de fureter dans le sens inverse. Je demeurais dans cet état d'esprit, vague mais pas entièrement malsain, comme suspendu entre un instinct qu'il m'était impossible de suivre et un besoin d'expansion que je n'avais vraiment pas le goût de suivre, lorsqu'un événement se produisit, dans le monde

---

4. Joseph Hilaire Pierre Belloc, né en 1870, près de Paris, de père français et de mère anglaise, grand ami personnel de G.K.C., ; naturalisé seulement en 1903. Fit son service militaire en France, dans l'artillerie ; études au collège de Balliol. Député de 1906 à 1910. Tout comme Chesterton, Belloc est un écrivain très divers. Il a écrit un grand nombre de poèmes, de récits, de romans, d'essais ; des traités historiques ; des ouvrages sur l'Histoire de France et sur la Grande Guerre. Décédé en 1947.

Parmi ses œuvres, citons : *Sonnets and Verse* (la plus récente édition est de 1938) ; *Mr Clutterbuck's election ; Emmanuel Burden* (1904), dont le héros s'appelle M. Burden. Ses recueils d'essais s'appellent *On Nothing ; On Something ; On Everything* ; a publié ensuite : *The Servile State* (1912) ; *British Battles ; History of England*, etc., etc.

5. Sir Sidney Webb (1859-1947), homme d'État socialiste, fonctionnaire du L.C.C. (London County Council) ; fit des conférences sur diverses questions économiques. En 1913, fonda l'hebdomadaire *New Statesman* ; membre du Parlement de 1922 à 1929 ; ministre du Commerce (1924) ; fait « baron Passfield », et, sous ce nom, ministre des Dominions de 1929 à 1930, et des Colonies, 1930-3.

Avec sa femme, née Beatrice Potter (1858), déjà connue comme écrivain sur la coopération et la législation du travail, il écrivit l'*History of Trade Unionism, of Liquor Licensing*, et *of English local government*.

extérieur, qui non seulement m'éveilla de mes rêves comme un coup de tonnerre, mais me révéla à moi-même comme dans un éclair. Ce fut, en 1895, le raid Jameson, et, un an ou deux après, la guerre avec les républiques sud-africaines.

La nation semblait nettement pour la guerre. Elle voulait même beaucoup plus ardemment la guerre sud-africaine qu'elle ne voulut plus tard la grande guerre. La dernière était, de toute évidence, beaucoup plus décisive, ne laissant aucune alternative entre les deux hypothèses, et selon moi, beaucoup plus juste. Mais elle ne produisit pas cette impression particulière de clameur unanime qui salua la campagne pour l'extinction de l'État hollandais du Président Krüger[6]. Sans doute, les foules ont pu invectiver contre le Kaiser tout autant que contre Krüger ; mais le Kaiser avec ses moustaches ne fut jamais une caricature aussi populaire que le Président avec son collier de barbe au menton. Le nom devint, en fait, un terme général pour tout ce qui était à la fois exotique, étranger ; un poète trop élégant, portant de longs cheveux bouclés, des culottes trop courtes, se voyait traiter de « Krüger ! », cri qui semblait à la fois descriptif et adéquat. Pourtant cette unanimité apparente laissait dans l'ombre des groupes plus influents, plus dignes d'attention. Le journalisme et les politiciens étaient pour une politique d'annexion. La plupart des journaux suivaient le *Daily Mail* dans sa morale, sinon dans sa façon de se conduire. Les impérialistes libéraux prenaient, en fait, la tête du parti libéral ; de sorte que l'opposition elle-même pouvait à peine s'opposer à quoi que ce fût. Il faut aussi toujours se rappeler que ces politiciens favorables à la guerre étaient les mêmes qui furent plus tard accusés de modérantisme ou, d'une manière bien absurde, d'antipatriotisme, pendant la guerre de 1914 : Asquith[7],

6. Stephanus Johannes Paulus Krüger (1825-1904), chef du gouvernement provisoire des Colonies sud-africaines pendant la première guerre des Boers (1881) et président du Transvaal (République sud-africaine) en 1883, 1888, 1893 et 1898. « Oom Paul » (oncle Paul) comme on l'appelait, fut l'âme de la politique qui aboutit à la guerre de 1899-1902. Il vint finalement en Europe pour y solliciter, d'ailleurs en vain, des alliances contre la Grande-Bretagne, quand le sort tourna contre les Boers. Son quartier général était à Utrecht. Il y publia les *Mémoires de Paul Krüger* « *racontés par lui-même* » (*sic*), 1902.

7. Herbert Henry Asquith, premier comte d'Oxford and Asquith (1852-1928), célèbre homme d'État anglais, qui débuta comme « fellow » à Oxford ; entra au

Haldane[8] et Grey[9]. Il semblait que tous les modérés se tinssent, à ce moment-là, sur le versant patriotique. Je connaissais alors peu de chose à la politique ; l'unanimité me semblait plus complète encore qu'elle ne l'était réellement ; il n'en reste pas moins qu'elle était presque complète. J'ai vu tous les hommes publics, les corps constitués, l'homme de la rue, ma propre classe moyenne, la plupart des membres de ma famille et presque tous nos amis se montrer nettement favorables à quelque chose qui semblait inévitable, scientifique, et comme de tout repos. Et je me rendis compte que je haïssais cette chose ; que je haïssais toute la chose comme je n'avais haï aucune autre chose auparavant.

Ce que je haïssais dans cette chose, c'était ce que beaucoup de gens aimaient d'elle : une guerre faite de gaîté de cœur, ses anticipations, ses congratulations, l'optimisme qu'elle communiquait à la Bourse. Je haïssais la bassesse de la certitude de la victoire. Elle était considérée par beaucoup comme un processus automatique, comme la mise en action d'une loi naturelle. Or, tandis que la guerre se poursuivait, on commença de sentir confusément que, si elle se poursuivait, elle ne progressait pas. Quand les Anglais eurent subi maints échecs imprévus, quand les Boers eurent remporté maints succès inattendus, il y eut un changement dans l'humeur publique ; moins d'optimisme, et, en

barreau ; en 1886 se présenta au Parlement comme candidat libéral et fut élu ; obtint son premier poste important dans le Gouvernement de Gladstone (1892) où il fut secrétaire à l'Intérieur. En 1907, fit passer la loi sur les pensions de vieillesse. En 1908, fut premier ministre, poste qu'il occupait encore en 1914. Chevalier de l'Ordre de la Jarretière, membre de la Société Royale.

8. Richard Burdon, premier vicomte Haldane (1856-1928), philosophe et homme d'État ; études à l'Université d'Édimbourg, puis à Göttingen en Allemagne où il travailla sous le célèbre philosophe Lotze. Appelé au barreau en 1879, conseiller du Roi en 1900, il commença sa carrière d'homme d'État quand il fut député libéral en 1885. Il est responsable d'une réorganisation complète de l'armée britannique dont la valeur ne fut reconnue qu'en 1914. Déjà Lord Chancellor en 1912 et en 1915, reçut l'Ordre du Mérite. Parmi ses ouvrages : *Pathway to reality* (1903), *The reign of relativity* (1921), *The philosophy of humanism* (1922), *Selected addresses* (1928), *Autobiography* (1929).

9. Edward Grey, premier vicomte of Fallodon, (1862-1933), homme d'État célèbre qui passa par Winchester et Balliol Colleges ; député libéral en 1885 ; sous-secrétaire d'État aux Affaires étrangères de 1892 à 1895 et ministre des Affaires étrangères de 1905 à 1916. Ordre de la Jarretière en 1922, créé vicomte en 1916, ambassadeur à Washington en 1919 et 1920. (*Mémoires*, 1925).

fait, presque plus rien d'autre que de l'entêtement. Mais la note qui avait résonné dès le commencement était la note de l'inévitable ; on avait fait résonner une chose qui était haïssable aux chrétiens et aux amoureux de liberté. Les coups portés par la nation Boer aux abois, les raids rapides et impétueux, les décevantes évasions de de Wet[10], la capture d'un général anglais, tout à la fin de la campagne, sonnaient à coups répétés la note contraire, celle du défi ; celle, comme je l'écrivis plus tard dans un de mes premiers articles, « qui néglige les présages et fait peu de cas des étoiles ». Et tout ceci s'enflait en moi en confuses images de la moderne résurrection d'un Marathon ou des Thermopyles ; et de nouveau je vis renaître mon rêve obsédant de la tour qui ne se laissait pas assaillir et des citoyens l'assiégeant ; et je commençai d'esquisser les contours, secs et durs, de mon petit roman de Londres. Mais ce qui, peut-être, commença à me dégoûter par-dessus tout dans l'atmosphère de cette aventure, c'est ce je ne sais quoi d'insincère dans la partie la plus normale de la revendication de la nation : je veux dire : la suggestion de quelque chose que l'on présentait comme la délivrance de nos représentants exilés, commerçants de Johannesburg, qu'on appelait communément les « Outlanders ». De même que cette délivrance eût été la raison la plus sympathique si elle avait été véritable, elle était la plus répulsive du moment qu'elle était hypocrite.

Car c'eût été la meilleure raison de faire la guerre : faire admettre que si les Boers combattaient pour leur pays, les Anglais se battaient pour leurs compatriotes. Malheureusement, les portraits de ces compatriotes avaient je ne sais quel air équivoque. On prétendait à tout bout de champ qu'un Anglais nommé Edgar avait été assassiné ; mais aucun portrait d'Edgar n'était publié, parce que le hasard voulait qu'Edgar fût complètement noir. D'autres portraits furent bien publiés,

10. Christian de Wet (1854-1922), déjà célèbre comme grand chasseur avant d'acquérir une célébrité d'une autre sorte dans la première guerre du Transvaal (1881). Au cours de la deuxième campagne sud-africaine (1899-1902), il fut, de tous les commandants boers, le plus audacieux, le plus mobile, le plus fertile en expédients ingénieux. A écrit un livre sur la guerre en 1907, devint ministre de l'Agriculture de l'Orange River Colony. En octobre 1914, il se joignit à l'insurrection sud-africaine. Pris en décembre de la même année, il fut condamné à six ans de prison, mais libéré dès décembre 1915.

d'autres « Outlanders » exhibés ; ils étaient d'une autre couleur, ou, si l'on veut, d'une autre nuance. Nous commençâmes alors à deviner que les gens que les Boers appelaient des « Outlanders » étaient le plus souvent des gens que les Anglais eussent appelé des indésirables. Leurs noms étaient symboliques, et de même leurs nez. Je me rappelle avoir attendu, en compagnie d'un ami pro-Boer, au milieu d'une foule patriotarde, aux portes du fameux meeting de Queen's Hall qui se termina par une partie de lutte libre. Mon ami et moi avions choisi de pratiquer une méthode de parodie patriotique par réduction à l'absurde. Et nous fîmes ceci : nous proposâmes d'abord trois hourrah pour Chamberlain[11], puis trois pour Rhodes[12], et puis, petit à petit, pour des patriotes plus douteux, des naturalisés à moitié assimilés. Nous obtînmes même un hourrah innocent pour Beit[13] ; un hourrah plus flottant pour Eckstein[14]. Mais quand nous en vînmes à lancer un fougueux appel à l'universelle popularité d'un Albu[15], l'ironie de notre intention se trouva découverte ; et la bataille commença. Je

11. Joseph Chamberlain (1836-1914), député conservateur de Birmingham, chef de parti, et, à l'époque, premier ministre. En 1895, sous Salisbury, il était secrétaire d'État aux Colonies. Il passait au sein de son propre parti pour l'un des responsables de la guerre contre les Boers du Transvaal. Il eut deux fils : Austin, d'un premier lit, et Neville, d'un second mariage.

12. Cecil Rhodes (1853-1902) qui, installé au Transvaal pour des raisons de santé, y devint roi du diamant. Autre responsable de la guerre contre les Boers. A donné son nom à la Rhodésie. Était à Kimberley en 1899 quand les Boers assiégèrent la ville pour le capturer. Fut un des créateurs de l'Empire. Son grand rêve était de relier le Cap au Caire par une route terrestre qui fût tout entière en territoire britannique. Fonda des bourses (Rhodes Scholarships) réservées à des étudiants des Dominions et des Colonies désirant fréquenter Oxford et Cambridge.

13. Alfred Beit (1853-1906), financier du Sud-Afrique, où il amassa une fortune énorme qu'il mit en service de la politique sud-africaine de Cecil Rhodes. Hambourgeois de naissance, il donna cent mille livres pour fonder une université dans sa ville natale, dota Oxford d'une chaire d'histoire coloniale et fonda à Johannisburg une université.

14. Sir Frederick Eckstein (1857-1931), créé baronet en 1922, financier anglais d'origine allemande, né à Stuttgart, membre de la firme Wernher, Beit & Co, et, pendant de longues années, président du conseil du « Sudan Plantation Syndicate ».

15. Albu (Sir George), 1857-1936, créé baronet en 1912, autre financier anglais d'origine allemande, né à Berlin, résida pendant de longues années à Kimberley (Afrique du Sud). Président du Conseil et administrateur-directeur de « General Mining & Finance Corporation Ltd » à Johannisburg. De Chamberlain à Sir George Albu, on voit nettement la gradation par laquelle G.K.C. et ses amis cherchaient à se moquer de l'auditoire.

me trouvai aux prises, dans une mêlée pugilistique, avec un employé d'opinions impérialistes, dont le pugilisme n'était du moins pas plus scientifique que le mien. Tandis que ce combat singulier se déroulait (parmi beaucoup d'autres qui se développaient à l'entour) un autre impérialiste dut me soulager de ma montre, la dernière que j'aie jamais pris la peine de posséder. Celui-là, du moins, adhérait sincèrement à la politique d'annexion.

On m'appela pro-Boer, et, différent en cela de certains pro-Boers, je fus très fier de mon titre. Il exprimait exactement ce que je voulais dire, et beaucoup mieux que ses synonymes d'allure plus idéaliste. Quelques intellectuels répudieront le terme avec indignation, disant qu'ils n'étaient pas des pro-Boers, mais simplement des partisans de la paix, des pacifistes ; mais moi, j'étais ouvertement, ostensiblement un pro-Boer ; de même que, non moins simplement, non moins ouvertement, je n'étais pas un pacifiste. Mon point de vue était que les Boers avaient raison de combattre ; et non pas que chacun a forcément tort s'il se bat. Je pensais que leurs fermiers étaient parfaitement fondés à prendre leur fusil et à sauter en selle pour la défense de leurs fermes, de leur petit État républicain rural, quand il était envahi par un empire plus cosmopolite, à la discrétion de financiers très cosmopolites. Comme le dit une voix non moins autorisée que celle de Discobolus[16] dans les *Nonsense Rhymes* de Lear[17], je pensai ainsi dès lors, et pense

16. Inexactement cité. Les personnages de Lear se nomment Mr and Mrs Discobbolos, et non Discobolus.

17. Edward Lear (1812-1888), artiste, voyageur et auteur ; il écrivit *The Book of Nonsense* (1846) pour les petits enfants de son protecteur, le comte de Derby. Le succès de ce livre fit beaucoup pour populariser le « limerick », forme de jonglerie poétique dont les premiers exemples avaient vu le jour en 1820, dans une facétie où il était question de la ville irlandaise de Limerick, et dont le discours de M. Discobolus (ou mieux : Discobbolos) est un autre exemple typique. Edw. Lear publia encore, avant de mourir, un autre recueil : *Nonsense songs, Stories and botany* (1870).

On peut tenter, peut-être, de donner au lecteur français un exemple de ce qu'on appelle le « limerick ». Voici l'une de ces strophes, toujours construites de la même façon : 8—8—4—4—8 pieds, et rimant : A, A, B, B, A. Le thème de notre exemple est celui-ci : il s'agit de se moquer de la prononciation du français par un Anglais. « Boolong » imite la prononciation de « Boulogne » et « dooble ong-tong » celle de « double entente ». Et voici le limerick :

There was an old man of Boolong (Boulogne)
Who frightened the birds with his song
It wasn't the words

encore ainsi. Mais cette sorte de sympathie militante séparait tout naturellement ceux qui pensaient comme moi de nos collègues qui n'étaient que de simples antimilitaristes. La conséquence ne fut pas négligeable, en ce qui me concerne personnellement. Elle fut cause que je m'aperçus que j'appartenais à une minorité à l'intérieur d'une minorité. La plupart de ceux qui sympathisaient, non sans sincérité, avec les Anglais, nous désapprouvaient de sympathiser avec les Boers, et la plupart de ceux qui sympathisaient avec les Boers, nous désapprouvaient de sympathiser avec eux pour des raisons qu'ils estimaient mauvaises. En fait, j'ignore, du chauvin ou du pacifiste, lequel nous trouvait le plus déplaisant, le plus détestable. Ce fut dans ces conditions plutôt singulières que je m'orientai tout naturellement vers une amitié qui a joué depuis lors un rôle si considérable dans ma vie, tant publique que privée.

Mes amis venaient de sortir d'Oxford, Bentley[18] de Merton[19] et Oldershaw[20] de « The House »[21], où ils avaient fait figure de vedettes dans un groupe de jeunes libéraux opposés à des degrés divers à l'impérialisme courant : groupe qui comptait plus d'un nom qui devint fameux par la suite : je pense à John Simon[22], aujourd'hui homme

That frightened the birds
But the horrible dooble ong-tong.
La saveur du « limerick » ne peut être sensible qu'au Français connaissant assez d'anglais pour n'avoir pas besoin de la traduction.
18. Voir note 5, chap. III.
19. Collège qui fait partie de l'Université d'Oxford.
20. Lucien Oldershaw, fils d'un acteur, publia les Archives du « Patriot's club » sous le titre *England, a nation* par R.B. Johnson, en 1904. Ces archives étaient des articles de G.K. Chesterton, de C.F.G. Masterman, etc.
Auteur aussi de *Carpet plays*, publiés en 17 parties par R. Brimley Johnson en 1901, et d'une *Analysis of Mill's principles of political economy* (Éd. Blackwell, Oxford, 1915). Il est mort en 1938.
21. Le plus grand collège d'Oxford : Christ Church, dont la chapelle est considérée comme la cathédrale d'Oxford. Les étudiants l'appellent : *The House*.
22. Right Honourable Sir John Simon (Allsebrook), célèbre homme d'État libéral, né en 1873, fils de clergyman ; études à Édimbourg, puis à Oxford, où, après sa licence, il devint « fellow » du Collège. Président de l'Oxford Debating Society (voir notes 12 et 13, chap. III). Membre du barreau en 1899 ; Conseiller du Roi (K.C.) en 1908 ; Sollicitor general de 1910 à 1913 ; Attorney general (1913-1915). Ministre de l'Intérieur en 1915-16 ; secrétaire d'État aux Affaires étrangères de 1931 à 1935 ; commandant des « Royal Air Forces » servant en France en 1917-18 ; P.C. (Privy Council) depuis 1915 ; Knight Commander of the Victorian Order (K.C.V.O.) en

d'État bien connu et avocat, et à Francis Hirst[23], l'économiste. Peu après notre rencontre à Londres, je fus retrouver Lucian Oldershaw dans un petit restaurant de Soho[24]. C'était avant le temps où tout le monde découvrit le quartier de Soho ; ces petits restaurants français n'étaient encore appréciés que de quelques gourmets, pour la raison que c'étaient encore des endroits où il était possible de manger. Je n'ai jamais été ce personnage raffiné qu'on appelle un gourmet ; je suis donc tout heureux de dire que je suis encore très capable d'être un glouton. Mon ignorance de la cuisine est telle que je puis absorber la nourriture des hôtels les plus à la mode et les plus chers de Londres. Dans tous ces salons luxueux que hantent les héros et les héroïnes d'Oppenheim et d'Edgar Wallace[25], la nourriture est parfois tout juste trop mauvaise d'un rien, même pour moi. Mais ceux-là qui préfèrent vraiment manger de bonnes grillades et des omelettes savoureuses plutôt que d'évoluer dans du plâtre doré parmi des valets de pantomime, ceux-là avaient déjà trouvé le chemin de ces plaisants petits repaires, en marge de Leicester Square, où, dans ce temps-là, on pouvait encore se procurer pour six pence une demi-bouteille d'un vin rouge absolument parfait. C'est vers l'un d'eux

1911 ; docteur en droit *honoris causa* aux Universités d'Édimbourg, de Cambridge, de Manchester, de Mc Gill, de Toronto et de Columbia. Membre du Parlement de 1906 à 1918 pour Walthamstow, Essex (faubourg de Londres) et de 1922 à 1931 pour Span Valley (circonscription du Yorkshire) ; chef du parti national libéral depuis 1931 ; bâtonnier depuis 1910.

23. Francis W. Hirst, né en 1873, gouverneur de l'Institut d'Études économiques de l'Université de Londres (London School of Economics) ; études à Clifton College, à Bristol et à Oxford, où il obtint à sa licence la distinction suprême (double first) ; président de l'Union Debating Society ; membre du barreau (1899) ; rédacteur en chef de *The Economist* de 1907 à 1916. Conférences sur l'économie politique en Californie (1921) et dans le Sud-Africain (1923).

Quelques œuvres : *Adam Smith*, dans la collection des « English Men of Letters Series » (1904) ; *Stock exchange* (1911) ; *Early life and letters of John Morley* (1927) ; *Gladstone as financial and economist* (1931) ; *Wall Street and Lombard Street* (1931).

24. L'origine du nom de Soho est inconnue. Dans son *Old and New London* (vol. III, p. 174), E. Walford écrit que Soho fut autrefois un quartier élégant où James, duc de Monmouth (1649-1685) résidait habituellement. Fils naturel de Charles II, mais reconnu par son père, prétendant protestant à la couronne d'Angleterre contre le duc d'York, futur James II, le duc de Monmouth aurait choisi, le soir de la bataille de Sedgmoor (1685) qui devait voir sa défaite, le mot « soho » pour mot de passe.

25. Deux auteurs de romans populaires ; le premier né en 1866 est souvent nommé « le prince des conteurs » ; le second, Edgar Wallace, est mort en 1932.

que j'allai retrouver mon ami. Il entra, suivi d'un solide gaillard coiffé d'un de ces chapeaux de paille que l'on portait alors, et qu'il vous avait enfoncé jusqu'aux yeux, ce qui accentuait la longueur et le volume particuliers de son menton. Il avait une façon de porter le veston au sommet des épaules qui donnait au vêtement l'allure d'un pardessus pesant ; je pensai tout de suite aux portraits de Napoléon, et, pour quelque raison obscure, surtout aux portraits de Napoléon à cheval. Mais le regard, les yeux, pourtant non exempts d'inquiétude, avaient cette curieuse acuité lointaine que l'on voit aux yeux des gens de mer ; dans sa démarche même, on percevait quelque chose de ce qui a été comparé à l'allure du matelot balancé par le roulis. Longtemps après, les mots se groupèrent jusqu'à former des vers pour exprimer une certaine conscience du mélange, de l'amalgame de nations réunies dans son sang :

> Almighty God will surely say
> St Michael, who is this that stands
> With Ireland in his doubtful eyes
> And Perigord between his hands,
>
> And on his arm the stirrup-thongs
> And in his gait the narrow seas
> And on his mouth Burgundian songs
> And in his heart the Pyrenees[26] ?

Il s'assit lourdement sur une des banquettes, et tout de suite se mit à discuter je ne sais quelle controverse. Je compris qu'il s'agissait de savoir si l'on pouvait raisonnablement prétendre que le roi John fut le meilleur roi des Anglais. Il conclut judicieusement dans le sens de

---

26. *Dieu tout puissant dira, c'est sûr :*
  « Saint Michel, qui donc se tient là,
  L'Irlande dans ses yeux songeurs
  Et Périgord entre ses mains,
  Sur son bras, sangles d'étriers,
  Dans sa démarche, mers étroites,
  Et chants bourguignons sur ses lèvres
  Et dans son cœur les Pyrénées ? »

la négative ; mais, d'après les principes de l'*Histoire d'Angleterre* de Madame Markham[27], (à laquelle il était très attaché) il se montra clément pour le Plantagenêt[28]. Après tout, John avait été régent, et aucun régent du moyen âge n'avait réussi. Il continua de parler pour mon grand plaisir et mon vif intérêt, comme il n'a cessé de parler toujours depuis lors. Car c'était là Hilaire Belloc, déjà fameux comme orateur à Oxford, où il était constamment dressé contre un autre orateur brillant, nommé F.E. Smith[29], qui devait être plus tard Lord Birkenhead. Belloc était censé représenter le progressisme, Smith l'idée conservatrice ; mais le contraste entre eux était plus profond, et il eût résisté à l'échange de leurs étiquettes respectives. En fait, les deux carrières et les deux personnages eux-mêmes pourraient être présentés comme une étude et comme un problème sur le sens des mots « échec » et « succès ».

Belloc, tout en parlant, envoyait de temps à autre une volée de parenthèses très provocantes sur le sujet de la religion. Il dit qu'un important juriste californien qui désirait venir en Angleterre visiter sa famille, avait fait brûler un grand cierge à Saint-Christophe pour

27. Mrs Markham, pseudonyme d'Elisabeth Penrose (1780-1837), femme de John Penrose, théologien et auteur d'ouvrages sur des questions théologiques et religieuses, et fille d'Edmund Cartwright (1743-1823), inventeur d'un métier mécanique. Elle est surtout connue par ses manuels d'Histoire d'Angleterre (1823) et d'Histoire de France (1828), qui furent longtemps classiques dans les écoles anglaises.

28. Plantagenet (ou Angevin), maison qui régna sur le trône d'Angleterre de 1154 dans la personne d'Henri II, fils de Geoffroy, comte d'Anjou et de Mathilde, fille de Henri Ier. Règne ininterrompu, par filiation mâle directe jusqu'en 1399. Le nom de Plantagenet aurait été à Geoffroy d'Anjou parce qu'il portait habituellement au bonnet des brins de genêt (planta genesta).

Henri II (1154-1189) ; Richard Ier (1189-1199) ; John (1199-1216) ; Henri III (1216-1272) ; Edward Ier (1272-1307) ; Edward II (1307-1327) ; Edward III (1327-1377) ; enfin, Richard II (1377-1399).

29. Frederick Edwin Smith, premier comte de Birkenhead (1872-1930), homme d'État fameux et orateur exceptionnellement doué, il soutint l'Ulster comme unioniste au Parlement (1906-1919), devint « Sollicitor general » (1915), puis successivement « Attorney general », Lord Chancellor (1919 à 1922) et secrétaire pour l'Inde (1924).

Le lecteur aimera peut-être avoir quelque précision sur les deux termes « solicitor general » et « attorney general ». Dans la loi anglaise (car en Amérique « attorney general » est exactement l'équivalent de : procureur de la République »), l'attorney general est un fonctionnaire supérieur créé par lettres patentes, chargé d'exposer le résultat d'une information et de poursuivre au nom de la Couronne en matière criminelle. Le « solicitor » assiste l'attorney general.

demander à pouvoir faire le voyage. Il déclara que lui, Belloc, allait faire brûler un cierge encore plus grand pour demander que le visiteur éventuel ne fît pas le voyage. « On dit : à quoi cela peut-il servir ? » fit-il impétueux. « Je ne sais. Mais je sais que cela se fait. Ensuite on dit que cela ne peut faire aucun bien. Et voilà ce que vous appelez « dogme ! »

Tout cela m'amusait beaucoup, mais déjà j'étais conscient d'un curieux courant, d'un courant profond de sympathie pour Belloc, que beaucoup de ceux qui s'amusaient tout autant que moi n'éprouvaient à aucun degré. Et quand, ce soir-là, et maints autres soirs par la suite, nous en vînmes à parler de la guerre, je trouvai que cette sympathie subconsciente avait quelque chose d'une véritable signification. J'ai eu l'occasion de dire quelque part (je ne sais plus où), que je suis anti-vivisectionniste, et de même anti-antivivisectionniste. Quelque chose de ce même mystère rapprochait nos esprits ; nous étions tous deux des pro-Boers qui haïssaient les pro-Boers. Peut-être serait-il plus exact de dire que nous haïssions un certain nombre d'antimilitaristes dépourvus d'imagination et n'ayant rien appris des leçons de l'histoire, qui étaient trop pédants pour se nommer eux-mêmes pro-Boers. Peut-être serait-il encore plus exact de dire que c'est eux qui nous haïssaient. Quoi qu'il en soit, ce fut là le premier chaînon de notre alliance. Bien que son imagination militaire portât sa ligne de bataille bien loin à travers le cours de l'histoire, depuis les légions romaines jusqu'aux derniers détails des canons de Gravelotte, et que la mienne ne fût que la fantaisie paroissiale d'une invraisemblable escarmouche à Notting Hill, nous savions que la morale de la fable était la même et que les faits étaient les mêmes. Et quand j'eus terminé ma fantaisie londonienne, je la lui dédiai. C'est de ce triste petit café de Soho, comme de la caverne des sorcières, qu'émergea le quadrupède, le monstre informe pour lequel M. Shaw[30] a fabriqué le sobriquet de Chesterbelloc.

---

30. George Bernard Shaw, né à Dublin en 1856, célèbre auteur dramatique contemporain et homme d'esprit, d'une famille protestante d'origine anglaise. Après avoir tâté de divers emplois, débuta dans le journalisme et vint à Londres en 1876. Publia avant 1886 quelques romans, qui n'eurent point de succès : *The irrational Knot, Love among the Artists, An unsocial Socialist*, etc. Socialiste lui-même, prit une part active au mouvement fabien (voir note 42, chap. VI) et même écrivit le manifeste de

Il serait grossièrement injuste d'insinuer que tout le parti antiguerre, ou même la majeure partie de ce parti, était composé de ces pédants prétentieux que j'ai mentionnés ; mais il est vrai que bien peu, cela va sans dire, étaient des militaires à la manière de Belloc. Et j'ai une gratitude permanente à un certain nombre d'entre eux, qui formaient le groupe d'Oxford, déjà cité ; et dont faisaient partie mes propres amis d'Oxford. C'est exactement à cette époque que ce groupe fut mis à même de mener à bien une tâche très importante, une tâche qui ne sera probablement pas sans un effet permanent sur l'Histoire : il réussit à acheter *The Speaker*, le vieil hebdomadaire radical, qu'il dirigea avec un esprit, un courage admirables, dans un climat un peu nouveau de radicalisme que certains de ses ennemis eussent pu appeler un radicalisme romantique. Son éditeur était J.L. Hammond[31], qui, plus tard, aidé de sa femme, devait rendre un si grand service historique comme auteur d'études sur le Travailleur anglais

ce mouvement (1884) et plusieurs volumes relatifs à la question : *The impossibility of anarchism* (1891) ; *Fabianism and the Empire ; The Common Sense of Municipal Trading* (1904).

Critique musical, critique d'art, critique dramatique (*Saturday Review*, 1895 à 1898) ; publie (1891) *Quintessence of Ibsenism* et *The Perfect Wagnerite* (1898) ; *Dramatic Opinions and Essays* (1906).

Bien que ces pièces n'aient connu le succès qu'au début du XXe siècle, on peut dire que G.B.S. appartient surtout au XIXe siècle ; sa littérature est aujourd'hui aussi active et militante qu'elle était « fashionable » au siècle dernier. G.B. Shaw est né la même année que son concitoyen Oscar Wilde (voir note 12, chap. VI) ; il n'a que neuf ans de plus que W.B. Yeats (voir note 58, chap. VI). Autre trait bien XIXe siècle : ses pièces traitent presque toujours de questions sociales et leurs longues préfaces sont parfois plus importantes que la pièce elle-même.

Son premier ouvrage dramatique : *Widower's Houses* (publié en 1892) connut immédiatement le succès. Il le publia, avec six autres pièces, en un volume : *Plays pleasant and unpleasant* qui parut en 1898. Ses pièces les plus connues sont : *Man and Superman* (1903) ; *Pygmalion* (1912) ; *Back to Mathuselah* (1921) ; *Saint Joan* (1924) ; *The Apple Cart* (1929) ; elles sont loin d'épuiser la liste complète.

A aussi écrit des essais : *Common Sense about the War* (1914) ; *The Intelligent Woman's Guide to Socialism and Capitalism* (1928), etc., etc. Prix Nobel en 1925.

31. John Laurens Le Breton Hammond (né en 1872) ; études à Cambridge ; rédacteur en chef de *The Speaker* (1899-1906) ; articles de tête dans *Tribune* (1906-1907), *Daily News* (1907) ; correspondant spécial du *Manchester Guardian* (quotidien libéral) à la Conférence de la Paix en 1919.

Écrivit, en collaboration avec sa femme : *The Village Labourer* : 1760-1832 (1911) ; *The town Labourer* : 1760-1832 (1917) ; *The Skilled Labourer* : 1760-1832 (1919) ; et seul : *Past and Future* (1918 ; sous le pseudonyme de « Jason »).

au cours des derniers siècles. Il était certainement le dernier homme au monde qu'on pût accuser de se complaire en un matérialisme douillet, ou même simplement dans un amour tiède pour la paix. Aucune indignation n'eût pu être en même temps aussi contagieuse, aussi enflammée, voire plus délicate, « délicat » étant pris dans le sens de « discriminant ». Et je sus que lui aussi comprenait la vérité quand je l'entendis prononcer ces paroles que tant de gens eussent pu interpréter de travers : « L'impérialisme est pire que le jingoïsme. Un Jingo est un individu bruyant, mais capable, par hasard, de faire du bruit dans le bon sens. Mais l'impérialiste est l'ennemi direct de la liberté. » C'était exactement ce que je pensais ; les Boers pouvaient faire du bruit (avec leurs fusils Mauser), mais je pensais que c'était un bruit fait dans le bon sens. Ce fut à peu près à la même époque, et grâce à la même relation, que je pus commencer à faire moi-même un peu de bruit, très peu de bruit, dans le bon sens. Comme je l'ai dit ailleurs, les tout premiers articles de moi qui furent publiés furent des comptes rendus artistiques insérés dans *The Bookman* ; la responsabilité initiale de mon irruption dans le monde littéraire repose sur mon ami, feu Sir Ernest Hodder Williams. Mais la première série d'articles sur un thème donné, le premier travail au service régulier d'une cause régulière ne me fut rendu possible que grâce à Hammond et à ses amis du nouveau *Speaker*. Ce fut là que j'écrivis, en même temps que maints articles politiques d'un caractère combatif, une série d'essais sans but précis, qui furent publiés plus tard sous le titre de « The Defendant »[32]. Le mot « défendeur » est la seule chose dont je ne puisse pas prendre la défense. Usage de la langue incontestablement illogique et incorrect, dans mon cas. Les articles étaient écrits pour prendre la défense de différentes autres choses, par exemple des histoires de brigands et de fantômes vendues en fascicules à deux sous[33]. Mais un défendeur ne désigne pas, à proprement parler, une personne qui prend la défense d'autre chose que de soi. Il désigne une personne qui se défend elle-même ; et je serais le dernier à défendre quelque chose d'aussi indéfendable que moi.

---

32. Le Défendeur.
33. Ce que l'on pourrait appeler « le petit Grand Guignol » de la littérature. N'existent plus.

Je dus aux mêmes relations politiques d'être entraîné davantage encore dans la politique, en même temps que plus avant dans le journalisme. Le tournant de mon destin journalistique coïncide avec l'achat des *Daily News* par les libéraux pro-Boers, car les *Daily News* avaient appartenu jusqu'alors, comme à peu près tout journal libéral, aux libéraux impérialistes. Un groupe de libéraux, dont M. George Cadbury[34] était le principal bailleur de fonds et feu M.R.C. Lehmann[35] le principal rédacteur, désigna comme directeur littéraire mon ami Archibald Marshall[36], qui, à son tour, eut l'imprudence de m'engager comme collaborateur hebdomadaire régulier. J'écrivis là, pendant de longues années, un article chaque samedi. On disait dans ce temps-là que je prêchais le samedi, un peu comme on dit « le sermon du dimanche ». Quels que fussent les mérites du sermon, il est probable que j'avais cette fois une audience plus nombreuse que jamais, et, d'ailleurs, que depuis. Cette chaire, je l'occupai jusqu'à ce que je l'abandonnasse, longtemps après, lors d'une autre crise politique, dont j'aurai à conter l'histoire un peu plus loin.

Je commençai à rencontrer de temps à autre des politiciens en vedette, bien qu'il fût rare qu'ils parlassent politique ; je me figure, d'ailleurs, que c'est une chose que les politiciens font rarement. J'avais déjà interviewé Lord Morley[37] quand on me chargea d'un travail dans

34. Libéral et philanthrope (1839-1922), créateur des premières cités-jardins, commençant par Bournville, siège des célèbres fabriques du chocolat Cadbury. Juge dans son district.

35. R.C. Lehmann, auteur de nombreuses poésies légères, dans le genre qu'ont illustré Barry Pain, Harry Graham et Calverley. Collabora longtemps à *Punch* ; fut membre du Parlement ; réputé comme un des plus fameux rameurs d'Angleterre. Il est le père de Rosamund Lehmann, dont les romans ont trouvé récemment une faveur méritée en traduction française.

36. Archibald Marshall (1866-1935), écrivain ; études à Cambridge ; docteur ès lettres *honoris causa* de l'Université américaine de Yale. Parmi ses œuvres : *Peter Binney, Undergraduate* (1899) ; *Richard Baldock* (1906) ; *The Honour of Clintons* (1913) ; *Anthony Dare* (1923) ; *The Education of Anthony Dare* (1924) ; *Anthony Dare's Progress* (1925) ; *The Allbright Family* (1926), etc.

37. John, vicomte Morley (1838-1923), politicien radical qui fut Lord Président du Conseil (ce qui n'implique pas, comme ce serait le cas en France, qu'il fut premier ministre). Promu à la pairie. Dirigea plusieurs journaux ou revues (*Fortnightly Review* et *Pall Mall Gazette*). Fut deux fois secrétaire pour l'Irlande et plus tard secrétaire pour l'Inde. Inscrit au barreau, il choisit la carrière des lettres (*Vie de Gladstone*, 4 vol., 1903 ; *Souvenirs* (1917) et 1 vol. sur Walpole). Fondateur de l'*English Statesman*.

la « Collection des Hommes de Lettres Anglais », qu'il publiait ; et j'avais été frappé par une chose impossible à décrire et qui a marqué la plupart des hommes publics appartenant à sa profession : il était tout à fait simple et amical, et, j'en suis sûr, tout à fait sincère ; mais il restait prudent et comme conscient de l'éventualité du fait que ses partisans pourraient le mener plus loin qu'il eût voulu aller. Il parlait avec une admiration un peu paternelle de mes amis du parti pro-Boer, Hammond, Hirst et les autres ; mais il semblait me mettre en garde contre leur attitude trop enflammée. Or, je ne tenais pas à ce qu'on me mît en garde, étant déjà moi-même en feu. En somme, un homme sage et bon ; mais qui n'était pas ce que d'innombrables admirateurs anonymes eussent pensé : un pur fanatique intellectuel, un ennemi de tout compromis, un démocrate intégral, absolu. Il était un chef de parti, un bon chef de parti. Je puis en dire autant de la plupart des chefs de partis que j'ai connus ; et je suis heureux de dire que j'ai connu surtout les bons. J'ai tiré beaucoup de joie de l'humeur enjouée du vieil Asquith, feu Lord Oxford ; et bien que nos conversations fussent exemptes de gravité, et même non exemptes de boutades, il était de ceux qui savaient magnifiquement apprécier une boutade. Un jour qu'il paraissait en habit de cour en je ne sais plus quelle occasion superbement importante, un mouvement irrésistible d'impertinence me poussa à lui demander si une épée de cour peut vraiment sortir de son fourreau : « Bien sûr, dit-il, hochant la tête, et fronçant vers moi un sourcil broussailleux. Ne vous avisez pas de me provoquer ! » Mais il avait, lui aussi, sur les éléments fondamentaux de la politique et de la morale cette curieuse qualité d'imprécision que j'ai si souvent rencontrée chez des hommes chargés de graves responsabilités. Il lui était parfaitement indifférent de répondre à une sotte question sur une épée ; mais s'il s'était agi d'une question raisonnable sur une surtaxe[38], il eût adopté, quel que fût l'art qu'il y eût mis, une attitude fendante d'escrimeur ; il eût senti qu'il était un peu sur la sellette et eût presque été disposé à demander un délai pour répondre. J'éprouve une certaine difficulté à ne pas assombrir la fine nuance que j'entends ; il était très public, au sens où les hommes publics le sont généralement ; mais tous semblent devenir plus brumeux à mesure

---

38. Sur les revenus dépassant un certain taux.

qu'ils s'élèvent. C'est l'homme jeune, c'est l'inconnu qui professe des doctrines décisives, qui exprime des intentions nettement tranchées et incisives. J'ai exprimé cela un jour en disant, avec quelque vérité, je crois bien, que les politiciens n'ont pas de politique[39].

En fait, le seul chef de parti qui, au temps de ma jeunesse, me semblât toujours éternellement jeune, était, pour moi, dans ce temps-là, à l'avant-garde dans les rangs opposés. Ce qu'il y a de merveilleux dans le cas de George Wyndham[40], c'est qu'il a su traverser la vie politique sans perdre ses opinions politiques, ni, d'ailleurs, aucune autre de ses opinions. Précisément ce qui lui donnait un tel don d'amitié, c'est que la vie avait laissé en lui tant de lui-même, tant de jeunesse, voire tant d'enfance. Il eût pu n'être jamais ministre ; être un artiste quelconque, un homme de lettres ordinaire, ayant une âme à sauver, et quelques idées obscures et timides sur la manière de la sauver. Il n'essayait pas toujours, comme Charles-Auguste Fortescue d'adopter un jugement qui fût large et vaste ; il avait des préjugés, des dogmes particuliers, pour la défense desquels il eût combattu exactement comme eût pu faire un particulier. Quand, une ou deux fois, M. Asquith aborda, dans la conversation, la question religieuse, je le trouvai pleinement satisfait de cette sorte de large idéalisme, cette « essence de christianisme » plutôt diluée, qui est souvent sincère, mais qui est rarement l'indice d'une position particulière définie, dans le plan social. George Wyndham, lui, était, en tant qu'individu, un Anglo-catholique ; et sa religion, il l'eût pratiquée dans n'importe quelle condition sociale. Il y avait en lui cette arête, ce tranchant pareil au fil d'une épée, et je ne pouvais pas m'empêcher de préférer être blessé par ce tranchant qu'assommé par un sac de sable bourré d'esprit.

George Wyndham avait toutes sortes d'idées remarquables, étranges, originales ; l'une de ses excentricités consistait à proposer

39. Jeu de mots. Sous la plume de Chesterton « Politicians have no politics », veut dire, à première vue, que les politiciens n'ont pas de politique, propos destiné à surprendre d'abord le lecteur. Mais on pense à l'autre acception : « politique » dans le sens de « opinion ». « Les politiciens n'ont pas d'opinions », phrase mordante, dépourvue du jeu de mots qui, en anglais, lui donne au premier abord un sens plaisant.

40. George Wyndham (1863-1915), homme politique et homme de lettres. Études à Eton et à Sandhurst (le Saint-Cyr anglais) ; séjour à l'armée (1893-1897) ; député conservateur (1899) et secrétaire pour l'Irlande en 1900. Il publia (1898) une édition des poèmes de Shakespeare.

un sujet de conversation et à demander son opinion à tout le monde, comme s'il se fût agi d'un examen, ou d'un jeu. Je me souviens qu'un jour il lança d'un air grave « Japon ! » et me pria de commencer, de dire quelques mots. Je répondis : « Je me méfie du Japon, parce qu'il nous imite dans ce que nous avons de pis. S'il avait copié le moyen âge ou la Révolution française, je comprendrais, mais il copie les usines et le matérialisme. C'est regarder dans un miroir et y voir un singe ». Il leva la main, du geste d'un maître de cérémonie : « Assez ! », et passa au suivant. C'était, je crois bien, le major (aujourd'hui général) Seeley[41] ; lequel déclara qu'il se méfiait du Japon pour certaines raisons impériales, en relation avec nos colonies et notre défense nationale. Ensuite, M. Winston Churchill[42] dit à son tour que ce qui l'amusait, c'est que, aussi longtemps que le Japon avait été beau et poli, on l'avait traité de barbare ; et maintenant qu'il était devenu laid

41. Major-general Right Honourable John Edward Bernard Seely (et non Seeley), baron Mottistone, premier du nom, né en 1868, créé baron en 1933 ; études à Harrow, au Trinity College (Cambridge) ; admis au barreau en 1897. A servi en Afrique du Sud (1900-1901) et pendant toute la guerre de 1914-1918. Député libéral de 1900 à 1906, de 1906 à 1910, de 1910 à 1922, de 1923 à 1924 ; sous-secrétaire d'État aux Colonies de 1908 à 1910 ; sous-secrétaire d'État à la guerre en 1911 ; ministre de la Guerre de 1912 à 1914 ; sous-secrétaire de l'Air et président du Conseil de l'Air en 1919 ; a rempli les fonctions de ministre des Munitions en 1918 ; promu major-général la même année.

Auteur de *Adventure* (1930) ; *Fear and be Slain* (1931) ; *Launch* (1932) ; *For ever, England* (1932) ; *My Horse Warrior* (1934).

42. Right Honourable Winston Churchill (Leonard Spencer), célèbre homme d'État contemporain, né en 1874, troisième fils du septième duc de Marlborough, fit ses études à Harrow et à Sandhurst ; entra dans la carrière militaire en 1895 ; servit dans les Forces Expéditionnaires du Nil, assista à la bataille de Khartoum (1899). Pris part à la campagne sud-africaine (1899-1902) où il fut correspondant de guerre du *Morning Post* (aujourd'hui disparu) ; fait prisonnier, il s'évada. Entra dans la carrière parlementaire comme député libéral (1906-1922) ; est conservateur depuis 1924 ; P.C. (membre du Conseil Privé) 1924 ; sous-secrétaire d'État aux Colonies (1906-1908) ; ministre du Commerce (1908-1910) ; ministre de l'Intérieur (1910-1911) ; premier lord de l'Amirauté (1911-15) ; ministre des Munitions en 1917 ; ministre de la Guerre (1918-21) ; de l'Air (1918-21) ; des Colonies (21-22) ; chancelier de l'Échiquier (1924-1929) : premier lord de l'Amirauté (1939-1940) ; premier ministre (1940-1945).

Il était en même temps Lord recteur de l'Université d'Édimbourg (1914-1918 et 1929-33). Chancelier de l'Université de Bristol depuis 1930.

Parmi les œuvres : *The river War* (1899) ; *Lord Randolph Churchill* (1906) ; *My African journey* (1908) ; *The World crisis*, 4 vol. (1923-29) ; *My early Life* (1930) ; *Thoughts and Adventures* (1932) ; *Marlborough*, 2 vol. (1933-34) ; Discours 1938, 41, 42, 43, 44 et 45. *Mémoires Politiques ; Mémoires de la guerre 1939-1944*.

et vulgaire, on le traitait avec respect, ou tout comme. Puis, Charles Masterman[43], dans son langage sombre et fleuri, dit que les Japonais étaient des Huns qui nous balayeraient de la surface de la terre ; qu'ils étaient beaucoup plus forts et plus habiles que nous, et tout aussi haïssables. Un ou deux autres orateurs se firent encore entendre, exprimant à peu près la même opinion négative ; puis Wyndham, de sa manière fantasque, avec des théories historiques extraordinaires (dont il possédait un grand choix), dit que Ainu le chevelu[44] était le cousin des Européens et qu'il avait été conquis par ces horribles Mongols. « Je pense sérieusement, dit-il avec gravité, que nous devrions aller au secours d'Ainu le Chevelu ». Alors quelqu'un se leva pour dire avec un candide étonnement : « Vous voyez, on a fait le tour de la table, et pour l'une ou l'autre raison, sérieuse ou non, chacun de nous semble haïr les Japonais. Pourquoi sommes-nous les alliés des Japonais ? Ce n'est même pas assez dire. Pourquoi nous est-il interdit d'écrire, dans les journaux, un seul mot qui leur soit défavorable ? Pourquoi est-il de mode de louer les Japonais partout et en toute occasion ? » Mais à ces mots, je pense, M. Churchill dut sourire de son inscrutable sourire d'homme d'État ; et ce voile d'indécision dont j'ai parlé sembla descendre sur toute l'assemblée ; nous n'eûmes jamais de réponse à la question, ni ce jour-là, ni depuis.

Charles Masterman, de qui je viens de parler, était un homme tout à fait remarquable, très subtil et très curieux. Beaucoup de mes meilleurs amis se méprenaient entièrement sur lui, et ne l'estimaient pas à sa valeur. Il est vrai qu'à mesure qu'il s'élevait dans la politique, le voile des politiciens commençait un peu à descendre sur lui, comme sur les autres. Ce qui pourtant l'avait poussé à entrer dans la politique, c'était une ardeur des plus nobles en faveur de la cause des pauvres ; ce qu'on a pu blâmer en lui, d'autres, beaucoup plus indignes, en furent responsables. Ce qui était blâmable en lui, en tant que distinct de ce qui fut blâmé, était dû à deux causes. C'était un fonctionnaire

43. Right Honourable Charles Masterman (1873-1927), P.C. (membre du Conseil Privé) en 1919 ; membre de la Chambre des Communes en 1906, de 1911 à 1914 et de 1923 à 1924 ; études à Cambridge ; homme d'État libéral ; auteur de : *Tennyson as a religious teacher* (1899) ; *The new Liberalism* (1920), etc.
44. La race la plus courte de taille et la plus velue ; elle habite le nord de l'archipel du Japon.

pessimiste. Il avait eu une éducation sombrement puritaine et gardait
en quelque sorte un sentiment de la perversité des dieux : « Je suis,
me dit-il un jour, de cette espèce d'homme qui éprouve le besoin de
se cacher sous une haie pour manger une pomme ». Mais c'était aussi
un organisateur, et il aimait gouverner ; par malheur, son pessimisme
lui faisait croire que le gouvernement avait toujours été mauvais, et
qu'il n'était à l'heure présente pas plus mauvais qu'à l'ordinaire.
C'est ainsi qu'aux yeux d'hommes enflammés par un grand désir de
réformes, il en vint à apparaître comme un obstacle aux réformes, et
comme un apologiste officiel. Or, la dernière chose dont il eût envie,
c'était d'excuser n'importe quoi. Il avait un don étonnant de lire dans
les caractères, et une façon de l'exprimer d'une manière tellement
soudaine que ses propos réconfortaient plutôt qu'ils blessaient. Comme
me disait un jour Oldershaw : « Sa candeur est belle ». Mais sa
mélancolie le laissait satisfait où des hommes plus heureux que lui
restaient mécontents. Son pessimisme fit autant de ravages que le
pire optimisme. De sa personne, il était long, dégingandé et mou, et
presque aussi négligé que je l'étais moi-même.

À part ces coups d'œil divers sur des partis divers, ma tâche
principale était aux *Daily News*, alors presque exclusivement
« contrôlé » par M. Cadbury[45], avec M.A.G. Gardiner[46] comme
directeur ; directeur sympathique et lettré ; et je ne percevais alors
que confusément ce qui, je le vois aujourd'hui, fut le processus
par lequel la presse en vint à être menée à la manière d'une grosse
entreprise. Je me souviens de mon ébahissement quand la minuscule
porte d'entrée fut remplacée par un tambour. Le tambour pivotant
servant de porte était alors nouveau pour moi, et probablement
pour moi seul. Il me faisait penser à un tourniquet à bestiaux, et
je me rappelle avoir demandé au vieux M. Cadbury si ce nouveau
dispositif avait pour but d'interdire aux vaches l'entrée des bureaux.

45. Voir note 34, ci-dessus.
46. Alfred G. Gardiner, rédacteur en chef du *Daily News* (journal aujourd'hui
disparu) de 1902 à 1919 ; président de l'Institut des Journalistes en 1914 et 1915 ; fut
juge dans son district (Buckinghamshire).
  Parmi ses œuvres : *The life of Sir William Harcourt* (1923) ; *The life of George
Cadbury* (1923) et plusieurs ouvrages sous le pseudonyme de « Alpha of the Plough ».

Il rit beaucoup de cette plaisanterie, pourtant banale, car c'était un homme d'une simplicité très agréable ; mais l'incident se rattache dans mon esprit à une plaisanterie un peu moins arcadienne. Il y avait, travaillant dans le même bureau que moi, un journaliste très en vedette, de formation non-conformiste, et qui se prenait tellement au sérieux que, dans n'importe quelle réunion d'hommes de valeur moyenne, il eût fatalement été « mis en boîte ».

J'ai un peu honte de le dire : je pris sur moi de faire circuler sur le compte de ce doux et probe publiciste une légende d'après laquelle le dispositif de la nouvelle porte offrait la clef du mystère de sa présence permanente dans les bureaux. Je racontai partout qu'il avait été jeté dehors à maintes reprises, mais avec une telle violence, d'un élan si mal calculé, que la porte tournante l'avait, à chaque fois, renvoyé à l'intérieur. Plus le but était bien visé, plus grande la force avec laquelle le vieux M. Cadbury l'avait lancé dans la direction du perron, plus certain était l'heureux collaborateur de reparaître avec le sourire, automatiquement renvoyé vers son bureau, vers son pupitre. Ainsi, disais-je, avec le goût que j'avais dès ce temps-là de moraliser, tout progrès mécanique amène avec soi un nouveau problème. Je ne demande pas que l'on ajoute foi à la fable qu'on vient de lire, mais le fait est que la morale n'en fut point contredite quand je vis l'automobilisme conduire au massacre, l'aviation détruire des cités, et les machines aggraver le chômage.

En attendant, je commençais à voir un peu certains côtés du monde politique, et en particulier de celui qui était l'allié de notre aile du parti libéral[47]. C'était surtout grâce à l'agréable hospitalité que feu M. Cadbury avait l'habitude d'accorder, au cours de grandes réunions, à ses amis et collaborateurs ; expérience plaisante surtout quand elle mettait en évidence (le cas était fréquent) les éléments très divers dont était fait notre parti. Ce fut à l'une de ces réunions chez les Cadbury que je rencontrai un homme pour qui j'avais une considération très grande, en dehors du fait que sa compagnie était toujours agréable ; je veux parler de Will Crooks[48], car ce fut tou-

47. Les travaillistes.
48. William Crooks (1852-1921), tonnelier de son métier et travailliste notoire, qui fut maire de Poplar (quartier est de Londres) en 1901. Il fut le premier maire

jours un peu heurter la logique du personnage que de parler de lui comme de Monsieur Crooks. J'ai connu un grand nombre de députés travaillistes, et la plupart d'entre eux m'ont été sympathiques ; aussi sympathiques, en tout cas, que les députés libéraux. Ils offraient à peu près tous les types, depuis les frigides agrégés de l'Université de Cambridge jusqu'aux aristocrates anglais ou écossais les plus excentriques. Will Crooks est le seul chef travailliste que j'aie connu qui me fît penser par moments à la classe ouvrière tout entière. Son humour ne différait pas de celui d'un conducteur d'omnibus ou d'un porteur de bagages ; et cette sorte d'humour est une chose beaucoup plus forte, plus authentique aussi, que la plupart des formes modernes de l'instruction et de l'éloquence. Ce qu'il critiquait, quand il considérait un groupe de socialistes intellectuels avancés, ce n'était pas qu'ils accordaient un pouvoir trop grand à l'État considéré comme abstraction, ou qu'ils poursuivaient un idéal impossible, non soutenu par l'égoïsme, mais que, comme il disait, « ils manquaient de sens pratique ». Sa femme était aussi représentative que pouvait l'être une matrone romaine ; et c'est en pensant à elle que je rappellerai surtout la curieuse discordance de types et de cultures qui se heurtaient au sein même de notre parti. Je me rappelle encore une petite dame à l'air éthéré, avec des yeux bleu pâle, des vêtements vert pâle, et qui était la femme d'un journaliste antiguerre bien connu. Elle exposait ses idéals avec une timidité touchante ; mais, exposés par elle, ils apparaissaient vraiment sérieux. Je me rappelle aussi que M. Noël Buxton[49], dont je fis la connaissance vers ce temps-là, décrivait, d'une façon vivante et drôle, la fièvre dans laquelle il avait vécu tandis qu'il briguait un siège de député. Au cours d'une heure dramatique, il lui arriva de se servir de l'expression : « J'eus tout juste le temps d'avaler un bout de côtelette. » Le dieu qui était en elle poussa la

travailliste de Londres. Député travailliste de la circonscription de Woolwich ; membre de la Chambre des Communes de 1903 à 1906 ; de 1906 à 1910 ; de 1910 à 1918 et P.C. (membre du Conseil Privé) en 1916.

49. Right Honourable Noel Buxton (1869-1931), homme d'État libéral ; études au Trinity College (Cambridge) ; membre du Parlement en 1905, il fut blessé en octobre 1914 par un meurtrier mû par des raisons politiques ; ministre de l'Agriculture et des Pêcheries depuis 1924 ; grand spécialiste des questions balkaniques.

Parmi ses œuvres, citons *Europe and the Turks ; Balkan problems and European peace*, etc., etc.

prophétesse aux vêtements vert pâle à parler. Ce qu'elle fit dès que Buxton eut quitté la pièce :

— Croyez-vous que cela fût vraiment nécessaire ? dit-elle, avec, dans le regard, une pénible fixité, et comme dans une transe. L'homme en vaut-il davantage pour avoir avalé un bout de côtelette ? L'homme n'a pas besoin de côtelettes ».

Parvenue à ce point, elle reçut d'une direction d'où sans doute elle ne l'attendait guère, un appui cordial, et même substantiel.

— Ma chère, non, lui dit Mme Crooks d'une voix de stentor, l'homme n'a pas besoin d'un bout de côtelette ! Un bout de côtelette ? Allons donc ! Ce dont l'homme a besoin, c'est d'un bifteck sérieux, d'un bon gros morceau de contrefilet, et ce à quoi je voudrais veiller, c'est justement à ce qu'il l'obtienne ».

La dame soupira. Ce n'était pas tout à fait cela qu'elle avait voulu dire ; et elle était évidemment un peu effrayée à l'idée d'affronter une fois de plus son grand et solide adversaire, de risquer d'être envoyée à terre d'un coup d'os de mouton. Mais cette petite comédie de malentendus m'est toujours restée présente à la mémoire, comme la parabole parfaite des deux espèces de vies simples, la fausse et la vraie.

Cette végétarienne était d'ailleurs une femme charmante, mais très sérieuse aussi. Presque aussitôt après l'incident que je viens de rappeler, j'eus à la conduire à table pour le dîner. Nous traversâmes le jardin d'hiver. Pour changer de conversation et de l'air le plus détaché, je lui montrai une plante qui mange les insectes ; et je lui dis : « Un tel spectacle ne vous cause-t-il pas de remords, à vous autres végétariens ? Vous vous nourrissez de plantes inoffensives ; or voici une plante qui se nourrit d'animaux ! Sûrement, il y a là une justice. Comme une revanche du règne végétal ! »

Elle me regarda de ses grands yeux bleus effarés, grave, sans sourire : « Oh ! dit-elle, mais je suis ennemie de toute revanche ! »

Cette riposte, j'ai à peine besoin de le dire, me laissa confondu ; je ne pus que murmurer, d'un air vague et bourru, que, naturellement, si elle ne croyait pas à la revanche, que devait-elle penser du christianisme. Ou quelque chose dans ce goût. Mais j'ai longtemps pensé à elle, et sa façon de sentir m'a poursuivi toute ma vie, comme un fil pâle, vert et bleu.

Je fus aussi mêlé à la politique de plusieurs autres manières ; c'est à peine si je puis dire « d'une manière plus réaliste ». Car la politique n'était pas très réaliste, du moins quand je la pratiquai.

Charles Masterman se plaisait souvent à prétendre sarcastiquement que, lorsque nous faisions ensemble la campagne électorale, il avait parcouru tout un côté d'une rue et remonté la plus grande partie de l'autre côté, que je m'attardais encore dans la première maison, discutant toujours philosophie et gouvernement avec le premier électeur rencontré. Tableau peut-être assombri exprès par le pessimisme jovial qui était propre à Charles Masterman. Mais il est parfaitement exact que, lorsque je commençai à m'occuper d'élections, ce fut en partant de l'opinion tout à fait fausse que l'objet d'une campagne électorale est de faire la conversation. Or, l'objet d'une campagne électorale consiste à compter. La seule véritable raison pour que des gens soient importunés dans leur propre maison par les agents de tel ou tel parti est sans aucun rapport avec les principes de ce parti, lesquels principes sont le plus souvent un complet mystère pour les agents mêmes qui opèrent. Pour les agents, leur mission consiste tout simplement à découvrir, d'après les paroles, les manières, les gestes, les serments, les malédictions, les coups de poing (ou de pied) du propriétaire, si ce dernier est susceptible de voter pour le candidat du parti, ou de ne pas voter du tout. Cette leçon, je l'appris peu à peu par moi-même, d'après une immense variété de visages et de gestes humains qui me furent révélés lorsque s'ouvraient les portes des maisons. Mon ami Oldershaw et moi fûmes un jour démarcher ensemble à la campagne pour un candidat libéral. C'est pour nous une étrange chose que de nous rappeler, aujourd'hui, que dans notre innocence, nous ne savions rien de ce candidat, sinon qu'il était candidat libéral. C'était, pour autant que je sache, un gentleman parfaitement digne et respectable ; mais, au cours de cette élection, et de beaucoup d'autres, un sentiment obscur et singulier commença de se faire jour dans mon esprit. Dans ce temps-là, je n'en avais même pas conscience ; aujourd'hui encore, je ne sais comment décrire cette suggestion froide et rampante du subconscient. Bref, quand ce sentiment monta enfin jusqu'à la surface et prit forme en moi jusqu'à se cristalliser, longtemps après, et au cours d'autres campagnes, sous la forme d'une question à peine articulée, je crois que cette question fut la suivante : « Pourquoi le candidat est-il presque toujours complètement ignorant de son propre programme ? » À ces élections, générales ou partielles, auxquelles je fus mêlé en maints endroits, beaucoup d'autres orateurs furent mêlés aussi, et qui, toujours, étaient plus éloquents et beaucoup plus connus que moi. On voyait monter sur l'estrade des hommes comme John Simon et comme Belloc, qui parlaient aussi bien qu'il est possible de parler, et probablement mieux qu'ils n'ont jamais parlé depuis. Et cependant, très souvent, l'homme que nous déléguions exprès pour parler à la cour suprême du parlement ne savait pas parler du tout. C'était quelque solide mannequin pour grands tailleurs, bien habillé, avec un monocle et des moustaches cirées, et qui répétait exactement, à chaque meeting, la même morne formule. Au point de vue psychologique, c'est une chose intéressante que cette semi-conscience, inavouée, propre à la jeunesse, que les choses ne sont pas vraiment droites, même si l'on a la volonté et la conviction de se porter loyalement garant de leur droiture intégrale, universelle. Quand je considère tout cela aujourd'hui avec le recul, après les autres aventures politiques des jours de l'affaire Marconi, dont j'aurai à parler plus tard, je sais exactement ce que je ressentais ; et je sais aussi, non moins exactement, ce que je ne comprenais pas. Je sais que ce qui fait agir la politique moderne, c'est l'argent, et que la supériorité d'un sot sur Belloc et sur Simon consistait simplement dans le fait qu'il était plus riche qu'eux-mêmes. J'étais alors tout à fait innocent de tout cela ; surtout pour le premier candidat libéral pour qui je fis campagne, je m'égosillai avec une conscience, une constance, un enthousiasme inlassables. La chose extraordinaire à propos de ce premier candidat, c'est qu'il fut élu.

Mais, quoique je craigne bien de ne pas avoir été d'une grande utilité dans cette campagne, l'élection elle-même fut, en fin de compte, d'une certaine utilité pour moi ; elle me permit de voir de la vie des campagnes beaucoup plus de choses qu'un Londonien comme moi avait imaginées jusque-là ; et le nombre de paysans savoureux que je rencontrai ne fut pas mince. Je me rappelle, lors d'une autre élection dans le comté de Somerset, une solide vieille femme au regard un peu menaçant, presque malveillante, qui m'informa, sur le seuil de sa porte, qu'elle était libérale et que je ne verrais pas son mari, parce qu'il était resté conservateur. Elle dit encore qu'elle avait été mariée deux fois auparavant, et que ses deux maris étaient conservateurs au moment de leur mariage, mais ils étaient ensuite devenus libéraux. De son pouce, pardessus son épaule, elle désignait l'invisible Conservateur qui se tenait dans la maison : « D'ici l'élection, me fit-elle, je l'aurai décidé ! » Il ne me fut pas permis de pénétrer plus avant dans cette caverne de sorcière, où, avec les matériaux en apparence les moins prometteurs, la vieille fabriquait des libéraux, pour, à ce qu'il semblait, les détruire ensuite. Mais ce n'est là qu'un échantillon, parmi beaucoup, de ces paysans bizarres et autoritaires que je rencontrai au cours de mes promenades politiques. Ce ne furent pas là non plus les seules choses que je rencontrai. Car toutes ces petites manœuvres comiques étaient alors répandues, comme un simulacre de combats, ou comme les grandes manœuvres dans la plaine de Salisbury, sur cette noble étendue de vallées et de coteaux qui avaient vu dans le passé tant de plus vastes combats, jusqu'à cette lointaine lutte aborigène entre païens et chrétiens, qui est la genèse de toute notre histoire. Ces éléments de la prime histoire étaient probablement en train de se frayer un chemin jusqu'à la surface de mon esprit ; ce furent ces mêmes éléments que je tentai de jeter plus tard dans un moule littéraire, d'ailleurs inadéquat, mais du moins plus simple et plus compréhensible. Je me rappelle encore l'inspiration qui me visita un soir, vague et brumeuse, sur la route, tandis que je regardais par delà le petit hameau incongrûment fleuri d'affiches électorales ; par-dessus les coteaux, comme suspendu dans le ciel, lointain comme un pâle nuage, archaïque comme un hiéroglyphe gigantesque, j'aperçus le Cheval Blanc.

Je ne mentionne ici la chose que parce qu'il y aura toujours malentendu, même quant à mon intervention accidentelle et d'amateur dans la politique, s'il n'est pas entendu que notre idéalisme politique, si impopulaire qu'il fût, nous le tenions au fond de nous pour national, et non pour international. C'était là la cause permanente de malentendus et d'irritation, tant à l'intérieur qu'à l'extérieur du parti. Il nous semblait assez évident, à nous, que le patriotisme et l'impérialisme, non seulement n'étaient pas une même chose, mais étaient bien près, au contraire, d'être des choses opposées. Mais cela ne semblait nullement évident, cela semblait, au contraire, très singulier à la grande majorité des patriotes bien équilibrés et des innocents impérialistes. La chose semblait d'ailleurs non moins bizarre à de nombreux antipatriotes et aux anti-impérialistes. Vers la fin de cette période, nous publiâmes un livre, destiné, selon nous, à expliquer notre position plutôt singulière ; on l'appela : *l'Angleterre, une nation* ; il fut édité par Oldershaw ; Masterman, moi-même, d'autres encore y avaient collaboré. L'une des collaborations nous vint d'un membre du parti nationaliste irlandais, mon ami Hugh Law[50] ; ce fut vers cette époque, comme il est assez naturel, que je commençai à rencontrer quelques nationalistes irlandais, et à éprouver pour le nationalisme irlandais une forte et très particulière sympathie. J'en pourrai parler davantage ailleurs ; il suffira de noter ici que j'éprouve une vive satisfaction à penser que j'ai toujours senti que c'était le devoir premier du vrai patriote anglais, de sympathiser avec le patriotisme passionné de l'Irlande ; et que j'ai exprimé cette opinion aux heures les plus graves de la tragédie de l'Irlande ; et que je n'en ai point changé quand elle a triomphé.

Toutefois, fait assez curieux, mon souvenir le plus aigu de l'énigme de ce paradoxe patriotique, et de la difficulté de faire voir à d'autres ce qui était si évident pour moi, n'a aucun rapport avec l'Irlande ou avec l'Angleterre ; mais… chose inouïe, avec l'Allemagne ! Quelque temps après tous les événements dont je viens de parler, j'eus besoin de me rendre à Francfort, où j'entrepris un peu à la légère une série de conférences sur la littérature anglaise devant un Congrès d'instituteurs allemands. Nous dissertâmes sur le *Marmion* de Walter Scott[51] et sur d'autres romans métriques ; en buvant de la bière allemande, nous chantâmes des chansons anglaises et nous passâmes des moments agréables. Mais déjà, parmi ces Allemands aimables et doux, quelque chose flottait dans l'air qui était un peu moins agréable ; et bien que mes interlocuteurs exprimassent la chose de la façon la plus courtoise, je me trouvai tout à coup, une fois de plus, devant la même difficulté sur la notion du national et de l'impérial. Car, parlant avec quelques-uns d'entre eux comme à des simples représentants du monde international de la culture, et touchant le sujet de la littérature en général, je fus

50. Hugh Alexander Law, homme d'État irlandais contemporain, fils de feu le Lord Chancelier d'Irlande ; études à Rugby et à Oxford de 1902 à 1918 ; attaché au ministère des Munitions (1915-16) et au *Foreign Office* (1916-18). Membre du barreau en Angleterre et en Irlande ; membre du Parlement de l'État Libre d'Irlande (1927-32). Auteur de : *Anglo-Irish Literature*.

51. Voir note 23, chap. III.

amené à faire allusion à cette préférence que j'avais pour ce que certains considéraient comme une idée nationale très étroite. Je m'aperçus qu'ils étaient intrigués, eux aussi ; ils m'assurèrent, de ce ton grave sur lequel seul un Allemand peut répéter ce qu'il considère comme une platitude, que l'*Imperialismus* et le *Patriotismus* étaient une seule et même chose. Quand ils découvrirent que je n'aimais pas l'impérialisme, même pour mon propre pays, une expression très curieuse apparut dans leurs yeux, et une idée plus curieuse encore sembla se faire jour dans leurs têtes. Ils se firent de moi cette notion extraordinaire que j'étais un internationaliste, indifférent, ou peut-être même hostile aux intérêts anglais. Peut-être crurent-ils que Gilbert Keith Chesterton n'était qu'un autre Houston Stewart Chamberlain[52]. Quoiqu'il en soit, ils se mirent à parler un peu plus ouvertement, mais encore pas très clairement ; et je pris peu à peu conscience que ces gens extraordinaires se figuraient vraiment que je pourrais accepter, ou approuver, sur le terrain de l'ethnologie, ou de la sociologie, ou sur un autre terrain, une expansion de la race teutonne aux dépens de l'impuissance, voire de l'absorption de mon propre pays. La situation était délicate ; ils ne disaient rien de précis, dont j'eusse le droit de me montrer froissé ; il y avait tout simplement ceci, que je sentais dans l'air quelque chose d'étouffant, et comme une menace. Et cette menace, c'était l'espoir de leur grand jour. Après avoir réfléchi un moment, je leur dis : « Eh bien, messieurs, si on en venait un jour à quelque chose de semblable, je crois que j'aurais à vous renvoyer au poème de Scott que nous venons de discuter ». Et je récitai gravement la réplique de Marmion, quand le roi James lui dit qu'ils pourraient bien encore se rencontrer en guerre aussi loin par le sud que Tamworth Castle :

---

52. Houston Stewart Chamberlain (1855-1927), fils d'un amiral britannique ; études à Genève et à Dresde, où il étudia la musique ; s'établit finalement à Bayreuth (1908), où il épousa, en seconde noces, la fille de Richard Wagner. Écrivit (en allemand) sur diverses questions de musique, sur Kant, sur la philosophie ; son œuvre principale : *Les fondements du XIXᵉ siècle* (Die Grundlagen des XIXten Jahrhunderts) parut en 1890 et 1891. Ouvrage fortement antisémitique. L'auteur, furieusement anti-anglais, se fit naturaliser allemand en pleine guerre (1916) ; à ses yeux, la culture et les institutions allemandes sont le summum de la civilisation.

Much honour'd were my humble home,
If in its halls King James should come ;
But Nottingham has archers good,
And Yorkshire men are stern of mood ;
Northumbrian prickers wild and rude…
And many a banner will be torn,
And many a knight to earth be borne,
And many a sheaf of arrows spent,
Ere Scotland's King shall cross the Trent[53].

Je les regardai, et ils me regardèrent, et je crois qu'ils comprirent ; et par-dessus nous, sous le plafond de la grande brasserie, se leva soudain, ombre immense, la terrible vision des choses à venir.

---

53. Cinquième chant de *Marmion*, de Walter Scott, strophe XVII (voir note 23, chap. III).

Très honorée serait mon humble demeure,
Si dans ses murs le roi James pouvait venir ;
Mais Nottingham a de très bons archers,
Ceux du Yorkshire sont d'humeur résolue ;
Et Northumbriens cavaliers sauvages et vigoureux…
Et mainte bannière sera déchirée
Et maint chevalier par terre jeté
Et maint carquois sera vidé
Avant que le roi d'Écosse traverse le Trent.

AS I AM

Hors-texte de *The Coloured lands* (*Sheed and Ward*, 1938)

CHAPITRE VI

LE FAUBOURG FANTASTIQUE

Quand j'étais jeune journaliste, et attaché aux *Daily News*, j'écrivis un jour, dans je ne sais plus quel article :

« Comme n'importe quelle autre cité, Clapham[1] est construite sur un volcan ». Le lendemain, ouvrant le journal, je me trouvai devant ceci : « Comme n'importe quelle autre cité, Kensington est construite sur un volcan ». La chose n'avait pas d'importance ; je n'en fus pas moins intrigué. Je signalai la chose à mon chef hiérarchique, pensant qu'il s'agissait de la coquille volontaire d'un typographe qui eut été un plaisantin. Or, mon chef hiérarchique me considéra d'un air sombre et plein de rancune qui, à lui seul, était un aveu de culpabilité, si culpabilité il y avait ; puis il me dit, plutôt grognon : « Pourquoi Clapham ? » Puis, comme jetant soudain bas le masque : « J'y demeure, moi, à Clapham ! »

Sachant que je demeurais à Kensington, il avait, dans son amertume, attribué à mon royal faubourg ce qu'il imaginait être une offense personnelle.

— Mais, lui criai-je, pathétique, je ne voulais que célébrer Clapham ! Je ne voulais que la montrer, épique, élémentaire, issue de la flamme sacrée.

— Je parie, me dit-il, que vous vous croyez drôle !

— Non point ! Mais il est vrai que je crois avoir pour moi la raison.

Ce n'était pas la dernière fois que je devais le dire. Et c'est alors que, non pour la dernière fois, mais peut-être pour la première, la terrible vérité fondit sur moi.

1. Quartier sud-ouest de Londres.

Si vous disiez aux habitants d'un village basque, ou à ceux d'une ville bavaroise, que leur pays est romantique, il en est parmi eux qui pourraient en tirer cette terrible déduction qu'ils ont devant eux un artiste, et, donc, peut-être un fou ; mais personne n'aurait de raisons particulières de douter que le fou pense ce qu'il a dit. Tandis qu'au citoyen de Clapham, il était impossible de croire que je pensais ce que je disais. Le patriote de Clapham ne pouvait trouver ni plausible ni même concevable qu'une remarque quelconque sur Clapham pût être autre chose qu'une moquerie. Et comme il ne prononçait presque pas la deuxième syllabe, la première sonnait comme la dernière syllabe de « coup de tonnerre ». Le Clapham visionnaire, le Clapham volcanique, ce qu'il m'eut été permis d'inscrire sur la carte cosmique sous le nom de *Thunderclapham*[2], lui était entièrement fermé. Je l'assurai, à plusieurs reprises, presque avec des larmes, que je n'éprouvais que la plus ardente sympathie pour les sentiments d'affection qu'il pouvait éprouver à l'égard de Clapham, puisqu'il était vraiment fier de Clapham. Or, c'était là, justement, que gisait l'horrible secret. Il n'était pas fier de Clapham, le patriote de Clapham. Il avait honte de Clapham !

Le journaliste de Clapham qui me considérait d'un air irrité a été l'un des problèmes de ma vie. Il m'a hanté à chaque tournant, comme une ombre, comme un maître-chanteur, comme un assassin. C'est contre lui que j'ai mené au combat les innocents hallebardiers de pantomime de Notting Hill[3] et tout ce qui s'en suit. Autrement dit, tout ce que j'ai pensé est sorti de là, de ce problème qui me semblait un paradoxe. J'aurai à me référer à bien des problèmes au cours de ces pages, si elles doivent être dignes de foi ; j'aurai aussi à examiner des solutions avec quelques-unes desquelles le lecteur pourra se trouver d'accord, avec quelques autres desquelles il sera peut-être violemment en désaccord. Mais je le prierai de se rappeler à chaque instant que ce fut ici pour moi le premier problème, le premier à coup sûr dans l'ordre du temps, et, dans une large mesure,

---

2. Clapham commence par la syllabe qui termine *Thunderclap*, qui veut dire coup de tonnerre. G.K.C. a là trop beau jeu pour ne pas jouer sur les mots.

3. Partie de North Kensington, quartier nord-ouest de Londres, qui est le cadre du *Napoleon de Notting Hill*.

dans l'ordre de la logique : celui qui consiste à savoir comment des hommes peuvent arriver à se rendre compte de la merveille et de la splendeur d'être vivant, dans un cadre que leur propre critique quotidienne traite comme un mort vivant, et que leur imagination a laissé pour mort. Il est normal qu'un homme se vante, s'il le peut, et même s'il ne le peut pas, d'être citoyen d'une ville qui n'est pas une méchante petite ville. Mais en réalité ces gens s'étaient plutôt *résignés* à être les citoyens de méchantes petites villes ; et partout, autour de nous, les méchantes petites villes s'étendaient bien loin, bien au delà de l'horizon ; méchantes en matière d'architecture, méchantes par le vêtement, méchantes même jusque dans leurs manières ; mais, et c'était la seule chose qui importait vraiment, méchantes dans l'imagination de leurs habitants. Ces méchantes petites villes étaient censées, en effet, être les composantes d'une très grande cité ; mais dans la pensée de la plupart des hommes d'aujourd'hui, la grande cité est devenue une généralisation journalistique, qui ne participe plus de l'imagination, au point d'être bien près d'être imaginaire. D'autre part, le mode de vie d'aujourd'hui, qui n'enseigne qu'à être prosaïque, les comprimait nuit et jour jusqu'à former le moule même de leurs esprits. Je le dis en manière de directive préliminaire, c'est cela qui, à l'origine, me conduisit à faire partie de certains groupes ou mouvements, et à m'éloigner des autres.

Ce qu'on a appelé mon médiévalisme, c'était tout simplement le fait que je m'intéressais beaucoup à la signification historique de Clapham Common[4]. Ce qu'on a appelé ma répugnance pour l'impérialisme, c'était ma répugnance à faire de l'Angleterre un empire, dans le sens de quelque chose qui ressemblait à la gare de Clapham Junction, gare de croisement, d'embranchement. Car mon Clapham à moi, le Clapham dont j'avais la vision, consistait en maisons qui se tenaient bien tranquilles, et non point en trains et en wagons roulant avec fracas ; je ne désirais pas que l'Angleterre fût une sorte de vestiaire, ou d'entrepôt, pour des bagages étiquetés « exportation » et « importation ». Je souhaitais de vraies choses anglaises que

---

4. Quartier de Londres, et nom d'une gare, G.K.C. fait allusion au vieux sens de *common*, c'est-à-dire « bien communal », dont tout habitant avait la jouissance ; ainsi nommé d'après un parc public. Les parcs publics sont souvent appelés « commons ».

personne d'autre que nous ne pût importer et qui nous fissent trop
plaisir pour que nous songions à les exporter. Cette préoccupation
me demeura constamment présente, même dans la dernière phase, la
plus discutée, du changement. J'en vins à admettre qu'une certaine
espèce d'intérêt général et, en tout cas, une *autre* espèce d'intérêt
général serait nécessaire, avant que de tels lieux pussent vraiment
devenir des reliquaires, des lieux sacrés. Bref, je conclus finalement,
à tort ou à raison, que Clapham ne pouvait pas, dès lors, être fait lieu
mystique par ses habitants fanatiques. Mais je dis tout ceci avec le
respect dû au vieux groupe de philanthropes qui se sont consacrés à
la cause des nègres lointains ; de ces philanthropes de quartier, qui
firent tant pour délivrer l'Afrique, et si peu pour libérer Clapham.

Il est maintenant essentiel de se pénétrer d'un fait qui découle
de l'épopée ténébreuse de Clapham et de Kensington ; cette autre
histoire de deux cités[5]. Il est nécessaire d'insister sur le fait que, dans
ce temps-là, quand Clapham était Clapham, Londres aussi était un
Clapham ; mieux : Kensington était un Clapham. Je veux dire qu'à
cette époque précise, l'apparence générale de Londres était plutôt
plus laide, plus prosaïque aussi qu'elle est aujourd'hui. Il y avait bien,
dans maints quartiers de Londres, quelques beaux coins d'architecture
géorgienne et Régence[6], et nulle part plus que dans Kensington. Il
y en a d'ailleurs encore. Mais bien qu'on y trouvât les traces des
plus anciens monuments d'art, il n'y avait alors aucune trace de
l'architecture nouvelle. Morris[7] avait fait çà et là son apparition, à la

5. Allusion au livre de Dickens : *Tale of Two Cities*.

6. On appelle « architecture géorgienne » celle qui prévalut pendant le règne
des trois premiers rois George (1714-1815) et qui fut surtout caractérisée par les lignes
grecques des édifices.

La période Régence, qui vint immédiatement après, se situe vers 1815-1835 ;
l'influence classique y est encore bien vivante, mais on y découvre les premiers
symptômes, encore timides, de la renaissance neo-gothique qui a connu depuis une
époque de véritable splendeur.

7. William Morris (1834-1896), poète, auteur de *Earthly Paradise*, un des lumières
du mouvement préraphaélite (voir note sur Ruskin, 43, chap. I) ; études à Marlborough
et à Oxford ; se dirigea d'abord vers la peinture, puis vers la poésie ; traduisit des
vieux sagas islandais et scandinaves. Ardent socialiste, il écrivit un roman utopiste :
News from nowhere (1891).

Dès 1861, il avait fondé un établissement pour la manufacture des papiers peints,
des vitraux d'art, des carrelages et de la décoration artistique intérieure ; fut ainsi un des

manière d'une éruption et sous la forme de papiers peints ; mais les plus tristes traces du victorianisme défunt persistaient encore sur la plupart des papiers peints et sur presque toutes les murailles. Londres était pourtant déjà indiciblement grand, comparé à ses dernières reliques de l'élégance du XVIIIe ou des premiers signes, encore peu accusés, d'une renaissance esthétique. Et, dans l'ensemble, cette chose immense était une chose hideuse. Le paysage de Londres n'était alors qu'un tas de maisons à poitrines plates, de fenêtres vides, d'affreux réverbères de fonte, et de boîtes aux lettres d'un vermillon vulgaire ; et, à ce moment-là, de très peu d'autres choses.

Si j'ai fait allusion aux modestes vertus de mon entourage et de ma famille de bourgeois moyens, il doit être, j'espère, dès maintenant évident que nous étions aussi laids que les grilles et les lampadaires entre lesquels nous déambulions. Je veux dire que notre costume, nos meubles n'avaient été touchés jusque là par rien d'« artistique », en dépit d'un intérêt décemment informé pour les choses de l'art. Nous étions même plus loin de la Bohème que de Belgravia[8]. Quand ma mère disait que nous n'avions jamais été « respectables », elle voulait dire que nous n'avions jamais été trop bien habillés, plutôt qu'elle voulût dire que nous n'avions jamais été mal habillés. En comparaison de l'esthétisme qui s'est glissé depuis dans tout Londres, nous étions, tous, autant que nous étions, nettement inélégants. Et cela d'autant plus dans ma propre famille que mon père, mon frère et moi étions tous trois assez négligents, au regard d'apparences que nous considérions comme normales. Nous portions négligemment des vêtements soignés, alors que les esthètes portaient soigneusement des vêtements négligés. Je portais un veston banal ; il ne devenait extraordinaire que par une usure non préméditée. Le bohème portait un chapeau mou à bords rabattus ; mais celui qui portait le chapeau n'était pas mou ; tandis que moi, j'étais mou, même en haute forme ; coiffé d'un méchant

pionniers de l'art décoratif moderne. Disciple fidèle de Ruskin (voir note 43. chap. I), il prêcha comme son maître la beauté dans la vie, et non point seulement dans les livres. Avait également fondé (1891) une maison d'édition : « Kelmscott Press » qui dura jusqu'en 1897 et se spécialisa dans la typographie artistique.

   William Morris fut un écrivain très prolifique. Ses œuvres complètes furent publiées en 24 volumes, de 1910 à 1915, par les soins de sa fille May.

   8. Quartier londonien de résidences aristocratiques.

chapeau peut-être scandaleusement décati, mais non point porté tout exprès pour scandaliser le bourgeois. J'étais moi-même, dans ce sens, entièrement bourgeois. Ce chapeau-là, ou une chose qui est comme son fantôme, fait encore parfois une réapparition spectrale, tiré d'une poubelle, de chez Ma Tante, ou du British Museum, pour figurer à la garden-party du roi. Naturellement, il se peut que ce ne soit pas exactement le même ; le grand, l'original convenait certainement mieux comme épouvantail dans un potager que pour couvrir le chef d'un invité dans les jardins d'un roi. Mais le fait est que nous ne pensions jamais à la mode et aux conventions, du moins jamais assez sérieusement pour nous y conformer ; ni davantage d'ailleurs pour les braver. Mon père était un amateur, et il l'était par cent côtés heureux et profitables, mais il n'était un dilettante par aucun côté. Et, puisque ces mémoires doivent concerner surtout son descendant beaucoup moins estimable, et qui fréquenta vraiment une école d'art, on me permettra au moins de me vanter de ce que, si j'ai échoué dans mon dessein d'être un artiste, je n'ai jamais tenté d'être un esthète.

Bref, le lecteur, si tant est qu'il s'en trouve un, ne doit pas se laisser abuser, à ce moment de cette histoire, par le personnage falstaffien, vêtu d'une pèlerine et coiffé d'un chapeau de brigand, que les caricatures lui ont fait voir[9]. Ce personnage-là fut une œuvre d'art postérieure ; une œuvre d'art dont l'auteur fut, non pas seulement le caricaturiste, mais aussi une artiste femme à laquelle il n'est fait allusion que d'une touche légère dans cette narration très victorienne. Cette caricature-là commémore simplement ce que le génie d'une femme a pu faire avec les matériaux les moins prometteurs[10]. Mais, quand j'étais encore un jeune homme, et célibataire, mon costume et mon aspect étaient ceux de tout le monde, en pis. Ma folie, qui était considérable, se trouvait toute à l'intérieur. Mais cette folie-là s'orientait de plus en plus vers une révolte visionnaire et confuse contre la platitude prosaïque de la cité et de la civilisation XIXe siècle ; une irritation imaginative contre les chapeaux cylindriques et les maisons parallélépipédiques ; le même mouvement de l'esprit, en somme, que j'ai déjà signalé à propos du Napoléon de Notting Hill et du patriote imparfait de Clapham. Peut-être

9. C'est dans cet équipage que G.K.C. est presque toujours représenté.
10. Il s'agit, sans aucun doute, de Mme G.K. Chesterton, la femme de l'auteur.

n'étais-je pas encore allé plus loin que d'enregistrer le fait que ceux qui étaient prisonniers de ce décor inhumain étaient pourtant des êtres humains ; que c'était une mauvaise chose que des âmes humaines fussent ainsi, d'une façon sommaire et si grossièrement, représentées par des maisons pareilles à de mauvais diagrammes d'Euclide, par des rues ou des chemins de fer pareils à de tristes pièces détachées. Je me rappelle, tout au début de nos relations, un jour où nous observions ensemble la foule harassée qui se déversait par les couloirs du métro vers le Cercle de fer symbolique de la Petite Ceinture, m'être adressé à Masterman pour lui citer les vers de Kipling sur le bateau de guerre désemparé :

For it is not meet that English stock
Should bide in the heart of an eight-day clock
The death they may not see[11].

J'ai toujours gardé le sentiment confus de quelque chose de sacré dans la race anglaise, et, d'ailleurs, de la race humaine, qui m'a tenu à l'écart du pessimisme tout nu de cette période. Je n'ai jamais douté que les êtres humains vivant dans des maisons soient eux-mêmes presque miraculeux ; pareils à des poupées magiques, talismaniques, placées dans de quelconques affreuses maisons de poupées. Pour moi, ces boîtes de briques brunes étaient vraiment comme des boîtes de Noël. Après tout, les boîtes de Noël arrivaient souvent enveloppées de papier brun ; et les ouvrages des constructeurs de ces maisons de carton-pâte en briques brunes ressemblaient souvent beaucoup à du papier brun.

En somme, j'acceptais mon décor et j'admettais le fait concret que tous les chapeaux, que toutes les maisons étaient pareils à nos chapeaux, à nos maisons, et que cet univers « cockney »[12], dans la

---

11. Citation (inexacte) de *The Ballad of the « Clampherdown »*, écrite par Kipling en 1892. Il faut lire ainsi ces trois vers :
And it is not meet for English stock
To bide in the heart of an eight-day clock
The death they cannot see.
Car il n'est pas décent que des hommes de race anglaise,
Attendent au sein d'un mouvement d'horlogerie de huit jours
Une mort qu'ils ne peuvent pas voir venir.
12. Londonien intégral.

mesure où un « cockney » peut voir, s'étendait jusqu'aux extrémités de la terre. C'est pourquoi ce fut un événement plutôt décisif
quand je vis, comme de loin, pour la première fois, le premier
signe fantastique de quelque chose de nouveau, et pourtant encore
très loin d'être à la mode ; quelque chose comme une nouvelle
tache d'un rouge éclatant sur l'étendue grise des rues. La chose
ne serait nullement remarquable aujourd'hui, mais alors elle était
remarquable. Dans ce temps-là, j'avais l'habitude de me promener
à pied à travers de vastes étendues, dans Londres et tout autour ;
c'est toujours à pied que je me rendais à l'école de Saint-John's
Wood[13], qui fut ma première école d'art ; à pied encore que j'en
revenais. Et voici qui donnera une idée des changements survenus à
Londres : je marchais souvent depuis Kensington jusqu'à la cathédrale Saint-Paul, et, durant presque tout le trajet, au beau milieu
de la chaussée[14]. Un jour, je dirigeai vers l'ouest mes pas errants, à
travers le grouillement de Hammersmith Broadway[15] et le long de
la route qui mène à Kew, quand, pour une raison que j'ignore, ou
plus vraisemblablement sans raison, je pris une rue transversale,
marchant au hasard dans une herbe rase et grise à travers laquelle
courait une voie ferrée, et, par-dessus la voie ferrée, un de ces ponts
apparemment démesurés qui enjambent ces étroits chemins de fer
comme feraient des échasses. Pour comble de futilité, je grimpai
sur ce pont, qui était haut et pratiquement sans emploi. C'était le
soir ; et je crois que ce fut alors que je vis, dans l'éloignement de
ce paysage incolore, pareil aux lambeaux d'un nuage rouge du
couchant, l'étrange village artificiel de Bedford Park[16].

Il est difficile, comme je l'ai dit, d'expliquer ce qu'il y avait
alors de fantaisiste dans ce qui est maintenant si familier. Cette
sorte de bizarrerie fabriquée est maintenant à peine bizarre ; mais

13. Quartier de Londres, au nord de Regent's Park, habité par des artistes,
presqu'autant que Chelsea.
14. Cela équivaut à peu près à se promener à pied au milieu de la chaussée, de
Neuilly à Notre-Dame, par les grands boulevards, à Paris.
15. La grand'rue du quartier londonien de Hammersmith, courte et encombrée
comme peut l'être, aux heures d'affluence, la place des Ternes à Paris.
16. Bedford Park est aujourd'hui un quartier de l'ouest de Londres, juste au nord
de la gare de Turnham Green, près de Chiswick.

à cette époque, c'était un étrange spectacle. Bedford Park ressemblait à ce qu'il fait un peu profession d'être : une colonie d'artistes qui étaient presque des étrangers ; un refuge pour des peintres et des persécutés, cachés dans leurs catacombes de briques rouges, ou qui mourraient derrière leurs barricades de briques rouges le jour où le monde ferait la conquête de Bedford Park. Dans ce sens un peu dénué de sens, c'est plutôt le contraire qui s'est produit ; c'est plutôt Bedford Park qui a conquis le monde[17]. Aujourd'hui, des cottages modèles, des maisons communales et de prétendues boutiques d'« art appliqué », et demain, pour autant que l'on puisse prévoir, des prisons, des ateliers et des asiles d'aliénés peuvent présenter (vus du dehors) ce minimum de pittoresque qui était alors considéré comme l'attitude affectée et perverse de ceux qui se vouaient à peindre des tableaux. Il est certain que, si on avait alors fait présent d'un cottage aussi fantaisiste à l'employé de Clapham, il eût sans doute pensé que la maison de féerie était en réalité une maison de fous. Cette expérience esthétique était toute neuve ; elle comportait les éléments d'une véritable indépendance coopérative et corporative ; elle avait ses boutiques propres, son bureau de poste, son église, son auberge. Mais tout cela se trouvait placé sous le patronage d'un vieux monsieur appelé M. Comyns Carr[18], qui était non seulement considéré comme le patriarche, comme le plus âgé des habitants, mais, dans un certain sens, comme le fondateur et le père de la petite république. En fait, il n'était pas tellement vieux, M. Comyns Carr ; mais la république était très jeune ; beaucoup plus jeune que la nouvelle république de M. Mallock[19], bien que remplie de bavardages philosophiques de la même sorte, ou à peu près, et sur laquelle le patriarche souriait et méditait avec bienveillance. Du moins, pour citer une allusion littéraire alors très à la mode, était-il

17. L'exemple de Bedford Park a été suivi par d'autres quartiers de Londres.
18. Joseph Williams Comyns Carr (1849-1916), critique, auteur dramatique et directeur du théâtre du New Gallery (aujourd'hui cinéma). Membre du barreau en 1872, il le quitta peu après.
19. William Hurrell Mallock (1849-1923) a gagné en 1871 le Newdigate Prize (grand prix annuel de poésie de l'Union d'Oxford, qui fut gagné une fois par Oscar Wilde) quand il suivait les cours du collège Balliol, le plus « intellectuel » d'Oxford. Connut un gros succès avec *The New Republic*, publié en 1871, et avec *The New Paul and Virginia* (1878). Auteur aussi de *Aristocracy & Evolution*, etc.

plus vieux que les rochers parmi lesquels il était assis, ou que les toits sous lesquels il était assis ; et nous aurions pu tout aussi bien fredonner une autre rengaine contemporaine, que nous citons de mémoire, c'est-à-dire pas très exactement peut-être :

Match me this marvel, save where aesthetes are,
A rose-red suburb half as old as Carr[20].

Mais, bien que je croie que, au moins inconsciemment, nous tenions tous la chose pour une création théâtrale, une construction de rêve, et que nous estimions qu'elle était un peu un rêve, un peu aussi une plaisanterie, elle n'était pas uniquement mensonge et trompe-l'œil.

Des gens intelligents peuvent se glisser jusqu'au sein d'une « intelligentsia » ; et des gens importants vivaient là, plutôt paisiblement qu'avec importance. Le professeur Yorke Powell[21], l'historien distingué, y promenait sa longue barbe léonine et ses sourcils faussement menaçants ; et le Dr. Todhunter[22], qui faisait autorité en matière de civilisation celtique, y représentait, dans les conflits de la culture, la colonie irlandaise. Dans le même ordre d'idées, s'il est vrai que c'était un rendez-vous de fantômes, on ne pouvait guère l'appeler un rendez-vous de simulateurs, puisqu'il abritait un poète qui est encore peut-être le plus grand poète écrivant dans notre langue. Il y a toujours quelque chose de fantaisiste dans la conjonction du monde tel que le poète le voit et le lieu où vit le poète ; une fantaisie du même ordre que celle

---

20. Trouvez-moi pareille merveille d'où les artistes seraient absents un faubourg rouge et rose ayant la moitié de l'âge de Carr. Parodie de :
« *Match me this marvel save in eastern clime*
A rose-red city half as old as Time (il s'agit de la ville de Pétra).
21. Frederick York (et non : Yorke) Powell (1850-1904) ; études à Rugby et à Christ Church (Oxford) ; professeur d'histoire moderne à l'Université d'Oxford en 1894.
22. John Todhunter (1839-1916), écrivain et docteur en médecine, né à Dublin. Études à Trinity College (Dublin), puis à Vienne et à Paris ; pratiqua pendant quelque temps la médecine à Dublin. S'adonna ensuite à des études purement littéraires et fut professeur de littérature anglaise à Alexandra College (Université de Dublin) de 1870 à 1874. Voyagea en Europe et en Égypte ; s'établit enfin à Londres. Citons, parmi ses œuvres : *The theory of the beautiful* (1872) ; *Laurelia and other poems* (1876) ; *A study of Shelley* (1880) ; *Three Irish bardic tales* (1896) ; une traduction du *Buch der Lieder*, de Heine (1907), etc., etc.

qui met les grands lions d'or de Blake[23] rugissant et déambulant dans une petite cour du Strand ; ou que celle qui veut que Camberwell[24] peut avoir été hanté par Sordello[25], peint comme un lion et s'exprimant un peu comme un sphynx. Et je souris de penser que sous ces arbres pareils à des jouets, sous ces pignons biscornus, passait déjà tout un cortège de dieux étranges, coiffures de prêtres oubliés, cornes des licornes sacrées, tout le sommeil ridé d'une végétation druidique, tous les emblèmes d'une héraldique nouvelle sortie de l'imagination humaine.

On pourrait croire de William Butler Yeats[26] qu'il était aussi solitaire qu'un aigle ; mais il avait un nid. Partout où l'on trouve l'Irlande, on trouve la Famille ; et c'est une chose qui compte. Si le lecteur en veut une preuve, qu'il se demande pourquoi l'habitude est restée d'appeler Willie Yeats ce grand génie souvent rébarbatif. Personne, à ma connaissance, ne dit « Jackie Masefield »[27], ou « Alfie Noyes »[28] ou (ce qui pourrait être mal compris par un esprit léger) « Ruddy Kipling »[29]. Mais, dans le cas de Yeats, une telle familiarité

---

23. William Blake (1757-1827) poète, graveur et mystique anglais de la période pré-romantique. Une des plus curieuses figures de la littérature anglaise. Né en Irlande, passa une enfance rêveuse ; entièrement autodidacte : *Chants d'Innocence* (1789) ; *Chants d'Expérience* (1794) ; *Livres prophétiques* (1794-1804), etc.

24. Quartier de Londres.

25. Poète provençal que Dante rencontre au Purgatoire, où il se tenait à l'écart. Voyant venir Virgile, Sordello va l'embrasser. Robert Browning (note 7, chap. II) fait de Sordello le héros d'un poème de ce nom ; Sordello y personnifie la liberté et la perfectibilité humaine.

26. William Butler Yeats, (1865-1939) le plus grand poète irlandais et peut-être l'un des plus grands poètes. Un des pionniers de la renaissance néo-celtique dans les lettres, mouvement très important, surtout pour l'Irlande. Entre autres choses, W.B.Y. a publié une édition des œuvres de W. Blake. Ses œuvres plus récentes furent influencées par les symbolistes français et par le mysticisme oriental. Sénateur en Irlande de 1922 à 1928. Avait obtenu le prix Nobel en 1923.

27. John Masefield (né en 1878), poète lauréat, prit la mer tout jeune et rentra en Angleterre pour être journaliste. La publication de *Salt Water Ballads* (1902) lui valut une immédiate célébrité. Depuis lors, il a publié maints longs poèmes, les plusieurs récents sur le départ des souverains pour l'Afrique du Sud (Janvier 1947) et sur leur retour, quelques pièces « *The Tragedy of Nan* » (1909) ; quelques romans (*Sard Harker*), etc. Sur le titre de « lauréat » voir note 9, chap. I.

28. Alfred Noyes, poète contemporain très populaire, né en 1880. A publié en 1910 et en 1920, deux recueils intitulés *Collected Poems*.

29. Ceux qui s'abstiennent de blasphémer en faisant usage du « bloody » le remplacent souvent par « ruddy ». Voir aussi note 4, chap. III.

pourrait paraître singulièrement incompatible avec ses goûts et avec son humeur ; un peu comme si on parlait du grand Gulliver en l'appelant « Johnny Swift »[30]. Son propre goût et son humeur, publiquement ou dans l'intimité, sont plutôt ceux d'une délicate susceptibilité, c'est-à-dire tout le contraire d'une telle familiarité :

There is no fool can call me friend
And I may drink at the journey's end[31]
With Landor[32] and with Donne[33].

30. Jonathan Swift (1776-1745), doyen de la cathédrale Saint-Patrick à Dublin et un des plus grands écrivains de son temps. Anglais né à Dublin, cousin de Dryden (voir note 9, chap. I). Études à Trinity College de Dublin, il fut admis dans la maison de Sir William Temple (homme d'État et écrivain, 1628-1699). Écrivit (1704) : *The Battle of the Books* et *A Tale of a Tub*, satire puissant et célèbre contre l'*hypocrisie et la prétention des théologiens*. Dans la maison de Temple, il rencontra Esther Johnson, entra dans les Ordres, fut nommé à une prébende à Saint-Patrick, dont il devint doyen en 1713. À cette date, il avait déjà commencé son *Journal to Stella* (publié après sa mort, partie en 1766, partie en 1768 ; édition moderne annotée de G.A. Aitken en 1901).

Stella n'est autre qu'Esther Johnson, et le *Journal* qu'une suite de lettres intimes écrites par Swift à Esther, entre 1710 et 1713, et où l'auteur raconte en détail sa vie quotidienne à Londres, avec tout l'arrière-plan politique qu'elle comporte.

Les relations de Swift avec Stella sont restées un peu obscures. Il est hors de doute qu'elle l'admirait, qu'il la respectait et lui rendait son affection ; mais on ne peut établir avec certitude s'il finit par l'épouser ; elle mourut en 1728. Dans l'intervalle, Swift fut en relation avec une autre femme et cette affaire finit tragiquement : l'amie du doyen mourut prématurément. Cet incident a trouvé sa place dans *Cadenus and Vanessa* (1713). Le livre le plus célèbre de Swift est *Gulliver's Travels* (1726), qui est, comme on sait, une violente satire des mœurs anglaises de son temps.

31. Citation inexacte. Les vers, tirés du poème : *To a young Beauty* (dans *Wild Swans at Coole*, 1919) doivent se lire ainsi :
There's not a fool can call me friend
And I may dine at journey's end
With Landor and with Donne,
C'est-à-dire :
Il n'est nul fou qui me puisse dire son ami
Et je pourrai dîner au terme du voyage
Avec Donne et avec Landor.

32. Walter Savage Landor (1775-1864) figure importante parmi les romantiques anglais mineurs ; poète, et plus particulièrement essayiste. Son ouvrage le plus célèbre est *Imaginary Conversations* (1824-1829).

33. John Donne (1573-1631) figure étrange mais curieuse de la littérature anglaise de la Renaissance. Entra dans les Ordres en 1615 et devint doyen de Saint-Paul. Avant

Je ne mentionne la chose que comme contribuant à une description impartiale, et sans me prononcer sur le fond du problème ; il faut des gens de toutes sortes pour faire un monde ; mais j'ose dire qu'il y a bon nombre de fous qui peuvent m'appeler leur ami, et aussi, pensée plus mortifiante, un bon nombre d'amis qui peuvent m'appeler fou. Mais, chez Yeats, cette susceptibilité n'est pas seulement sincère ; elle est essentiellement noble, car elle est pleine de la noble colère que lui inspire la victoire des choses les plus viles sur les meilleures ; c'est cette colère qui l'a conduit à dire des paroles terribles gravées sur la grande tombe de la cathédrale Saint-Patrick, que c'est « la plus noble épitaphe de l'histoire »[34]. La raison pour laquelle, en dépit de ce qui précède, la plus grande assemblée possible, la plus grande collection de fous appelle, en ce moment même, le pauvre Yeats du nom de « Willie », au moins hors de sa présence, se trouve dans la curieuse empreinte qu'a toujours laissée la famille irlandaise dans son ensemble. L'intensité, l'individualisme même du génie n'a jamais pu faire disparaître de la mémoire des hommes les formules générales de Willie, de Lily, de Lolly, et de Jack ; noms lancés devant ou derrière soi pour former une espèce unique de comédie d'esprit, de potins, de satire, de querelles de familles, d'orgueil familial irlandais. J'ai connu la famille de Yeats presque tout entière, dans ce temps-là ; longtemps après, j'ai connu et admiré ces sœurs du poète qui soutenaient, entretenaient, auprès de la maison Cuala[35], une école d'art décoratif et de tissage qui n'était pas indigne des vers sublimes où il est question des célestes draperies brodées. W.B.[36] est peut-être le meilleur orateur que j'aie connu, si j'excepte son vieux père qui, hélas, ne parlera plus dans cette terrestre taverne ; mais j'espère qu'il

cette date, avait écrit des poèmes satiriques et des vers érotiques. Grand innovateur en matière de prosodie, il prit avec le vers anglais d'invraisemblables libertés.

La meilleure édition de ses *Poésies complètes* est celle de Grierson (2 vol., 1912).

34. Il s'agit de l'épitaphe latine de Jonathan Swift (voir note 30, ci-dessus) qui peut se traduire ainsi : « Ci-gît le corps de / JONATHAN SWIFT S.T.D. / doyen / de cette cathédrale. L'indignation / sauvage / a cessé de lui déchirer le cœur. / Va, voyageur / et tâche d'imiter / un homme / qui fut un ardent défenseur de la liberté. /

Il n'y a pas de crypte à Saint-Patrick ; Stella y est enterrée à côté de Swift.

35. On appelle « Cuala Press » une maison d'édition irlandaise où l'on imprime des poètes en éditions de grand luxe ; spécialisée dans les éditions des poèmes de Yeats.

36. Initiales de Yeats (William Butler), note 26, ci-dessus.

parle encore au Paradis. Parmi vingt autres qualités, il avait cette chose rare, mais très réelle : un style vraiment spontané. Les mots ne lui venaient pas comme l'eau vient d'un déversoir, pas plus que les briques d'un grand édifice ne se déversent de manière à former un mur ; ils se rangeaient, s'ordonnaient à la vitesse de l'éclair, ni plus ni moins ; les choses se passaient comme si un homme pouvait bâtir une cathédrale à la vitesse à laquelle un prestidigitateur édifie un château de cartes. Une longue phrase, savamment équilibrée, avec des propositions secondaires alternées, ou formant antithèse, semble couler de ces orateurs nés, chaque mot tombant à sa place, aussi promptement, aussi innocemment que la plupart des gens pourraient dire qu'il fait beau, ou raconter une histoire drôle d'après les journaux. Je me rappelle encore le vieux Yeats, gracieux vieillard, disant d'un air détaché, à propos de la guerre sud-africaine : « M. Joseph Chamberlain a le caractère, comme il a le visage, de la femme acariâtre qui ruine son mari par ses extravagances ; Lord Salisbury,[37] lui, a le caractère, comme il a le visage, de l'homme ruiné de cette façon. » Ce style-là, cette construction rapide d'une phrase compliquée, était le signe d'une lucidité qui se perd beaucoup aujourd'hui. Vous la trouverez dans les explosions les plus spontanées du Dr. Johnson. Depuis lors, une notion vague nous est née, vague et stupide, d'après quoi parler dans un style aussi plein, aussi complet, est artificiel ; et cela, tout simplement parce que l'homme de ce style sait ce qu'il veut dire, et entend le dire. Je ne sais de quel monde absurde cette notion est d'abord sortie, qu'il y a un rapport quelconque entre l'idée d'être sincère, et l'idée de n'articuler qu'avec difficulté. Cela ressemble en

---

37. Lord Robert Cecil, troisième marquis de Salisbury (1830-1903), homme d'État, père de Lord Hugh Cecil (voir note 5, chap. XII) ; études : Eton et Christ Church (Oxford) ; « fellow » de l'All Soul's College (Oxford) en 1853. Député conservateur (1853) ; orateur brillant et vigoureux ; devint vicomte Cranborne (1865) ; ministre pour l'Inde (1866) ; succéda au marquisat en 1868 ; chancelier de l'Université d'Oxford en 1869 ; de nouveau ministre pour l'Inde en 1874. Disraeli l'appelle « un grand maître en moquerie, raillerie et sarcasme ».

Prit part à la Conférence de Constantinople (1876-77) ; ministre des Affaires étrangères (1878) ; participe au Congrès de Berlin. Premier ministre en 1885, 1886 et de nouveau en 1895. Puis encore ministre des Affaires étrangères ; démissionne en 1900, mais reste à la tête du Gouvernement pendant la guerre contre les Boers (1899-1902). Après cette date, se retire définitivement. Sa fille Lady Gwendolen a publié (1921) sa biographie.

tout cas à l'idée d'après laquelle un homme pense sûrement ce qu'il dit, du moment qu'il ne réussit pas à le dire ; ou bien qu'il doit être un prodige de puissance et de décision, du moment qu'il découvre, au beau milieu d'une phrase, qu'il ne sait plus ce qu'il allait dire. D'où les dialogues des comédies courantes ; et la croyance pathétique qu'on peut parler sans fin, pourvu qu'une déclaration n'atteigne jamais sa formule définitive.

Yeats eut sur moi une forte influence, mais dans deux sens opposés ; comme eût fait un aimant : par deux pôles. Il est nécessaire d'expliquer ce que je veux dire, non pas tant dans l'intérêt des idées tâtonnantes que j'avais dans ce temps-là, que pour expliquer ce qu'avait de curieux et de particulier cette époque au sujet de laquelle la plupart des critiques semblent aujourd'hui complètement dans l'erreur. Il y avait dans les idées victoriennes beaucoup de choses qui me déplaisaient, et beaucoup d'autres que je respecte ; mais il n'y avait rien dans les idées victoriennes qui corresponde à ce qu'on appelle aujourd'hui victorien. Je suis maintenant assez vieux pour me rappeler l'époque victorienne ; elle offrait un contraste complet avec tout ce que signifie ce mot-là aujourd'hui. Elle avait tous les vices qu'on appelle aujourd'hui des vertus : le doute en matière religieuse, l'inquiétude intellectuelle, une crédulité affamée pour les choses nouvelles, un manque complet d'équilibre. Elle avait aussi toutes les vertus qu'on appelle aujourd'hui des vices : un sens riche du romanesque, un désir passionné de refaire, de l'amour entre l'homme et la femme, ce qu'il était dans l'Eden ; un sens vigoureux de l'absolue nécessité de donner un sens à la vie humaine. Mais de tout ce qu'on me dit aujourd'hui de l'atmosphère victorienne, je sens instantanément que c'est faux, faux comme le brouillard qui peut tout fausser et bouche tout simplement une perspective. Et ceci n'est nulle part plus vrai que dans la vérité particulière que je vais essayer de décrire.

Tout l'arrière-plan de mon enfance fut agnostique. Mes père et mère étaient plutôt exceptionnels, parmi des gens si intelligents, de croire à un Dieu personnel, ou à une immortalité personnelle. Je me rappelle le jour où mon ami Lucian Oldershaw, me présentant à telle colonie de bohèmes, me dit soudain, rappelant le lointain souvenir des ennuyeuses lectures dans le Testament grec à l'école Saint-Paul : « Naturellement, à toi comme à moi, ce furent les agnostiques qui nous enseignèrent notre religion ». Et moi, revoyant soudain les visages de tous mes maîtres d'école, à l'exception d'un ou deux prêtres excentriques, je sus qu'il disait vrai. Ce n'était pas tant surtout notre génération, c'était bien davantage la génération précédente.qui était agnostique à la manière de Huxley. C'était le temps dont M.H.G. Wells, enfant sportif mais spirituel de Huxley[38], a pu écrire avec assez de pertinence qu'il était « plein de ces silences ironiques qui suivent les grandes controverses » ; et, dans cette controverse, Huxley avait été superficiellement triomphant. Si triomphant que M. Wells, dans le même passage, alla jusqu'à dire que les évêques, « si fort en évidence dans le plan social, demeurent cachés dans le domaine intellectuel ».

… Comme tout cela me semble cher et lointain ! J'ai assez vécu pour voir des controverses biologiques, dans lesquelles il est bien plus vrai de dire que les darwiniens officiels demeuraient cachés, eux aussi. Le « silence » qui suivit la première controverse sur l'évolution fut de loin bien plus « ironique » que M. Wells ne s'en doutait. Mais alors, le silence semblait être celui qui succède à une religion qui échoue ; un désert de matérialisme. Les hommes n'attendaient pas plus les myriades de réactions mystiques qui remuent à présent toutes les nations, que les maisons à poitrine plate de Pimlico[39] et de Bloomsbury[40] ne s'étaient attendues à voir se répandre à travers le pays les toits crételés et les cheminées excentriques de Bedford Park.

38. Thomas Henry Huxley (1825-1895), un des pères de la biologie moderne ; exerça la plus grande influence sur la pensée de son temps et du nôtre. Étudia la médecine à l'Hôpital de Charing Cross ; fut nommé assistant-chirurgien sur le bateau marchand *Rattlesnake*, sur lequel il fit une longue randonnée entre 1846 et 1850. Au cours de cette randonnée il collectionna des animaux marins et envoya des communications multiples à la Royal Society (équivalant de l'Académie des Sciences). À son retour (1851), il fut élu membre de cette société. Fut ensuite professeur d'histoire naturelle et de paléontologie à l'École royale des Mines.

Ses œuvres sont innombrables et s'étendent d'observations sur les méduses à des observations sur les glaciers ; et même à une monographie du philosophe David Hume. Huxley défendit ardemment les théories de Darwin (voir note 1, page 258) et les théories évolutionnistes. Fut plusieurs fois examinateur et professeur à l'Université de Londres et au Royal College of Surgeons (qui fait partie de l'École de Médecine) ; P.C. (membre du Conseil Privé, 1892). Son petit-fils Aldous Huxley est un des romanciers les plus remarquables de l'Angleterre contemporaine, et bien connu en France. (Voir note 20, chap. XIV.)

39. Quartier bourgeois, qui s'étend entre Victoria Station et Chelsea.

40. Quartier d'étudiants, dans le centre-ouest de Londres, autour du British Museum.

Mais ce n'était pas tant en cela que Bedford Park était excentrique. Il n'y avait rien de neuf, ou de ridicule, à ne pas avoir de religion. Le socialisme, principalement sur le modèle papier peint de Morris[41], était une chose relativement nouvelle. À entendre Bernard Shaw et les Fabiens[42], le socialisme était une chose en plein développement ; mais l'agnosticisme était une chose établie. Nous pourrions presque dire que l'agnosticisme était une église établie. Il y avait dans l'incroyance une uniformité comparable à la prétention élisabéthaine à une uniformité de croyance ; non point parmi les gens excentriques, mais simplement parmi les gens instruits. Et, par-dessus tout, parmi les gens instruits plus âgés que moi.

Il est vrai qu'il y avait des athées, de beaux athées militants. Mais la plupart combattaient quelque autre chose, outre le théisme. Il ne pouvait y avoir parmi eux de type plus viril, plus vaillant que mon vieil ami l'artiste Archie Mac Gregor, qui combattait contre la guerre faite aux Boers. Comme nous étions d'accord sur ce point, une solide camaraderie se noua entre nous ; mais je me rendais compte, dès ce temps-là, que son athéisme n'était pas réellement révolutionnaire en matière de morale. C'était tout le contraire. Ce n'était pas une « nouvelle moralité », mais très décidément la « vieille moralité » qu'il défendait contre l'impérialisme, simplement pour la raison que cette guerre était un vol et un assassinat. Contre la nouvelle morale de Nietzsche, il défendait la vieille morale de Naboth[43]. M. Wells et les Fabiens virent ceci avec une lucidité caractéristique ; que les socialistes sentimentaux étaient inconsistants quand ils disaient qu'un paysan n'avait pas droit à un champ, mais qu'une paysannerie a droit à un champ pétrolifère. M. Wells n'est pas réellement pacifiste, pas plus qu'il n'est militariste ; mais la seule espèce de guerre qu'il trouve juste est la seule espèce

41. Voir note 7, plus haut.

42. La « Fabian Society » fut fondée en 1884 par un certain nombre de socialistes qui préconisaient une politique « fabienne », c'est-à-dire une nationalisation de la terre et du capital industriel. Elle empruntait son nom à celui de « Fabius Cunctator » (Fabius le temporiseur), parce que sa doctrine s'opposait à la brutalité de l'action révolutionnaire. L'une de ses publications : *The Fabian Essays* parut en 1889 et rencontra une certaine faveur, notamment chez des intellectuels parmi lesquels on peut citer Mr et Mrs Sidney Webb, George Bernard Shaw, etc.

43. À qui Ahab, mari de Jezebel, vola sa vigne, après que Jezebel eût fait lapider Naboth, qui entendait garder son bien parce qu'il lui venait de ses parents.

de guerre que je trouve injuste. Quoiqu'il en soit, parlant d'une façon générale, c'est une erreur complète de supposer que les révoltés qui dénonçaient l'Église anglicane et la non-conformiste étaient les mêmes qui dénonçaient l'empire et l'armée. Les divisions se croisaient ; mais elles se croisaient principalement en sens contraire. Un militant pro-Boer actif comme Mac Gregor appartenait autant à une minorité parmi les athéistes que parmi les artistes. Et cela, même à Bedford Park. Je ne tardai pas à découvrir cela quand j'émergeai dans le vaste monde des artistes et des gens de lettres. Deux hommes ne pouvaient pas être plus à l'opposé l'un de l'autre que Henley[44] et Colvin[45] ; et je devais, plus tard, être, dans un certain sens, le témoin du duel qu'ils se livrèrent par-dessus le cadavre de Stevenson. Mais c'étaient tous deux des matérialistes entêtés, et tous deux d'entêtés militaristes. La vérité, c'est qu'à la plupart des hommes de ce temps, l'impérialisme, ou du moins le patriotisme, tenait lieu de religion. Les hommes mettaient leur foi dans l'Empire britannique précisément parce qu'ils n'avaient pas autre chose en quoi mettre leur foi. Ces feux d'une insularité impériale jetèrent une lueur momentanée sur le triste paysage du *Shropshire lad*[46] ; mais je crains bien que beaucoup d'innocents patriotes n'aient pas perçu le ricanement voltairien dans ces vers patriotiques :

« Ayez les fils qu'ont eus vos pères,
Et Dieu saura garder la Reine ».

Mes préjugés présents seraient satisfaits si je disais que le dernier déclin du protestantisme prit la forme du prussianisme.

---

44. William Ernest Henley (1849-1903). Un des plus grands poètes d'alors ; ami personnel de Stevenson. Dirigea la revue *The Outlook* et ensuite *The National Observer*. Parmi ses poèmes : *A book of Verses* (1888), *The Song of the Sword* (1892) dont le titre devint par la suite *London Volontaries*. Puis *Hawthorn and Lavender* (1899) ; *For England's Sake* (1900), etc., etc.

45. Voir note 21, chap. IV.

46. Titre du premier recueil de poèmes de Alfred Edward Housman (1859-1936). Il fut une des plus grandes autorités en matière de littératures anciennes, professeur de latin à Cambridge. Auteur de deux volumes de poèmes lyriques, remarquables par leur concision et leur simplicité. Le premier paru en 1896 : *Shropshire lad* ; l'autre paru vingt-six ans plus tard, et que son auteur a intitulé : *Last poems* (1922), est tout aussi remarquable que le premier.

Mais je me surprends à me décrire moi-même, tel que j'étais lorsque j'étais pur, impollué par de tels préjugés. Or, ce que je désire attester, simplement comme témoin du fait, c'est que l'arrière-plan de tout ce monde-là, ce n'était pas seulement l'athéisme, mais une orthodoxie athéiste, voire une respectabilité athéiste. Cela n'était pas moins commun dans les clans aristocratiques que chez les bohèmes. Par-dessus tout, c'était monnaie courante parmi les bourgeois éminemment respectables de la banlieue ; et, uniquement pour cette raison, dans ce quartier particulièrement excentrique. Dans ce quartier, le type caractéristique de l'époque, ce n'était pas un homme comme Archie Mac Gregor, mais un homme comme St-John Hankin[47]. Et le fait est qu'un homme comme St-John Hankin n'était pas excentrique, mais au contraire bien « centrique ». C'était un pessimiste, ce qui est quelque chose de plus athéiste encore qu'un athée ; un homme foncièrement sceptique, c'est-à-dire un homme sans fondations ; il était de ceux qui s'interdisent de croire à l'Homme beaucoup plus qu'ils s'interdisent de croire en Dieu ; il méprisait la démocratie plus encore que la dévotion ; il faisait profession d'être sans enthousiasme d'aucune sorte ; mais, en tout cela, il était « centrique ». Il était très près du centre de la culture et de la philosophie de Londres à cette époque. C'était un homme d'un talent réel ; et le souvenir de quelques-unes de ses amusantes caricatures littéraires subsiste encore. Il ne me déplaisait pas, alors qu'il déplaisait à beaucoup d'autres ; mais, dans un certains sens, je désespérais de lui, comme lui-même désespérait de tout. Or il est tout à fait caractéristique de l'époque que son pessimisme ait réussi à paraître dans *Punch*[48] ; et que, presque seul parmi ces costumes en loques, ou ridicules, ou soi-disant artistiques, il fût toujours en tenue de soirée. Il avait une triste opinion du monde ; mais il était un homme du monde ; et spécialement du monde d'alors.

Donc, devant ce triste fond de triste matérialisme moderne, Willie Yeats circulait calmement, avec la démarche de l'Homme qui connaît les Fées. Yeats était le symbole même de l'enchantement ; exactement comme Hankin était le symbole du désenchantement ; mais, ce

47. Saint-John Hankin (1869-1909), dramaturge dont les pièces les plus connues sont : *The return of the Prodigal* (1905) et *The last of the De Mullins* (1908).
48. Hebdomadaire humoristique célèbre.

qui me réjouissait d'une façon toute particulière, c'était l'instinct combatif qui donnait à l'Irlandais un allure si ferme, si positive sur la question des fées. C'était le vrai rationaliste, le rationaliste original, qui disait que les fées sont des symboles de raison. Il décontenançait les matérialistes en attaquant le côté abstrait de leur matérialisme par un mysticisme absolument concret. « L'imagination ! » avait-il coutume de dire, avec un dédain flétrisseur : « Il n'était guère question d'imagination le jour où le fermier Hogan[49] fut traîné hors de son lit, et battu comme plâtre. Or, cela, ils l'ont fait, ils ne l'ont pas raté ! (son accent irlandais s'échauffait dans la colère). Ils l'ont sorti du lit et ils l'ont rossé, et ce n'est pas là, il me semble, la sorte de chose qu'un homme aime à imaginer ». Mais les exemples concrets n'étaient pas chez lui uniquement un procédé ; il avait recours à un argument qui était valable, et cet argument-là, je ne l'ai jamais oublié. Il disait que ce ne sont pas des hommes anormaux comme les artistes, mais des hommes normaux comme les paysans qui ont mille fois porté témoignage de la réalité des choses imaginaires ; ce sont les paysans qui voient les fées. C'est l'ouvrier agricole, qui nomme une bêche une bêche, qui appelle aussi un esprit un esprit ; c'est le bûcheron qui n'a pas de hache à aiguiser[50], sauf pour abattre ses arbres, qui dira qu'il a vu un homme pendu à un gibet, et ensuite errer autour comme un fantôme. Il est tout beau de dire qu'on ne devrait pas croire à un fantôme sur la foi d'un ignorant. Mais nous pendrions un homme à la potence sur la foi de ce même témoin.

J'étais tout entier décidé à combattre pour Willie Yeats et ses fées contre le matérialisme. J'étais surtout décidé à combattre pour Willie Yeats et ses fermiers contre le matérialisme des grandes villes. Mais déjà une nouvelle complication avait surgi, qu'il faut que je cherche à expliquer, non seulement pour m'expliquer moi-même, mais pour expliquer l'orientation tout entière de la poésie, et de l'époque même.

Déjà apparaissaient dans le monde d'alors les débuts d'une réaction contre le matérialisme ; quelque chose d'analogue à ce qui est apparu

---

49. Allusion à un acte de violence sur un Irlandais, quand l'Irlande, après la Grande Guerre, exigea son autonomie, qu'elle a fini par obtenir.
50. Allusion à l'histoire de l'homme qui file doux parce que sa hache est à aiguiser, et devient arrogant dès qu'il a obtenu ce qu'il voulait.

depuis sous la forme du spiritualisme. Cette réaction prit même l'attitude encore plus provocante de la « Christian Science »[51], qui niait l'existence du corps, uniquement parce que ses ennemis avaient nié l'existence de l'âme. Mais la forme que cette réaction prit d'abord, ou du moins le plus généralement, dans la société dont je parle, fut cette chose communément appelée théosophie[52] ; et aussi quelquefois : bouddhisme ésotérique. Il est probable que je dois au moins m'excuser ici d'avoir été un peu prévenu. Si ce préjugé existait chez moi, ce préjugé n'était ni orthodoxe, ni religieux, ni même pieux. J'étais moi-même presque entièrement païen et panthéiste. À l'heure où je désapprouvais la théosophie, je n'avais aucune notion de théologie. Peut-être, au fond, ne désapprouvais-je pas la théosophie, mais seulement les théosophes. Il est bien vrai, je le crains, quel que soit le manque de charité de cette attitude, que je blâmais certains théosophes. Mais je ne les blâmais pas parce qu'ils s'attachaient à des doctrines erronées quand je n'avais moi-même aucune doctrine ; ni davantage parce qu'ils n'avaient nul titre à être chrétiens, bien qu'en fait ils se seraient réclamés du christianisme, entre autres choses, avec beaucoup plus d'assurance que je ne pouvais faire moi-même. Ils me déplaisaient parce qu'ils avaient des yeux en boules de verre et des sourires patients. Leur patience consistait principalement à

51. « Christian Science » est le nom d'une religion fondée par Mary Baker Eddy (1822 ?-1910) dont l'intérêt principal réside dans la doctrine de l'enseignement et des pratiques religieux basés sur les paroles et les actes de Jésus-Christ. Applicable à la santé, à l'origine, elle est, selon la formule de Mary Baker Eddy, « une métaphysique divine, le système scientifique de la divine guérison ». Elle implique la nature illusoire de la maladie. Profondément religieuse, Mary Baker Eddy attribuait à Dieu la raison de la maladie. Elle-même guérit presque instantanément d'une grave blessure après avoir lu un récit de guérison dans l'Évangile selon saint Matthieu (IX, versets 1 à 8). La découverte de ce qu'elle a appelé « Christian Science » est sortie de cet incident. Elle fut « ordonnée ministre de sa propre religion » par ses disciples, en 1881.
52. Théosophie, philosophie qui professe que l'esprit, tombé du divin dans le naturel, tend à retourner à son état premier à travers des transformations diverses. Le théosophe cherche à pénétrer les mystères de la nature pour les dominer. Maints grands systèmes philosophiques peuvent, considérés de ce point de vue, être considérés comme précurseurs de la théosophie : Spinoza, Schelling, les livres ésotériques de la Cabale, ou des mystiques comme Meister Eckardt, Jacob Boehme, etc. Il y a, d'ailleurs, non point une, mais plusieurs théories théosophiques.
La « Theosophical Society » fut fondée aux États-Unis par Mme H.P. Blavastky (voir note 54, ci-après), le colonel H.S. Olcott, etc.

attendre que d'autres s'élèvent jusqu'au plan spirituel où eux-mêmes se tenaient déjà. C'est un fait curieux qu'ils ne semblaient jamais espérer qu'eux-mêmes pussent évoluer, et atteindre le plan où se tenait déjà leur brave marchand de légumes. Jamais ils ne songeaient à accrocher leur pesante roulotte derrière un cocher qui les mènerait jusqu'aux empyrées ; où à voir l'âme de leur femme de ménage leur montrer, comme ferait une étoile, les sphères où sont les immortels. Mais je soupçonne que je dois être injuste envers ces gens quant à leur personnalités véritables. J'imagine que la théosophie était la combinaison de trois choses : l'Asie, la théorie de l'évolution et la *lady*, la dame anglaise ; et je crois que ces trois choses seraient meilleures séparées.

Or, Yeats n'était pas le moins du monde comme ces dames théosophes ; non plus ne suivait-il ni ne recherchait-il leur prophétesse spirituelle particulière, Madame Besant[53], égoïste vêtue de dignité, mais très grande dame, idéaliste et sincère. Il recherchait par contre la société de Mme Blavatsky[54] qui était une vieille femme vulgaire et scandaleuse, mais pleine de feu, spirituelle et pittoresque ; et j'admire son goût. Or, je pense que ce tour particulièrement oriental lui donna bien du mal, le jour où il se mit à suivre les fakirs, et non plus les fées. On ne se méprendra pas si je dis de ce grand homme qu'il est ensorcelé ; autrement dit, que Madame Blavatsky était une sorcière.

Ensorcelé ou non, il est certain que Yeats n'était pas dupe. Il ne fut pas dupe du sourire théosophique, de toute cette brillante, ou plutôt luisante surface d'optimisme. Avec son esprit pénétrant, il avait déjà été au cœur du pessimisme essentiel caché sous cette placidité asiatique ; et on pourrait prétendre que le côté pessimiste n'était pas ce qu'elle avait de plus déprimant. Quoi qu'il en soit, tandis que ces dames anglaises extrêmement raffinées s'élevaient d'étoile en étoile, comme on va d'une marche à l'autre d'un escalier, il en savait

---

53. Mrs Annie Besant (née Wood), née à Londres de parents irlandais (1847-1933), théosophe de premier plan, doué d'un don oratoire remarquable. Grande prêtresse du mouvement théosophique, elle se fixa près de Madras, et défendit toujours la cause hindoue. Son autobiographie est un livre à lire.

54. Helene Petrowna Blavatsky (1831-1891), autre grande prêtresse (russe) de la théosophie.

assez de ce qu'il fallait entendre par la Roue des douleurs[55] pour comprendre que cet escalier stellaire était singulièrement pareil aux échelons du moulin de discipline. Les plus agités parmi mes amis, dans ce cercle-là, allaient s'asseoir, pour se calmer, dans des chambres pleines de statues de Bouddha. En ce qui me concerne, je n'ai jamais eu besoin de statues de Bouddha pour m'encourager à ne rien faire ou pour m'aider à m'endormir.

Yeats, lui, connaissait de Bouddha l'esprit, et non seulement le visage ; et s'il est vrai qu'il n'eût jamais usé d'un langage aussi tennysonien, il savait que cela signifiait, pour son propre esprit, si calme il y avait, si calme il y avait le moins du monde, un calme désespoir. Dans le plan mystique auquel il tendait, après ses premières aventures, plus heureuses, parmi les fermiers et les fées, les religions anciennes symbolisaient de plus en plus l'idée que le secret du sphinx, c'est qu'il n'a pas de secret du tout. De plus en plus, le voile d'Isis n'était, tout simplement, que le voile de Maya ; une illusion ; avec cette dernière illusion : que le voile d'Isis est déchiré ; la dernière, et la pire, celle qui nous donne à croire que nous sommes vraiment désillusionnés. Un jour, parlant de la déception éprouvée par quelqu'un à propos d'une chose accomplie, il me dit : « On ne sortirait pas de son fauteuil pour traverser sa chambre, si la nature n'avait pas son sac d'illusions ». Puis, comme pour protester contre une protestation silencieuse, il ajouta : « Ce n'est pas une philosophie très réconfortante que celle qui prêche que tout n'est qu'illusion ». Il avait raison. Je ne puis me porter garant pour les fées, mais, pour les fermiers, je doute qu'ils accepteraient cette philosophie ; et chez un journaliste « cockney » à moitié évolué[56], quelque chose, en tout cas, se refusait absolument à l'accepter. De sorte que je me trouvai vis-à-vis du poète dans cette étrange et double attitude : d'accord avec lui en ce qui concerne les contes de fées, sur quoi la plupart des gens étaient en désaccord avec lui, et en désaccord avec lui sur la philosophie sur laquelle la plupart des gens étaient d'accord avec lui, mais d'une

55. La Sorrowful Wheel (Roue des Douleurs) n'est autre chose que la roue bouddhique de la vie, dont le lecteur curieux trouvera une admirable description dans le chapitre XII de *Kim*, de Kipling.
56. C'est lui-même que Chesterton désigne ainsi.

façon beaucoup plus trouble, plus prosaïque. C'est ainsi que lorsque je lus cette magnifique pièce en vers : « *Land of Heart's Desire* »[57] qui fut jouée, peu après, au théâtre de l'Abbaye, j'eus conscience de cette sensation très aiguë, non pas tant que je cessais de croire aux fées, mais que je n'étais pas d'accord avec elles. Bien que je n'eusse, pour lors, pas plus le sentiment d'être catholique que le sentiment, par exemple, d'être cannibale, mes sympathies étaient toutes pour la Famille contre la Féerie. Elles allaient même, alors, au prêtre contre la fée. Dans toute la magique explosion musicale de *Land of Heart's Desire*, il n'y avait qu'une seule chose, dite par la fée, avec laquelle je pusse pleinement et entièrement me déclarer d'accord ; et c'était le vers que voici :

Je suis las des eaux, du vent, des lueurs pâles.

Je ne pense pas avoir un seul mot à changer à la phrase d'un article de critique littéraire que j'écrivis longtemps après : « Il n'y a qu'une seule chose à dire contre *le Pays que le cœur désire*, c'est que le cœur ne le désire pas ». Mais j'admirai la pièce presque passionnément, en tant que pièce : et dans des débats de littérature pure, je l'ai toujours défendue contre les plaisanteries stupides sur le « Celtic Twilight » (Crépuscule Celtique)[58] proférées par ceux qui préféraient le brouillard de Londres. De même, plus tard, quand je fus aux *Daily News*, je défendis, contre le critique dramatique, le mérite dramatique d'une pièce postérieure au *Pays*, pleine de bonnes choses, intitulée : « Où il n'y a rien, il y a Dieu »[59]. Or j'étais alors tout tâtonnant, gémissant, luttant péniblement, aux prises avec une philosophie encore dans l'enfance, mal cuite et de mon cru, qui était, à très peu de chose près, le contraire même de la remarque : « Où il n'y a rien, il y a Dieu ». La vérité s'offrait plutôt à moi sous une autre forme : « Où il y a

57. La plus connue des pièces de Yeats, créée en 1894.
58. Yeats était Irlandais, donc celte. Le « Celtic Twilight » est un recueil de contes de W.B. Yeats, publié en 1893, et qui illustre le mysticisme des Irlandais et leur croyance aux fées, aux fantômes et aux esprits. L'expression « celtic twilight » sert depuis lors, dans un sens légèrement ironique, à désigner le mouvement tout entier de renaissance littéraire irlandaise.
59. Pièce de Yeats créée en 1903.

n'importe quoi, il y a Dieu ». Ni l'une, ni l'autre de ces formules ne peut convenir, dans le plan philosophique ; mais j'eusse été bien étonné si j'avais su combien, par certains côtés, mon « n'importe quoi » était proche des « Ens » de Saint-Thomas d'Aquin.

Il y avait à Bedford Park un club de débats, sur lequel je fis d'abord l'épreuve de mes idées pas encore mûres, enveloppées d'une rhétorique plus crue encore ; un club qui méritait d'être mieux traité. Ce fut tordant. Le club s'appelait le « D.K.I. » ; et un engagement sacré de la garder secrète était censé s'attacher à la véritable signification de ces trois initiales. Peut-être les théosophes crurent-ils vraiment que cela signifiait le Divin Karma Indien[60]. Il se peut que les socialistes l'interprétaient ainsi : « On Devrait mettre "Knock out" les Individualistes ». Mais la règle stricte du club exigeait que ses membres professassent une ignorance absolue de la signification de son nom ; un peu comme dans le mouvement « Sais Rien », dans la politique américaine. L'étranger, l'intrus qui pénétrait dans le village sacré demandait : « Mais que signifie « D.K.I. ? » L'initié, d'un air détaché, haussait les épaules et disait : « Je n'en sais rien », espérant qu'on ne se rendrait pas compte qu'en faisant semblant de refuser de répondre, il avait en somme répondu. Je ne sais si cette devise représentait l'agnosticisme d'hommes comme Hankin, ou le mysticisme d'hommes comme Yeats. Mais il va sans dire que les deux points de vue étaient en présence, et je crois qu'ils partageaient assez bien en deux groupes ce petit monde d'intellectuels. Il est certain que j'ai toujours préféré le crépuscule celtique à la minuit matérialiste. J'avais plus de sympathie pour la cape de magicien dont se vêtait celui qui croyait à la magie, voire les boucles sombres, tortillées par les fées, du poète qui avait vraiment quelque chose à nous dire sur les anges, que pour les vêtements noirs et le plastron blanc de l'homme qui semblait proclamer que le monde moderne, même quand il est joyeux, n'en est que plus funèbre. Ce dont je ne me rendais pas encore compte, c'est qu'il y avait un troisième hameçon, et très pointu, capable de percer avec le tranchant, certains diraient, avec l'étroitesse d'une épée.

La secrétaire de ce club de débats ne cessa jamais de faire la preuve de sa capacité en se refusant à toute discussion. Elle était d'une famille

---

60. C'est la destinée du bouddhiste, telle qu'elle est déterminée par ses actes.

composée surtout de sœurs, avec un frère que j'avais appris à connaître par l'intermédiaire d'Oldershaw ; ils avaient sur place une cousine, fiancée à un professeur allemand, et qui vivait comme éblouie par les contes de fées allemands. Elle était nécessairement attirée aussi par les récits légendaires celtiques qui circulaient librement dans ces parages ; et un jour elle reparut radieuse, annonçant que Willie Yeats lui avait fait son horoscope, ou accompli quelque rite occulte du même genre, et qu'il lui avait dit qu'elle se trouvait surtout sous l'influence de la lune. Le hasard voulut que je rapportasse la chose à une des sœurs de la secrétaire, qui venait de rentrer dans sa famille après une absence ; le plus naturellement, le plus simplement du monde, elle me déclara qu'elle haïssait la lune.

Plusieurs fois, par la suite, j'eus l'occasion de m'entretenir avec cette personne[61] et je pus m'assurer que son opinion était parfaitement honnête et sincère. Sa position, sur ce point comme sur d'autres, pouvait être qualifiée de préjugé ; il n'était pas possible de l'appeler un dada, encore moins une attitude affectée. Elle professait réellement une prévention obstinée contre toutes les forces naturelles qui lui semblaient stériles, ou sans objet : elle détestait le vent des bruyantes bourrasques, qui semblaient n'aller nulle part ; elle n'aimait pas beaucoup la mer, spectacle dont j'étais féru, au contraire ; et le même instinct la dressait contre la lune, qui, disait-elle, avait l'air d'une grosse imbécile. D'autre part, elle avait une sorte d'exigeant appétit pour toutes les choses fertiles, ou rémunératrices, comme les champs et les jardins, et pour toutes choses en général auxquelles se rattachait l'idée de production ; quand il était question de ces choses, elle se montrait tout à fait positive. Elle pratiquait le jardinage ; et sa drôle de culture « cockney » l'eut poussée à pratiquer la grande culture ; se fondant sur le même principe obstiné, elle pratiquait une religion. Il y avait là quelque chose de foncièrement inexplicable, tant à mes yeux à moi qu'au regard de tout l'étalage de culture dans lequel elle se plaisait à vivre. Un tas de gens mettaient des religions à la mode, surtout orientales, les analysaient, et en discutaient ; mais que quelqu'un pût considérer la religion comme une chose pratique,

61. Il s'agit, sans aucun doute, dans les pages qui suivent de l'aventure de K.G.C. qui aboutit à son mariage.

comparable au jardinage, était chose tout à fait neuve pour moi, et, pour ses voisins, neuve et incompréhensible. Le hasard avait voulu que cette dame fût élevée à l'école d'un couvent anglo-catholique ; et, dans tout ce milieu agnostique et mystique, le fait de pratiquer une religion semblait beaucoup plus singulier que le fait de la professer. Drôle de personnage ! Elle portait une longue robe de velours vert, barrée de fourrure grise, et que j'eusse baptisée artistique si elle n'eût tant méprisé toute considération artistique ; elle avait ce visage plein d'attraits que j'eusse comparé à celui d'une fée, si elle n'eut tant détesté toute considération sur les fées. Mais ce qu'il y avait en elle de surprenant et presque de glaçant, au sein de cette atmosphère sociale, ce n'était pas tant qu'elle la haïssait, c'est qu'elle y était entièrement insensible. Elle ne sut jamais ce que voulait dire l'expression « être sous l'influence de Yeats, de Shaw, de Tolstoï » ou d'ailleurs de quiconque. Elle était intelligente, avec un grand amour de la littérature, et spécialement de celle de Stevenson ; mais, si Stevenson était entré soudain dans la pièce et lui eût fait part de ses doutes personnels sur l'immortalité de l'âme, elle eût regretté qu'il fût dans l'erreur sur ce point ; à part cela, elle fût restée absolument insensible. Elle n'était pas du tout comme Robespierre, sauf dans son souci vestimentaire ; pourtant, c'est seulement dans le livre de M. Belloc sur Robespierre que j'ai trouvé les mots pour décrire la qualité unique qui la séparait de la culture courante, qui la gardait de cette culture. « Dieu lui avait mis dans l'esprit un tabernacle de pierre, où certaines grandes vérités se conservaient impérissables ».

Par la suite, je la rencontrai souvent dans le district, en différentes circonstances et sur le terrain social ; elle fut témoin de la grande et grotesque aventure où, sur le court de Bedford Park, je montai, pour la première et dernière fois, sur une bicyclette, vêtu d'une redingote et d'un chapeau haute forme comme on en portait à l'époque. Libre au lecteur de le croire ou non (comme disent les grands journaux quand ils racontent des mensonges fondés sur l'ignorance des éléments de l'histoire), mais il est strictement vrai que je fis mainte et mainte fois le tour du court dans un parfait équilibre naturel, uniquement troublé par le problème, intellectuel celui-là, de savoir comment je pourrais descendre ; pour finir, je m'étalai par terre. Je ne pris point garde à ce qui advint de mon chapeau, mais c'est une chose que je faisais rarement, dans ce temps-là. Le souvenir de cette monstrueuse course en rond m'est revenu souvent à la mémoire pour me prouver que quelque chose de bizarre avait dû se passer en moi vers cette époque. La dame en question travaillait alors à Londres comme secrétaire d'un club s'occupant de questions d'instruction primaire dans la région londonienne ; cette tâche l'absorbait presque entièrement ; et je me formai dès lors cette opinion, qui ne m'a pas quittée depuis, que la pire fatigue, aujourd'hui, c'est celle qui accable les gens dès l'instant qu'ils cessent de travailler ; je veux dire : l'énervement que cause le bruit des trains et des tramways, et la lenteur du retour au lointain foyer. C'était une très alerte personne, et, à l'état normal, tout à fait le contraire d'une femme absente ; or, elle me dit un jour d'un air affligé qu'elle s'était trouvée si lasse qu'elle en avait oublié son ombrelle dans la salle d'attente d'une gare. D'abord nous n'y pensâmes plus ; mais, comme je rentrais à pied, ce soir-là, selon ma coutume, de Bedford Park à Kensington, à une heure très voisine du milieu de la nuit, le hasard voulut que je visse soudain la gare elle-même se dresser devant moi, énorme et noire au clair de lune ; et ce soir-là je commis mon premier et mon dernier crime : le crime de cambriolage, dont je tirai d'ailleurs un plaisir extrême. La station, ou plus exactement cette partie de la station, semblait partout fermée à clef ; mais, connaissant très exactement les aîtres de la salle d'attente, je savais que le plus court chemin pour y entrer consistait à grimper sur le talus herbeux et raide et à ramper par là sur le quai jusqu'à déboucher sur la voie. Je grimpai donc sur le quai et je récupérai l'ombrelle. Comme je ressortais par le même chemin, toujours coiffé de mon haut de forme écrasé, et ma redingote en piteux état, je levai les yeux vers le ciel et je me sentis envahi de toutes sortes de sensations étranges. J'eus l'impression que je venais de tomber de la lune, et que l'ombrelle m'avait servi de parachute. Quoiqu'il en soit, me retournant pour regarder le talus gazonné, gris pâle sous la douce clarté lunaire, et tout pareil à un pré lunaire surnaturel, il me fut impossible de partager l'attitude impie de la dame à l'égard de la patronne des lunatiques.

Par bonheur, notre rencontre qui suivit, rencontre beaucoup plus importante, n'eut pas lieu sous le signe de la lune, mais sous le signe du soleil. La dame m'a souvent déclaré, au cours de nos relations ultérieures, et sa sincérité ne faisait aucun doute, que si le soleil n'avait pas brillé ce jour-là à sa complète satisfaction, le résultat de la rencontre eut pu être tout différent. La chose arriva dans le parc de Saint-James ; c'est un parc où l'on entretient des canards, et aussi un petit ponceau dont il est fait mention dans un ouvrage non moins autorisé que l'*Essai sur les ponts* de M. Belloc, puisqu'il faut citer cet auteur une fois de plus. Je crois qu'il y traite en détail, dans la meilleure forme de son procédé topographique, de différents sites historiques situés sur le continent ; ensuite, il revient, à peu près comme suit, d'une manière beaucoup plus générale : « Le moment est venu, dit-il, de parler des ponts d'une manière plus générale. Le pont le plus long du monde est le pont de Forth[62], et le pont le plus court du monde est une planche jetée sur un fossé dans le village de Loudwater[63]. Le pont qui fait le moins peur est celui qui se trouve dans le parc de Saint-James. » J'admets que j'ai traversé ce pont plein d'une sécurité que je n'avais pas méritée ; peut-être fus-je alors troublé par le souvenir de l'ancienne vision romantique du pont qui conduisait à la tour où la princesse était prisonnière. En tout cas, ce dont je puis assurer l'auteur mon ami, c'est que le pont du parc de Saint-James peut bel et bien faire peur à quelqu'un, et même grand peur.

---

62. Nom d'une rivière et de son embouchure, à l'est de l'Écosse. La longueur du pont en question est de 1600 mètres et sa hauteur au-dessus de l'eau de 108 mètres. Terminé en 1899. On y passe en chemin de fer.

63. Petit village aux confins du Buckinghamshire et du Berkshire, tout près de Beaconsfield, où résidait Chesterton.

A True Victorian
cuts a disreputable
author ——.

Dessin de l'auteur

Hors-texte de *The Coloured lands* (Sheed and Ward, 1938)

CHAPITRE VII

LE CRIME D'ORTHODOXIE

J'ai dit bien souvent que mon autobiographie devrait consister en une série de courtes histoires, dans le genre de celles de Sherlock Holmes ; sauf que celles de Sherlock Holmes étaient de remarquables exemples de la faculté d'observation, tandis que les miennes seraient de remarquables exemples de l'absence d'observation. Autrement dit, mes histoires à moi devraient être autant de mésaventures en relation avec mon absence d'esprit, et non de ma présence d'esprit. Je me souviens de celle qu'on a appelée « l'aventure du tire-bouchon pro-Boer ». Elle commémorait l'emprunt que j'avais fait un jour à Hammond d'un tire-bouchon avec lequel je tentai d'ouvrir la porte de ma maison, tandis que je tenais de l'autre main ma clef de rue. Peu de gens me croiront ; l'histoire n'en est pas moins vraie. Elle m'arriva, non point après avoir fait du tire-bouchon l'usage auquel on le destine ordinairement, mais avant cet usage : j'étais intégralement à jeun ; gris, j'eusse été probablement moins distrait. Dans une autre histoire, qui s'est développée jusqu'à devenir « L'aventure de l'employé interloqué » on m'accuse d'avoir, au guichet d'une gare, demandé au préposé une tasse de café, au lieu d'un billet ; sans doute dus-je demander ensuite poliment à la serveuse de me servir une troisième classe pour Battersea. Je ne tire de ce trait personnel aucune fierté particulière ; car je pense que la présence d'esprit est de beaucoup plus poétique que peut l'être la distraction. Si j'en fais mention, parvenu à ce point de mon autobiographie, c'est qu'elle me fournit l'occasion de présenter au lecteur un personnage qui joua dans mes propres affaires, et dans celles de mes amis, un rôle d'une importance considérable ;

et à qui, dans le récit captivant intitulé « L'aventure du pantalon du vicaire » le rôle important du vicaire fut dévolu.

Je ne puis me rappeler exactement où mon frère, à moins que ce fût moi, rencontrâmes d'abord le révérend Conrad Noël[1]. Ce dut être dans quelque club bizarre, un jour où je ne sais qui y faisait une conférence sur Nietzsche ; et où les orateurs (transition typique) passaient de la flatteuse pensée que Nietzsche avait attaqué le christianisme à la déduction naturelle qu'il fallait qu'il eût été un vrai chrétien. J'admirai le bon sens d'un vicaire de paroisse, visage curieux, cheveux noirs bouclés, qui se leva pour faire observer que Nietzsche était encore plus opposé au véritable christianisme qu'au faux christianisme, en admettant qu'il y eût quelque chose à opposer au vrai christianisme. J'appris que ce prêtre s'appelait Noël, mais son intervention fut en mainte façon symbolique de l'expérience que j'avais de ce monde étrange. Monde étrange, en effet, que cette « intelligentsia » des clubs artistiques et vaguement anarchistes. J'imagine que le plus étrange, dans cette élite, c'est que, tandis qu'elle pensait tant à penser, elle ne pensait aucunement. Toute chose, chez elle, avait l'air de venir de seconde, voire de troisième main ; de Nietzsche ou de Tolstoï, d'Ibsen ou de Shaw ; et cela faisait une plaisante atmosphère que les discussions sur tous ces sujets, sans aucun sentiment particulier de la responsabilité de conclure sur l'un ou sur l'autre. Cette société comprenait des hommes d'un esprit souvent élevé, M. Edgar Jepson[2], par exemple, qui avait toujours l'air d'un homme égaré en dehors de la haute société pour sourire mystérieusement à la bohème. Par-ci par-là,

---

1. Le révérend Conrad Le Despenser Noel (1869-1942) ; Diacre en 1894, ordonné prêtre en 1898, successionement curé dans le Cheshire, à Salford, à Newcastle on Tyne, à Paddington, à Hampstead, enfin vicaire à Thaxted (Essex) ; auteur d'ouvrages divers sur la théologie et les questions économiques et politiques : *The Day of the Sun* (1901) ; *The Labour Party* (1906) ; *Socialism in Church History* (1901) ; *England, a Nation* (1904) ; *Facing the facts* (1911) ; *The Great State* (1912) ; *Uplifting the Son of Man* (1918) ; *Byways of Belief* (1912) ; *The Battle of the Flags, a study in Christian politics* (1922) ; *A Life of Jesus* (1937) ; *Jesus the heretic* (1939) ; *An autobiography* (1945). Le révérend Conrad Noël était de tendance communiste.

2. (1863-1938), romancier populaire ; auteur de romans policiers ; études à Balliol (Oxford) ; a publié : *Sybill Falcon* (1895) ; *The Admirable Tinker* (1904) ; *The Triumph of Tinker* (1906) ; *The Four Philanthropists* (1906) ; *Pollyooly* (1911) ; *The Second Pollyooly Book* (1914) ; *The Buried Rubies* (1925) ; *The Tragedies of Mr Pip* (1926), etc., etc.

l'élite comptait aussi dans son sein un homme qui, outre son habileté, avait gardé de solides croyances traditionnelles, mais les gardait généralement pour soi ; tel mon vieil ami Louis Mac Quilland[3], qui se contenta longtemps de faire figure de moderne dans le club appelé « Les Modernes », discourant en épigrammes détachées, à la manière de Wilde ou de Whistler, mais gardant toujours cachée au fond de soi la flamme de sa pure foi catholique et de son brûlant nationalisme irlandais ; l'une et l'autre n'apparaissaient que lorsqu'on touchait à ces choses sacrées ; mais je tiens pour très significatif, en matière d'instinct intellectuel, qu'il préférait l'absurdité presque avouée des décadents à la vérité plus élevée, plus hérétique aussi, des Fabiens[4]. Un jour, poussé par la colère, au cours du centième panégyrique de *Candida*[5] ou de *Arms and the Man*[6], il prononça quelques paroles qui, si ma mémoire est fidèle, avaient la forme inspirée des Écritures : « Soutenez-moi avec Hitchens[7] ; réconfortez-moi avec Beerbohm[8] ; car j'ai "soupé" de Shaw ! »

Mais une grande partie de cette « intelligentsia » semblait totalement privée d'intelligence. Chose peut-être naturelle, ceux qui pontifiaient dans les termes les plus pompeux étaient souvent aussi les plus verbeux et les plus vides. Je revois un homme à la barbe longue, à la voix profonde et sonore, qui, de temps en temps, proclamait : « Ce qu'il nous faut, c'est l'Amour ! » ou bien : « Que réclamons-nous ? De l'Amour ! » C'étaient comme les détonations intermittentes d'une pièce à longue portée. Je me souviens aussi d'un autre, petit bonhomme épanoui, qui disait, en écartant les doigts : « Le Ciel est ici ! Voici l'heure ! », pensée qui semblait troublante, étant donné les circonstances. Et aussi d'un homme âgé, qui semblait passer toute sa vie au sein de l'un de ces clubs littéraires, et qui, par instants, levait une

---

3. Auteur et journaliste contemporain, né en 1878. A publié : *Sung by Six* (poèmes) (1896) ; *The Tragedian's Last Supper* (pièce en un acte : 1908) ; *The King's at Ease* (pièce en un acte, 1911) ; *The Song of the Open Road* (1916) ; *A little Book of Irish Verse* (1916), etc., etc.

4. Voir note 42, chap. VI.

5. Pièce de B. Shaw.

6. Pièce de B. Shaw.

7. Robert Smythe Hichens (et non Hitchens), auteur populaire et journaliste, né en 1864, et membre de la Société royale de Littérature.

8. Voir note 24, chap. IV.

grande main pour énoncer, l'air inspiré, une observation presque banale, et qui disait : « Une pensée ! Une pensée ! » Un jour, n'en pouvant plus, quelqu'un (je crois bien que c'était Jepson), avait éclaté : « Mon brave, avait-il dit, j'espère que vous ne prenez pas votre déclaration pour une pensée ? » Mais c'était là justement le point névralgique chez un grand nombre de ces penseurs. Une espèce de théosophe me disait : « Le bien et le mal, l'erreur et la vérité, la sagesse et la folie ne sont que des aspects de la même ascension de l'univers ! » Dès ce temps-là, il m'arriva de lui répondre : « En admettant qu'il n'y ait entre le bien et le mal, entre le faux et le vrai aucune différence, quelle différence faites-vous entre monter et descendre ? »

Or, il y avait une chose que je commençais à remarquer, comme j'avais déjà fait lors de cette occasion moins importante du débat sur Nietzsche. Toute cette clique, tandis qu'elle louait le drame ibsénien ou shawien, traitait très dédaigneusement le grand drame victorien. Elle ne cessait de tourner en dérision les personnages classiques des farces anciennes ; les gardes à la voix traînante et les grotesques épiciers de « Caste »[9] ou de « Nos garçons »[10]. Mais un autre vieux personnage cocasse était devenu plus faux encore ; c'était le vicaire comique du *Private Secretary*[11] ; le simple d'esprit qui n'aimait pas Londres, et qui réclamait un verre de lait et un gâteau. Beaucoup de sceptiques de cette société si hautement scientifique n'avaient pas, c'est certain, oublié, malgré leur âge, la blague victorienne sur le vicaire[12]. Ayant moi-même été élevé, d'abord, dans l'esprit de cette plaisanterie, puis dans le scepticisme à l'égard du prêtre, j'étais tout prêt à croire qu'une superstition finissante trouvait sa représentation dans l'attitude de ces faibles. En fait, je m'aperçus que c'était souvent de beaucoup les plus doués et ceux qui s'imposaient le plus. D'une discussion à

9. Pièce de T.W. Robertson, créée en 1867 ; énorme succès de théâtre.
10. Comédie de H.J. Byron, créée en 1878, et qui fut jouée sans interruption pendant quatre ans et trois mois, ce qui, pour Londres, est exceptionnel.
11. Pièce adaptée d'une pièce allemande de von Moser : *Der Bibliotheker*, par un auteur dramatique anglais : Ch. H. Hawtrey (sir Charles Henry) en 1883 ; eut, rien qu'à Londres, 844 représentations consécutives.
12. Il s'agit vraisemblablement de l'anecdote du vicaire invité chez son curé et à qui l'on a servi un œuf douteux. Le vicaire ne sait comment faire ; il se bourre de pain ; le curé remarque son manège : « Il n'est pas frais ? » « Oh si, répond le vicaire, il est très bon… par endroits ! »

l'autre, je vis se produire la chose que j'ai déjà notée lors du débat sur Nietzsche : c'est que c'était le vicaire ridicule, le membre du clergé tenu pour faible d'esprit, qui se levait et qui du moins donnait à la discussion l'air d'une épreuve aboutissant à retrouver un peu l'esprit de vérité ; pour tout dire, c'était lui qui faisait apparaître l'avantage qu'il y avait à avoir été assez bien élevé dans un système quelconque. De redoutables semences de doute commencèrent ainsi à se trouver semées dans mon esprit. J'étais presque tenté de mettre en question l'exactitude de la légende anticléricale, voire même de la farce du *Private Secretary*. Il me semblait que les curés qu'on dédaignait se montraient plutôt plus intelligents que n'importe qui ; et que, dans ce milieu d'intellectuels, eux seuls essayaient de faire usage de leur intelligence. C'est pour cette raison que je commence le récit de ces aventures par l'Aventure du Pantalon du vicaire. C'est aussi pour cela que j'ai parlé d'abord de M. Conrad Noël. Lui n'avait pas de gâteau ; et ne se bornait pas à un verre de lait. Et personne, si peu qu'on le connût, n'eût pu dire de bonne foi qu'il n'aimait pas Londres.

Fils de poète et petit-fils de pair, Conrad Noël avait en lui tous les éléments inestimables de l'aristocrate excentrique qui prend si souvent la figure d'un démocrate particulièrement destructeur. Cunninghame Graham[13], ce grand gentilhomme, que je connus plus superficiellement, mais pour qui j'eus toujours un profond respect, appartenait à la même espèce de rebelle intraitable ; mais il avait une sorte de gravité proprement écossaise, assez semblable au sérieux espagnol, tandis que l'humeur de Noël était moitié anglaise et moitié irlandaise ; mais toujours, avant tout, pleine d'humour. Noël se plaisait par nature à choquer les gens, ou à faire rire à leurs dépens. Je me souviens qu'il disait souvent, hochant la tête d'un air de méditation concentrée : « Comme les gens savent peu de chose des occupations

---

13. Robert Bontine Cunninghame Graham (1852-1932) ; fils d'un noble écossais ; études à Harrow. A passé, par diverses carrières ; membre du Parlement de 1886 à 1892 ; chef de la grève des docks (1887) ; anarchiste ; grand voyageur (notamment Amérique du Sud, où il connut intimement la vie des Gauchos et les anciennes civilisations survivant de la période de la domination espagnole). Son œuvre comporte de remarquables récits de voyage, des descriptions de scènes et de peuplades étranges, et des récits de son Écosse natale. A publié : *Mogreb-el-Acksa* (Morocco, 1898) ; *Thirteen Stories* (1900) ; *Success* (1902) ; *Hernando de Soto* (1903) ; *The Horses of the Conquest* (1930), etc.

qui remplissent la vie du *clergyman* ! De tout ce qu'on lui demande ! De tout ce qui le distrait de ses devoirs divers : un après-midi tout entier passé dans les coulisses du théâtre Butterfly[14], à s'entretenir avec Poppy Pimprenelle[15] ; une soirée passée à faire la tournée des bistrots avec Jack Bootle[16] ; puis, après-dîner, retour au club. Etc., etc. ». En fait, lui-même donnait une grande partie de son temps à des choses peut-être tout aussi fantasques, mais plus intelligentes. Il adorait dénicher les quartiers généraux de sectes incroyables ou démentes ; et il a écrit une relation bien divertissante de leurs agissements, qu'il a intitulée *Byways of Belief*[17]. Il portait une affection toute particulière à un vieux monsieur à longs favoris grisonnants, qui vivait dans un faubourg, et qui s'appelait, disait-on : « Roi Salomon David Jesus ». Le prophète à favoris ne craignait pas, comme il est du devoir d'un prophète, de protester contre ce qu'il tenait pour les pompes et les vanités de ce bas monde. Dès le début de l'entretien, il reprit Conrad Noël avec froideur à propos de l'envoi d'une carte de visite portant les mots « Révérend Conrad Noël », attendu, disait-il, que ces mots étaient abolis par la nouvelle répartition des biens. Conrad tenta de répliquer, pour sa défense, avec toute la discrétion possible, qu'il semblait y avoir, dans le fait de se baptiser soi-même Salomon, David et Jésus, quelque chose qui pourrait soulever des problèmes d'identité peut-être plus graves, et en tout cas une comparaison historique tant soit peu formidable ; que, de toute façon, un vieux monsieur se dénommant lui-même « roi » pouvait malaisément reprocher à autrui une simplicité républicaine aussi austère. Mais le monarque expliqua que son titre lui avait été octroyé par une vraie voix, une voix qui parlait du plus profond de la voûte céleste ; et le Révérend Conrad, de très bonne grâce, s'avoua incapable de prétendre que sa propre carte de visite eût été tracée sous une dictée analogue.

Parfois, au lieu que ce fût lui qui allât rendre visite aux religions nouvelles, c'étaient les religions nouvelles qui venaient à lui ; et c'était peut-être plus inquiétant encore. Un jour, il était sorti avec

14. Mot imaginé.
15. Nom imaginé.
16. Nom imaginé.
17. Voir note 1, ci-dessus.

sa femme, qui était petite et charmante, et dont l'effacement était peut-être un peu trompeur, pour assister à une matinée. À leur retour, ils trouvèrent que dix Doukhobors[18] étaient en train de dévorer le goûter préparé pour leur retour. Pour ceux qui n'ont pas eu de ces heureuses surprises, il faut dire que les Doukhobors sont une secte de pacifistes russes, communistes pratiques, qui croient qu'il faut résoudre le problème de la vie par une hospitalité mutuelle. Soit dit en passant, circonstance curieuse, et décevante, tandis que les Doukhobors habitaient encore la Russie, en conflit avec une autorité non-britannique, ils se conduisaient en toute occasion comme une troupe de saints, et vivaient conformément à l'exemple le plus édifiant des premiers chrétiens ; mais, après qu'ils eurent traversé l'Océan pour s'établir au Canada et vivre sous l'autorité britannique, ils se retrouvèrent étrangement démoralisés, et dégénérèrent en une bande de fanatiques dangereux qui circulaient par le pays, volant des chevaux qu'ils dételaient, et des vaches qu'ils dérobaient dans leur étable ; tout cela parce qu'ils désapprouvaient qu'on tînt les animaux captifs. Bref, Conrad Noël qui ne se fût certainement point méfié d'eux tant qu'ils défiaient l'Empire russe ou l'Empire britannique, avait rencontré quelque part un membre de cette secte, et l'avait cordialement et distraitement invité à le venir voir. L'intéressé était venu, accompagné de neuf autres personnes, toutes semblables à lui, qui, pour l'heure, s'empiffraient de gâteaux mous et de macarons, et disant qu'ils seraient enchantés de payer le prix d'un repas aussi abondant, aussi somptueux ; mais que, malheureusement, ils désapprouvaient l'usage de l'argent.

18. Nom donné par l'Église orthodoxe russe à une communauté de paysans non conformistes. Le mot veut dire « combattants de l'Esprit ». Le clergé l'entendait ainsi : « combattants contre l'Esprit », contre l'Esprit de Dieu. Les Doukhobors eux-mêmes acceptèrent le nom, mais en lui donnant le sens de « combattants de l'Esprit », pour l'Esprit, avec l'Esprit. Ils finirent toutefois par abandonner le mot pour le remplacer par : « Chrétiens de l'Église universelle ».

C'est vers le milieu du XVIIIe siècle qu'il fut pour la première fois question des Doukhobors. Considérés comme dangereux, ils furent encore persécutés sous Nicolas Ier et exilés au Caucase ; à la fin du XIXe siècle, ils demandèrent à émigrer en corps ; sept mille cinq cents d'entre eux partirent pour Chypre où l'autorisation de débarquer leur fut refusée ; c'est ainsi qu'ils se rendirent au Canada. Une importante colonie de Doukhobors existe encore dans la Colombie britannique (Canada occidental).

Ils enseignent que l'esprit de Dieu est présent dans l'âme de l'homme et le dirige par la parole intérieure.

« Par contre, expliquaient ces chrétiens primitifs, s'il y avait quelque menue façon de servir, quelque tâche domestique qu'ils pussent offrir en échange, tous seraient enchantés de s'acquitter de leur dette. Une lueur combative s'alluma alors dans l'œil de Mme Conrad Noël ; du ton le plus tranquille, elle leur énuméra toutes les choses qu'elle avait à faire faire chez elle. Il y en avait un grand nombre, beaucoup plus que je ne pourrais aujourd'hui me rappeler ; mais je crois que le transport d'un piano à queue au dernier étage, le cinquième, ou celui d'un billard au bout du jardin, comptaient parmi les exemples typiques des travaux auxquels ces Doukhobors chancelants et hésitants furent invités à s'atteler par cette dame aimable, mais vindicative. Il est à craindre que nul d'entre les Doukhobors ne reparut jamais chez l'hospitalière chrétienne socialiste ; à l'exception d'un Doukhobor isolé qui voulut opérer d'après un plan tout personnel : le petit travail domestique dont celui-ci paya son repas fut d'aller corriger, dans le bureau même de Noël, le sermon que le révérend était en train de préparer, caviardant des passages entiers pour y introduire des sentiments d'une tendance plus purement Doukhobor. Je soupçonne M. Noël, et de même Mme Noël, d'avoir, à dater de ce jour, commencé à douter un peu de l'idéal doukhobor.

Ce qui est certain, c'est que M. Noël ne perdit jamais la foi dans ce qu'on peut appeler l'idéal communiste russe ; il est vrai qu'il eût été aussi étonné que quiconque si on lui avait dit quel destin attendait le communisme russe. Mais c'est surtout moi-même qui suis ici en cause, et M. Noël me fournit un exemple de cette première impression qui prévalut chez moi de la stupidité des anticléricaux, et combien les cléricaux étaient de beaucoup plus intelligents. C'est aussi de ce temps-là que datent les débuts, encore nébuleux, de mon détachement personnel du communisme pur et simple vers ce qu'on appelle l'idéal distributeur. Ce n'était là, somme toute, qu'une nouvelle subdivision de mon histoire de Notting Hill, appliquée à une maison et non plus seulement à une rue entière ; point de vue qui se trouva fortifié grâce à Belloc, à mes amis irlandais, grâce aussi à mes vacances françaises.

Je crois pourtant que la première étincelle qui devait m'enflammer date du jour où, au cours d'une réunion mondaine, un théosophe parla longuement et d'une voix monotone de l'immoralité des chrétiens qui croyaient au pardon des offenses : attendu qu'il n'y avait de vrai que le Karma[19], par quoi nous récoltons tout ce que nous semons. « Si nous brisions cette fenêtre, disait-il d'un air lugubre, désignant une des fenêtres du salon, notre hôte (c'était Sir Richard Stapley)[20] pourrait peut-être nous pardonner ; la fenêtre n'en serait pas moins brisée ». Sur quoi un petit curé à lunettes, presque chauve, et que je ne connaissais pas du tout, bondit sur ses pieds pour répliquer : « Mais casser une fenêtre n'est pas une mauvaise action ! Ce n'est une mauvaise action que parce que c'est la fenêtre de M. Stapley ! Et si cela lui est égal, à M. Stapley, pourquoi cela déplairait-il à une autre personne ? »

Ce fut, en tout cas, pendant un séjour chez Conrad Noël, célèbre plus tard pour avoir été le pasteur qui arbora le drapeau rouge à son église de Thaxted, dans le comté d'Essex, qu'il m'arriva, tandis que je m'habillais pour dîner, de commettre ce qui me semble (à moi) l'erreur bien excusable de prendre son pantalon noir clérical pour mon pantalon de soirée. Je considère que je ne violais gravement par là aucune loi ecclésiastique relative à l'usage illégal des vêtements du prêtre ; et Conrad Noël fut lui-même toujours assez indifférent en matière de vêtements. Le monde le tenait pour un clergyman très bohème, comme il le tient aujourd'hui pour un prêtre très bolcheviste. Le monde serait beaucoup plus sage, s'il comprenait qu'en dépit de cela, Conrad Noël était, et est encore, un clergyman de l'espèce très peu mondaine, et, pour tout dire, beaucoup trop peu mondain pour être jugé par le monde avec équité. Je ne fus pas toujours d'accord avec lui sur son attitude, et je ne le suis pas entièrement aujourd'hui sur sa politique ; mais toujours j'ai pu me rendre compte qu'il éclatait de sincérité, et qu'il avait toute la simplicité d'un esprit combatif. Toutefois, au temps dont je parle, ses excentricités extérieures semblaient plus provoquantes que peut l'être un chiffon rouge pour un taureau, ou un drapeau rouge pour un tyran[21]. Il prenait plaisir à des combinaisons bizarres de costume,

19. Voir note 60, chap. VI.
20. (1842-1920) membre du « London County Council », juge de son district ; fait chevalier en 1908 ; se présenta deux fois aux élections pour Brixton et pour Holborn.
21. Il y a ici dans le texte de G.K.C. un jeu intransportable en français, qui consiste à rapprocher « red rag to a bull » de « red flag to a bully », c'est-à-dire « un chiffon rouge pour un taureau » et « un drapeau rouge pour un tyran, un despote, un matamore ». En anglais, l'allitération est piquante. Il semble bien, pourtant, que le

portant un mélange d'uniforme religieux, d'équipement d'artiste et
d'équipage prolétarien. Il s'amusait beaucoup à paraître sous des
vêtements religieux corrects, que surmontait une sorte de casquette
velue, ou fourrée, qui le faisait ressembler à un chasseur de rats qui
eût été esthète. J'eus le plaisir de me promener avec lui tandis qu'il
était ainsi affublé, à travers toute la vaste région qui s'étend au sud de
Londres, à partir de Blackfriars Bridge ; nous marchâmes ainsi jusqu'à
ce que nous aperçûmes les verdoyantes collines qui s'étendent au delà
de Croydon ; expédition très intéressante, trop rarement entreprise
par ceux qui vivent sur la rive élégante de la Tamise. Je me rappelle
aussi une autre circonstance où je revins à pied de je ne sais quelle
réunion, en compagnie de Conrad Noël et du Docteur Percy Dearmer,
alors fameux surtout parce qu'il faisait autorité en matière de rituel
et de vêtements sacerdotaux. Le Dr. Dearmer[22] avait l'habitude de
circuler vêtu d'une soutane et coiffé d'une barrette, costume qu'il avait
fidèlement reconstitué comme étant exactement du modèle convenant
à un prêtre anglican, ou anglo-catholique ; et il était drôle de le voir si
chagrin de constater que les gamins des rues se méprenaient sur son
caractère strictement traditionnel et national. Quelqu'un lui criait-il,
par exemple : « À bas la papauté ! » ou bien « Au diable le pape ! »,
ou encore quelque autre expression d'un sentiment religieux encore
moins borné, ou plus libéral, Percy Dearmer, sévèrement, faisait taire
l'insolent, disant : « Vous ne savez donc pas que c'est là le costume
exact dans lequel Latimer[23] marcha au bûcher ? »

mot « bully » n'est pas celui que G.K.C. eût employé s'il n'avait pris plaisir au jeu.
On est victime de l'allitération comme on l'est de la rime.

22. Dr Dearmer (1867-1936), maître-ès-arts, et docteur en théologie d'Oxford ;
études à Westminster School, Christ Church (Oxford) et à l'étranger. Chargé de cours
et professeur d'art religieux à King's College (Université de Londres), depuis 1919 ;
président de la « League of Arts » depuis 1920 ; dirigea l'église de Holy Trinity, dans
Sloane Street, London.

Œuvres : *Oxford Cathedral* (1897) ; *Wells Cathedral* (1898) ; *The Parson's
Handbook* (1899) ; *The little Lives of the Saints* (1900) ; *Highways and Byways in
Normandy* (1900) ; *The English Liturgy* (1903) ; *The Sanctuary* (1906) ; *Body and
Soul* (1909) ; *The English Carol Book* (1913) ; *Everymen's History of the Prayer-
Book* (1912) ; *Art and Religion* (1924) ; *The Christmas Party* (pièce, 1926) ; *Book of
Carols* (1928), etc., etc.

23. Hugh Latimer (1490-1555), martyr du protestantisme. Fut « fellow » à
Cambridge en 1522. Lors de l'incident d'Anne Boleyn, il se déclara pour Henry VIII.

En attendant, mon propre costume, si calamiteux qu'il fût, était plutôt le résultat d'un accident que d'un propos délibéré ; mais ceci se passait un peu plus tard, et ma femme m'avait déjà déguisé autant que possible sous le grand chapeau et la cape qui sont devenus familiers aux caricaturistes. Or, c'était aussi dans un temps assez ancien de l'histoire anglaise pour qu'on portât la redingote dans les cérémonies officielles. J'avais enlevé la cape et gardé la redingote et le chapeau à grands bords ; et je devais ressembler, d'une manière plus ou moins amorphe, à un missionnaire boer. Ainsi allais-je par les rues, encadré d'un côté par la casquette fourrée de l'esthète chasseur de rats, et, de l'autre, par la cérémonieuse barrette et la soutane de l'évêque Latimer. Charles Masterman, qui portait toujours d'une manière fort peu conventionnelle des vêtements strictement conventionnels, un haute forme planté derrière la tête et brandissant son parapluie avec des gestes gouailleurs, marchait derrière nous, montrant que nous occupions sans nous en douter toute la largeur du trottoir, et criant tout haut : « Pourrait-on voir trois dos pareils en quelque autre lieu de la terre ? »

Si j'ai noté cette pointe d'excentricité, voire d'excentricité vestimentaire, à la limite extrême du parti anglo-catholique, c'est qu'elle joua réellement un rôle important dans le début du processus par lequel les journalistes bohêmes, dont nous étions, mon frère et moi, furent amenés à considérer sérieusement la théorie d'une Église. Je subis profondément l'influence de Conrad Noël ; et mon frère peut-être encore plus que moi.

J'ai dit très peu de chose, jusqu'ici, de mon frère, malgré le rôle considérable qu'il joua dans mon enfance et dans ma jeunesse. Cette omission est imputable à tout, sauf à l'oubli. Mon frère était un être beaucoup trop remarquable pour ne pas avoir son chapitre à lui tout seul. J'ai décidé, non sans y avoir réfléchi, qu'il sera mieux présenté, avec tout le développement que mérite son cas, quand le moment viendra de traiter de son influence très réelle sur l'histoire moderne, et du récit complet de l'offensive contre la corruption politique. Mais il

---

Sous le règne de « Bloody Mary », il fut « examiné » à Oxford, emprisonné et brûlé vif en 1555, en même temps que Ridley et que Cranmer, juste en face du Balliol Collège. Un monument, placé en cet endroit, commémore l'événement.

est opportun de noter ici qu'il différa de moi dès le commencement, la moindre de nos différences n'étant pas dans le fait qu'il commençait à résoudre par le commencement les questions dont il s'occupait. J'ai toujours gardé une sorte de loyauté attardée, de vague sympathie envers les traditions du passé ; si bien que, même au cours de la période pendant laquelle je ne croyais à peu près à rien, je croyais à ce que certains ont pu appeler le désir de croire. Or, au commencement, mon frère ne désirait même pas croire ; du moins ne voulait-il pas admettre qu'il avait le désir de croire. Il adoptait d'instinct l'attitude extrême de l'antagonisme, et presque de l'anarchisme ; et cela, pour une bonne part, par manière de réaction, et comme résultat de nos interminables discussions ; ou plus exactement de notre interminable discussion, car nous consacrâmes vraiment notre enfance toute entière à une seule discussion sans fin, malencontreusement interrompue de temps à autre par les repas, par les heures de travail et par telles autres niaiseries aussi irritantes qu'inopportunes. Mais, bien qu'il fût prêt, dès l'abord, à tirer l'épée en faveur de l'anarchisme, de l'athéisme, ou de n'importe quoi, il avait cette sorte d'esprit où l'anarchie, où l'athéisme pouvaient survivre à n'importe quoi, sauf à la société des anarchistes et des athées. Il avait l'esprit beaucoup trop lucide et trop prompt pour ne pas être assommé par le matérialisme tel qu'il était défendu par les matérialistes eux-mêmes. Cette réaction négative contre le « négatif » aurait pu, il est vrai, ne pas le mener bien loin, si le pôle positif de l'aimant n'avait pas commencé à l'attirer dans la personne de personnalités comme Conrad Noël. Ce fut certainement grâce à ce clérical excentrique que mon frère commença à cesser d'être cette chose stérile : un vulgaire anticlérical. Je me rappelle que, lorsqu'il arrivait que des gens attachés aux conventions se plaignaient des manières extravagantes de Noël, ou lui attribuaient des choses pires, dont il n'était certainement pas coupable, mon frère Cecil leur répondait toujours en citant, d'après la Bible, les paroles de l'homme guéri de la cécité : « Pécheur ou non, je ne sais ; mais je sais que j'étais aveugle, et maintenant je vois ».

Le vieux groupe « High Church »[24] ou anglo-catholique dont Conrad Noël représentait l'aile extrême, la plus révolutionnaire, et

24. Voir note 11, chap. I.

Percy Dearmer (du moins dans ce temps-là) le côté le plus historique, le plus liturgique, était en fait un groupe d'hommes très chics, pour qui, en ce qui me concerne, j'éprouverai toujours une gratitude comparable à celle de mon frère, ou à celle de l'aveugle de l'Écriture. Son chef, pour autant qu'il y eut un chef dans les plus hautes sphères du système anglican, était cet homme séduisant, cet homme inoubliable qui s'appelait Henry Scott Holland[25], qui se mouvait parmi des hommes plus jeunes comme s'il eût été beaucoup plus jeune qu'eux ; inoubliable avec son visage risible de grenouille, sa haute stature, sa voix de taureau beuglant ; un peu comme la grenouille de la fable ; mais une grenouille victorieuse, qui avait vraiment réussi à se faire aussi grosse qu'un bœuf. Naturellement, dans un sens intellectuel abstrait, leur chef était plutôt le Dr. Gore[26] ; mais quiconque connaissait les mérites particuliers du Dr. Gore se serait attendu à se le représenter plutôt comme une figure plus mince, plus effacée, et à l'arrière-plan. Tous se retrouvaient parfois d'accord sur un programme unique, surtout à la tribune de cette Union Sociale Chrétienne, à laquelle je me joignis plus tard ; j'espère que tous ceux de mes vieux amis qui vivent encore, et de qui je fus parfois séparé par les idées, mais jamais par l'antipathie, me pardonneront de rappeler ici quelques-unes des folies qui égayèrent cette époque où nous étions unis. Je me souviens du jour ou cinq ou six d'entre nous s'adressèrent à la ville étonnée de Nottingham pour lui parler de ce que nous considérions comme son devoir de chrétienne en présence du problème moderne de la pauvreté des travailleurs industriels. Je me rappelle les visages des citoyens de cette grande cité tandis que je leur parlais ; et je regrette

25. Henry Scott Holland (1847-1918) ; études à Eton et à Balliol ; licence avec un « first » en 1870. Après avoir été « theological tutor » au collège de Christ Church (Oxford) et prédicateur, il devint chanoine de Truro (Cornouailles) en 1882 ; de la cathédrale Saint-Paul, en 1884 ; de Christ Church en 1910, date à laquelle il devint professeur de « divinity », à l'Université d'Oxford. A publié (1915) *A Bundle of Memories*.

26. Dr Charles Gore, neveu du quatrième comte de Harran (1853-1932), écrivain et théologien dont l'influence fut considérable. Études à Harrow et à Balliol ; élu « fellow » du Trinity College à Oxford, poste qu'il occupa de 1875 à 1895. Fut ensuite évêque de Worcester (1901-1904), de Birmingham (1904-1911) et d'Oxford (1911-1919). Directeur de *Broad High Church* et de *Lux Mundi*, deux périodiques (1889). Parmi ses ouvrages : *Incarnation of the Son of God* (1891), *Dissertation on Reincarnation* (1895), *The Philosophy of Good Life* (1930), etc., etc.

de dire que je relatai mes impressions en quelques strophes qui étaient censées condenser les impressions ressenties par un commerçant de Nottingham ; ces vers devinrent par la suite une sorte de scie plaisante au sein de notre petit cercle, et je ne les cite que pour le plaisir de réveiller le souvenir de ces jours heureux d'autrefois :

L'Union Social'Chrétienne ici,
Ell' fut bien embêtée ;
Il paraît qu'il existe un d'voir
Qu'on n' devrait négliger jamais,
Alors v'là qu'ils nous ont chanté
Des hymn's pour aider les chômeurs.

Sur une grand' estrade, tout au fond,
Les orateurs on mit ;
Et l'évêque Hoskins[27]*, su'l'devant,*
Tapa sur une gross' cloche et dit
Qu'monsieur Carter allait prier,
Monsieur Carter pria.

Puis l'évêque Gore, de Birmingham,
Se tenant sur un' jambe,
Dit qu'il s'rait plus heureux si les
Mendiants n' mendiaient plus,
Et qu' s'ils lui volaient son palais
Ça lui rabattrait son caquet.

Il dit encore que le chômage
C'était une horreur, un fléau ;
Qu' la charité n'apportait rien
Qu'envie et servitude ;

27. Right Reverend Sir Edwyn Hoskyns (et non Hoskins), baronnet, douzième du nom (titre créé en 1276) ; né en 1851, mort en 1925 ; études à Oxford ; ordonné en 1874, recteur de Saint-Dunstan, Stepney (est de Londres) de 1886 à 95 ; curé de Bolton (région industrielle de l'ouest de Londres), de 1895 à 1901 ; chanoine honoraire de Manchester depuis 1899 ; recteur, puis évêque de Burnley (1901-1905) ; enfin évêque de Southwall.

Puis sur l'autre jambe il se tint
Pour dir' que tout ça n'est pas juste !

Ensuite un nommé Chesterton
Se l'va, but un peu d'eau,
J'crois qu'il nous dit qu' les principes
Ça n' conduit à rien qu'aux massacres,
Et que nous transigions tout l'temps,
Et qu' nous avions bien tort.

Puis l' chanoine Holland vint tirer
Une sapré' bordé' d' coups d' canon ;
On tâchait d' comprend' c' qu'il disait ;
On avait beau chercher ;
Pourtant on n' pouvait qu'admirer
Comme il f'sait bien trembler les vitres.

Il a dit qu' l'homme d'vrait êtr' honteux
Chaqu' fois qu'il fait semblant,
Et qu'on d'vrait crier constamment
Je vis ! J'suis un quidam !
… Quand il eut parlé, j'suis sorti
Et suis monté dans mon tramway.

J'en étais plutôt fier, de ces vers[28] ; c'est qu'ils donnent, pour le principal, une relation exacte des discours qui furent prononcés ; ou tout au moins de ce que ces discours durent paraître à l'auditoire. Je les tire aussi de leur poubelle parce qu'ils me rappellent une expression caractéristique de Scott Holland, que j'ai trouvée depuis être un problème typique de la vie humaine. Il y avait aussi une strophe de ces vers burlesques, que j'ai omise exprès parce qu'elle serait certainement mal comprise, comme Scott Holland fut mal compris. Ce qu'il disait avait toujours un sens, et venait d'une façon de penser qui n'était pas pour le grand nombre ; mais il portait en lui une source naturelle de rire, si bien que sa grande bouche épaisse semblait toujours refermée

---

28. G.K.C. parle des vers anglais, non de la version du traducteur…

sur ce rire en une expression qui ressemblait à une grimace contrainte. Je me souviens qu'à la réunion dont j'ai parlé il avait exposé ce qui est peut-être le meilleur argument en faveur de l'intervention de l'État ; dans le sens, à peu près, de Socialisme d'État, sens répandu dans l'Union Sociale Chrétienne, et nettement marqué chez les socialistes chrétiens convaincus et agressifs, comme Conrad Noël. Il avait dit que l'Empire, que l'autorité sociale, méritaient d'être considérés d'un point de vue positif, et non seulement d'un point de vue négatif ; que nous devrions pouvoir avoir confiance dans ce qu'elle faisait, et non point seulement penser aux choses qu'elle nous punissait pour avoir faites. L'homme politique devait être placé au-dessus du policeman ; son rôle devait être de produire et de construire, et non seulement de punir. Parvenu à ce point de son raisonnement, l'immense plaisir que lui causait d'avance ce qu'il allait dire pétilla sur tout son visage ; étendant la main vers cet auditoire raide et respectable de Nottingham, il déclara : « Le châtiment n'est qu'un instrument d'exception. C'est seulement de temps à autre que vous et moi sentons cette main nous toucher à l'épaule, que nous entendons cette invitation un peu bourrue à "circuler sans faire de pétard". Ce n'est pas chaque jour de la vie que nous sommes assis au banc des accusés, et condamnés à la prison. La majeure partie de nos relations avec le Gouvernement sont amicales et pacifiques. Oui, je parie que, dans cette salle même, un bonne demi-douzaine de gens n'ont jamais été en prison ». Un air de surprise et de consternation se peignit sur tous les visages. Je n'ai jamais cessé de voir cette scène dans mes rêves ; c'est qu'elle représentait une part importante de mon problème personnel.

Je n'ai jamais compris, depuis ce jour et jusqu'ici, pas plus d'ailleurs que Holland lui-même, pourquoi un argument solide est moins solide quand on le soutient par des exemples plaisants. Ce que disait Holland était parfaitement sensé, et philosophique. Il disait que l'État est là pour procurer au citoyen des réverbères et des écoles, tout aussi bien que des prisons et des potences. Mais je soupçonne fort que beaucoup de ceux qui l'écoutaient, je parle de ceux qui étaient assez intelligents pour ne pas se figurer que l'orateur était fou, se disaient du moins qu'il était léger. J'ai fait moi-même, au cours d'une vie moins utile que la sienne, une découverte aussi curieuse. Si vous dites que deux moutons et deux moutons font quatre moutons, vos auditeurs admettront la chose avec patience, comme des moutons. Mais si vous dites la même chose de deux singes, ou de deux kangourous, ou de deux griffons vert d'eau, les gens iront jusqu'à refuser d'admettre que deux et deux fasse quatre. On dirait qu'ils se figurent que vous devez avoir adapté l'arithmétique toute entière, comme vous avez imaginé l'exemple d'arithmétique. Et, bien qu'ils sachent parfaitement que ce que vous dites est sensé, pourvu qu'on se donne la peine d'y réfléchir, en faisant usage de sa raison, ils ne peuvent se résoudre à croire que ce qui s'accompagne d'une plaisanterie sans importance puisse être raisonnable. Peut-être cela explique-t-il pourquoi tant de ceux qui réussissent dans la vie sont si peu intéressants, ou pourquoi tant d'hommes peu intéressants réussissent si bien.

Mais si je me suis attardé un moment à parler de ce meeting et de ce groupe, c'est parce que je suis trop heureux, à la lumière d'événements ultérieurs, de porter ici témoignage du plaisir avec lequel je me souviens de l'un et de l'autre. Quand des gens de beaucoup de partis différents parlaient de tous les fidèles de l'Église anglo-catholique comme de personnages secs et distants, quand ils parlaient, comme il arrivait souvent, du détachement dépourvu d'humanité de Charles Gore, ou du découragement désespéré de Charles Masterman, j'avais toute raison de me souvenir de choses bien meilleures et moins tristes ; et j'ai toute raison de rapporter ici, en passant, à quel point le pessimisme d'un Masterman était encourageant dans son exubérance, à quel point le détachement d'un Dr Gore était subtil et compatissant. De bons amis, et de gais compagnons… *O anima humana naturaliter Christiana*, vers où marchiez-vous donc si bravement, que vous n'ayez pas pu trouver la voie naturelle ?

Mais ces souvenirs du groupe anglo-catholique et tous les noms qui suivent tout naturellement la mention du premier, celui de Noël, m'ont entraîné bien loin dans mon récit, en avance sur les événements. Quand Noël parut pour la première fois à l'horizon de mon frère et au mien, mon frère était franchement antireligieux, et je n'avais moi-même aucune religion, rien de plus que la plus nébuleuse religiosité. Il est nécessaire dans ce chapitre de dire quelque chose des tendances grâce auxquelles je glissai de plus en plus vers l'orthodoxie ; et comment je me trouvai peu à peu, comme je l'ai dit, au cœur même d'un groupe clérical, composé de chanoines et de vicaires. Selon le mot de Sydney Smith[29], ma toute première introduction dans ce groupe se fit par des vicaires fort peu conventionnels. Conrad Noël eût très bien pu illustrer cette vue, ou cette fantaisie, de Sydney Smith ; le hasard voulut, en effet, que si, dans son cas, le vicaire extravagant était en tous points singulier, les vicaires extravagants pouvaient aussi se mettre au pluriel. Mon vieil ami, le Révérend A.L. Lilley, maintenant chanoine de Hereford[30], était alors curé de la paroisse de Paddington Green[31] ; et ses sympathies, larges et bienveillantes, s'exprimaient dans l'excentricité caractérisée du clergé qui l'assistait. Il était, en effet, l'un des deux ou trois Anglicans que j'ai connus qui fussent réellement larges d'idées. Ses vicaires formaient un groupe dont nous parlions, bien irrévérencieusement, à un moment donné, comme d'une « ménagerie ». L'un d'eux, je me rappelle, était d'une taille gigantesque, avec des cheveux gris en broussaille, des sourcils et des moustaches qui ressemblaient beaucoup à celles de Mark Twain[32]. Un autre était Syrien, et c'était, je crois bien, un moine échappé de quelque monastère du désert. Le troisième était Conrad Noël. J'ai souvent pensé que ce devait être bien amusant d'être un paroissien de Paddington Green.

Mais ce dont il est question ici, c'est de l'acheminement de l'intelligence vers cette zone frontière de l'orthodoxie, aussi excentrique

29. Sydney Smith (1771-1845), chanoine de la cathédrale de St Paul à Londres, homme d'esprit célèbre en son temps. Auteur de satires littéraires et politiques.

30. Révérend Alfred Leslie Lilley, né en 1860, prêtre et auteur ; études à Trinity College ; aujourd'hui chanoine honoraire de Hereford.

31. Paroisse de l'ouest de Londres.

32. Mark Twain, pseudonyme de Samuel Langhorne Clemens (1835-1910) ; célèbre humoriste américain, de réputation universelle. Débuta comme imprimeur ; fut pilote sur le Missouri ; son pseudonyme s'inspire d'une expression usitée par les marins du Missouri chargés de sonder le fleuve, et qui disaient : « Mark twain ! » c'est-à-dire : « Marquez deux toises ». En 1861, chercheur d'argent dans les mines du Nevada, puis attaché pendant deux ans à une entreprise municipale en Virginie. Se rend ensuite à San Francisco (1864) ; en 1867, visita la France, l'Italie, la Palestine où il récolte les éléments pour écrire *Innocents abroad* (1869) qui établit sa réputation comme humoriste. Fut ensuite rédacteur à Buffalo (N.-Y.) où il épousa miss Langdon.

Citons, parmi ses œuvres les plus connues : *A tramp abroad* (1880) ; *Tom Sawyer, an immortal tale of young scapegraces in Missouri* (1876) ; la suite de Tom Sawyer : *Huckleberry Finn* (1884), chef-d'œuvre d'imagination et d'humour, et, en outre, tableau fidèle de la vieille civilisation du Mississipi ; *A Connecticut Yankee at the Court of King Arthur* (1889) ; *Joan of Arc* (1896) ; *The Prince and the Pauper*, etc., etc.

qu'elle soit. Et le lecteur doit, une fois de plus, accepter, peut-être en grommelant, que je fasse une brève allusion à des croyances véritables, et à cette chose que certains appellent théorie, et que j'appelle moi, pensée. Pour le côté purement religieux, j'ai été élevé parmi des gens qui étaient unitariens[33] et universalistes[34], mais parfaitement conscients que beaucoup de gens autour d'eux étaient en train de devenir agnostiques, ou même athées. Il y avait, en effet, deux tendances, dans ce qu'on appelait l'émancipation de la foi, pour s'affranchir des croyances et des dogmes du passé ; deux tendances nettement opposées ; et il est caractéristique de ce monde d'alors que toutes deux étaient désignées par les mêmes mots : toutes deux étaient censées représenter une : « théologie libérale », ou encore : « la religion de tous les hommes raisonnables ». En fait, la moitié des hommes raisonnables tiraient de plus en plus argument de ce que, parce que Dieu était dans Son ciel, tout devait être bien sur la terre ; et sinon dans ce monde-ci, du moins dans le suivant. L'autre moitié inclinait surtout à prouver qu'il était très douteux qu'il y eut un Dieu quelconque dans un ciel quelconque, et qu'il était au contraire très certain, pour un œil un peu scientifique, que tout n'allait pas pour le mieux dans ce monde, et qu'il serait plus près de la vérité de dire que tout allait mal. L'un de ces mouvements, considérés comme de progrès, conduisait au glorieux pays de féerie de George Macdonald[35] ; l'autre menait aux collines raides et creuses de Thomas Hardy[36]. L'une des

33. Ils croient en un seul Dieu et nient la Trinité.
34. Ils croient au salut final de toute âme et au triomphe final du bien sur le mal.
35. Voir note 8, chap. II.
36. Thomas Hardy, Order of Merit (1840-1928), un des plus grands auteurs victoriens, et l'un des très rares qui aient survécu comme grand auteur du xxe siècle ; né près de Dorchester, au cœur d'un Wessex qui n'est pas exactement le Wessex saxon, et qui servira de décor à toute son œuvre. Fut d'abord architecte ; en 1867, abandonna l'architecture pour la littérature. Après une courte tentative dans la voie de la poésie, s'adonne à la prose et publie bientôt quelques idylles presque pastorales, excellente peinture de la vie rurale avant le développement du machinisme ; à cette époque de son œuvre appartiennent *Under the Greenwood Tree* (1872) ; *A pair of blue eyes* (1873) ; *Far from the Madding Crowd* (1874), etc.

Touché par le pessimisme qui envahit la littérature anglaise à la fin du xixe siècle, écrivit quelques-uns des romans les plus pessimistes qui aient été conçus : *Tess of the d'Urbervilles* (1891) ; *Jude the Obscure* (1896). L'action de ses romans, qu'on appelle « Wessex novels » se place dans l'ouest de l'Angleterre, dans la région qui s'étend

écoles insistait spécialement sur le fait que Dieu doit être suprêmement parfait, s'Il existe ; l'autre, sur le fait que, s'Il existe, il faut qu'Il soit grossièrement imparfait. À l'époque où je passai de l'adolescence à l'âge d'homme, le doute pessimiste avait considérablement obscurci le dogme optimiste.

Je pense aujourd'hui que ce qui me frappa vraiment d'abord, ce fut exactement ceci : que ces deux écoles, qui logiquement étaient en contradiction, en réalité se conjuguaient. Théistes idéalistes et athées réalistes étaient alliés. Mais contre quoi ? Il m'a fallu près des deux tiers de ma vie pour trouver la réponse, et, quand elle se présenta pour la première fois à mon esprit, la question me parut totalement insoluble ; chose plus bizarre, pour les intéressés eux-mêmes, elle ne semblait pas même discutable. Je m'étais assis moi-même aux pieds de Stopford Brooke[37], orateur et poète au grand cœur ; et j'acceptai longtemps l'espèce de théisme optimiste qu'il enseignait ; en substance, c'était le même que celui que j'avais appris dès l'enfance dans le prestigieux mysticisme de George Mac Donald. C'était une foi pleine et substantielle dans la paternité de Dieu, et il y a peu de chose à dire contre elle, même en théorie théologique, sauf qu'elle

des confins de Cornouailles aux confins de l'Oxfordshire. Les noms des lieux sont presque tous imaginaires, mais il est facile de deviner la ville ou le village qui s'y cache.

Doué d'une grande puissance de pénétration ; style émouvant, un peu lourd. Ses livres sont pleins du sentiment de l'injustice du destin qui oblige l'homme à lutter en vain contre les fatalités aveugles, et condamne la majeure partie des humains à vivre sans l'espérance d'une rédemption quelconque.

Ce violent pessimisme a provoqué dans le public une réaction si violente que, après *Jude l'Obscur*, l'auteur, âgé alors de 56 ans, décida d'abandonner le roman et la prose et se tourna vers la poésie ; et, fait presque unique dans l'histoire littéraire, réussit à se placer au premier rang des grands poètes de son temps. Son poème épique : *The Dynasts* (première partie, 1904 ; deuxième partie 1906 ; troisième partie, 1908) et plusieurs autres volumes de vers, dont le dernier est intitulé : *Moments of Vision* (1917) montrent que Thomas Hardy est aussi grand comme poète qu'il fut comme romancier. Un critique a pu dire, il semble que c'est avec raison, que Thomas Hardy n'a été, dans l'ensemble, qu'un « Victorien luttant contre le victorianisme ».

37. Stopford Augustus Brooke (1832-1916), critique éminent, qui entra dans les Ordres après de brillantes études au Trinity College de Dublin ; fut nommé « Royal Chaplain » en 1872. En 1880, incapable de croire aux miracles, se sépara de l'Église d'Angleterre, mais continua à prêcher dans sa « chapel ».

A publié : *Theology in the English Poets* (1874) ; *Primer of English Literature* (1876) ; *Milton* (1879) ; *History of Early English Literature* (1892) ; *Tennyson* (1894) ; *Sermons* (9 vol., 1868-1894) ; *Poetry of Browning* (1902), etc.

ignorait un peu trop le libre-arbitre de l'homme. Son universalisme était une sorte de calvinisme optimiste. Quoi qu'il en soit, ce fut là ma première foi, antérieure à quoi que ce fût qui pût vraiment être appelé mon premier doute. Mais ce qui me frappa, même au premier abord, comme extraordinaire, c'est que ces optimistes semblaient être dans le même camp que les pessimistes. Dans la simplicité de mon esprit, il me semblait qu'il ne pouvait y avoir d'autre relation qu'une contradiction entre l'homme dont la foi était tout entière dans le sens de la paternité de Dieu et celui qui disait qu'il n'y avait pas de Dieu, ou qui disait que Dieu n'était pas un père. Je fis une remarque de ce genre, longtemps après, quand les critiques littéraires libéraux furent censés classer ensemble la philosophie de Meredith[38] et celle de Hardy. Il me semblait évident que Meredith défend, dans l'ensemble, qu'il faut se fier à la nature, et Hardy qu'il ne faut pas se fier à la nature. Dans l'innocence de mon esprit, ces deux idées me semblaient un peu inconsistantes. Je n'avais pas encore découvert la haute synthèse qui les liait. Car, la haute synthèse qui les lie consiste à porter des

---

38. George Meredith (1828-1909), autre grand victorien qui a vu le XXe siècle ; écrivain et poète ; né à Portsmouth ; origines irlandaise et galloise ; études, partie dans sa ville natale, partie à Neuwied, près de Coblence, où il séjourna pendant deux ans ; en 1844, entre chez un officier ministériel à Londres ; mais ne tarde pas à abandonner la loi pour le journalisme ; épouse la fille de Thomas Love Peacock, un des meilleurs parmi les romantiques de second plan (1785-1866) ; publie le premier volume des *Poems* (1851).

Collabore à divers périodiques, y compris *Fortnightly Review* ; fut longtemps (à partir de 1860) lecteur de manuscrits pour Chapman & Hall. Un de ses titres à notre gratitude fut d'avoir révélé Thomas Hardy au public anglais. Séparé de sa femme en 1858, il publia en 1859 son premier grand roman : *The Ordeal of Richard Feverel*, suivi d'une longue série de chefs-d'œuvre : *Evan Harrington* (1861) ; *Emilia in England* (Sandra Belloni) (1864) ; *Rhoda Fleming* (1865) ; *Vittoria* (1867) ; *Beauchamp's Career* (1876) ; *The Egoist* (1877), le plus connu de ses livres ; *The Tragi-Comœdians* (1880) ; *Diana of the Crossways* (1885) ; *One of our Conquerors* (1891) ; *Lord Ormont and his Aminta* (1894) ; *The Amazing Marriage* (1895), etc., etc., ainsi qu'un essai critique *On the Idea of Comedy* (1877) et de nombreux volumes de poèmes. Divorça en 1861 ; se remaria peu après.

Meredith fut toujours et sera sans doute toujours un écrivain pour un public restreint de connaisseurs ; son style, qui se ressent du séjour de Meredith en Allemagne, (son style, mais non sa mentalité) est parfois touffu et même obscur ; la pensée, souvent trop condensée, témoigne d'un don de psychologue pénétrant, d'un maître de l'humour et du pathétique ; Meredith est un poète en prose et un écrivain qui représente très typiquement son époque.

cravates de liberty, des barbes et des chapeaux aux formes bizarres, et à se rencontrer dans des clubs de gens cultivés où l'on boit du café, ou bien, dans des repaires plus sombres et plus discutables, du cacao. C'est là le seul lien qu'il y ait entre les deux idées ; il m'a fallu longtemps pour trouver cela. Ces sceptiques doctrinaires ne se distinguent pas l'un de l'autre par leur doctrine. Ils se reconnaissent grâce à la barbe ou au vêtement, comme les animaux inférieurs se reconnaissent au poil ou par l'odorat.

Je dois avoir l'esprit dogmatique. Quoi qu'il en soit, même quand je ne croyais à aucune des choses qu'on appelle des dogmes, je croyais que les gens se classaient en groupes solides d'après les dogmes auxquels ils croyaient, ou ne croyaient pas. Je croyais que si les théosophes étaient tous assis dans la même salle, c'était parce que tous croyaient à la théosophie. Je croyais que l'église théiste croyait au théisme[39]. Je croyais que les athées s'entendaient entre eux parce qu'ils ne croyaient pas au théisme. Je m'imaginais que les sociétés morales étaient entièrement constituées par des gens qui croyaient à la morale, mais non à la théologie, ni même à la religion. Je suis arrivé à cette conclusion que je me trompais gravement quand je pensais ainsi. Je crois maintenant que les congrégations de ces chapelles semi-séculières[40] consistent surtout en un vaste et vague océan de douteurs errants, aux doutes errants, qu'on peut trouver, tel dimanche, cherchant une solution d'après les théistes, et tel autre d'après les théosophes. Ils peuvent se trouver dispersés dans beaucoup de chapelles semblables ; ils ne sont liés que par la convention de l'inconventionnel, qui est elle-même liée par le « ne pas fréquenter l'Église anglicane ». Pour illustrer ce que je veux dire, je citerai ensemble deux incidents, séparés pourtant par un long intervalle. Dans les jours très anciens dont je parle, avant que j'eusse jamais rêvé d'être attaché moi-même à un quelconque système formel de foi, j'avais l'habitude de fréquenter un peu au hasard beaucoup de ces assemblées où l'on donnait des conférences, ou du moins ce qu'on

---

39. Croyance philosophique dont l'idée fondamentale est celle d'un être qui est en même temps une Providence et une Source de toute vie limitée. Elle ne peut donc pas être considérée comme une religion en soi, mais comme un élément qui prête une couleur particulière à diverses religions : le christianisme, l'islamisme, etc.

40. Lieux du culte pour les non conformistes.

appelait poliment de ce nom. Je puis faire ici remarquer que mes soupçons se trouvèrent confirmés par le fait que très souvent je vis les mêmes gens fréquenter des congrégations tout à fait différentes ; je pense surtout ici à un homme à l'air soucieux, l'œil noir, inquiet, et à un Juif très âgé portant une longue barbe blanche et arborant un sourire immuable, un sourire sculpté, pareil à celui d'une statue égyptienne.

Étant allé un jour faire une conférence dans l'une ou l'autre société moralisante, j'aperçus au mur un portrait de Priestley[41], le grand Unitarien du siècle dernier. La gravure en était belle ; j'exprimai mon admiration. Le fidèle à qui je m'adressai me répondit que ce portrait devait être demeuré là parce que la salle avait tout récemment servi de chapelle unitarienne ; la chose devait remonter à quelques années, tout au plus. Je me montrai très intrigué, car je savais que les vieux Unitariens étaient aussi dogmatiques que peuvent l'être les Musulmans sur la question du Dieu unique, et que le groupe moralisant qui me recevait ce jour-là était aussi non-dogmatique qu'un quelconque agnostique sur ce dogme particulier :

— Voilà qui est des plus curieux, dis-je. Puis-je vous demander si les membres de notre société ont abandonné le théisme tous à la fois, et en corps ?

— Je ne crois pas, me répondit assez évasivement le fidèle, que les choses se soient passées ainsi. C'est plutôt que nos directeurs désiraient beaucoup avoir comme prédicateur le Dr. Stanton Coit[42],

41. Joseph Priestley, philosophe, théologien, chimiste (1733-1804) ; après quatre ans d'études à l'Académie théologique des Dissidents de l'Église anglicane, devint ministre presbytérien, et écrivit *The Scripture Doctrine of Remission*, où il nie que la mort du Christ ait été un sacrifice et rejetant l'idée de la Sainte Trinité et de la rémission des péchés ; élu membre de la « Royal Society » (sorte d'Académie des Sciences) en 1766 ; puis entreprit l'année suivante l'étude de la chimie. Dix ans plus tard, il publie : *A disquisition relating to Matter and Spirit*. Élu membre-correspondant de l'Académie des Sciences (1772) et de l'Académie de Saint-Pétersbourg (1780). Passa ses dernières années en Amérique. On a prétendu que la découverte par Priestley de l'oxygène et de la composition de l'eau est antérieure à celle de Lavoisier. Il ne faut pas confondre ce Priestley avec J.B. Priestley, romancier contemporain de valeur.

42. Écrivain et conférencier américain, né à Columbus (État d'Ohio) ; maître de conférences au « West London Ethical Society » et « head-worker » du « N.-Y. University Settlement ». Parmi ses œuvres : *National Idealism and State Church* (1907) ; *The Spiritual Nature of Man*, etc.

et le Dr. Stanton Coit ne voulait venir qu'à la condition que la société fût tout simplement une société morale[43].

Il va sans dire que je ne saurais me porter garant de l'exactitude du propos de mon interlocuteur, attendu que je ne le connaissais ni d'Ève ni d'Adam ; ce qui m'occupe ici, c'est l'état nuageux de l'esprit des auditoires ordinaires, et non des conférenciers ou des directeurs en exercice. Par exemple, le Dr. Stanton Coit avait une idée parfaitement nette d'une morale non soutenue par la théologie. Mais si je considère ce membre type du mouvement, n'est-il pas vrai qu'il y a quelque chose d'assez extraordinaire dans la manière dont les choses s'étaient passées, ou dont mon interlocuteur croyait de bonne foi qu'elles s'étaient passées. D'après sa version, le Dieu tout-puissant avait été tout bonnement laissé de côté pour être agréable au Dr. Stanton Coit. On avait été généralement d'accord, selon toute apparence, sur un point : c'est qu'il eût été vraiment assez cavalier de ne pas donner satisfaction à l'orateur sur une question de si minime importance. Or, quelques années plus tard, un de mes amis, s'étant enquis de ce qu'il était advenu de cette société morale, apprit que l'importance de sa congrégation avait plutôt diminué. On lui donna comme raison qu'on ne pouvait guère s'attendre à ce que le distingué conférencier moral demeurât aussi brillant qu'il avait été au début ; en conséquence, un certain nombre de ses fidèles « allaient maintenant écouter Maude Royden »[44]. Or, miss Maude Royden, quoiqu'on puisse trouver de discutable dans sa position, professe être assez une chrétienne orthodoxe pour jouer le rôle d'une loyale Anglicane, voire celui d'un pasteur anglican. Si bien que l'histoire vraiment étonnante de cette école de pensée, si on la tient pour telle, était à peu près la suivante : Elle avait commencé par croire à la création, mais non à l'Incarnation. Pour plaire au Dr. Coit, elle avait cessé de croire à la création. Par intérêt pour miss Royden, elle avait accepté de croire à la création et en outre à l'Incarnation. Le vrai de l'affaire, c'est, je crois, que ces gens singuliers n'avaient

43. En l'espèce : West London Ethical Society.
44. Miss Agnes Maude Royden, née en 1876, assistant-prédicateur au « City Temple » (1917-1920). Fonda, avec le Dr Percy Dearmer (voir note 22, chap. VII) les « Fellowship Services » à Kensington (1920) ; études à Oxford ; fut membre très actif du mouvement des Suffragettes. A publié : *Women and Sovereign State ; Sex and Common Sense*, etc., etc.

jamais cru, ni cessé de croire, à quoi que ce fût. Ils aimaient entendre des conférences qui les stimulaient ; et ils avaient une vague préférence, une préférence qu'il était presque impossible de réduire à une thèse définie quelconque, pour les conférenciers qui étaient censés être, par l'un ou l'autre côté, hétérodoxes, et non conventionnels. Ayant eu, depuis lors, de plus nombreuses occasions, et plus prolongées, d'observer la dérive générale de ces amateurs de conférences, ayant observé le douteur à l'œil noir et le Juif patriarcal dans mainte de ces assemblées bigarrées et incongrues, j'en suis arrivé à cette conclusion qu'il n'y eut jamais de grande école de pensée, ni aussi distincte, ni aussi stable que je l'avais innocemment imaginé dans ma jeunesse. En fait, il m'a été donné d'avoir en quelque sorte une vision générale de tout ce champ de négation, de tâtonnements, et de curiosité. Et je vis assez bien tout ce que tout cela voulait vraiment dire. Il n'y avait pas d'église théiste ; il n'y avait pas de fraternité théosophique ; il n'y avait pas de sociétés morales ; il n'y avait pas de religions nouvelles. Mais je vis Israël éparpillé sur les coteaux comme un troupeau privé de berger ; et je vis un grand nombre de moutons errer au hasard, bêlant avidement dans le voisinage de tous les lieux où il semblait qu'un berger pût être trouvé.

Parmi toutes ces pensées éparses qu'on pouvait parfois, non sans raison, appeler des égarements de la pensée, je commençai d'assembler les fragments du vieux plan d'action religieux ; principalement d'après les vides qui dénotaient sa disparition. Et plus j'enrichissais mon expérience de la vraie nature humaine, plus j'en venais à soupçonner qu'il était vraiment un peu fâcheux pour tous ces gens qu'il eût disparu. Beaucoup d'entre eux défendaient, et défendent encore, de très nobles et très nécessaires vérités dans le plan social et séculier. Mais, même pour ceux-là, il me semblait qu'ils défendaient moins fermement qu'ils eussent pu faire s'il y avait eu quelque chose comme un principe fondamental, moral et métaphysique, pour les soutenir. Des hommes qui croyaient ardemment à l'altruisme étaient néanmoins gênés par la nécessité de croire avec plus de religieuse révérence encore au darwinisme[45],

45. Charles Robert Darwin (1809-1882), savant qui exposa le premier l'idée de la sélection naturelle ; fils d'un médecin ; sa mère était la fille de Josiah Wedgwood

et même aux déductions du darwinisme sur la lutte impitoyable, règle de vie. Des hommes qui acceptaient naturellement l'égalité morale entre les hommes ne le faisaient pourtant que d'une manière réticente, à l'ombre gigantesque du surhomme de Nietzsche et de Shaw. Leurs cœurs étaient en bonne place, mais leurs esprits étaient décidément mal placés, fourrés ou plongés dans une masse énorme de matérialisme et de scepticisme, contorsionnés, stériles, serviles, et sans aucune lueur d'espérance ou de liberté.

Je commençai à étudier plus attentivement la théologie chrétienne en général, que beaucoup exécraient, et que peu de gens prenaient la peine d'examiner. Je trouvai bientôt qu'elle correspondait en fait à beaucoup de ces expériences de la vie ; que ses paradoxes mêmes correspondaient aux paradoxes de la vie. Longtemps après, le Père

(voir note sur Coleridge, 6, chap. X) ; après cinq années passées dans une « Grammar school », il étudia la médecine à l'Université d'Édimbourg (1825-27) ; se rendit alors à Cambridge dans l'intention de se préparer à entrer dans les Ordres. S'intéressait déjà aux sciences naturelles. À Cambridge, obtint sa licence en 1831 ; peu après, engagé comme naturaliste sur le bateau marchand *Beagle* en vue d'étudier les eaux sud-américaines. Rentre en 1834. Accumule des connaissances importantes sur la faune, la flore et la géologie sous plusieurs climats. Équipé pour la grande tâche qu'il avait à accomplir, et après avoir été élu (1839) membre de la « Royal Society », épousa sa cousine Emma Wedgwood et se retira (1842) dans le comté de Kent, où il mènera la vie d'un gentilhomme campagnard, partageant son activité entre son jardin, ses serres, ses pigeons, ses volailles. Les connaissances pratiques ainsi acquises, surtout en matière de croisements, lui furent inestimables.

Il s'attelle alors à la grande tâche de sa vie : le problème de l'origine des espèces. Après 17 ans de préparation minutieuse, il publie *The origin of species by means of Natural Selection* (1859), livre qui révolutionne toute la pensée scientifique de son temps. Douze ans plus tard (1871) et après avoir publié diverses œuvres de second plan, Darwin publie *The Descent of Man*, qui fit au moins autant de sensation que l'*Origine des Espèces*. Dans ce livre, Darwin développe sa théorie de la sélection sexuelle. Il y a lieu à ce propos de corriger une erreur courante ; on croit souvent que Darwin a dit que l'homme descend du singe ; il n'a dit que ceci : que l'homme et le singe ont un ancêtre commun.

Darwin doit donc être considéré comme la figure de premier plan de ce mouvement de l'évolution ; mais il convient de ne pas oublier qu'il ne l'a pas inventé, ni appliqué le premier. Son grand-père Érasmus Darwin (1731-1782) et de même le naturaliste français Lamarck (voir note 5, chap. XV), contemporain d'Érasmus Darwin, étaient déjà des évolutionnistes avérés.

Parmi ses ouvrages mentionnons : *The Fertilisation of Orchids* (1862) ; *The Expression of the Emotions in Man and Animals* (1873). Ce dernier ouvrage garde encore, aux yeux des psychologues contemporains, un intérêt indéniable.

Waggett[46], pour citer un autre de ces hommes si capables du vieux groupe anglo-catholique, me dit un jour, tandis que nous nous trouvions ensemble sur le Mont des Oliviers, en vue de Gethsemane et d'Aceldama : « De toute façon, il doit être évident pour chacun que la doctrine de la Chute est le seul aspect réconfortant de la vie humaine ». La chose est, en effet, évidente pour moi ; mais à ce moment-là, la pensée me passa par l'esprit qu'une très large proportion de ce vieux monde des sectes et des cliques sceptiques auxquelles j'avais un jour appartenu, trouverait qu'il y avait là un paradoxe beaucoup plus intriguant que les paradoxes d'Oscar Wilde et de Bernard Shaw. Je ne discuterai pas ici la question que j'ai si souvent développée ailleurs ; je la mentionne simplement pour signaler le sentiment que j'avais, même à ce moment-là : que la vieille théologie semblait s'accorder plus ou moins avec l'expérience, tandis que les nouvelles théories négatives ne convenaient à rien, et, moins que tout, l'une à l'autre. Ce fut vers ce temps-là que je publiai quelques études sur des écrivains contemporains, tels que Kipling, Shaw et Wells ; et, sentant que chacun d'entre eux errait à travers une erreur finale, ou religieuse, je donnai à mon livre le titre d'*Hérétiques*. M.G.S. Street[47], le très amusant essayiste, en rendit compte, et le hasard voulut qu'il fit usage de cette phrase : qu'il n'entendait pas s'occuper de sa propre théologie jusqu'à ce que j'eusse réellement exposé la mienne. Avec la gravité qui est le propre de la jeunesse, je pris ceci pour un défi ; et j'écrivis un résumé des raisons que j'avais de croire que la théologie chrétienne, telle qu'elle est condensée dans les Actes des Apôtres, ferait en fin de compte une meilleure critique de la vie qu'aucune de celles que j'avais moi-même critiquées. J'appelai ce schéma : « Orthodoxie » ; mais j'étais, dès cette époque, très mécontent de

---

46. Le Révérend Philip Napier Waggett, théologien contemporain ; études à Charterhouse, et licencié d'Oxford et de Cambridge ; ordonné prêtre en 1885 ; servit en France comme aumônier en 1914.

A publié : *The Age of Decision* (1901) ; *Religion and Science* (1904) ; *Hope and Strength* (1907) ; *Our Profession* (1912) ; *Knowledge and Virtue* (1924) ; *The Industry and Faith*, etc., etc.

47. George Slythe Street, écrivain (1867-1937). Études à Charterhouse et à Oxford. Lecteur de pièces de théâtre de 1920 à 1924. Auteur de : *Miniatures and Humours* (1893) ; *Episodes* (1895) ; *Books and Things* (1905) ; *The Ghost of Piccadilly* (1907) ; etc., etc.

mon titre. Il semblait que ce fut une chose bien mince à défendre à travers tout. Je me figure que j'avais, même alors, la confuse prescience que j'aurais à lui trouver un nom meilleur avant de mourir. Tel qu'il était, le seul effet intéressant que produisit le titre, ou le livre, le seul, en tout cas, dont j'aie jamais entendu parler, se fit sentir aux frontières de la Russie. C'est là que, sous l'ancien régime russe, la censure détruisit, je crois, le livre sans le lire. De ce qu'il s'appelait *Orthodoxie*, le censeur avait naturellement inféré que ce devait être un livre sur l'Église grecque. Et de ce que c'était un livre sur l'Église grecque, il avait naturellement inféré qu'il attaquait l'Église grecque.

Le titre gardait pourtant, selon moi, une vertu, mince, mais certaine : il était provocant. Et c'est une preuve précise de l'état de cette extraordinaire société moderne qu'il fût vraiment provocateur. J'avais commencé à comprendre que, dans ce chaos d'hérésies incompatibles autant qu'inconsistantes, la seule hérésie, la seule vraiment impardonnable, c'était l'orthodoxie. Aux yeux du critique anglais une défense sérieuse de l'orthodoxie était beaucoup plus surprenante qu'une attaque sérieuse contre l'orthodoxie à ceux du censeur russe. Grâce à cette expérience, j'appris deux choses intéressantes, et qui servent à diviser en deux périodes bien distinctes toute cette partie de ma vie. Dans le monde littéraire et journalistique ordinaire, chacun, ou presque, commença à tenir pour acquis que ma foi dans la croyance chrétienne était une pose, ou bien un paradoxe. Les plus cyniques supposaient que ce n'était qu'un tour d'adresse ; les plus généreux, les plus loyaux soutenaient chaudement la thèse que ce n'était qu'une plaisanterie. Ce ne fut que beaucoup plus tard que la pleine horreur de la vérité fondit sur eux ; de la disgracieuse vérité : que je croyais réellement que la chose était vraie. Et j'ai trouvé, comme je le dis, que ceci représente une véritable transition, ou si l'on veut, une frontière dans la vie des apologistes. Les critiques furent presque entièrement élogieux pour ce qu'ils étaient heureux de nommer mes éblouissants paradoxes ; cela dura jusqu'au jour où ils découvrirent que je pensais vraiment ce que je disais. Depuis lors, ils se sont montrés plus combatifs ; et je ne les en blâme pas.

Cette découverte, je la fis pour la première fois au cours d'une *dinner-party*, à propos d'une autre controverse, que je dois mentionner ici, parce qu'elle est opportune. Je crois bien que ce fut au dîner offert par l'état-major du *Clarion*, le grand journal populaire socialiste de l'époque, qui était dirigé par M. Robert Blatchford[48] ; je m'arrête un instant pour saluer ce vétéran par delà les années, espérant qu'il n'estimera pas que c'est manquer à l'amitié que de rappeler ces conflits d'un lointain passé. Comme je l'expliquerai dans un instant, je venais d'avoir une discussion publique des plus chaudes avec M. Blatchford, et, comme j'étais alors un journaliste relativement jeune, quoique relativement écouté, M. Blatchford était naturellement pour moi un personnage. Mais je me rappelle qu'il y avait, assis à côté de moi à ce dîner, un de ces messieurs de Cambridge, très raffiné et un peu académique, de ceux qui semblaient former une section si importante parmi les rudes soutiens du mouvement travailliste. Un nuage assombrit son front, comme si quelque chose commençait à l'intriguer, et s'adressant soudain à moi, dans un brusque mouvement de politesse : « Excusez-moi de vous poser une question, M. Chesterton, me dit-il. Il va sans dire que je comprendrais très bien que vous préfériez ne pas me répondre, et sachez que, même si la chose était vraie, je n'y trouverais rien à redire. Mais je suppose que j'ai raison quand je pense que vous ne croyez pas sérieusement aux choses que vous défendiez dans ce débat avec Blatchford ? » Je l'informai avec une impénétrable gravité que je croyais, au contraire, et de la façon la plus déterminée, à ces choses que j'avais défendues contre Blatchford. Pas un muscle de son visage ne bougea ; et pourtant je me rendis compte, je ne sais à quoi, que ce visage venait d'être profondément altéré. « Ah, vraiment, dit-il. Je vous demande pardon. Merci. C'est tout ce que je voulais savoir. » Et il continua de manger, un repas qui, sans doute, était végétarien. Mais je fus certain que, pendant tout le reste de la soirée, et en dépit de son calme apparent, il avait la sensation que pourrait éprouver un homme assis près d'un griffon fabuleux.

Pour que cette étape de mon évolution puisse être bien comprise, il est nécessaire que l'on se rende compte de ce qu'étaient ces choses que je défendais contre Blatchford. Il ne s'agissait point de quelque

---

48. Robert Blatchford (pseudonyme : « Nunquam », fils d'acteurs), né en 1851 ; journaliste ; rédacteur en chef et directeur du *Clarion* ; collabora à *Sunday Chronicle*. Auteur de : *Merrie England ; Tommy Atkins ; My favourite Books ; Britain for the British* (1902) ; *Not Guilty (a Plea for the Bottom Dog)* (1905), etc., etc.

thèse théologique abstraite, comme la définition de la Trinité, ou les dogmes de l'Élection à la vie éternelle ou de la grâce effective. Je n'étais pas encore allé assez loin dans l'orthodoxie pour être à ce point théologique. Ce que je défendais ne me semblait rien de plus qu'une simple question de morale humaine ordinaire. En fait, la question me semblait en soulever une autre : celle de la possibilité même de toute morale. C'était la question de responsabilité, appelée parfois question du libre arbitre, que M. Blatchford avait attaquée dans une série de proclamations vigoureuses, et même violentes, dans le sens du déterminisme ; proclamations apparemment toutes fondées sur le souvenir de la lecture d'un petit livre ou d'un petit pamphlet du professeur Haeckel[49]. La question avait plus d'un aspect amusant, ou même accrocheur ; mais l'allusion que j'y fais à cette place se rattache uniquement à ce que j'ai déjà suggéré. Ce n'était pas que je commençais à croire à des choses surnaturelles. C'était que les incroyants commençaient par ne pas croire à des choses qui étaient normales. Ce furent les laïques qui me poussèrent vers une morale théologique, en détruisant eux-mêmes toute possibilité saine ou rationnelle de morale laïque. J'aurais pu être moi-même un laïque, pour autant que cela signifiât que je pourrais n'être responsable que devant la société laïque. Ce fut le déterministe qui me cria, du plus haut de sa voix, que je pouvais ne pas être responsable du tout. Et comme je préfère être traité comme un être responsable que comme un fou auquel on a donné pour un jour la clef des champs, je commençai à chercher autour de moi quelque asile spirituel qui ne fût pas uniquement une maison de fous. En bref, j'échappai ce jour-là à une erreur qui paralyse encore plus d'un homme, et meilleur que moi. L'idée subsiste encore que l'agnostique peut faire fond sur ce monde-ci, aussi longtemps qu'il

---

49. Ernst Heinrich Haeckel (1834-1919), fameux naturaliste allemand, professeur de zoologie à l'Université d'Iena, où il mourut. Un des premiers qui aient tenté d'esquisser la généalogie des animaux ; il exposa lumineusement cette observation que l'évolution du genre humain n'est que la récapitulation de l'évolution de l'espèce depuis les origines. Auteur de : *Generelle Morphologie* (1866) ; *Die Perigenesis der Plastidules* (1876) ; *Die Welträtsel* (1899) ; *Natürliche Schöpfungsgeschichte* (1868) ; *Anthropogenie* (1874) ; *Kunstformen der Natur* (1904) ; *Der Kampf um der Entwickelungsgedanken* (1906), etc., etc.

ne désire pas être comme on dit « de l'autre monde »[50] ; qu'il pourrait se contenter du sens commun concernant les hommes et les femmes, pourvu qu'il ne fût pas curieux des mystères concernant les anges et les archanges. Cela n'est pas vrai. Les questions des sceptiques frappent directement au cœur de cette vie humaine qui est la nôtre ; ils dérangent l'ordre de ce monde, sans parler de l'autre ; et c'est précisément le sens commun qu'ils dérangent le plus. Il ne pourrait y avoir de meilleur exemple que cette singulière apparition, au temps de ma jeunesse, du déterministe sous l'aspect d'un démagogue ; criant à une foule, composée de millions de gens, que nul ne doit être blâmé pour quoi que ce soit qu'il ait fait, parce que tout est affaire d'hérédité et de milieu. Logiquement, cette doctrine devrait arrêter net un convive en train de dire « merci » à quelqu'un qui vient de lui passer la moutarde. Car comment être remercié pour avoir passé la moutarde si l'on ne peut être blâmé pour ne l'avoir pas passée ? Je sais qu'on peut défendre que le fatalisme ne fait aucune différence entre les faits de notre vie. Certains disent que des fatalistes peuvent encore continuer à punir et à blâmer. D'autres (professant, avec pas peu d'humour, être humanitaires) disent qu'ils pourraient cesser de blâmer, mais qu'ils continueraient à punir. Mais, si le déterminisme ne faisait aucune différence, pourquoi Blatchford tonnait-il en fureur du haut d'une chaire au sujet de cette même différence ? L'explication, il fallait la trouver en Blatchford lui-même. C'était un homme bien normal pour en être arrivé à une hérésie aussi anormale ; un vieux soldat, avec des yeux bruns d'Italien et une moustache de morse, plein des sentiments mêmes qui animent le soldat et qui n'animent pas, en général, le socialiste. C'était un vrai patriote, et qui n'avait pas peu de chose d'un conservateur ; et qui avait à coup sûr beaucoup d'un protectionniste[51]. Mais ce déterminisme lui plaisait à travers un autre sentiment très normal ; un sentiment de compassion non diluée. Il appelait son livre de pamphlets déterministes « plaidoyer pour les vaincus de la vie ». Et il était évident que, d'un bout à l'autre de son livre, il pensait à cette sorte de pauvre un peu douteux, et souvent

---

50. Jeu de mots sur l'analogie entre « otherworldly », fabriqué ici par G.K.C. pour la circonstance et « overwordly » (exagérément mondain).
51. Le contraire d'un libre-échangiste.

opprimé, qui peut vraiment être appelé un vaincu de la vie. Pour lui, et pour beaucoup d'autres hommes d'esprit moderne, sain, mais vague, l'idée d'un pécheur s'apparentait entièrement à la notion d'un ivrogne, d'un chemineau voleur, de quelque sorte de vaurien en guerre avec la société. Dans le système social grossièrement injuste que nous subissons, il est assez probable, en effet, que beaucoup de ces types sociaux sont, en effet, injustement punis ; que certains ne devraient pas être punis du tout ; que certains, peut-être, ne sont pas du tout responsables. Et Blatchford, les voyant chassés par troupeaux vers les prisons, n'éprouvait ni plus ni moins qu'une grande pitié pour les faibles et les infortunés ; ce qui était, au pis, une exagération un peu déséquilibrée de charité chrétienne. Il était si désireux de pardonner qu'il niait la nécessité du pardon.

Je m'éveille soudain de tous ces rêves du passé, avec quelque chose comme un éclat de rire. L'épisode suivant de ma vie se passa à aider certains amis, certains réformateurs, à préciser cette terrible vérité qu'on appelle « responsabilité », et non point en jugeant des chemineaux ou des ivrognes, mais les dirigeants de l'État, et les hommes les plus riches de l'Empire. Je tentai de faire porter le collier de responsabilité, non point aux vaincus de la vie, mais aux vainqueurs de la vie, à ceux qui sont, non tout en bas, mais tout en haut de l'échelle. Et je devais bientôt entendre dire de Blatchford, que, éclatant lui aussi d'indignation, il réclamait justice, châtiment et vengeance presque sans pardon contre d'autres despotes puissants, qui avaient piétiné les faibles ; et qu'il clouait au pilori, en termes véhéments, les princes arrogants de la Prusse, responsables de l'invasion de la Belgique. Ainsi, les sophismes écrits sur du papier s'enflamment un jour et font un grand feu.

CHAPITRE VIII

VISAGES DE FLEET STREET[1]

La grave question de savoir comment j'ai pu me débrouiller un jour dans Fleet Street est un grand mystère ; du moins est-ce encore aujourd'hui pour moi un grand mystère. Des critiques ont dit que, chez moi, retomber sur mes pieds n'était que le prélude à l'opération qui consiste à marcher sur la tête. Mais, en fait, pour ne rien dire de ma tête, Fleet Street était une chose sur quoi marcher et se tenir debout donnait plutôt la sensation du mal de mer, voire d'un tremblement de terre. Dans l'ensemble, je crois que je dois ma réussite (pour parler comme les millionnaires) au fait d'avoir d'abord écouté respectueusement, voire timidement, le meilleur conseil ; celui qui me fut donné par les premiers des journalistes, c'est-à-dire par ceux qui avaient réussi, au meilleur sens du mot, dans le journalisme ; et puis de m'être éloigné et d'avoir fait exactement le contraire de ce qu'ils m'avaient conseillé. En effet : ce que tous m'avaient dit revenait à peu près à ceci : que le secret de la réussite dans le journalisme était d'étudier tout particulièrement tel journal et d'écrire pour lui ce qui lui convenait. Or, soit accident, soit ignorance, un peu aussi à cause de cette assurance et de cet entêtement qui sont le propre de la jeunesse, je ne puis me rappeler avoir jamais écrit un seul article qui convînt le moins du monde à aucun journal, quel qu'il fût.

---

1. Fleet Street, berceau et capitale du journalisme anglais, et même européen, est un quartier de la cité de Londres dont le quartier de la rue du Croissant, à Paris, ne donne qu'une faible idée. Voir, dans *Londres*, de Paul Morand, le chapitre sur la presse.

Au contraire, je crois que j'aboutis, par l'effet du contraste, à une sorte de succès comique. Il me semble que le seul conseil sincère que je pourrais donner à un jeune journaliste, maintenant que je suis moi-même un vieux journaliste, serait tout simplement celui-ci : écrire un article pour l'*Auto*, un autre pour *La Croix*, et les envoyer en se trompant d'adresse. L'article accepté, et pourvu qu'il fût pas trop bête, tous les sportifs se diraient l'un à l'autre : « Grave erreur que de croire qu'il n'y a pas là-dedans quelque chose pour nous ; des types qui en ont dans la tête disent que si » ; et les ecclésiastiques, d'autre part, se diraient : « Très bons papiers dans certaines de nos feuilles religieuses. Très malin, ce type-là ! » Voilà qu'on trouvera peut-être un peu vague ou un peu fantasque en tant que théorie ; mais c'est la seule théorie qui me permette d'expliquer ma survivance, d'ailleurs imméritée, dans la mêlée journalistique de la vieille Fleet Street. J'ai collaboré à un organe non-conformiste, comme le vieux *Daily News*, et j'y ai parlé des cafés français et des cathédrales catholiques ; et les lecteurs ont aimé ces choses parce qu'ils n'en avaient jamais entendu parler. J'ai écrit dans un robuste organe travailliste, comme le vieux *Clarion*, et ce fut pour défendre la théologie du moyen âge et toutes les choses dont ses lecteurs n'avaient jamais entendu parler ; et ces lecteurs ne m'en ont pas voulu le moins du monde. Ce qui est vraiment fâcheux, dans presque tous les journaux, c'est qu'ils publient beaucoup trop de choses qui sont celles qu'on s'attend à y trouver. Mais dans le temps où nous sommes, où le journalisme, comme tout le reste, se pétrifie pour revêtir la forme de trusts et de monopoles, il semble qu'il y ait moins de chance que quelqu'un s'avise jamais de répéter ma manœuvre, manœuvre rare, téméraire, voire peu scrupuleuse ; ou que quelqu'un se réveille fameux pour être le seul équipier drôle de la « Revue mensuelle du méthodisme » ; ou le seul collaborateur sérieux du *Cocktail Humoristique*.

Quoi qu'il en soit, tout le monde sera d'accord sur ce point que je fus vraiment un accident à Fleet Street. Certains diront même : un accident « dont les suites furent fatales », comme on lit sur les affiches dans Fleet Street même. Mais, d'accidents de cette sorte, Fleet Street en était pleine ; on eût pu l'appeler la Rue de l'Accident, comme un homme que je suis fier d'avoir rencontré là pour la première fois l'a appelée plus tard la Rue de l'Aventure[2]. Par lui-même, Philip Gibbs soulignait assez cette incongruité intellectuelle qui fournissait l'élément comique du lieu ; il arborait cet air bizarre de l'homme qui convient à la place qui ne convient pas. Son visage fin de faucon, son raffinement presque irréel semblait enchâssé dans une sorte d'ennui désespéré de faire jamais de ce lieu l'endroit qui convînt. Ceci se passait longtemps avant qu'il devînt, comme correspondant de guerre, une grande vedette ; mais il traitait dès lors du même air détaché les autres grandes guerres du passé. Il avait étudié les conflits qui ont divisé les grands hommes de la Révolution française, et il avait fini par vouer à Camille Desmoulins ce qui me semblait, à moi, une haine mal justifiée, quoique subtile. Il le fit comparaître, moi présent, devant un tribunal imaginaire où il fit sérieusement son procès ; et, tandis qu'il parlait, je sentais à quel point il ressemblait à ces idéalistes à l'esprit élevé, à l'humanitarisme dur comme du fer, aux visages taillés à la serpe, que comptaient les rangs des grands révolutionnaires dont il était en train de faire le procès. Son profil était digne du pinceau de David.

Si je commence par cette impression sur Gibbs, c'est que sa silhouette se détachait si nettement sur le fond de Fleet Street ! Moi-même, je n'appartenais qu'à la toile de fond ; on a même vaguement suggéré que j'aurais pu n'être qu'une scène à la cantonade. Autrement dit, j'appartenais à l'ancienne vie de bohême de Fleet Street, celle qui a été détruite depuis, non point par l'idéalisme de l'isolement, mais par le matérialisme de la mécanique. Un propriétaire de journal m'assura plus tard que c'était un scandale pour le journalisme que de rapporter toutes ces histoires sur les tavernes, les journalistes débraillés, le travail mêlé de loisirs, au hasard du caprice, à toutes les heures de la nuit. « Aujourd'hui, me disait-il avec un sourire radieux, les bureaux d'un journal sont comme n'importe quel autre bureau d'affaires ». Je laissai entendre avec un grognement que rien n'était plus vrai. Le nom même de la bohême a disparu de la carte de Londres, comme celui de la Bohême a disparu de la carte d'Europe. Je n'ai jamais compris pourquoi la nouvelle diplomatie avait abandonné ce vieux nom de nation, si plein de noblesse, et qui était l'une des seules choses

2. Titre d'un roman de Sir Philip Gibbs (né en 1877), journaliste et auteur très populaire.

qui ne furent point perdues sur le champ de bataille de Mohacs[3] ; il semblerait que, dans un cas comme dans l'autre, les meilleures choses aient été perdues par les victoires, et non par les défaites. Je sais du moins que j'eusse été contrarié si, pour gagner, au prix d'un jugement douteux, une autre bande de territoire, on m'avait soudain demandé de parler de l'Angleterre comme d'une Saxe occidentale ; or c'est là ce qui est advenu de la longue épopée de la Serbie, dont on parle aujourd'hui comme de la Slavie du Nord. Je me rappelle le jour où on annonça que la Bohême allait cesser d'exister, au moment même où elle accédait à l'existence ; on allait l'appeler la Tchécoslovaquie ; et j'allais partout demandant à ceux que je rencontrais dans Fleet Street si ce changement allait être appliqué aussi à la bohême métaphorique de notre jeunesse romantique. Quand un fils égaré viendrait troubler le foyer respectable de ses parents, faudrait-il dire, à l'avenir : « Je voudrais bien que Tom abandonnât ses allures tchécoslovaques » ; ou encore, quand l'ordre serait troublé dans Fleet Street : « Je déteste ces bagarres causées par des tchécoslovaques » ? Mais ce n'est là que fantaisie ; car il reste très peu, dans Fleet Street, de ce que ses pires ennemis pourraient nommer des « tchécoslovaques ». Le propriétaire de journaux avait parfaitement raison dans ce qu'il disait ; le journalisme est mené aujourd'hui comme n'importe quelle autre affaire ; avec la même absence de passion, la même concision, la même dose de raison que le bureau de n'importe quel prêteur prospère, de n'importe quel financier modérément véreux. À des « journalistes » de cette sorte, il semblerait sans intérêt de rappeler le souvenir des vieilles tavernes où l'on allait boire entre hommes, des impasses au fond desquelles ces mêmes hommes mouraient un jour de faim, et qui, souvent, étaient pleines de lettrés ivres et de poètes affamés ; pleines de toutes sortes de personnages pervers qui allaient parfois jusqu'à tenter de dire la vérité ; des types dans le genre du vieux Crosland[4], homme étrange

---

3. Ville hongroise où eut lieu, en 1526, la bataille fameuse où le sultan Soliman le Magnifique anéantit presque complètement l'armée hongroise ; Louis II, roi de Hongrie, trouva la mort dans cette circonstance.

4. T.W.H. Crosland (1868-1924), écrivain et journaliste, né à Leeds ; études privées ; collaborations : *The Yorkshire Weekly Post*, de Leeds ; *Mercury Supplement ; Black and White ; Outlook ; Academy ; Saturday Review ; The Gentlewoman, Public Opinion, Evening Standard*, etc.

et hargneux, qui haïssait tant de choses, moi compris, mais qui avait souvent justifié le grand adieu où il disait si amèrement qu'il avait :

> … *trod the path to hell,*
> *But there were many things he might have sold*
> *And did not sell*[5].

En tout cas, on a toujours dit de lui qu'il était presque mort de faim dans Fleet Street, un volume des *Sonnets* de Shakespeare dans une poche.

De cette même espèce impossible, mais d'esprit encore plus fin, plus cultivé, et par conséquent moins connu, moins chanceux encore, était ce Johnston Stephen, qui, je suis fier de le dire, fut mon ami. Il appartenait à la grande famille écossaise de Leslie Stephen[6] et de « J.K.S. »[7] ; il était aussi sage que l'un, aussi spirituel que l'autre ; mais il avait une distinction d'une espèce très difficile à définir ; et ceux qu'il fréquentait simplifiaient la chose en disant de lui qu'il était fou. Je préférerais dire qu'il ne digérait pas complètement toutes choses ;

Assistant-rédacteur en chef de *Outlook* de 1899 à 1902 ; rédacteur en chef de *English Review* (1905), et secrétaire de rédaction de *Academy* (1908-1911).

A publié : *The Finer Spirit* (poèmes) ; *English Songs and Ballads ; The Unspeakable Scot* (1902) ; *Lovely Woman* (1903) ; *The Suburbans* (1905) ; *The Wild Irishman* (1905) ; *Red Rose* (poèmes, 1905) ; *Sonnets* (1912) ; *Taffy was a Welshman* (1912) ; *Collected Poems* (1911) ; *The English Sonnet* (1916) ; *The Laureate's Job* (poèmes, 1924), etc., etc.

5. … *Couru les chemins menant à l'enfer,*
   Mais il y avait bien des choses
   Qu'il eut pu vendre et ne vendit jamais.

6. Sir Leslie Stephen (1832-1904) un des grands noms de la littérature de son temps. Études à Eton et aux Universités de Londres et de Cambridge. Entra dans les Ordres ; devint « Tutor » à Cambridge ; mais quitta les Ordres, en 1770, influencé par le scepticisme de Kant et de John Stuart Mill. Alors commence pour lui une brillante carrière littéraire ; critique, il publie des articles qui sont ensuite réunis en volumes sous le titre : *Hours in a library* (1874, 1876, 1879) ; et sous le titre : *Essays on Free Thinking and Plain Speaking* (1873). Son œuvre capitale est *History of English Thought in the XVIII*th *Century* (2 vol., 1876). Fit paraître également plusieurs biographies dans la collection des « *English Men of Letters* », de Morley. Fut rédacteur en chef du *Dictionary of National Biography*.

7. James Kenneth Stephen (1859-1892), plus connu sous les initiales de J.K.S., auteur de vers légers remarquables, réunis sous le titre : *Lapsus Calami* et *Quo Musa tendis* (1891).

il repoussait des choses qu'il avait entièrement approuvées l'instant d'avant dans un mouvement qui ressemblait à celui d'un cheval désarçonnant son cavalier. Les raisons de son refus étaient parfois assez profondes, et toujours éclairées par une idée ; mais la faculté lui manquait d'adhérer à quoi que ce fût une fois pour toutes. Il me fit un jour cette remarque très raisonnable : « La seule petite difficulté que j'éprouve à faire partie de l'Église catholique, c'est que je ne crois pas que je crois en Dieu. À part cela, tout le système catholique est si évidemment juste, si évidemment supérieur à n'importe quoi, que je ne puis me représenter quelqu'un ayant le moindre doute à ce sujet ». Et je me rappelle qu'il fut profondément heureux quand je lui dis, lors d'une étape ultérieure de ma propre croyance, que de vrais catholiques sont assez intelligents pour connaître cette même difficulté ; que saint Thomas d'Aquin débute, somme toute, son argumentation ainsi : « Y a-t-il un Dieu ? Apparemment non ». « Mais, ajoutai-je, ce fut mon expérience que le fait d'adhérer au système, ne fut-ce que socialement, apporte une certitude sans cesse croissante sur la question originale ». Pour le reste, et bien qu'il fût un ardent patriote écossais, il avait trop de cette sorte de sympathie pour être populaire aux yeux de beaucoup d'Écossais. Je me rappelle que, quand il lui fut demandé si l'Église n'était pas corrompue et n'appelait pas à grands cris la Réforme, il répondit avec une déconcertante chaleur : « Qui pourrait en douter ? Combien horrible dut être, en effet, la corruption qui a pu tolérer trois prêtres catholiques comme John Knox[8], John Calvin et Martin Luther ! »

Quelqu'un aurait dû écrire une vie de Stephen, ou rassembler ses essais littéraires, qu'on laissa retourner au néant comme il advient de tant de textes écrits pour les journaux. J'eus une fois moi-même l'idée de le faire ; c'est l'un des nombreux devoirs que j'ai négligés. Il y eut

8. John Knox (1505 ou 1515-1572), le plus grand réformateur anglais, joua un rôle important dans la chute de Mary Stuart. Écossais de naissance, rencontra Calvin à Genève (1554), fut très influencé par son enseignement. Réformateur type ; fut dominé par une seule idée transcendante ; indifférent ou hostile à tous intérêts de la vie qui ne se rattachaient pas à la réalisation de cette idée. Le mot de fanatique qu'on lui a souvent appliqué est à peine applicable à qui combinait à un tel degré le sens le plus aigu du monde avec un esprit d'à-propos toujours en éveil. Ouvrage principal : *History of the Reformation in Scotland* (1584, douze ans après sa mort).

de lui, dans le journal de mon frère, *New Witness* (le Nouveau Témoin), un essai sur Burns qui était tellement meilleur que la plupart des essais sur Burns, ou que les essais sur n'importe qui, sur n'importe quoi, qu'il eût pu suffire à faire la réputation d'un homme, si cet homme avait décidé de s'enrichir. Stephen demeure à mes yeux comme un monument élevé à la futilité de la présente condition de la gloire, qui n'est plus que la mode. Il est vrai que son tempérament le livrait à de violents caprices ; mais de tels écarts n'étouffaient pas, au bon vieux temps, un homme comme Swift, ou un homme comme Landor. Si l'on ne se souvient pas mieux de lui, il est bon de dédier en passant cette petite note à sa mémoire. Il y a longtemps qu'il a trouvé la réponse à ce qu'il appelait « sa seule difficulté religieuse ».

Tous ces extrémistes étaient trop extrêmes pour être caractéristiques ; le bon fanatique qui disait ce qu'il voulait dire, et mourait ; le simple snob ou le lâche qui disait ce qu'on lui avait dit de dire, et qui vivait, si l'on appelle cela vivre. Mais il n'est qu'équitable de dire qu'ils étaient quelques-uns, dans Fleet Street, qui gardaient leur indépendance d'esprit, tout en gardant le contact avec la mécanique en action du journalisme ; le plus souvent, ils le devaient au fait que leurs capacités s'étendaient sur un vaste domaine, et que le monopole n'était pas encore assez unifié pour les empêcher de choisir entre plusieurs maîtres ; même si ces maîtres étaient déjà des tyrans. Peut-être le plus brillant d'entre eux, ou plutôt la plus brillante (on eût pu sans exagérer l'appeler la Reine de Fleet Street) était une femme avec qui j'ai eu le grand honneur d'être en relation ; je veux parler de la femme de mon frère Cecil. Elle a toujours réussi à rester une journaliste mercenaire, quelque chose comme la Jeanne d'Arc de toute une compagnie de mercenaires, bien que ce fût surtout sur un champ de bataille précis qu'elle ait au grand jour déployé sa bannière. Elle avait toujours cent fers à rougir ensemble aux feux de sa forge ; mais un seul de ces feux est devenu assez ardent pour être un feu de joie, pour être un phare. Tout le monde a entendu parler des maisons Cecil, où des femmes sans foyer trouvent la vraie hospitalité, humaine et gaie, et qui manquait, à un degré presque incroyable, à la philanthropie pédante antérieure ; et tout le monde ou presque a lu l'histoire de leur origine, dans son livre, le livre étonnant où elle a conté ses non moins étonnantes aventures. Elle alla vivre, sans un sou, parmi ceux qui n'avaient pas un sou ; et elle rapporta sur ces existences le seul rapport autorisé que nous possédions. Mais tout le monde ne peut pas comprendre cette espèce de charité qui se formalise de ce qu'on importune le pauvre plus encore que de ce qu'on le néglige ; et qui hait l'égoïsme de l'exploiteur, mais qui hait peut-être davantage encore l'espèce de fierté propre à l'espion. Sympathique aux communistes, comme je le suis moi-même, elle a peut-être avec eux des thèmes d'accord que je n'ai point. Mais je sais qu'elle défendait avant tout la nécessité, pour les pauvres à qui nulle intimité n'est permise, d'avoir une vie privée. Elle lutte, en somme, comme je fais moi-même, pour la propriété privée de ceux qui ne possèdent aucun bien. Le fait que, dans de saines limites, ma belle-sœur non seulement pût tout faire, mais fit tout ce qu'elle fit, apparut comme une sorte de sublimation de l'esprit de Fleet Street. Son travail était un travail de ravaudage, de l'espèce la plus enthousiaste et la plus bizarre ; elle vivait presque sans interruption dans un état d'ironie hilare devant les contrastes qu'il offrait aux yeux. Avec la plus grande aisance elle passait d'un appel direct, démagogique, quoique tout à fait tragique et sincère, qu'elle venait d'écrire dans un journal dominical[9] contre l'oppression officielle des mères pauvres, à une critique presque cynique des pièces modernes les plus savamment frelatées. Sortant d'un commentaire de polémique aride sur l'affaire Marconi[10], plein de faits, et bourré de chiffres, pour le *Eye Witness*, elle passait d'une plume légère au chapitre nouveau d'un feuilleton odieusement mélodramatique et victorien, plein d'héroïnes innocentes et d'infâmes coquins, pour *Fireside Romances* ou pour *Wedding Bells*[11]. C'est sur elle qu'on a raconté cette anecdote : ayant conduit avec succès des équipes de conspirateurs et de contre-espions à travers une histoire, dans un journal écossais des plus sérieux, elle poursuivait, dans plusieurs

9. Les journaux anglais du dimanche sont généralement des journaux à titres sensationnels.

10. Scandale financier où quelques députés furent accusés d'avoir reçu des actions des affaires Marconi.

11. Sortes de *Veillées des Chaumières* ; publications typiquement victoriennes, d'un sentimentalisme ridicule, qui eurent une grande vogue ; elles ont depuis longtemps disparu.

chapitres, le développement d'un des épisodes secondaires, quand elle reçut de l'éditeur une dépêche ainsi conçue :

« *Avez laissé héros héroïne liés ensemble depuis semaine entière dans caverne sous Tamise, et sont pas mariés* ».

C'est à propos de ce dernier domaine de l'aventure journalistique qu'un incident se produisit un jour, d'un intérêt plus général et public, et même d'une certaine importance historique. Cet incident ne constitue pas seulement un fait marquant dans l'histoire des lois ; il jette une lumière terrible sur cette étrange illégalité qui, dans beaucoup d'affaires modernes, semble être le principal effet de la loi. Ma belle-sœur donnait sous forme de feuilleton dans un journal du dimanche un de ces romans gravement, pour ne pas dire imprudemment romanesques. Dans le cas qui nous occupe, le genre impudent, dans le sens de théâtral et même de pantomimique, était parfaitement approprié au sujet ; car le traître autour duquel pivotait l'histoire était présenté comme un « producer » de théâtre, un « producer » d'une influence colossale, comparable à celle d'un Cochran[12] ou d'un Reinhardt[13]. L'auteur le peignait se

12. Charles Blake Cochran, imprésario, né dans le Sussex en 1872, un des plus notoires directeurs de théâtres et impresarii, aujourd'hui directeur de l'*Albert Hall* de Londres. Fit ses débuts comme acteur au théâtre de Niblow's Garden (N.-Y.) en 1890 ; pendant trois ans, fit partie de tournées.

En 1895, présente Ibsen à New York. Sa première production à Londres date de 1902 ; depuis lors, son activité n'a fait que grandir. C'est lui qui présenta au public anglais, et pour la première fois, le lutteur professionnel Hackenschmidt, le chanteur russe Chaliapine ; lui qui fit connaître en France, en Belgique et en Allemagne le patinage à roulettes ; organisateur de nombreux matches de boxes mémorables ; imprésario des Ballets Diaghilev pour l'Angleterre, du Rodeo, spectacle offert pour la première fois au public anglais en 1924 (Exposition de Wembley) ; a donné à Londres plus de cent pièces, et vingt-deux revues ; fut le manager de plusieurs grandes vedettes étrangères : de Sarah Bernhardt, de La Duse, de Lucien Guitry, des Pitoëff, de la compagnie italienne Pirandello, d'Elizabeth Bergner et d'Yvonne Printemps.

Il est aujourd'hui président du conseil d'administration et administrateur-directeur du *Palace Theatre* et gouverneur du *Shakespeare Memorial Theatre* à Stratford-sur-Avon.

A publié : *The Secrets of a Showman* (1925) ; *I had almost forgotten* (1932), *A Showman looks on* (1945), etc.

13. Max Reinhardt, autre grand imprésario, né en Autriche en 1873 ; débute comme employé de banque ; à 17 ans fréquente le Conservatoire de Vienne ; débute au Stadt Theater de Salzburg où il est remarqué ; appelé au *Deutsches Theater* de

livrant à des opérations dénuées de tout scrupule, comme il est du devoir d'un mauvais homme dans ce qui n'est destiné qu'à être une bonne histoire ; mais, en dehors de cette malhonnêteté, le personnage n'était pas extraordinairement dépravé, et même était paré d'un peu de cette magnanimité qui convient au genre mélodramatique. Je crois bien que j'ai oublié son nom ; et peut-être, comme le montrera la suite de l'histoire, est-ce aussi bien ainsi. Mais supposons, dans l'intérêt de la discussion ou du récit lui-même, que son nom dans l'histoire ait été Arthur Mandeville. Il se faisait que, quelque part, dans le grand nuage de poussière formé de tous les atomes qui gravitent autour du théâtre, et qui, à l'occasion, ou indirectement, se trouvent en relation avec des entreprises théâtrales, ou semi-théâtrales, complètement inconnu d'ailleurs de ceux qui lisaient le feuilleton ou le dit journal du dimanche, il existait un particulier qui s'appelait justement Arthur Mandeville. Ce n'était même, en aucun sens, un acteur en activité ; ce n'était pas un directeur dans le sens ordinaire du mot, c'est-à-dire un homme ayant la direction d'un théâtre ; il n'était pas plus, même de loin, dans une situation analogue à celle du héros de l'histoire, qu'il n'était, par exemple, le Sultan, ou le Président des États-Unis. Mais ce particulier avait, un jour, parmi toute une série d'autres entreprises de petite envergure, payé des salaires à une compagnie réduite d'interprètes et donné quelque part une petite représentation. Cet homme intenta un procès au journal, réclamant des dommages énormes ; action fondée sur le reproche d'avoir, par esprit de malveillance et par vengeance, ruiné sa réputation. Et il gagna son procès.

Berlin (1894), où il connut un immense succès, jouant successivement des pièces de Hauptmann, de Tolstoï, d'Ibsen, etc.

C'est en 1903 qu'il débute comme directeur et imprésario au *Neues Theater* de Berlin avec *Le Songe d'une Nuit d'Été*, de Shakespeare. Transporte bientôt son activité au *Deutsches Theater*, où il donne presque tout le théâtre de Shakespeare, de Molière, de Goethe, de Strindberg, de Wedekind, d'Ibsen, de Bernard Shaw ; et, en outre, des œuvres moins littéraires : comédies musicales et opéras.

Dès 1902, il avait ouvert son propre théâtre : le *Kleines Theater* ; en 1906, il ouvre le *Kammerspielhaus*. Il fut le chef de ce mouvement néo-romantique qui se dressait contre l'école naturaliste. C'est à ce titre qu'il fut invité à représenter son répertoire dans divers pays étrangers, notamment aux États-Unis en 1927 et 1928. Israélite, a dû quitter l'Allemagne hitlérienne pour Hollywood. Décédé à New York le 31 octobre 1943.

Le plus extraordinaire, c'est que personne, du premier témoin au dernier, ne prétendit qu'on avait le moins du monde attaqué le personnage. Rendant son jugement en faveur du plaignant, le juge, s'appuyant sur la loi en la matière, déclara à plusieurs reprises qu'il avait été démontré jusqu'à la garde que l'auteur de l'histoire n'avait même jamais entendu parler du monsieur qu'on l'accusait d'avoir voulu poursuivre de ses flèches empoisonnées. Mais le juge n'en était pas moins convaincu du fait que, la loi étant ce qu'elle était, la double coïncidence, celle du nom et celle du contact, obscur et temporaire, avec une profession similaire à celle du personnage du roman, suffisait à constituer le délit de diffamation. Une partie importante du monde littéraire s'éveilla à cette notion nouvelle dans un état d'alarme qui n'était nullement incompréhensible. Il apparut que le métier de romancier pouvait être désormais classé parmi les métiers dangereux, puisqu'un auteur, exempt de préméditation, ne pouvait appeler un matelot ivre par le nom de Jack Robinson[14], sans courir le danger d'être puni d'amende, et de voir ses biens vendus par ordre de tous les Jack Robinson qui pourraient courir les mers, ou avoir un jour navigué sur les mers du monde. La vieille question de savoir ce qu'on ferait du matelot ivre, s'il lui prenait fantaisie de se venger légalement de quiconque dirait « Jack Robinson », donna naissance à cette époque à une effervescente discussion littéraire et journalistique.

Je me rappelle avoir, au cours de cette polémique, suggéré que nous serions obligés de recourir, par exemple, à des nombres, pour les substituer aux noms propres, chaque fois que nous rapporterions les éclatantes réparties qui aboutiraient au duel où le 7991, homme subtil et rusé, irait s'enferrer sur l'épée du trop impétueux 3893 ; ou pour citer les vœux que soupiraient les lèvres passionnées de 771 dans l'oreille de 707. Mais un autre moyen d'éluder la difficulté, auquel j'étais beaucoup plus attaché, consistait à affubler tous les personnages de noms si extraordinaires, qu'il était pratiquement impossible qu'ils pussent être les vrais noms de n'importe quel vrai personnage en

---

14. Le nom de Jack Robinson est plus répandu en Angleterre que Durand et Dupont en France. On le trouve même dans une expression proverbiale : « Le temps de dire Jack Robinson » qui équivaut à « le temps de dire : ouf ! »

n'importe quel lieu de la terre ; par manière d'exemple, j'écrivis une poignante scène d'amour entre Bunchusa Blutterspangle et Splitcat Chintzibobs. Heureusement, pour des convenances journalistiques d'ordre général, mes propositions ne furent pas acceptées ; on accueillit une proposition beaucoup plus pratique, imaginée par ma belle-sœur, et qui fut réalisée avec un succès complet. Elle publia le roman en volume ; mais avant l'édition, elle rendit visite à un certain nombre de vedettes de la littérature d'alors, surtout à ceux qu'elle connaissait le mieux, et elle obtint leur permission d'utiliser leurs noms pour les personnages du livre ; réservant son propre nom, comme par une gracieuse reconnaissance, pour le coquin original. Quiconque serait assez curieux pour rechercher cette curiosité littéraire, trouvera, à toutes les pages, les personnages les plus fameux jouant les plus humbles ou les plus improbables des emplois ; un bon vieux concierge préposé à la porte des coulisses s'appelle Bernard Shaw ; un cocher n'est connu de ses camarades, dans la remise où ils rangent leurs voitures, que sous le nom de Barry Pain[15] ; et beaucoup d'autres que j'oublie. Peu de temps après, je crois, cette extraordinaire application de la loi fut modifiée, et cela d'une manière typiquement anglaise ; c'est-à-dire non point par le vote d'une chose aussi logique et aussi pédante qu'une loi nouvelle, mais tout simplement par un autre juge déclarant que la loi signifiait exactement le contraire de ce que le premier juge avait prétendu qu'elle signifiait. Mais cette bizarre petite affaire se rattache par certain côté à des problèmes plus concrets, qui se posèrent à nous quand nous nous trouvâmes plus sérieusement et plus personnellement engagés sur ce même terrain singulier de la légalité britannique d'aujourd'hui.

Il n'y a pas de Loi de diffamation. C'est pourquoi tout le monde a si peur de la diffamation. Et c'est pourquoi elle est si terriblement, si tragiquement, et si comiquement caractéristique d'un certain esprit qui remplit aujourd'hui toute notre vie sociale, toutes nos institutions

---

15. Écrivain et journaliste anglais contemporain, mort en 1928 ; études à Oxford ; rédacteur en chef de *To-Day* en 1897. Auteur de *In a Canadian Canœ* (1891) ; *Kindness of the Celestial* (1894) ; *The Octave of Claudius* (1897) ; *The Romantic History of Robin Hood* (1898) ; *The New Gulliver* (1913) ; *Essays of To-Day and Yesterday* (1926) ; *Says Mrs Hicks*, traduit en français (chez Desclée de Brouwer et Cie) sous le titre : *Du sel et du poivre* ; etc.

sociales ; esprit à la fois ingénieux et évasif. Si étrange que la chose puisse paraître, on touche ici à la manière anglaise d'entretenir une terreur. Les Latins, quand ils font cela, le font par la raideur ; nous, nous la faisons par le laisser-aller. En termes propres, nous aggravons la terreur qu'inspire la loi en y ajoutant toutes les terreurs de l'illégalité. On sent que la machine est dangereuse, non point tant parce qu'elle frappe d'après une règle, que parce qu'elle frappe au hasard ; ou, du moins, pour autant qu'un adversaire qui cherche à se protéger par la logique puisse le calculer, elle frappe au hasard. Cette remarque est plus vraie pour presque toutes nos lois que pour toutes autres lois de la chrétienté. Même des avocats admettraient presque que les choses en sont arrivées à ce point que cette remarque est très près d'être une vérité en ce qui concerne la loi de diffamation. Certaines définitions de la diffamation sont si strictes que personne ne pourrait vraiment les appliquer ; et d'autres définitions parallèles sont si lâches, au contraire, que personne ne peut imaginer à qui elles pourraient s'appliquer. Il en résulte que la diffamation, à défaut d'autre chose, est devenue rien de moins qu'une arme pour étouffer toute critique des puissances qui gouvernent maintenant l'État.

Tout ceci doit être présent à l'esprit du lecteur au moment où nous abordons les événements plus palpitants, plus cruciaux relatifs au *Eye Witness* ; je ne mentionne ici l'incident du roman que pour montrer de quelle manière espiègle la dame dont j'ai parlé conduisit toujours l'éternelle comédie de Fleet Street. Dans le journal susnommé, où mon frère fut d'abord sous-directeur, puis directeur, cent anecdotes analogues, cent épisodes plaisants mériteraient d'être racontés. Par exemple, je crois pouvoir retrouver la main de la dame, aussi bien que celle du directeur, dans l'un des échanges de lettres les plus admirablement absurdes que j'aie jamais vu figurer dans les colonnes d'un journal. L'affaire commença, si mes souvenirs sont exacts, par un article de mon frère sur l'entretien entre H.G. Wells et Booker Washington[16], le célèbre publiciste nègre d'Amérique, article dans

16. Booker Tagliaferro Washington (1859 ?-1915), esclave mulâtre né à Hales Ford (Virginie) ; études à Hampton Institute ; instituteur, écrivain, orateur ; exposa mainte fois publiquement la question des noirs ; en 1881, fut nommé principal de l'Institut Tuskegee pour gens de couleur, dans l'État d'Alabama. A publié : *Story of my Life* (1903).

lequel mon frère émettait quelques doutes sur la capacité de M. Wells à comprendre dans toute leur importance les soucis de M. Washington, et par déduction celles des blancs des États du Sud où travaillait le publiciste. Cette opinion fut encore renforcée dans une lettre datée de Bexley[17], qui mettait tout le monde en garde contre les dangers réels du mélange des races ; en particulier du mariage entre blancs et noirs ; la lettre était signée « l'Homme blanc ». Elle provoqua une riposte enflammée de M. Wells, humoristiquement intitulée « L'homme blanc de Bexley » comme si le destinataire était une espèce de phénomène à Bexley. M. Wells disait qu'il ne savait pas ce que pouvait être la vie « parmi les blancs purs de Bexley »[18], mais qu'en d'autres lieux, mettre les gens en présence ne signifiait pas nécessairement les marier. « Le protocole, disait-il, est plus anodin ». Ce fut ensuite, je crois bien, un vrai nègre qui intervint dans le débat sur sa nature et sur sa destinée ; il signait sa lettre « Un homme noir ». Puis vint une question moins directe, émanant sans doute d'un étudiant brahmine ou parsi fréquentant je ne sais quel « collège » ; il faisait remarquer que le problème racial n'était pas limité aux races d'Afrique, et demandait ce qu'on pensait du mariage avec les races d'Asie. Il signait sa lettre « Un Homme brun ». Enfin parut une lettre dont je me rappelle les termes presque mot pour mot, car elle était courte, simple et touchante dans son appel à un idéal plus large et plus tolérant. Je crois qu'elle disait à peu près ceci :

« Monsieur,

M'est-il permis de vous exprimer le regret que j'éprouve à vous voir poursuivre une correspondance qui cause un vif chagrin à beaucoup d'innocents ; lesquels, sans qu'il y ait de leur faute, mais par la faute des lois de fer de la nature, ont hérité d'un teint peu répandu parmi leurs congénères, et qui

17. À quelque quatorze milles de Londres, sur la route de Londres à Dartford par Eltham, comté de Kent.

18. G.K.C. joue ici avec l'expression « poor whites » (white trash) qui sert aux blancs du Sud des États-Unis à désigner la lie de la population blanche, méprisée par les noirs eux-mêmes. L'opposition entre « blancs purs » et Bexley, les blancs habitant de pauvres cabanes et Bexley, faubourg bourgeois, renforce la saveur du jeu.

n'a d'attrait que pour une élite. Nous devrions pouvoir négliger toutes ces différences, et, quelle que soit notre race ou notre couleur, travailler la main dans la main à élargir la grande fraternité humaine.

Votre dévoué,
Un Homme mauve moucheté de vert. »

La correspondance prit fin là-dessus.

Il y eut bien d'autres correspondances, et qui paraissaient ne devoir jamais finir. Mais peu de correspondants eurent le pouvoir qu'avait eu l'homme mauve de paralyser tous les autres en formulant une raison telle, qu'il devenait impossible de dire ou de faire quoi que ce fût. Il est fait allusion à plusieurs de ces controverses dans d'autres passages de ce livre ; certaines d'entre elles, comme ma propre controverse intermittente avec M. Bernard Shaw, se sont déroulées par intervalles pendant la plus grande partie de nos existences. Mais la controverse à laquelle ma belle-sœur fut le plus profondément et le plus ardemment mêlée, attendu qu'elle était relative à la tâche qui l'a rendue depuis si justement notoire, fut celle qui avait pour objet la protection du foyer des pauvres, surtout contre une immixtion plus injurieuse encore que l'indifférence : c'était là le thème de la grande indignation commune à tous les membres de notre groupe, par ailleurs souvent divisés.

Dans une petite église catholique romaine du quartier de Fleet Street, elle devint la femme de mon frère, peu avant qu'il partît pour la guerre ; car mon frère appartenait dès lors à cette confession-là. À deux reprises, il rentra chez lui après avoir été blessé ; par trois fois, il voulut partir pour le front ; la troisième fois, il y trouva la mort. Je parlerai plus spécialement de lui dans un autre chapitre, et ce sera surtout pour montrer de quelle rare espèce de courage il fit preuve en politique, sous d'instantes menaces de ruine et d'emprisonnement. Étant dans les tranchées, il écrivit une excellente *Histoire de l'Amérique*, et une ballade bachique, dédiée à ses compagnons de l'armée active, et qui avait pour refrain : « C'est à Fleet Street que j'ai appris à boire ». Même sa loyauté bohême envers la légende de la rue de l'Aventure ne lui aurait pas fait écrire : « C'est à Fleet Street que j'appris à penser ». Car, à la vérité, c'est dès la nursery qu'il avait appris à penser ; et il était de ceux qui portent en toutes choses de la vie une espèce d'innocence chargée d'ardeur intellectuelle, qu'ils soient à Fleet Street ou au Front. Mes pensées retournent tout naturellement en arrière vers le pauvre Stephen, et vers maint autre de ces fous empreints de noblesse que j'ai connus, et qui pratiquaient la même vertu ; elles y retournent chaque fois que me reviennent à l'esprit ces vers qu'un de nos amis écrivit sur le fanatique, c'est-à-dire sur l'homme qui avait besoin d'être fidèle à sa parole : « cette grande parole que chaque homme a donnée à Dieu avant que commence sa vie » ; et qui, aussi, on se le rappelle peut-être : « eut deux témoins pour jurer qu'il la tint un jour dans Berkeley Square ; où c'est à peine si quelque chose a survécu ».

Car, si mon frère fut l'homme le plus jovial que j'aie connu, capable de vivre en bonne camaraderie avec qui que ce soit, non point seulement avec les plus hideux, mais même avec les plus vulgaires, ce qu'il y avait vraiment en lui de plus profond que tout le reste, c'était une obstination invraisemblable, et même déconcertante.

> *He kept his word as none but he*
> *Could keep it ; and as did not we,*
> *And round him while he kept his word*
> *Today's diseased and faithless herd,*
> *A moment loud, a moment strong,*
> *But foul for ever, rolled along*[19].

19. *Il tint parole comme nul*
   Autre que lui ne le pouvait,
   Et comme nous ne fîmes point ; Autour de lui, pendant ce temps,
   Le troupeau d'aujourd'hui, malade et sans foi,
   Roulait toujours, parfois bruyant,
   Parfois solide, mais à jamais impur.

CHAPITRE IX

L'AFFAIRE CONTRE LA CORRUPTION

Mon frère, Cecil Edward Chesterton, vint au monde quand j'avais à peu près cinq ans ; après une courte pose, il se mit à discuter, et il continua à discuter jusqu'à la fin de sa vie, car je suis sûr qu'il discutait passionnément avec les soldats parmi lesquels il mourut, dans les derniers jours glorieux de la Grande Guerre. On m'a conté que, dès que l'on m'eût appris qu'un petit frère m'était né, ma première pensée fut pour ce goût incorrigible que j'avais de réciter des poèmes, et j'aurais répondu : « Tant mieux, dorénavant j'aurai toujours quelqu'un pour m'écouter ! » Si j'ai dit cela, je me suis trompé. Mon frère n'était nullement disposé à n'être pour moi qu'un auditoire ; plus d'une fois, il me contraignit à jouer moi-même le rôle d'auditoire ; plus souvent encore peut-être, la situation fut celle de deux orateurs parlant ensemble en l'absence de tout auditoire. Nous discutâmes ainsi durant toute notre adolescence et durant notre jeunesse, jusqu'à devenir le fléau du cercle de famille tout entier. Nous nous interpellions bruyamment par-dessus la table, discutant de Parnell[1], ou de puritanisme, ou de

1. Charles Stuart Parnell (1846-1891), célèbre politicien irlandais, ardent défenseur de la liberté de l'Irlande ; surnommé « le roi non couronné de l'Irlande » ; le cauchemar de Gladstone. Études à Cambridge ; membre du Parlement (parti du Home Rule) en 1875 ; président de l'« Irish National League » en 1878 ; se rend la même année aux États-Unis d'où il rapporte 70.000 livres sterling pour la cause irlandaise. En 1880, il est président du parti irlandais au Parlement. C'est cette année-là qu'il imagine le boycottage ; en 1881, il refuse les offres de Gladstone en vue d'un compromis ; il est expulsé de la Chambre, et même emprisonné (jusqu'en 1882). L'année suivante, des admirateurs lui font présent de 35.000 livres sterling, destinées à assurer son indépendance. Il intente au journal *Times* un procès en diffamation, mais accepte

la tête de Charles I^{er2}, de tout, jusqu'à ce que ceux qui nous étaient les plus chers et les plus proches se missent à nous fuir, et qu'il n'y eût plus autour de nous qu'un désert. Et, bien que ce ne soit pas avec un plaisir sans mélange qu'on se souvient d'avoir été importun à ce point, je suis plutôt heureux, d'autre part, que nous ayons de si bonne heure discuté à fond les idées que nous nous faisions sur toutes les questions de la terre. Oui ; je suis heureux de penser qu'au cours de toutes ces années, nous n'ayons pas cessé un instant de discuter ; heureux aussi de penser que nous ne nous sommes pas une seule fois disputés.

Le principal reproche que l'on puisse faire à une querelle, c'est peut-être qu'elle interrompt une discussion. Notre discussion à nous ne fut en tout cas jamais interrompue avant que nous eussions commencé d'atteindre à sa conclusion dans une forme convenable ; c'est-à-dire à une conviction. Je ne dis pas qu'à tel ou tel moment l'un de nous ait reconnu qu'il était dans l'erreur ; mais, en fait, ce fut grâce à cet incessant processus de désaccord que nous en vînmes finalement à nous accorder. Cecil Chesterton commença par être une sorte de païen particulièrement révolté, ennemi juré du puritain, défenseur des plaisirs de la bohême, sociable, mais absolument profane. Je débutai peut-être avec un peu plus de dispositions à défendre vaguement l'idéalisme victorien, et même à dire un mot, de temps à autre, en faveur de la religion puritaine ; disposition qui me venait surtout d'une sympathie inconsciente pour toute espèce de religion, quelle qu'elle fût. Mais, en fait, par un processus d'élimination, nous en vînmes de plus en plus à penser que la même espèce de religion non-puritaine était la plus plausible, et celle qui avait le plus de chances ; jusqu'à finir, au bout du compte, mais tout à fait indépendamment l'un de l'autre, par entrer dans la même Église. Je pense que ce fut une bonne chose

de transiger moyennant une indemnité de 5000 livres ; l'affaire n'eut pas de suites légales. Mais il perd un autre procès que lui intente un certain capitaine O'Shea, qui l'accusait d'adultère. Parnell dut quitter Londres. Il porta la lutte en Irlande. Condamné par l'Église, il mourut peu après.

2. Charles Ier Stuart (1600-1649), appelé « le roi martyr » ; décapité par le Parlement après la défaite de ses partisans dans la Civil War ; la première partie de cette guerre civile se déroula de 1642 à 1646 ; la seconde de 1648 à 1661. Le roi fut exécuté au début de la seconde. Sa mort est décrite dans un passage admirable de Michelet.

que nous ayons ainsi mis à l'épreuve chaque chaînon de la logique, comme par un martèlement mutuel. J'ajouterai même une chose qui ressemblera peut-être un peu trop à une vantardise, alors que je la tiens pour un hommage à mon frère ; j'ajouterai que l'homme qui avait pris l'habitude de discuter avec Cecil Chesterton n'avait aucune raison de craindre désormais de discuter avec quiconque.

Le directeur du *New Statesman*, critique pénétrant, et d'une école toute différente de la nôtre, me disait, il n'y a pas longtemps : « Votre frère était le plus étonnant argumentateur que j'aie jamais entendu, et dont j'aie même jamais entendu parler » ; or, des éditeurs comme lui avaient évidemment connu tous les politiciens, tous les orateurs populaires. Son élocution était toute logique et toute lucidité, et ces deux qualités se conjuguaient avec une sorte de courage violent qui frappait l'adversaire. En fait, mon frère illustrait ce que je tiens pour une erreur commune en matière de logique. Le logicien est trop souvent représenté comme un pédant, comme un être maigre et froid, au teint décoloré. Or, tant par expérience que d'après les faits de l'Histoire, j'ai presque toujours observé que les logiciens étaient au contraire des êtres vigoureux, au cœur chaud, et qui avaient le don de penser clairement et d'une manière cohérente. Charles Fox[3] était ainsi ; Danton aussi ; et Cecil Chesterton était certainement de cette sorte. Dans ses relations personnelles, il avait des Chesterton tout ce que j'ai dit ; la simplicité, la fermeté tranquille ; ses amitiés étaient particulièrement droites et sûres ; mais, engagé dans la bataille, il avait une sorte de combativité, d'intolérance qui faisait penser à la nuque d'un bœuf. Il semblait ne pas pouvoir vivre en laissant vivant un sophisme ; il ne pouvait pas, en tous cas, laisser un sophisme debout sans s'y attaquer. Le cours du développement de ses idées politiques fut, pendant quelque temps, résolument divergent du mien. Quand je me mis au travail avec les pro-Boers des *Daily News*, et que j'entrepris de défendre la cause libérale sans restriction, mais peut-être d'une manière plus romanesque que beaucoup d'autres libéraux, mon frère gravitait autour d'une notion de démocratie conservatrice pratique de plus en plus pénétrée par le socialisme de Sidney Webb et de Bernard Shaw. Il finit par devenir membre actif et effectif de

3. Voir note 20, chap. I.

254 L'HOMME À LA CLEF D'OR

l'*Executive Fabian*[4]. Mais, chose beaucoup plus importante que son opinion passagère, il y avait en lui une sorte d'intolérance vivante, d'un caractère extrêmement menaçant, une haine de la vraie corruption et de l'hypocrisie de la politique moderne, une volonté prodigieuse de révéler la vérité.

J'ai déjà dit que, si je croyais au libéralisme, je trouvais un peu difficile de croire aux libéraux. Il serait plus vrai, peut-être, de dire que je trouvais difficile de croire à la politique ; la réalité me semblait en effet presque irréelle, comparée à la réputation, ou à l'opinion. Je pourrais donner vingt exemples de ce que je veux dire ; mais ce ne seraient que des indications, car le doute lui-même avait quelque chose de douteux. Je me rappelle que, fréquentant un grand club libéral, je déambulais dans une salle spacieuse pleine de monde, au bout de laquelle un monsieur chauve et barbu lisait d'une voix sourde un manuscrit. Il était parfaitement admissible que nous ne l'écoutassions pas, attendu que nous ne pouvions entendre un seul mot de ce qu'il disait ; je crois même qu'un très grand nombre d'entre nous ne voyaient même pas le lecteur. Nous nous laissions porter par cette foule, nous garant les uns des autres et nous heurtant ; je rencontrai plusieurs amis avec qui j'échangeai quelques mots : Bentley, Belloc, Hammond, d'autres encore. Nous causions d'une manière normale ; il est possible, mais pas certain, que l'un de nous demanda négligemment ce qui se passait à l'autre bout de la grande salle. Puis nous gagnâmes ensemble la sortie, parlant de choses importantes, ou qui nous semblaient telles.

Le lendemain matin, en travers de la première page de mon journal libéral, je lus en grandes capitales : « Lord Spencer[5] brandit la bannière ». Et, par-dessous, d'autres remarques, encore en caractères gras, disaient comment le même Lord Spencer avait « embouché la

4. Comité exécutif de la Société fabienne (voir note 42, chap. VI).
5. John Poyntz, comte de Spencer, cinquième du nom (1835-1910) ; célèbre homme d'État anglais, libre-échangiste ; membre du Parlement en 1857 ; à la mort de son père, dut quitter les Communes pour la Chambre des Lords. Vice-Roi d'Irlande de 1868 à 1874 et de nouveau de 1882 à 1885. Fut lord-président du conseil de 1880 à 1882, et de nouveau en 1886. Premier Lord de l'Amirauté de 1892 à 1895. Garde du Sceau Privé du Roi en 1901. Chef libéral des pairs jusqu'en 1905, date à laquelle il se retira de la vie politique.

trompette » en faveur du libre échange. La clameur en retentissait par toute l'Angleterre ; c'était le ralliement de tous les libre-échangistes. J'appris ainsi, après avoir réfléchi avec beaucoup d'attention, que les murmures que nous n'avions pas pu saisir, que le discours que le vieux monsieur lisait d'après son manuscrit, avaient trait à une argumentation économique en faveur du libre-échange ; arguments excellents, pour autant que je sache. Mais ce que le discours avait été pour ceux qui l'avaient entendu, et ce qu'il devenait pour les milliers de lecteurs qui ne l'avaient pas entendu, offrait un contraste si démesuré, que je ne pense pas avoir jamais complètement oublié l'effet que la chose produisit sur moi. À dater de ce jour, je sus ce qu'on entend, ou plutôt ce qu'on doit entendre par les mots « un incident à la Chambre », ou « un défi lancé à la tribune », ou n'importe quel autre de ces nouvelles « sensationnelles » qui arrivent… dans les journaux, et nulle part ailleurs.

Ce sens de l'irréel dans la lutte entre les partis, qui s'emparait de moi peu à peu, fit chez mon frère et chez mon ami Belloc des progrès beaucoup plus rapides ; c'est qu'ils étaient, par tempérament, d'une essence beaucoup plus vive et plus résolue. Ils formèrent une sorte d'association pour l'étude de la question ; et le résultat de cette association fut un livre qui eut un retentissement considérable, bien qu'à cette époque, naturellement, l'effet fut surtout un effet d'irritation et d'incrédulité. Mon frère et Belloc collaborèrent donc à la rédaction d'un ouvrage qu'ils appelèrent « Le système des Partis » ; ouvrage dont la thèse générale était celle-ci : qu'en réalité, il n'y avait pas de partis, bien qu'il y eut incontestablement un système. D'après ce point de vue, le système était essentiellement un système de rotation, mais de rotation pivotant autour d'un groupe central qui comprenait, en fait, les chefs politiques des deux ailes ; ou, comme le livre les appelait, par commodité : « Le banc des ministres ». Un conflit illusoire était entretenu entre les deux ailes pour le bénéfice du public, et, jusqu'à un certain point, avec l'inconscient concours des troupes ; mais, à la Chambre, le chef du parti au pouvoir était plus sincèrement, plus étroitement associé avec le chef de l'opposition que l'un ou l'autre pouvait l'être avec ses propres partisans, sans parler de ses électeurs. Telle était la thèse soutenue dans le livre ; pour l'instant, son importance immédiate au sein de ce récit n'est pas tant liée à sa réalité ou à sa fausseté qu'au retentissement personnel qui résultait de l'alliance entre ses deux auteurs. Leur point de vue, en effet, attira assez l'attention pour décider quelques partisans à lancer un hebdomadaire, dont Belloc fut le directeur, et mon frère Cecil le sous-directeur ; hebdomadaire auquel je donnai d'abord une collaboration intermittente, puis un article hebdomadaire.

Jamais rien de comparable au *Eye Witness*[6] n'avait existé en Angleterre auparavant ; en tous cas, pas dans le souvenir des hommes les plus âgés de ce temps-là. Et jamais rien de pareil n'a existé non plus en Angleterre depuis lors. Mais la nouveauté, l'originalité d'un tel périodique ne peut être valablement appréciée par ceux qui ne peuvent le comparer qu'avec ce qui a paru depuis. C'est un paradoxe d'une vérité tangible qu'une chose originale ne peut connaître immédiatement le succès tout en continuant de paraître originale. Nous ne pouvons nous rendre compte à quel point il nous paraîtrait surprenant qu'on nous dise : « la terre est ronde », si nous avions invariablement cru jusque-là que la terre était plate. Aujourd'hui, pour ainsi parler, sa rondeur est devenue plus plate que sa platitude même ; l'idée originale n'est plus qu'une terne platitude, et sa négation seule pourrait aujourd'hui nous troubler. Il en va de même avec les révolutions politiques ; et il en fut ainsi avec la révolution considérable introduite par le *Eye-Witness* dans le journalisme anglais. Personne ne peut juger de ce changement s'il n'a été élevé, comme je le fus, dans la classe moyenne ordinaire des lecteurs de journaux de l'âge victorien. Il serait vain de discuter ici de tout ce qui peut être dit pour ou contre l'idéalisme, ou l'optimisme, ou le sentimentalisme, ou l'hypocrisie, ou la vertu de l'âge victorien. Il suffira de dire que tout reposait solidement sur quelques convictions sociales qui n'étaient pas uniquement des conventions. L'une d'elles était la foi dans ce fait que la politique anglaise était non seulement exempte de toute corruption politique, mais presque entièrement exempte d'intérêt personnel, d'intérêts auxquels l'argent fût mêlé. C'était un sujet de fierté patriotique, et qui marquait la limite des mouvements les plus ardents de colères partisanes. Je peux me rappeler que les vieux conservateurs comme mon grand-père s'arrêtaient net au beau milieu d'une dénonciation

6. Littéralement : Le Témoin oculaire.

de la conduite démoniaque de M. Gladstone, pour repousser la plus anodine suggestion au fait qu'il pouvait exister, dans l'âme de nos hommes d'État, des ennemis aussi choquants, pour citer Milton, que l'ambition et la jalousie : « Le ciel me préserve d'insinuer que n'importe quel premier ministre anglais... » Non. Des Français pouvaient avoir découvert la valeur négociable des monnaies de leur pays ; des Italiens et des Autrichiens pouvaient penser que doubler ses revenus n'était pas chose à dédaigner ; des hommes d'État bulgares ou boliviens pouvaient avoir une notion spéciale de la signification de l'argent ; mais les politiciens anglais passaient leurs vies dans un état de distraction comparable à celui de M. Skimpole[7] ; ils gardaient les yeux fixés sur les étoiles fixes, ne s'enquéraient jamais de savoir si la politique les avait enrichis ou appauvris, et recevaient leur salaire avec un sursaut de surprise.

Est-ce un bien, est-ce un mal ? Cette croyance est morte. Et ce qui l'a tuée, ce fut, d'abord, l'explosion journalistique qui s'appelle le *Eye Witness* ; et en particulier la campagne qu'il mena sur le cas Marconi, et sur l'affaire de la vente des pairies. En un sens, en effet, comme je le dirai dans un instant, le monde fut bien loin de suivre l'exemple de ces meneurs d'un *nouveau genre* ; et il n'y a rien eu depuis qui puisse rappeler leurs dénonciations précises et personnelles. Mais le ton général a changé. Aujourd'hui, tout lecteur est familier avec les plaisanteries sur les politiciens et les prébendes politiques, avec les allusions des journaux à la vente des honneurs et aux fonds secrets des partis ; personne ne s'en formalise plus. Peut-être serait-il préférable que l'on en fut encore choqué, ou honteux. Si l'on en était honteux, on pourrait peut-être tenter d'y changer quelque chose. Car c'est là qu'est le côté faible de ce qui advint finalement des révélations. Le but que poursuivait le *Eye Witness*, c'était d'informer le public anglais du danger de la corruption, de l'inviter à prendre garde. Il est certain aujourd'hui que le public sait. Il est moins certain qu'il y prenne garde. Et il doit nous être permis de conseiller à la génération qui nous entoure, plus cynique et plus réaliste que la nôtre, de ne pas être trop confiante dans sa supériorité sur le XIXe siècle « aux yeux bandés », et « imposteur ». Je sais que mes oncles victoriens ne savaient pas

---

7. Harold Skimpole, personnage du roman de Dickens : *Bleak House* (1852-53).

comment l'Angleterre est vraiment gouvernée. Mais je soupçonne fort que, si mes oncles victoriens l'avaient su, ils eussent été horrifiés, et non amusés ; et, d'une manière ou de l'autre, ils auraient mis fin à l'état de choses. Personne aujourd'hui n'essaie d'y mettre fin.

C'est la mode à présent de partager l'histoire récente en avant-guerre et après-guerre. Je crois qu'il est presque aussi important de la diviser en jours d'avant Marconi et jours d'après Marconi. Ce fut durant l'agitation provoquée par l'affaire Marconi que l'Anglais moyen perdit son incurable ignorance ; ou, plus simplement, son innocence. Or, comme le hasard a voulu que je jouasse mon rôle, rôle secondaire sans doute, mais défini, dans la querelle relative à l'affaire ; comme, en tout cas, tout ce que faisait mon frère était pour moi et pour mes affaires personnelles d'une importance capitale, on trouvera bon que je m'attarde un instant sur cette affaire particulière ; affaire qui, à l'époque, fut, est-il besoin de le dire, systématiquement déformée, et qui est encore aujourd'hui très mal comprise de la plupart des Anglais. Il est probable que des siècles passeront avant qu'on la voie clairement, et dans sa véritable perspective ; mais alors on la verra pour ce qu'elle est, c'est-à-dire pour un des tournants de l'histoire de l'Angleterre, et de l'histoire du monde entier.

Il circule sur les faits diverses légendes. Par exemple, la légende d'après quoi nous dénonçâmes certains ministres en exercice qui spéculaient sur les valeurs. Il n'est pas inexact, en effet, que nous plaisantâmes un homme comme M. Lloyd George[8], qui se faisait le porte-parole de la conscience non-conformiste et faisait appel à toutes les chapelles pour y afficher le vieil esprit puritain combatif, le jour où son nom parut dans une transaction qui ressemblait singulièrement à une opération de jeu, à une spéculation ; tout comme nous dénoncerions un politicien qui boirait du champagne et tenterait de mener d'autre

---

8. Le Right Honourable David Lloyd George, né en 1863 ; membre du Privy Council en 1905 ; Ordre du Mérite en 1919 ; homme politique anglais contemporain, Gallois de naissance ; fit ses études dans une école paroissiale ; puis des études privées. Débuta comme officier ministériel ; nommé « sollicitor » en 1884 ; candidat libéral à la députation en 1890 ; élu ; resté membre du Parlement sans interruption jusqu'en 1931 ; réélu depuis.

Président du Board of Trade (1905 à 1908) ; chancelier de l'Échiquier de 1908 à 1915 ; ministre des Munitions en 1915-16 ; de la Guerre en 1916 ; premier ministre de 1916 à 1922 ; Grand Cordon de la Légion d'honneur en 1920. Décéda le 26 mars 1945.

part campagne en faveur de la prohibition. Mais nous le dénoncerions, non parce qu'il boit du champagne, mais parce qu'il entend prohiber le champagne. De même, nous ne dénoncerions pas tant l'homme politique puritain parce qu'il joue, que parce qu'il parle comme si personne ne dût jamais jouer. Mon frère, ai-je besoin de le dire, n'était pas homme à se scandaliser de ce que quelqu'un se laissât aller à parier, à miser sur quoi que ce soit ; mais il est vrai qu'il eût probablement préféré que l'on jouât dix louis au Derby ou aux Oaks[9] plutôt qu'à la Bourse.

En réalité, l'idée que toute l'affaire n'était qu'une petite spéculation sans importance est mensongère. Cette version fut imaginée par les politiciens de l'époque dans le dessein de masquer les faits véritables. L'accusation portée contre les ministres Marconi était autre : ce qu'on leur reprochait, c'était d'avoir touché des commissions d'un fournisseur de l'État dont le contrat était à l'étude et soumis à l'approbation du Gouvernement. En fait, au moins d'après les apparences, toutes les conditions nécessaires étaient réunies pour établir qu'ils avaient touché ce qu'on appelle communément « un pot-de-vin ». Que l'acceptation de ce pot-de-vin ait influé ou non sur l'acceptation du contrat, la chose peut être discutée ; mais le fait qui compte, c'est qu'il s'agissait dans le débat d'un contrat et d'une commission, et non d'une spéculation banale sur les valeurs de bourse. Le fait capital était naturellement que le fournisseur de l'État était le propre frère d'un membre du Gouvernement. Le monopole très exceptionnel que le Gouvernement accorda alors à la compagnie Marconi était en fait accordé à son gérant, M. Godfrey Isaacs, frère de Sir Rufus Isaacs[10], alors attorney general. Ces faits seuls justifiaient au moins une enquête ; or les premiers efforts de tous les politiciens furent dirigés dans un sens qui devait empêcher toute enquête d'aboutir.

Jusqu'au jour où le directeur de l'*Eye Witness* eut contraint les politiciens à révéler certaines choses, les politiciens n'avaient fait que se récrier, déclarant qu'il n'y avait rien à révéler du tout. M. Lloyd George parla de vagues rumeurs, laissant entendre qu'il s'agissait de

---

9. Deux épreuves hippiques célèbres qui se disputent sur le champ de courses d'Epsom.

10. Voir note 32, chap. III.

rumeurs sans fondement, « passant comme il disait d'une lèvre impure à une autre ». Le certain Samuel qui faisait office de ministre se leva, et, sans y avoir été invité, donna l'assurance qu'aucun de ses collègues n'avait eu, à aucun moment, la moindre relation financière « avec la compagnie en cause » ; allusion discrète à la Compagnie Marconi. Sir Rufus Isaacs fit entendre, presque dans les mêmes termes, le même démenti imprécis ; en fait, il fit un étrange tableau des relations lointaines, presque froides, qui existaient entre lui et M. Godfrey Isaacs ; il dit qu'il avait un jour rencontré son frère, au cours d'une réunion de famille où pour la première fois il avait entendu parler de la conclusion de son contrat avec le Gouvernement. Entre-temps mon frère, devenu rédacteur en chef du journal, qu'il avait rebaptisé le *New Witness*, poursuivit l'attaque, incontestablement brutale, pour ne pas dire exagérément violente contre les Isaacs, mais finalement et principalement contre l'activité antérieure de M. Godfrey Isaacs en tant que promoteur de sociétés éphémères. M. Godfrey Isaacs poursuivit mon frère en diffamation ; ce qui fit à mon frère un grand plaisir. Fait remarquable : le jour même où arriva la réponse de mon frère, réponse où il disait qu'il entendait justifier les propos qu'il avait tenus, et en faire la preuve, les politiciens faisaient le premier pas et commençaient à révéler une partie de la vérité. Leur manœuvre pouvait, à première vue, paraître singulière : elle consistait à poursuivre en diffamation… un journal français : *Le Matin*.

Initiative bizarre, attendu qu'il y avait d'abord quelques grands journaux anglais à poursuivre. D'abord, le *New Witness*, qui réclamait chaque semaine à grands cris l'honneur d'être poursuivi. Puis le *Morning Post*, qui avait publié maints propos presque aussi sévères ; il y avait M. Maxse[11], qui, dans la *National Review*, tenait un langage non moins rigoureux. Je pris moi-même un tel plaisir à l'inconséquence de cette diversion que je fis paraître dans le *New Witness* quelques strophes qui commençaient ainsi :

---

11. L.J. Maxse (1864-1932), journaliste ; études à Harrow et à Cambridge ; rédacteur en chef de *National Review*. A publié : *Germany on the brain ; The Potsdam Diary*, etc.

I am so swift to seize affronts
My spirit is so high
Whoever has insulted me
Some foreigner must die
I made a claim for damage
(For the « Times » has called me « thief »)
Against a paper in Alsace
A paper called « Le Juif »
And when the « Morning Post » unearthed
Some murders I'd devised
A Polish organ of finance
At once apologised.
… … … …
… I know it sounds confusing
But, as Mr Lammle[12] said,
The anger of a gentleman
Is boiling in my head[13].

---

12. Alfred Lammle, personnage de Dickens (*Our Mutual Friend*, 1864) ; aventurier impécunieux, esprit trop fertile qui cherche l'occasion de faire un riche mariage. Toujours tiré à quatre épingles, bombant le torse, portant boutons voyants, dents trop blanches, la parole fleurie, il finit par épouser une dame aussi pauvre que lui, mais qui l'épousait pour sa fortune. Somme toute, tout le contraire du « gentleman » qu'il se targue d'être.

13. *Si prompt je suis à saisir les affronts,*
    Si noble est ma pensée
    Si quelque Anglais m'a diffamé
    Qu'un étranger périsse !
    J'ai fait un procès en dommages
    (Le Times m'ayant nommé « voleur »)
    Contre certain journal d'Alsace,
    Un journal appelé « Le Juif » ;
    Le Morning Post ayant trouvé
    Quelques crimes dans mon passé
    Un journal financier roumain
    Sur-le-champ me fit des excuses.
    … Je sais ; la chose est déroutante
    Mais, comme a dit M. Lammlé,
    La colère d'un gentilhomme
    Me fait bouillir le sang, mordié !

Le procédé est aujourd'hui familier. Quelque naïf qui a mal rapporté les faits est poursuivi aux lieu et place des censeurs sérieux qui les ont exactement rapportés. Dans le cas du journal *Le Matin*, on s'empara de l'occasion pour permettre aux ministres compromis de donner, avant qu'il fût trop tard, leur propre version des faits. À la grande surprise de bien des gens, à leur grande alarme aussi, les ministres admirent qu'en dépit des déclarations rassurantes faites devant le Parlement, ils avaient en effet reçu un grand nombre d'actions de la filiale américaine de la Compagnie Marconi. La plupart des libéraux loyaux qui les suivaient furent abasourdis ; mais, dans la presse ordinaire du parti, l'affaire fut congrûment blanchie. Il va sans dire que la presse conservatrice eut fait exactement la même chose pour un scandale conservateur, lesquels d'ailleurs ne manquaient pas. Mais il me plaît de nommer ici et de porter, *honoris causa*, au crédit de sa réputation et de la vraie croyance radicale, le nom de feu M.H.W. Massingham[14], rédacteur de *The Nation*, qui, seul dans une telle crise, parla et agit comme un homme. Il était aussi dévoué que n'importe qui au parti de la paix, de la compression des dépenses et de la répression des abus ; mais son dévouement se traduisit par une appréciation immédiate du danger moral que courait le parti. Frappé d'horreur à la lecture du *Matin*, il imprima dans son journal la phrase suivante : « La corruption politique est le talon d'Achille du Libéralisme ».

Des tentatives furent faites, par la suite, pour justifier toute cette inconsistance, toutes ces contradictions. On insistait sur le fait que les actions étaient des actions de la filiale américaine de l'entreprise, et que les explications parlementaires n'avaient parlé que des titres de la compagnie anglaise. On avait dit : « cette compagnie-ci » ; l'expression ne pouvait donc s'appliquer qu'à l'anglaise. Je dois confesser que j'éprouverais bien plus d'indulgence pour cette version qu'il s'agissait d'accréditer, n'était l'explication même qui devait servir

---

14. Henry William Massingham (1860-1924), journaliste ; ne fit que des études primaires ; entra de bonne heure à la rédaction de deux journaux de Norwich : *Norfolk News* et *Daily Press* ; puis successivement rédacteur à la *National Press Agency*, secrétaire de rédaction et rédacteur en chef du *Star* ; directeur du *Daily Chronicle* ; puis directeur de : *The Nation* (1907 à 1928). Auteur de : *The London Daily Press ; Labour and Protection*.

à la faire admettre. Après tant d'années, je pourrais aisément oublier et pardonner la faute si les politiciens avaient dit qu'ils avaient menti comme mentent les écoliers, par loyauté envers leur classe, envers leur club ; ou selon certaines conventions de self-défense parlementaire ; je pourrais même penser que cette fidélité conventionnelle n'était pas aussi franchement déshonorante qu'une forme perverse de l'honneur. Mais quand ils dirent que la première déclaration n'était pas mensongère, attendu que le mot « américaine » avait été omis, alors, je regrette de le dire, je ne puis conclure qu'une chose : c'est qu'ils ne connaissaient pas le sens du mot vérité. L'épreuve est simple. Admettons qu'ils se soient levés pour dire toute la vérité, la vérité toute simple ; qu'ils aient dit : « Ces ministres possèdent des actions de la Marconi américaine, non de l'anglaise » ; le propos eut causé une grosse émotion ; émotion qu'ils voulaient éviter, et qu'ils évitèrent en effet. En d'autres termes, par leur version de leur action, ils entendaient tromper l'opinion et ils la trompèrent en effet. Le fait qu'ils la trompèrent à la faveur d'une équivoque verbale sur le double sens des mots « cette compagnie-ci » n'atténue nullement la faute ; il l'aggrave au contraire. Toutefois, leurs idées morales étaient dans un tel état de confusion, qu'il n'est même pas nécessaire d'ajouter foi à l'explication de leur explication. Leur vraie raison peut même avoir été meilleure que leur fausse excuse ; et leur mensonge, en somme, plus loyal qu'ils n'eurent le courage de le confesser.

Une autre légende sur le cas Marconi, qui flotte en l'air comme un nuage et pour obscurcir ses vrais contours, c'est que l'inculpation de mon frère et sa condamnation à une amende, d'ailleurs plutôt nominale, de cent livres sterling, fut la réponse légale à son attaque contre les ministres Marconi. Question de loi, comme disent les juristes, autant que de fait ; or, dans les deux sens, la légende est complètement fausse. Mr Justice Phillimore[15], qui fut notre adversaire à un degré qui dépassait plutôt les limites du juridique, n'en était pas moins un juriste très lucide et très précis ; il ne laissa subsister aucun doute. Dans son résumé du procès, il déclara de la façon la plus emphatique que le Jury n'avait absolument rien à voir dans la question de savoir si les politiciens avaient indûment tripoté dans les Marconi ; que

15. Voir note 31, chap. I.

son verdict ne devait pas consister à répondre, dans un sens ou dans l'autre, à cette question, qui était une question d'ordre politique ; qu'ils étaient uniquement invités à donner leur avis sur la question de savoir si le nommé Godfrey Isaacs, en tant que promoteur de compagnies antérieurement au cas Marconi, avait été inexactement, injustement représenté et dépeint par le nommé Cecil Chesterton. Les jurés furent invités à trouver, et ils trouvèrent, en effet, que le portrait du promoteur de compagnies était inexact. Mais les jurés ne trouvèrent nullement, et il leur fut expressément déclaré qu'ils n'étaient pas compétents pour trouver que la conduite des ministres Marconi avait été régulière.

M. Godfrey Isaacs a pu être de son vivant ce qu'il a voulu ; maintenant qu'il est mort, je ne vais pas remonter en arrière pour déterrer les défuntes sociétés fondées par le pauvre homme. Il n'y a peut-être que deux choses à ajouter à cette partie toute personnelle de l'histoire ; et je crois que toutes deux valent d'être ajoutées. La première, c'est qu'il est au plus haut degré caractéristique, dans le cas de mon frère, que, s'il est vrai qu'il fit usage du vocabulaire violent de Cobbett[16] en attaquant Godfrey Isaacs[17] et consorts, il n'y avait pas chez lui l'ombre d'une méchanceté, même pas d'une irritation. Toujours, dans des conversations privées, il a parlé des frères Isaacs et de leur clan avec une parfaite bonne humeur, une parfaite charité ; rendant justice à leurs vertus juives de loyauté familiale, et à d'autres choses encore ; trouvant même des excuses aux autres politiciens ; bien qu'il soit tout à fait typique de l'attitude véritable de notre groupe, accusé de fanatisme antisémitique, qu'il était toujours plus prêt à excuser les Juifs que les Gentils.

Nous rejoignons ici une autre légende sur le cas Marconi ; c'est que ce fut une attaque contre les Juifs. Comme disait M. Belloc quand il témoigna devant la justice, il serait difficile d'imaginer quelqu'un qui ressemblât moins à un juif que M. Lloyd George. Et c'est le moment

---

16. William Cobbett (1763-1835), essayiste, agriculteur et politicien. Commença sa carrière politique comme « tory », mais devint le plus sincère champion du radicalisme. Son influence s'exerça surtout par l'hebdomadaire : *Cobbett's Weekly Political Register* dont il fut rédacteur en chef, qu'il avait fondé en 1802 et qu'il dirigea jusqu'à sa mort. Député radical en 1832. (Voir aussi note 1, page 422).

17. Voir note 32, chap. III.

d'ajouter ici une bien curieuse conséquence de l'affaire ; curieuse et ironique aussi ; bien des années après que mon frère eut reçu, avant de mourir, les derniers sacrements dans un hôpital français, son vieil ennemi Godfrey Isaacs mourait peu de temps après s'être lui-même converti à la même Église catholique universelle. Nul plus que mon frère ne se serait réjoui de savoir cela ; nul, en tous cas, n'eut accueilli la nouvelle avec moins d'amertume, ni avec plus de simplicité. Voilà quelle fut leur seule réconciliation ; elle peut réconcilier tout le monde. REQUIESCANT IN PACE.

Pour finir, il peut n'être pas sans intérêt de noter que la dernière et la moins digne des légendes sur le cas Marconi fut la version, qui fut dans l'air à un moment donné, d'après laquelle mon frère et M. Belloc s'étaient trouvés en désaccord à cette occasion, M. Belloc, au cours de son témoignage, ayant renvoyé les enquêteurs à mon frère, éditeur responsable des derniers numéros parus du journal. Étant de ceux qui firent partie de tous leurs débats, et étant tout naturellement tenté d'être favorable (si faveur il y a) à mon frère, je puis porter ici témoignage qu'il n'y a pas un mot de vrai dans cette prétendue séparation, ou, si l'on veut, dans cette désertion. La politique de mon frère, qui voulut répondre lui-même à toutes les questions, peut avoir été sage ou elle peut avoir été maladroite ; j'ai moi-même douté de la sagesse de cette décision. Mais, quelle qu'elle fût, elle fut adoptée par lui après consultation de M. Belloc, et comme faisant partie de leur commune politique ; mon frère inséra plus tard dans le journal, à ma prière, une note qui mettait les choses au point. Le résultat fut simple, et significatif : la commission n'osa jamais le convoquer. Pour le reste, ce scandale politique eut le sort de tous les scandales politiques. Une commission parlementaire fut nommée, dont le rapporteur déclara que tout s'était passé correctement ; un rapport de la minorité parlementaire fut ensuite publié, qui disait que certaines choses n'étaient pas tout à fait aussi correctes qu'on l'avait dit ; et la vie politique (si on peut appeler cela une vie) continua comme devant. Mais ce qui me fait rire, c'est la pensée des pauvres et honnêtes conservateurs qui, lisant, intrigués ou indignés, le *Morning Post*, et croyant que l'esprit chevaleresque des conservateurs s'était dressé contre le radicalisme corrompu, y virent le compte rendu des débats parlementaires ;

surtout le passage où Arthur Balfour[18] disait qu'ils devaient juger des hommes comme Lloyd George (qu'ils connaissaient si bien, et qu'ils aimaient tant) avec plus d'indulgence qu'ils jugeraient un vulgaire outsider. La pauvre Primrose League[19] doit avoir été terriblement intriguée par le problème de cette indulgence prêchée sur les bancs des ministres. Ils auraient trouvé la réponse dans un livre appelé le *Système des Partis*.

Peu après la fin de l'affaire, qui se termina comme ces affaires-là se terminent toujours dans l'Angleterre moderne, c'est-à-dire par un verdict formel et par une commission du « passage à l'éponge », toute notre politique, et notre vie même furent secouées et bouleversées par un tremblement de terre venu du dehors : celui de la Grande Guerre. Il n'y eut pas, entre les deux faits, une absence de corrélation aussi complète que ce qu'on pourrait croire ; car la Prusse fut un peu encouragée à attaquer par une grossière exagération de ce qu'il y avait de grave, je ne dirai pas dans le rôle du parti ultra-protestant irlandais, mais dans l'importance que l'Anglais accordait réellement à l'homme orange[20]. La menace d'une guerre civile qui aurait éclaté dans l'Irlande du Nord fut très généralement exagérée artificiellement

18. Arthur James, comte Balfour (Arthur James), né en 1848, mort en 1930 ; homme d'État et philosophe ; créé comte en 1922 ; Ordre de la Jarretière : même année. Études à Eton et au Trinity College (Cambridge) ; député conservateur en 1874 et, de 1878 à 1880, secrétaire particulier de son oncle Lord Salisbury (voir note 37, chap. VI), qu'il accompagna au Congrès de Berlin ; réélu député en 1885 ; ministre pour l'Écosse en 1886 ; ministre pour l'Irlande en 1887 ; Premier Lord du Trésor royal en 1893 ; Premier Ministre de 1902 à 1906 ; quitte la direction du parti conservateur en 1911 ; en 1915, entre dans la Coalition comme Premier Lord de l'Amirauté ; ministre des Affaires étrangères en 1916 ; lord-président du Conseil (mais non Premier Ministre) en 1919. Brillant orateur, savant pénétrant, musicien et grand sportif. Il était chancelier des Universités d'Édimbourg et de Cambridge ; Ordre du Mérite en 1916 ; ouvrages de philosophie : *Defence of Philosophic Doubt* (1879) ; *Essays and addresses* (1893) ; *The foundations of belief* (1895) ; *Theism and Humanism* (1914), etc., etc.

19. « The Primrose League » fut fondée en 1883 en souvenir de Disraeli, Lord Beaconsfield (voir 1, chap. XI), de qui la fleur favorite était la primevère, en vue de la défense des principes du parti conservateur. Elle passe pour avoir compté à un moment donné un million de membres ; encore active. L'anniversaire de la mort de Disraeli (19 avril) est célébré chaque année sous le nom de « Primrose Day ».

20. Orangeman (l'homme orange). On désigne ainsi les membres du parti ultra-protestant irlandais, du nom d'une association secrète fondée en 1795 dans le nord du pays.

jusqu'aux limites de l'extravagance, comme un expédient destiné à prouver que le système des partis signifiait bien, après tout, quelque chose. Depuis très longtemps, la question d'Irlande avait été la seule question vivante au sein du Parlement anglais. Elle était vivante parce qu'elle intéressait la religion, ou deux religions ; quand elle eut été retirée, le système des partis parlementaires anglais tomba visiblement en morceaux. Mais il y eut d'autres voies par où la corruption continua d'affecter le pays la guerre venue ; le cas le moins frappant, peut-être, ne fut pas le scandale des stupéfiants, et aussi le fait que des maisons anglaises continuaient sans vergogne à faire du commerce avec l'ennemi. Mais, à la vérité, les relations coupables remontaient plus loin. En fait, elles remontent au début même de la guerre, bien que très peu de gens n'aient commencé à s'en rendre compte que beaucoup plus tard.

Si on me demandait qui a déclenché ou précipité la Grande Guerre (dans le sens aigu de : « qui l'empêcha d'être empêchée ? »), je ferais une réponse qui surprendrait l'opinion publique presque toute entière et qui surprendrait à coup sûr l'intéressé lui-même. Je ne dirais pas que c'est le Kaiser ; car cette simplification du problème n'était qu'une de ces histoires anglaises de croquemitaines, comme Kruger avant, et plus tard Mussolini ; bien qu'il soit tout à fait certain que le mal eut son origine dans la puissance de la Prusse. Encore moins dirais-je que c'est le tsar, ou bien ce slave fanatique, auteur de l'attentat de Sarajevo. Longtemps après que les actes et les attitudes de tous ces personnages furent connus de tous, il eut été parfaitement possible d'éviter la guerre, et tout le monde, ou presque, désirait l'éviter. Je dirais plutôt que le mangeur de feu, celui qui poussa à la guerre de toutes ses forces quand d'autres eussent pu la prévenir, fut quelque digne quaker dans le genre du vieux M. Cadbury, que j'ai connu et servi dans ma jeunesse.

Tout cela eut son origine dans l'existence du système des partis ; ou plutôt, dans un sens, dans la non-existence du système des partis. Quand la théorie publiquement admise d'une chose diffère de la réalité de cette chose, il existe toujours une convention de silence, et cette convention ne peut être brisée ; il y a des choses qui ne doivent pas être dites en public. Dans le cas présent, le fait caché illustrait très exactement la thèse du livre intitulé *Le Système des Partis* ; qu'il n'y avait pas, en réalité, deux partis gouvernant le pays à tour de rôle, mais un groupe unique, « les premières travées », qui gouvernaient sans interruption. Le fait ici en cause, c'est que la politique étrangère d'Asquith et de Grey ne différaient pas d'une manière essentielle de celle qui eut été faite par Balfour[21] et par Bonar Law[22]. En ce sens-là, tous étaient patriotes ; tous, selon moi, avaient raison ; n'empêche que tous se disaient que l'Angleterre serait forcée d'intervenir si l'Allemagne menaçait la France. Tous pensaient ainsi ; et si tous l'avaient dit, et l'avaient dit quelques mois plus tôt, l'Allemagne n'aurait jamais défié la puissance d'une telle alliance ; mon frère, et des millions d'autres, se promèneraient encore, bien vivants.

Mais cela, les leaders libéraux ne pouvaient pas le dire ; non par crainte du parti libéral, sans parler de la nation même ; mais par crainte des forces particulières, des forces puissantes qui soutenaient le parti libéral ; et qui, par voie de conséquence, soutenaient le système des partis. D'après les conditions de notre politique des partis, un parti se soutient, non pas tant par sa lutte contre les autres partis, que par des fonds. Ces fonds, on les appelle, Dieu seul sait pourquoi, d'une métaphore extraordinaire : « le nerf de la guerre ». Ils sont fournis par la vente à des riches de titres de noblesse et par toutes sortes de moyens non moins ignominieux ; mais il n'est pas ici question de ces méthodes. Beaucoup de ces soutiens de partis, et M. Cadbury à coup sûr, étaient entièrement de bonne foi, surtout en ce qui concerne la défense de la paix. Mais un grand nombre d'entre eux étaient des Quakers[23], simplement parce que le hasard voulait que les Quakers

21. Voir note 18, ci-dessus.

22. Right Honourable Andrew Bonar Law (1858-1923) ; homme d'État anglais, d'origine canadienne ; études au Canada et à Glasgow ; docteur en droit ; membre du Parlement de 1900 à 1906 ; de 1906 à 1910 ; de 1911 à 1918 ; membre du Conseil Privé en 1911 ; chef de l'opposition parlementaire de 1911 à 1915 ; ministre des colonies en 1915 et 1916 ; chancelier de l'Échiquier de 1916 à 1918 ; Lord du Sceau Privé de 1919 à 1921 ; ministre plénipotentiaire à la Conférence de la Paix (1919) ; fut membre du Cabinet de guerre (1916-19) ; premier ministre en 1922 et 1923 et Lord Recteur de l'Université de Glasgow pendant la période 1919-1923.

23. « Quaker » ou « The Society of Friends » fondée par George Fox (1624-1691), fils d'un tisserand du Leicestershire. Les adeptes considèrent que les rites extérieurs du baptême et de la sainte Communion ne doivent pas être pratiqués ; mais ils insistent sur la réalité de l'expérience que ces pratiques ont pour but d'exprimer. Les Quakers défendent que dans les heures consacrées à l'adoration, le fait de limiter à la présence

comtassent une minorité de millionnaires, groupe beaucoup moins nombreux mais beaucoup plus riche que le parti libéral tout entier. Et la constitution même des partis politiques modernes est ainsi faite qu'un gouvernement doit se concilier de tels soutiens, et feindre de professer leurs idéals, ou leurs préjugés, de quelque nom qu'on veuille les nommer. En bref, tout ceci n'était et n'est encore que le gouvernement par la ploutocratie ; mais, dans ce cas-ci, ce ne fut pas spécialement la faute de ce groupe particulier de ploutocrates.

Le nombre croissant des intellectuels qui se contentent de dire que la démocratie a échoué oublient de constater une calamité beaucoup plus désastreuse : c'est que la ploutocratie a réussi. Je veux dire qu'elle a obtenu le seul succès qu'elle pouvait avoir ; car la ploutocratie n'a ni philosophie, ni morale, et même aucune signification ; elle ne peut obtenir qu'un succès matériel, c'est-à-dire un succès de mauvais aloi. La ploutocratie ne peut signifier qu'une chose : la réussite des ploutocrates en tant que ploutocrates. Mais de ce succès, ils n'ont joui que jusqu'au jour récent où la critique économique du système les ébranla comme peut faire un tremblement de terre. Pour la démocratie, le risque est exactement opposé. Nous pouvons dire, non sans raison, que la démocratie a échoué ; mais par là, nous ne dirons rien de plus que ceci : que la démocratie a échoué dans sa tentative d'exister. C'est un non-sens de dire que les États capitalistes, compliqués, mais centralisés, de ces cent dernières années ont souffert d'un sens exagéré de l'égalité des hommes, ou de la trop grande simplicité du genre humain. Tout au plus pourrions-nous dire que la théorie civique a accrédité une sorte de mensonge légal, à l'abri duquel un homme riche pourrait régir toute une civilisation, là, où un jour, il avait pu gouverner une cité ; ou un usurier prendre dans son filet six nations, là où il put un jour n'y prendre qu'un village. Mais il n'y a pas de preuve plus flagrante du fait que tout cela, c'est expressément la ploutocratie, et plus expressément encore, que ce n'est pas la démocratie qui est

d'un seul prêtre revient à limiter l'influence du Saint-Esprit. Aussi leurs réunions se tiennent-elles sans aucun rite préconçu ; ils observent généralement le silence ; mais, chacun des assistants, homme ou femme, est libre de rompre ce silence pour prier à haute voix. Un des commentateurs les plus connus du quakerisme fut William Penn (1644-1718), fondateur de l'État de Pennsylvanie, aux États-Unis d'Amérique, où le quakerisme est peut-être encore plus répandu, de nos jours, qu'en Angleterre.

cause que les institutions populaires sont devenues impopulaires, que
cet exemple de la pression des pacifistes sur le Gouvernement libéral
immédiatement avant la Grande Guerre. Il n'y a qu'à se demander
pour quelle part exacte ces pacifistes extrêmes comptaient dans les
fonds du parti, et combien ils se comptaient dans le parti.

Car pas un agent électoral, si actif, si consciencieux qu'il fût, n'eût
été pris d'une panique anormale en raison des votes des Quakers. Il
leur eût accordé l'attention normale qu'il accorderait aux votes des
Plymouth Brethren[24] ou des *Peculiar People*[25], qui devaient avoir
l'habitude de voter pour les libéraux. Il n'y a pas assez de Quakers,
en tant qu'individus, pour opérer un glissement des votes dans des
élections générales. Par la nature de la politique moderne, et par la faute
de personne en particulier, le point essentiel, le pivot de la situation
n'était pas du tout la très grande proportion d'individus qui étaient
des Quakers, mais la très grande proportion de Quakers qui étaient
millionnaires. Et puisque cet état de choses est mauvais quand il est
pour le mieux, comme c'est le cas pour les Quakers dont le pacifisme
était sincère, on ne pourrait penser trop de mal d'un état de choses
aussi mauvais quand il est à son pis. Au pire, il signifiait que la pire
sorte de traîtres pouvaient faire du commerce, et firent en effet du
commerce avec l'ennemi pendant toute la durée de la guerre : que
la pire sorte de profiteurs pouvaient faire chanter et firent, en effet,
chanter leur pays pour des profits abominables, à l'heure la plus grave
du péril ; que la pire sorte de politiciens pouvaient jouer le jeu qui
leur semblait bon avec l'honneur de l'Angleterre, avec le bonheur de
l'Europe, pourvu qu'ils fussent soutenus et poussés par un vulgaire
millionnaire en possession d'un monopole ; ces intérêts insolents
nous menèrent presque à la débâcle financière dans la crise suprême

24. Plymouth Brethren, groupement religieux qui prit naissance à Plymouth
vers 1830. Bien qu'adhérant au christianisme, ils n'avaient ni croyance officielle, ni
ministres du culte.
25. Peculiar People (littéralement : drôles de gens), nom donné d'abord aux
Juifs en tant que peuple élu de Dieu ; a servi plus tard à désigner une secte religieuse
fondée en 1838 et dont les adhérents sont très nombreux dans la banlieue de Londres ;
elle n'a pas de prédicateurs, pas de croyance officielle, ni d'organisation religieuse
et compte sur la prière pour guérir les maladies, rejetant toute assistance médicale.
On peut, dans une certaine mesure, comparer les « Peculiar People » aux Antoinistes.

de notre histoire, parce que le Parlement en était arrivé à n'avoir plus d'autre signification que celle d'un gouvernement secret par les riches.

Ainsi finit la dernière tentative importante pour épurer le Parlement, qui est la vieille institution des Anglais. Quelques années auparavant, une tentative similaire avait eu lieu en France, entreprise et menée par un homme à l'esprit chevaleresque, par Déroulède, dont l'action ressemble beaucoup à la manière à la fois militaire et chrétienne de Belloc et de mon frère Cecil. Celle-là aussi échoua ; et les parlements continuèrent à prospérer, c'est-à-dire à pourrir. Nous aurons vécu pour en voir la dernière phase, c'est-à-dire le moment où la révolte contre cette pourriture des institutions représentatives éclata dans le sud, aux portes mêmes de Rome ; mais là, elle n'échoua pas. Il est vrai qu'elle apporta avec elle des changements qui ne sont pas entièrement encourageants pour qui aime la liberté et reste attaché à l'ancienne conception anglaise d'un libre parlement. Je suis fier d'avoir été au nombre de ceux qui tentèrent, même trop tard, de sauver cette conception-là.

Just Indignation of Queen Victoria →

Dessin de l'auteur

Hors-texte de *The Coloured lands* (Sheed and Ward, 1938)

CHAPITRE X

AMITIÉS ET ESCAPADES

Il y a des gens qui se plaignent d'un homme parce qu'il ne fait rien ; et d'autres, encore plus mystérieux, plus stupéfiants, qui se lamentent de n'avoir rien à faire. On leur fait présent de quelques belles heures vides, de quelques jours de beau loisir, ils se plaignent de ce qu'elles soient vides, de ce qu'ils soient de beau loisir.

Et si on leur fait don de la solitude, qui est le don de liberté, ils rejettent ce don loin d'eux ; ils le détruisent de propos délibéré en jouant à quelque horrible jeu de cartes, ou en promenant une petite balle sur un terrain de golf.

Je ne parle que pour moi ; je sais qu'il faut des gens de toutes sortes pour faire un monde ; mais je ne puis réprimer un sentiment de malaise quand je vois des gens gaspiller des vacances chèrement gagnées en les employant à faire quelque chose. Pour ma part, je n'ai jamais assez de cette chose qui s'appelle : ne rien faire du tout. Il me semble que je n'ai jamais eu le loisir de déballer la dixième partie du bagage de ma vie et de mes pensées. Il va sans dire qu'il n'y a rien de spécialement misanthropique dans mon désir d'isolement ; tout au contraire. Au cours de ma morbide adolescence, je fus parfois, comme je l'ai dit, et dans un sens vraiment affreux, un solitaire en société. Mais, dans mon âge mûr, je ne me suis jamais senti plus sociable que je le suis quand je suis seul.

Au cours de ces pages, je me suis déjà présenté comme un loufoque ; je n'ai plus maintenant qu'une chose à ajouter : c'est que je fus parfois un loufoque heureux, tout autant qu'un fou malheureux. Et puisque je viens de parler de la joie d'être seul, on trouvera

déroutant à souhait que je passe de but en blanc à dire la joie que j'ai
tirée des plaisanteries auxquelles je me suis livré avec de nombreux
compagnons. Il est juste que je commence par le meilleur de tous
mes compagnonnages. Je ne me propose point de décrire ici ma
lune de miel ; j'ai déjà fait allusion en passant à quelques-uns des
incidents les plus risibles de cette période de ma vie. Après notre
mariage, nous vécûmes, ma femme et moi, pendant près d'une
année à Kensington, où s'était passée mon enfance ; mais je crois
bien que nous savions déjà que là ne serait pas le vrai lieu de notre
demeure. Je me souviens que nous partîmes un jour en promenade,
pour une sorte de seconde lune de miel, et que nous fîmes ainsi
un voyage dans le vide, un voyage délibérément sans objet. Je vis
passer un omnibus dont le voyant portait « Hanwell » ; devinant là
quelque présage favorable, nous montâmes dedans, et le quittâmes
devant je ne sais plus quelle gare perdue où j'entrai pour demander
au préposé où se rendait le prochain train. Il me fit cette réponse
pédante : « Où désirez-vous aller ? » Je ripostai par cette réplique
d'une profonde philosophie : « Je veux aller où va le prochain
train. N'importe où ! » Il paraissait qu'il allait à Slough[1], ce qui
peut paraître d'un goût singulier, même pour un train. Néanmoins,
nous allâmes à Slough ; et de là, nous entreprîmes une nouvelle
promenade, avec encore moins de notion de l'endroit où nous nous
rendions. À cette allure, nous traversâmes les carrefours larges et
paisibles d'une sorte de village, et descendîmes dans une auberge
qui portait l'enseigne du Blanc Cerf. Nous demandâmes le nom du
pays ; on nous répondit qu'il s'appelait Beaconsfield (je veux dire,
bien entendu, qu'on prononça Beconsfield et non Beaconsfield) ;
et nous nous dîmes : « C'est bien dans un endroit de cette sorte que
nous établirons un jour notre foyer »[2].

Les choses qui me reviennent à la mémoire comme les plus dignes
d'avoir été faites, les plus dignes aussi d'être rappelées, sont toutes
sortes de divertissements imprévus, d'escapades absurdes avec des
compagnons, des moments pleins de leur conversation et comme

1. Mot qui veut dire : bourbier, fondrière.
2. Allusion au sens du verbe « to beckon », faire signe de venir.

enluminés par leurs caractères. Belloc attend toujours un Boswell[3].
Son caractère vif, ses dons d'animateur avaient toute la constance de
celle d'un Dr. Johnson[4] ; et bien qu'il ait eu des chagrins personnels et,
au cours des récentes années, une dose largement mesurée de solitude,
il était pleinement fondé à dire, comme l'homme de sa chanson :

> *For you that took the all in all, the things you left were three,*
> *A loud voice for singing and clear eyes to see*
> *And a spouting fount of life within that never yet has dried[5].*

Bentley, ou Conrad Noël étaient des personnages qu'on aurait pu
fourrer dans n'importe quelle comédie ; et les facéties de Maurice
Baring furent dignes de quelque fantasque macaroni, ou d'un incroyable
du XVIIIe.

Parmi les souvenirs qui me reviennent, comme chassés par le vent
des collines du Sussex, il y a celui de ce jour d'hiver où Belloc nous
traîna à travers le comté à la recherche de la source de l'Arun. Sa
femme et la mienne étaient de la partie ; il n'y avait pas longtemps
que nous étions mariés, lui et moi, et peut-être en savions-nous moins
qu'aujourd'hui sur la diversité des tempéraments humains, pour ne
pas dire des températures humaines. Lui et moi, nous aimions le
temps froid ; ma femme et la sienne, une Californienne charmante,
ne l'aimaient pas du tout. Nous découvrîmes l'endroit où l'Arun
sortait de terre dans les collines ; et ce fut, en effet, de tous les
spectacles que j'ai vus, l'un des plus beaux spectacles ; je pourrais
presque dire le plus classique ; car l'Arun naissait dans un étang

---

3. Voir note 28, chap. III.
4. Voir note 28, chap. III.
5. Inexactement cité d'après la 4e strophe du poème intitulé *The winged horse*
tiré de *Sonnets and Verse* de Hilaire Belloc : Il faut lire « keen » eyes pour « clear »
eyes ; et « well of joy » pour « fount of life » ; et encore : « was dried » pour « has
dried ». Essayons de traduire :
> *Car toi qui pris de tout l'essence,*
> *Les choses que tu laissas sont trois :*
> *Une voix haute pour chanter*
> *Et deux yeux clairs pour voir*
> *Et, au dedans, une jaillissante fontaine de vie*
> *Qui ne s'est point tarie encore.*

partiellement gelé, au sein d'un bosquet d'arbres frêles, argentés par le givre, qui faisaient un peu penser aux piliers pâles et délicats d'un temple. Mais je crois que les femmes, bien qu'accessibles toutes deux à la beauté d'un paysage, considéraient d'un œil plutôt froid ce paradis glacé. Quand la chose commença de nous être sensible, Belloc proposa sur le champ le remède : un rhum chaud qu'on prendrait dans les grands gobelets d'une auberge voisine ; et nous fûmes très étonnés de voir que le remède était considéré avec presque autant de déplaisir que le mal. Nous qui ne sentions pas le froid, nous bûmes le rhum de bon cœur ; et Belloc, qui avait toujours eu la manie de réciter des bouts de poèmes récemment découverts et qui, par hasard, lui plaisaient, lançait au vent par intervalles ces vers de miss Coleridge[6] :

6. Mary Elizabeth Coleridge (1861-1907), auteur de poèmes remarquables. Son grand'père était le neveu de Samuel-Taylor Coleridge (voir note ci-dessous). Parmi ses ouvrages : deux recueils posthumes de vers (1907) : *Poems old and new* et *Gathered leaves*. Écrivit aussi des romans, publiés de son vivant : *The seven Sleepers of Ephesus* (1893), qui fut loué par R.L. Stevenson ; l'autre : *The King with two faces* (1897).

Son ancêtre, Samuel-Taylor Coleridge (1772-1834), le second des grands romantiques anglais de la première génération (voir note 4, page 100) était le fils d'un clergyman. Études à Christ's Hospital (nom d'une école) où il rencontra Charles Lamb (1775-1834) ; puis à Cambridge, où il entra au moment où Wordsworth quittait cette université. Abandonna Cambridge dans des circonstances assez mystérieuses (1794) pour s'engager dans l'armée. Ayant quitté l'armée, il revint à Oxford en visiteur ; il y rencontra le troisième poète de sa génération : Robert Southey (1774-1843). Les deux poètes s'éprirent des deux sœurs Fricker.

En 1798, en collaboration avec Wordsworth, Coleridge publia *Lyrical Ballads*. Entre-temps, il apprit l'allemand et traduisit en anglais le *Wallenstein* de Schiller. En 1800, il s'établit à Keswick dans le Lake Country (district anglais des lacs) et devint membre de l'école célèbre de ce nom.

Révolutionnaire dans sa jeunesse, il finit conservateur. Après la publication de *Lyrical Ballads*, les célèbres céramistes Josiah et Thomas Wedgwood (voir note ci-dessous) lui allouèrent chacun une rente annuelle de 75 livres sterling. Coleridge fut le premier poète anglais pour qui ce qui compte dans la versification, ce n'est pas le nombre des syllabes, mais le nombre des syllabes fortes.

Il fut une grande victime de l'opium ; toute sa vie il tenta de se guérir de son vice. Il n'y réussit pas.

Parmi ses poèmes, citons : *Kubla Khan* (1797), écrit sous l'influence de l'opium et dont il ne reste que le commencement ; *The ancient mariner* (1798) ; *Christabel* (1800) ; puis, le recueil d'essais : *Biografia literaria* (1817), etc.

Josiah Wedgwood (1730-1795), céramiste de réputation universelle, né à Burslem, comté de Staffordshire ; d'origine très modeste, finit par être nommé « Potier de la Reine » (1762) ; deux ans plus tard (1764), s'associe avec Thomas Wedgwood, son

We were young, we were merry, we were very very wise
And the doors stood open at our feast ;
When there passed us a woman with the west in her eyes
And a man with his back to the east[7].

Il ne fait aucun doute, en ce qui nous concerne, que nous étions jeunes et gais ; mais je me suis parfois demandé depuis si nous étions très, très sages.

Nous rentrâmes ensuite chez Belloc ; où Belloc lui-même neutralisa un peu l'effet réconfortant de la chaleur retrouvée en ouvrant continuellement la porte du jardin, pour y installer un télescope (il faisait déjà nuit, une nuit étoilée et glaciale) ; hélant les femmes à grands cris, les invitant à venir « voir Dieu fabriquer de l'énergie ». Sa femme déclina l'invitation dans des termes qui n'étaient pas exempts d'humour ; et Belloc de joyeusement répliquer :

We were young, we were merry, we were very very wise
And the doors stood open at our feast ;
When there passed us a woman with the west in her eyes
And a man with his back to the east.

Inutile de dire que l'hospitalité des Belloc se termina par une fête magnifique, arrosée de vin, et que tout finit dans un embrasement de gaîté ; mais une légende demeura autour de cette journée d'hiver où quelques-uns d'entre nous portaient tellement plus d'intérêt au baromètre qu'au télescope. Le côté féminin de l'histoire fut plus tard introduit dans une parodie de l'obsédant refrain ; de là sortit :

cousin ; élu membre (1783) de la « Royal Society ». A élevé la poterie anglaise à la hauteur d'un grand art. En 1769, fonde une autre usine à Etruria, près de Burslem. Amassa peu à peu une fortune d'un demi-million de livres sterling, somme énorme pour l'époque. Les modèles qu'il a créés s'accordaient admirablement avec les mobiliers du style empire.

7. *Nous étions jeunes, nous étions gais, nous étions très, très sages,*
   Et les portes étaient ouvertes à notre fête ;
   Quand une femme vint à passer, tout l'ouest dans ses yeux,
   Et un homme, le dos tourné vers l'est.
Vers tirés du poème *Unwelcome* de Mary Coleridge.

We were cold, we were bitter, we were very nearly dead,
And the doors stood open by desire,
And there faced us a woman with a cold in her head
And a man with his back to the fire[8].

Tel est le genre de plaisanteries qui me reviennent à la mémoire : une vie qui mériterait ce nom ne devrait presque entièrement consister, pour n'importe lequel d'entre nous, qu'en choses de ce genre. Mais la vraie vie de quelqu'un est une chose très difficile à écrire ; ayant échoué deux ou trois fois en essayant de le faire pour d'autres, je n'ai point l'illusion de réussir à le faire ici pour moi.

Je me rappelle un autre incident, intime et plutôt ridicule, et qui eut davantage ce qu'on appelle un intérêt public. Car il consistait en une rencontre de Belloc avec un auteur très distingué et très fameux ; et je pense que l'entrevue s'avéra le plus comique de quiproquos qui se soit jamais produits dans l'univers. On pourrait écrire des volumes sur le sens de cet incident, tant social que national, et tant international qu'historique. Il contenait en soi toutes sortes de choses, y compris l'extérieur et l'intérieur de l'Angleterre ; et pourtant, en tant qu'anecdote, il peut sembler sans pointe, tant la pointe en est subtile et pénétrante.

Un été, nous louâmes une maison à Rye[9], cette merveilleuse île intérieure, couronnée d'une villa comme d'une citadelle, et toute pareille à une colline dans un tableau du moyen âge. Le hasard voulut que la maison touchant la nôtre fût l'ancienne demeure, lambrissée de panneaux de chêne, qui avait attiré, on pourrait presque dire à travers l'Atlantique, le regard d'aigle d'Henry James[10]. Car Henry James

8. *Nous avions froid, nous étions amers, nous étions presque morts,*
   Et les portes étaient ouvertes à la demande,
   Et nous fit face une femme qui avait un rhume de cerveau
   Et un homme le dos au feu.
9. Ville du comté de Sussex, sud de l'Angleterre ; bijou d'architecture, comparable à Bruges.
10. (1843-1916), romancier américain, enthousiaste admirateur de l'Europe, représentée à ses yeux par deux pays : l'Angleterre et la France ; se fit naturaliser anglais ; vécut constamment en Europe à partir de 1869 ; parmi ses ouvrages : *Daisy Miller* (1879), *What Maisie knew* (1901) ; *The Golden Bowl* (1905), etc., etc. (Étude de Camille Mauclair dans *Le Mercure de France*).

était, cela va de soi, un Américain qui avait réagi contre l'Amérique et saturé sa très sensible psychologie de toutes les choses qui semblaient le plus aristocratiquement, le plus désuètement anglaises. Dans sa recherche des nuances les plus fines parmi les ombres du passé, on eût pu deviner qu'il choisirait cette ville entre toutes les villes, et cette maison entre toutes les maisons. Elle avait été le siège d'une importante famille patricienne du voisinage, depuis longtemps déchue et pour lors éteinte. Elle devait enfermer des collections de portraits qu'Henry James traitait avec autant de respect qu'il eût fait des ancêtres de sa propre famille. J'ai l'impression qu'il se prenait vraiment pour une espèce d'intendant, de conservateur des mystères et des secrets de la vaste demeure, où des fantômes eussent pu se promener à l'aise sans paraître le moins du monde incongrus. La légende voulait (je n'ai jamais eu l'occasion de vérifier si la chose était vraie) qu'il avait réussi à reconstituer jusqu'en ses derniers rameaux l'arbre généalogique de la famille, et jusqu'à trouver qu'il existait, très loin, dans quelque centre manufacturier d'Angleterre, un descendant qui s'ignorait, et qui n'était qu'un modeste employé de commerce, vulgaire et bon vivant. On a conté qu'Henry James avait invité ce jeune homme à venir séjourner dans sa sombre demeure ancestrale, et qu'il l'y avait reçu avec une hospitalité funèbre, agrémentée, j'en suis sûr, de commentaires empreints d'un tact et d'une délicatesse qui devaient avoir été une torture pour l'invité. Le langage d'Henry James avait toujours cet air que je ne puis appeler que « gracieusement tâtonnant », c'est-à-dire non point tâtonnant dans le noir à la manière d'un aveugle que tâtonnant dans la lumière, dans une confusion pleine de perplexité, comme pour voir s'ouvrir devant soi trop d'avenues, se dresser trop d'obstacles. Je ne comparerais point cet état, comme fit M.G.H. Wells dans un propos désobligeant, à celui d'un éléphant s'efforçant de ramasser un petit pois ; mais j'accorde qu'Henry James faisait penser à quelque chose qui, muni d'une trompe sensible et flexible, eût tâtonné à travers une forêt de faits, de faits souvent invisibles à nos yeux. Je dis donc qu'on a rapporté que ces minces fétus de sympathie et de subtilité furent dûment coupés en quatre devant l'employé surpris, tandis qu'Henry James, inclinant sa tête pareille à un dôme, se confondait en insondables excuses et exposait ce qu'on pourrait nommer un compte-rendu silencieux de sa gestion.

On a aussi conté que, pour l'employé, cette visite n'avait été qu'
« une belle corvée », et la demeure ancestrale rien de plus qu'un lieu
infernal ; il est probable qu'il devait s'agiter, en proie à un indicible
malaise, et n'avoir qu'une envie : aller boire un brandy à l'eau en
lisant le *Pink'Un*[11].

Que l'histoire soit vraie ou fausse, il est bien certain qu'Henry
James occupa la maison avec tout le sérieux, toute la loyauté d'une des
fantômes de la famille ; mais non sans quelque chose de la délicatesse
un peu gênante d'un maître d'hôtel extrêmement cultivé. En réalité,
c'était plutôt un vieux monsieur très digne, très imposant et très courtois,
et, surtout, à certains points de vue d'ordre social, gracieux comme on
ne l'est pas. Sur un point, il fournit la preuve qu'il y avait du vrai dans
son souci du tact : il était grave dans ses rapports avec les enfants. Je
vis un jour un petit garçon lui offrir très sérieusement un pissenlit tout
sale et tout écrasé ; Henry James s'inclina, mais sans sourire. Cette
réserve prouvait, mieux que le fait d'avoir écrit *What Maisie Knew*[12]
qu'il savait comprendre les enfants. Pour le reste, dans toutes les
relations de la vie, s'il lui arrivait de se tromper, c'était dans le sens
d'un excès de lenteur et de solennité ; et c'est ceci, je suppose, qui dut
finir par donner sur les nerfs de M. Wells, qui avait l'habitude, même
en ce temps-là, de faire d'irrévérencieuses irruptions dans la sombre
demeure et dans son jardin sacré, et de me jeter des billets par-dessus
le mur. J'aurai bien d'autres choses à dire sur M.G.H. Wells et sur ses
billets, un peu plus loin ; mais nous en sommes ici au point où M. Henry
James apprit notre arrivée à Rye et procéda (après le délai exactement
conforme à la correction) à nous faire une visite officielle.

Je pense qu'il est inutile d'ajouter que ce fut une visite en tous points
solennelle. James remplissait dignement la redingote officielle de ces
jours lointains. De même que personne au monde n'est terriblement
aussi bien habillé qu'un Américain bien habillé, de même nul homme
n'est aussi terriblement bien élevé qu'un Américain bien élevé. Il
amenait avec lui son frère William[13], le célèbre philosophe américain ;

---

11. Journal de courses (voir note 9, chap. IV).
12. L'un des ouvrages d'Henry James (voir note 10, plus haut).
    13. William James (1842-1910), docteur en médecine, professeur de psychologie
à Harvard (l'Oxford américain) est un des plus grands psychologues que le monde ait
connu. Fonda le pragmatisme. Parmi ses ouvrages : *Principles of psychology* (2 vol.,

et bien que William James fût plus loquace et plus désinvolte que son frère, pourvu qu'on le connût un peu, il n'y en avait pas moins, en fin de compte, quelque chose de décidément cérémonieux dans cette idée de toute une famille en ordre de marche. Nous parlâmes des meilleurs ouvrages littéraires du moment ; James avec un tact incontestable, et moi un peu nerveusement. Je le trouvai plus difficile que j'avais cru sur les règles de la composition artistique ; il déplora Bernard Shaw plutôt qu'il le déprécia, disant que des pièces comme *Getting Married* étaient pratiquement informes. Il me fit quelques compliments sur quelque chose que j'avais fait ; mais se représenta lui-même comme respectueusement surpris que j'eusse pu écrire tout ce que j'avais écrit. Je le soupçonnai de se demander *pourquoi* j'avais écrit plutôt que *comment* j'avais pu faire. Ensuite nous en vînmes à considérer gravement l'œuvre de Hugh Walpole[14], avec toutes les nuances possibles dans l'appréciation et dans le doute ; à ce moment j'entendis, venant du jardin devant la maison, une sorte de beuglement qui ressemblait à celui d'une corne de brume irritée. Je savais pourtant bien que ce n'était pas une corne de brume, puisque la trompe criait : « Gilbert ! Gilbert ! », et qu'elle avait une voix comme il n'y en a qu'une seule au monde ; une voix aussi éclatante qu'une de ces voix dont il avait parlé, une des voix de ceux qui

> *Heard Ney shouting to the guns to unlimber*
> *And hold the Beresina Bridge at night*[15].

Et je sus que c'était Belloc, qui réclamait sans doute qu'on lui donnât du *bacon* et de la bière ; mais je n'avais aucune notion de l'aspect ou du déguisement sous lesquels il allait m'apparaître.

1890) ; *The Varieties of religious experience* (1902) ; *A pluralistic Universe* (1909) ; *Pragmatism*, etc., etc. (Il existe une étude sur William James par Émile Boutroux).

14. Sir Hugh Walpole, (1884-1941), romancier des drames de la classe moyenne, études à Emmanuel College, à Cambridge ; fut juge à Calcutta ; fait chevalier en 1937 ; parmi ses ouvrages : *Maradick at forty* (1910) ; *The dark forest* (1916) ; *The cathedral* (1922) ; *Rogue Herries* (1930). Fit la guerre comme attaché à l'armée russe.

15. *Entendirent Ney crier aux canons de se mettre en batterie*
    Et de tenir de nuit le pont de la Bérésina.

J'avais toute raison de le croire en France à ce moment-là, et à des centaines de milles d'où j'étais. Il devait, selon toute probabilité, être en train de se promener avec un de ses amis, attaché aux Affaires étrangères, un coreligionnaire, appartenant à l'une des plus vieilles familles catholiques ; mais par suite de je ne sais quelle erreur de calcul, tous deux s'étaient trouvés, au milieu du voyage, entièrement démunis d'argent. Belloc est légitimement fier d'avoir parfois vécu et d'être encore capable de vivre de la vie des pauvres. L'une des ballades du *Eye Witness*, qui n'a jamais été publiée, décrivait de la manière suivante sa vie de chemineau à l'étranger :

> *To sleep and smell the incense of the tar,*
> *To wake and watch Italian dawns aglow*
> *And underneath the branch a single star,*
> *Good Lord, how little wealthy people know*[16] *!*

Dans cet état d'esprit, ils avaient pris le chemin du retour jusqu'à rentrer pratiquement sans un radis. Leurs vêtements s'étaient désagrégés ; ils avaient réussi à regagner l'Angleterre vêtus de je ne sais quels pantalons de terrassiers. Ils étaient sans rasoir et n'avaient pas de quoi se payer une barbe. Ils devaient avoir gardé leurs tout derniers sous pour repasser l'eau ; alors ils s'étaient mis en marche, de Douvres jusqu'à Rye, où ils savaient que leur plus proche ami résidait pour l'instant. Ils arrivaient, hurlant de soif et de faim, et s'accusant dérisoirement l'un l'autre de s'être lavé en cachette, violant le contrat conclu entre chemineaux. C'est ainsi équipés qu'ils surgirent chez nous au milieu de la tasse de thé que M. Henry James tenait en équilibre, au beau milieu de la phrase que M. Henry James tenait en suspens.

Henry James passait pour subtil ; mais je crois que la situation fut pour lui trop subtile. Je me demande encore aujourd'hui si lui seul ne faillit pas au devoir d'apprécier toute l'ironie de la meilleure comédie dans laquelle il lui eût jamais été donné de jouer un rôle. Il avait

16. *Sentir tout en dormant cet encens du goudron,*
    S'éveiller observant les aubes italiennes,
    Sous l'arbre, rien de plus que cette unique étoile.
    Que les riches, Seigneur, savent donc peu de chose !

quitté l'Amérique parce qu'il aimait l'Europe, à cause de tout ce que signifiaient pour lui l'Angleterre et la France : les grands propriétaires terriens, la noble galanterie, les traditions héritées directement des lieux et des ancêtres, la vie telle qu'on la vivait au temps des vieux portraits dans les pièces tapissées de panneaux de chêne. Et voilà que, devant une table de goûter, surgissait l'Europe, la vieille chose qui avait fait la France et l'Angleterre, les descendants des seigneurs anglais, des soldats français, dépenaillés, pas rasés, réclamant à grands cris de la bière, éhontés à un point qui dépassait toute nuance de pauvreté et de richesse ; affalés, indifférents, sûrs d'eux-mêmes. Et, ce qui regardait la scène par-dessus la table du goûter, on voyait bien que c'était toujours le raffinement puritain de Boston. Ce court espace à travers lequel Henry James regardait la scène était plus large que l'Atlantique.

Il n'est que juste de dire que mes deux amis étaient en ce moment si peu respectables que même le flair d'un aubergiste anglais se fût trouvé en défaut pour dépister en eux des gentilshommes. L'aubergiste savait que ce n'étaient point là des chemineaux ; mais il devait rallier toute sa capacité de croire pour être tout à fait convaincu qu'il se tenait devant un membre du Parlement et un fonctionnaire du Foreign Office. Or, bien que simple et même borné, je ne suis pas sûr que l'aubergiste n'en eût pas su davantage là-dessus que Henry James. Le fait que l'un des deux amis insistait pour qu'on mît décanter une bouteille de porto qu'il voulait porter par les rues de Rye comme faisant partie d'une procession religieuse rétablit complètement sa foi dans la classe à laquelle appartenaient ces deux lunatiques. J'ai toujours été hanté par les contradictions qu'offrait cette magnifique comédie ; et si j'étais capable un jour d'exprimer tout ce qu'elle comportait d'enseignements, j'écrirais un gros volume sur les questions internationales. Je ne dis pas que j'en arriverais à me poser en champion d'une *alliance* anglo-américaine ; car cela, n'importe quel étourneau peut le faire, et le fait en effet, généralement. Mais je commencerais à préconiser une chose dont on parle souvent et qui n'a jamais été tentée, même de loin ; une *entente* anglo-américaine.

Dans ce temps-là, là-bas à Rye, j'ai un peu connu, je l'ai dit, M.H.G. Wells, et j'ai appris à comprendre ce qui chez lui, selon moi, le poussa à se révolter contre l'atmosphère de Henry James, bien que Henry James appréciât vraiment cette propension de Wells à se révolter contre elle. Henry James, en effet, exprimait la chose aussi bien qu'elle pouvait l'être quand il disait : « Quoi qu'écrive Wells, c'est toujours quelque chose non seulement de vivant, mais de ruant, mais de regimbant ». Il semble malheureux qu'après tout ceci, ce dût être Henry James qui fût victime de la ruade. Mais je puis, dans une certaine mesure, partager la révolte de Wells contre les lambris de chêne, et contre les fantômes. Ce que j'ai toujours aimé chez Wells, c'est sa disposition vigoureuse, spontanée, à prendre part à une bonne partie de plaisir. Il était l'un des meilleurs hommes au monde avec qui l'on pût mettre en train une plaisanterie bien plantée ; mais peut-être est-il vrai qu'il n'aimait pas rester planté trop longtemps après qu'elle avait été mise en train. Je me rappelle que nous montâmes ensemble un théâtre de marionnettes pour jouer une pantomime sur Sidney Webb. Je me rappelle aussi que c'est nous qui imaginâmes le « Gype », ce jeu national bien connu et si répandu. Toutes sortes de variantes et de complications furent inventées à propos de ce jeu. Il y eut le « Gype » terrestre, et le « Gype » d'eau. Je découpai et coloriai moi-même des morceaux de carton de formes mystérieuses et chargées de sens qui figuraient les accessoires du « Gype » de table, destiné aux enfants. Nous établîmes même d'une manière exacte quelle maladie menaçait le joueur qui ne saurait pas se borner ; il était exposé à souffrir de l'otite de Gype[17]. Mes amis et moi introduisîmes, au hasard de nos articles, des allusions à ce sport à la mode. Bentley réussit à en faire passer une dans les *Daily News*, et moi dans quelque autre feuille. Tout était prêt, tout marchait de l'avant ; tout, sauf le jeu lui-même… qui n'est pas encore inventé.

Je puis comprendre qu'un homme tel que Wells sût prévoir qu'Henry James montrerait une certaine froideur à l'égard du « Gype » ; et, pour la mémoire sacrée du « Gype », je puis excuser sa réaction ; mais j'ai toujours pensé qu'il réagissait trop vite à toute chose ; peut-être cela faisait-il partie de la vivacité de son naturel. Je n'ai jamais cessé de l'admirer et de sympathiser avec lui ; mais je pense qu'il a toujours réagi exagérément. Pour me servir du mot qui l'eût peut-être le plus

17. « Gype's Ear », synonyme de « thick ear », oreille enflée, comme celle qui vient de recevoir un soufflet.

ennuyé, je pense qu'il est un réactionnaire permanent. Partout où je l'ai rencontré, il avait toujours l'air de venir de quelque part, plutôt que d'aller quelque part. Toujours, il avait été libéral, ou il avait été Fabien, ou il avait été l'ami d'Henry James ou de Bernard Shaw. Et il avait si fréquemment presque raison que ses mouvements m'irritaient comme pourrait irriter la vue d'un chapeau perpétuellement apporté par la mer et qui ne toucherait jamais le rivage. Mais je le soupçonne d'avoir cru que le but de l'opération qui consiste à ouvrir l'esprit est simplement d'ouvrir l'esprit ; alors que je suis incurablement convaincu que l'objet de l'opération qui consiste à ouvrir l'esprit, comme à ouvrir la bouche, est de la refermer sur quelque chose de substantiel.

Le nom de M.G.H. Wells a déjà inévitablement suggéré celui de M. Bernard Shaw ; et c'est un simple accident de la composition de ce livre si M. Bernard Shaw n'y a pas déjà figuré honorablement, en première place, et dès le début. Comme je l'ai expliqué plus haut, je débutai moi-même par une adhésion au socialisme ; tout simplement parce qu'à cette époque le socialisme semblait la seule alternative à la déprimante adhésion au capitalisme. J'ai noté aussi que mon frère, qui étudia le socialisme plus sérieusement que moi, ou du moins plus scientifiquement, finit par acquérir une influence reconnue dans la Société Fabienne, et qu'il fut, à cette époque, plus lié que je fus moi-même avec G.B.S.[18]. Il était aussi, comme le cas l'exigeait, beaucoup plus d'accord avec lui. Pour moi, mon expérience principale, du commencement à la fin, a consisté à discuter avec Bernard Shaw. Et il vaut d'être noté que j'ai appris à tirer de cette discussion une admiration, une affection plus chaude que la plupart des gens tireraient d'un accord. Différent en cela de ceux que j'ai eu à considérer ici, c'est comme antagoniste que Bernard Shaw se voit sous son meilleur jour. Je pourrais même dire qu'il se voit sous son meilleur jour quand il a tort. Ou plutôt que tout est faux chez lui, excepté lui-même.

Je commençai à discuter avec M. Bernard Shaw par le truchement de l'imprimerie presque en même temps que je commençai à faire quoi que ce soit. Ce fut d'abord à propos de mes sympathies pour les Boers dans la guerre sud-africaine. Ceux qui ne comprennent

18. George Bernard Shaw.

pas ce que fut en politique la philosophie fabienne peuvent ne pas
se rendre compte que les dirigeants fabiens étaient presque tous des
impérialistes. M. et Mme Sidney Webb étaient, en cette affaire, d'ardents
impérialistes, Hubert Bland un impérialiste encore plus décidé, et
mon frère Cecil aussi solide impérialiste que Hubert Bland[19]. Même
Bernard Shaw, quoique gardant une certaine liberté de railler tout le
monde, était nettement un impérialiste, au regard de moi et de mes
amis pro-Boers. Depuis lors, une légende est née, surtout parmi les plus
stupides de ses adversaires, d'après quoi M. Bernard Shaw n'est qu'un
impudent révolutionnaire irlandais, qui fut toujours antibritannique.
La vérité, c'est que M. Bernard Shaw a toujours été beaucoup trop
pro-britannique. La pièce, *L'autre île de John Bull* est beaucoup trop
pro-britannique. Elle présente « l'autre île » comme beaucoup trop à
John Bull. Elle accorde à l'homme d'affaires anglais des succès en
Irlande qu'il n'a jamais eus. Elle suggère, en effet, que le succès est
presque le produit de la bêtise. Or, en fait, les tentatives d'hommes
comme Balfour, Birrell[20], Wyndham[21] et Morley[22] pour gouverner
l'Irlande pourraient être beaucoup plus exactement dépeintes comme
un brillant échec que comme un stupide succès. La question n'était
pas que des hommes bornés en avaient tiré quelque chose, mais que
des hommes habiles n'avaient rien pu faire du tout. Il en fut ainsi dans
cette vieille crise déterminante que fut la guerre avec la République
hollandaise. Comparé à Belloc ou à moi-même, Bernard Shaw était
nettement en faveur de la guerre sud-africaine. Il était, en tout cas, très
nettement en faveur de la paix sud-africaine, de cette très particulière
« Pax Britannica » que l'on poursuivait par la guerre sud-africaine.
Il en allait de même, en ce qui concerne cette question, pour M.H.G.
Wells, qui était alors un espèce de Fabien à demi détaché[23]. Il sortit

19. Hubert Bland (1856-1914), membre important de la « Fabian Society » (voir
note 42, chap. VI) ; collabora à *The Outlook* et au volume intitulé *Fabian Essays in
Socialism*, dû à la collaboration de G. Bernard Shaw, Sidney Webb, William Clarke,
Sidney Olivier, Anna Besant, Graham Wallas et Hubert Bland (1889).

20. Voir note 29, chap. XII.

21. Voir note 40, chap. V.

22. Note 37, chap. V.

23. « Semi-detached » est une expression qui s'applique surtout à une maison
accolée à une autre, et non point entourée de tous côtés par son propre territoire. Wells
était donc encore un peu attaché à la doctrine fabienne.

de sa voie pour railler l'indignation des pro-Boers contre les camps de concentration. En fait, il défend encore, tandis qu'il tient toutes guerres pour indéfendables, que c'est là la seule sorte de guerre qui peut être défendue. Il dit que de grandes guerres entre grandes puissances sont absurdes, mais qu'il pourrait être nécessaire, pour policer la planète, de forcer des peuples retardataires à ouvrir leurs ressources au commerce cosmopolitain. En d'autres termes, il défend la seule sorte de guerre que je réprouve absolument, celle qui consiste à intimider de petits États pour leur prendre leur pétrole ou leur or ; et il méprise la seule sorte de guerre que je défende vraiment, la guerre de civilisation et de religion, celle qui décide du destin moral de l'humanité.

Je tiens ce que je dis ici pour un compliment adressé aux Fabiens. Je le dis comme un compliment que j'adresse à leur persévérance tout autant que comme une opposition à leurs vues polémiques. Ils ont eu et ils ont encore tout à fait raison, étant donné leur point de vue sur la centralisation, d'être du côté des « Grrrrands régiments » et des « Grrrrosses Affaires ». Ce sont les socialistes sentimentaux (comme M. Wells le fait très justement remarquer) qui sont inconsistants quand ils disent qu'un paysan n'a pas droit à un champ de blé, mais qu'une nation de paysans a droit à un terrain pétrolifère. C'est eux qui sont les penseurs les plus nébuleux quand ils défendent les petites nationalités, mais non les petites propriétés ; plus nébuleux, mais parfois plus chics. Il n'y a que la mince différence d'une feuille de papier entre l'impérialiste et l'internationaliste ; et les premiers Fabiens avaient la lucidité d'y voir clair. La plupart des autres socialistes ont préféré les feuilles de papier, et les feuilles de papier sont devenues de plus en plus minces.

De la même manière, M. Bernard Shaw a été hautement flatté par les fausses accusations portées contre lui ; surtout par l'accusation généralement répandue qu'il n'était qu'une sorte de rebelle irlandais. Quiconque se souvient encore de ce temps-là sait que, s'il était quelque chose, il était exactement le contraire d'un rebelle irlandais, ou bien, il n'était rien du tout. Cela faisait partie du culte Fabien pour le bon sens que de considérer le nationalisme irlandais comme un sentimentalisme étroit, détournant les hommes de la question principale, qui était de socialiser les ressources du monde entier.

Je ne note ici cette erreur que pour faire ressortir le fait que ma controverse avec G.B.S., tant logiquement que chronologiquement, date du commencement. Depuis lors, j'ai discuté avec lui sur presque tous les sujets du monde ; et nous avons toujours été d'avis opposés, sans affectation comme sans animosité. J'ai défendu l'institution de la famille contre ses fantaisies platoniciennes concernant l'État. J'ai défendu les institutions nationales du Bœuf et de la Bière contre son hygiénique sévérité du végétarianisme et de l'abstinence totale. J'ai défendu la vieille idée libérale du nationalisme contre la nouvelle notion socialiste de l'internationalisme. J'ai défendu la cause des Alliés contre la pernicieuse sympathie des pacifistes pour le militarisme des Empires centraux. J'ai défendu ce que je considère comme les bornes sacrées de l'Homme contre ce qu'il considère comme l'illimitabilité planante du surhomme. En fait, ce fut dans cette dernière question de l'homme et du surhomme que j'ai senti le différend entre nous devenir plus clair en même temps qu'il devenait plus aigu ; et nous eûmes là-dessus maintes discussions avec des adversaires venus de tous côtés. Ce fut mon ami Lucien Oldershaw qui annonça son intention d'écrire une réponse à « l'Homme et le Surhomme », qu'il eut intitulée « Shaw et Oldershaw ».

Car, en fait, tous ces différends se ramènent à un différend religieux ; je pense, en effet, que tous les différends du monde se ramènent à cela. Je ne savais pas moi-même, au début, ce que c'était qu'un différend d'ordre religieux ; encore moins ce que c'était que la religion elle-même. Mais la différence est celle-ci : que les partisans de Shaw croient à l'évolution, exactement comme les vieux impérialistes croyaient à l'expansion. Ils croient à une grande chose croissante et tâtonnante comme la pousse d'un arbre ; je crois à la fleur et au fruit ; et la fleur est souvent petite. Le fruit est final, et, dans ce sens, fini ; il a une forme, et par conséquent, une limite. Une image a été frappée dessus, qui est le couronnement et la consommation d'un dessein ; les mystiques médiévales se servaient de la même métaphore quand elles l'appelaient *Fruition*. Appliqué à l'homme, cela signifie ceci : que l'homme a été fait plus sacré que n'importe quel surhomme, ou sursinge ; que ses bornes mêmes sont déjà devenues saintes comme un foyer ; à cause de cette caverne enfoncée dans le roc, où Dieu se fit tout petit.

Je me suis étendu sur ce long duel afin de pouvoir finir par le salut qu'on doit au duelliste. Il n'est pas facile de discuter violemment pendant vingt ans avec un homme sur la sexualité, le péché, les sacrements, sur des points d'honneur personnels, sur tous les fondements les plus sacrés ou les plus délicats de l'existence sans être quelquefois irrité, ou sans sentir qu'il lui arrive de frapper des coups bas, ou qu'il use d'ingéniosités de mauvais aloi. Du moins puis-je témoigner ici que je n'ai jamais lu une réponse de Bernard Shaw qui ne m'ait laissé dans un état d'esprit plus favorable, et non point dans une humeur pire ou dans un état d'esprit moins favorable, qui ne m'ait paru venir des fontaines inépuisables de l'esprit d'équité ou de la sociabilité intellectuelle ; qui n'ait pas eu un peu la saveur de cette largeur d'esprit naturelle que le philosophe attribue au Magnanime. Il est nécessaire d'être en désaccord avec lui autant que je le suis pour l'admirer autant que je fais ; et je suis encore plus fier de l'avoir comme ennemi que je le serais de l'avoir pour ami.

C'est ainsi qu'il arriva que, tandis que peu de mes contemporains me plaisent mieux que lui, nous nous sommes plutôt rencontrés en public que dans des réunions privées ; et généralement dans des débats publics ; surtout dans des débats où nous étions présentés pour nous combattre, comme deux comédiens d'une troupe ambulante. Et, en effet, il a ses excentricités qu'il faudrait plutôt appeler dans son cas : des « logiques », et qui mettent souvent obstacle à la pratique de la confraternité, courtoise et conventionnelle. Même les hôtesses, pour ne rien dire des hôtes, sont parfois embarrassées par un gentleman qui a plutôt plus grande horreur du thé que de la bière ou du vin. Quand je l'ai rencontré parmi ceux de mes amis qui aimaient la joie, il a toujours défendu résolument ses idéals négatifs, et quelquefois jusqu'au défi. Parmi les plus amusants des souvenirs que je remue en écrivant ce chapitre, il faut compter beaucoup de banquets loufoques donnés par M. Maurice Baring ; lequel, en cette matière, mériterait bien un chapitre à lui. Ce qui me gêne, c'est que je crains que le chapitre soit tenu pour invraisemblable et en vienne à jeter le discrédit sur tout le reste de ce récit, peut-être laborieux, mais digne de foi. Ce n'est pas à moi à faire ici justice de la divine joie de vivre qui induisit un gentleman à célébrer son cinquantième anniversaire dans un hôtel de Brighton, en dansant, sur les minuit, une danse russe accompagnée d'inconcevables contorsions, pour, enfin, exécuter un plongeon dans la mer, en habit de cérémonie. Il ne serait peut-être pas tout à fait sage de dire ici l'histoire tout entière de ce grand souper sous une vaste tente, dans un jardin de Westminster, à la fin duquel on fit cuire des œufs dans le chapeau de Sir Herbert Tree[24] parce que le chapeau de Sir Herbert Tree était le plus chic et le plus brillant des chapeaux de la société. Et je me vois encore, faisant usage de vraies épées, engageant un sauvage duel d'escrime avec un gentilhomme qui, heureusement, était encore plus ivre que moi. Un compte rendu complet de cette circonstance remarquable fut publié par un témoin resté de sang-froid. Où ? Je vous le donne en mille : dans un journal français ! La raison, c'est qu'un petit journaliste français, après avoir fait un discours placide, spirituel et complimenteur, s'était livré, pendant tout le reste de la soirée, au traître jeu gaulois qui consistait à pratiquer la tempérance la plus stricte. Je me rappelle que l'article, indigne de foi dans sa majeure partie, commençait ainsi « Je dénonce Shaw ! Il n'est pas soûl ! Qui a dit cela ? Ce furent les propres paroles de George Wells », etc., etc., et qui se poursuivait ainsi jusqu'au bout, dans la même veine. Mais il est réellement vrai, et je sais que lui-même trouverait la chose tout simplement plausible et croyable, que Shaw se leva pour protester durement, et sortit de la pièce, aussi fièrement qu'un puritain du xviie siècle serait sorti d'une taverne pleine de « Cavaliers »[25].

Mais, même le puritain le plus sincère du xviie siècle se trompait quand il croyait que des Cavaliers pouvaient ne pas être sincères, ni même sérieux. Il aurait pu souvent classer parmi de simples roturiers des hommes de la qualité de Donne[26], d'Herbert[27] ou de Sir Thomas

---

24. Voir note 25, chap. IV.

25. Nom donné, sous Charles Ier, aux royalistes, pour la première fois aux cours des émeutes qui eurent lieu en décembre 1641, autour du Parlement. On continua ensuite à désigner ainsi les membres du parti de l'Église et du Roi jusqu'à l'adoption de l'épithète « tory » (voir note 18, chap. I). Les adversaires des Cavaliers s'appelaient « roundheads » parce qu'ils portaient les cheveux ras.

26. Voir note 33, chap. VI.

27. George Herbert (1593-1633), poète religieux, se signale plutôt par la bizarrerie de son imagination que par son exaltation. Ses vers peu nombreux furent publiés dans le volume intitulé : *The Temple*, l'année de sa mort ; et son ouvrage en prose le plus

Browne[28]. Il y avait une grande part de sagesse autant que d'esprit dans ces libations et de ces désordres de ma jeunesse ; et non seulement sagesse hors pair, mais aussi vertu hors pair. C'est une singulière coïncidence qui veut que j'aie déjà symbolisé une telle vertu sous le nom d'Herbert. Maurice Baring lui-même a relevé, dans une noble élégie, les vertus du Herbert de sa génération : le second, Auberon Herbert[29], fils de l'individualiste excentrique, qui plus tard hérita du titre de Lord Lucas. Il était, lui, assurément le bon « cavalier ». Quiconque le rencontrait y trouvait avantage, quelque bachique que fût son ambiance ; le courage, la franchise, l'amour de la liberté brillaient sur toute sa personne comme de voyants signaux, bien qu'il fût absolument modeste et naturel : le nom, trop usé, usé jusqu'à la déformation de « libéral » a signifié quelque chose aussi longtemps qu'il a vécu. Son courage était de la plus curieuse nature, soumis aux circonstances, et parfois, mais tranquillement, un peu fou. Il avait une jambe (ou peut-être un pied) de bois, ayant perdu l'usage d'un membre au cours de la guerre sud-

important : *A priest to the Temple* ne fut imprimé que dix-neuf ans après sa mort, en 1652, dans *Remains*.

28. Sir Thomas Browne (1605-1682), un des auteurs anglais les plus remarquables du xviie siècle. Fit des études médicales à Montpellier, à Padoue et à Leyde, où il fut docteur en médecine. S'établit comme docteur en médecine générale à Norwich et fut fait chevalier en 1761, lors d'une visite royale dans cette ville. Son ouvrage principal *Religio Medici* fut d'abord imprimé sans autorisation de son auteur en 1642 et officiellement en 1643. C'est une confession de foi chrétienne, qualifiée par une attitude éclectique et généralement sceptique, et une collection d'opinions sur un vaste nombre de sujets, plus ou moins en relation avec la religion, exprimés avec érudition et fantaisie. L'ouvrage contient aussi deux belles prières rimées.

29. Auberon Thomas Herbert, baron de Lucas and Dingwall (1876-1916) ; études à Balliol ; lieutenant de « yeomanry » (cavalerie volontaire) ; sous-secrétaire d'État à la guerre de 1908 à 1911 ; sous-secrétaire d'État aux Colonies (1911) ; secrétaire parlementaire du ministère de l'Agriculture de 1911 à 1914 ; ministre de l'Agriculture en 1914 et 1915 ; appartint au Royal Flying Corps ; membre du Conseil Privé en 1912.

Son père, Auberon Edward William Molyneux Herbert (1838-1906), auteur d'ouvrages de philosophie politique ; études à Eton et à Oxford, où il fut président de la Debating Society (1862) ; « fellow » de 1855 à 1869 ; docteur en droit civil (1865) ; prit part à la guerre prusso-danoise de 1864 ; était en Amérique pendant la guerre civile. D'opinion conservatrice, se présenta plus tard comme candidat libéral à la députation et fut élu (1870) ; se déclara républicain en 1872, mais resta au Parlement jusqu'en 1874. Ensuite, devenu ardent disciple d'Herbert Spencer (voir note 49, chap. I) et agnostique, il publia *A politicien in trouble about his soul* (1884). Fonda plusieurs périodiques qui n'eurent pas longue vie ; écrivit des vers ; et devenu gentleman-farmer (et végétarien), finit ses jours à New Forest, dans le sud-ouest du comté de Hampshire.

africaine ; et je l'ai vu, sortant par la fenêtre d'une vertigineuse maison de rapport, haute comme une tour, grimper, je ne sais comme, d'une fenêtre à l'autre, avec l'aisance d'une mouche, sans appui, ni balcon, ni saillie sur quoi apparemment poser le pied ; puis, entré par la fenêtre voisine, sortir de nouveau par la suivante, tissant ainsi une sorte de feston circulaire autour du sommet du bâtiment. Histoire strictement vraie ; mais il n'est pas moins vrai qu'il circulait dans ce milieu-là beaucoup de légendes dont il était bien amusant d'observer la croissance et la déformation. Un jour, à la table d'Herbert, je brisai un banal gobelet, et une légende sans cesse entretenue prit naissance d'après laquelle le gobelet était un vase d'une valeur artistique (et monétaire) inestimable, un objet dont le prix, d'un récit à l'autre, grandissait sans cesse jusqu'à atteindre plusieurs millions, tandis que sa forme et sa couleur allaient à la rencontre des trésors des Mille et une Nuits. De cet incident, et de la manière plaisante dont Baring piétina comme un éléphant les débris du cristal, naquirent une formule dont beaucoup d'entre nous firent usage au cours des controverses qui suivirent, pour justifier la défense des choses romantiques et révolutionnaires ; je veux parler de l'expression : « J'aime le bruit du verre brisé ». J'en fis même le refrain d'une ballade qui débutait ainsi :

Prince, when I took your goblet tall,
And smashed it with inebriate care,
I knew not how from Rome and Gaul
You gained it ; I was unaware
It stood by Charlemagne's great chair
And served St. Peter at High Mass.
… I'm sorry if the thing was rare ;
I like the noise of breaking glass[30].

---

30. *Prince, quand pris ton très haut gobelet,*
   Et le brisai avec des soins d'homme ivre,
   Point ne savais que de Rome et de Gaule
   L'avais acquis ; nullement ne savais
   Qu'il fut auprès siège de Charlemagne
   Et pour grand'messe à Saint Pierre servit.
   … Navré je suis, si l'objet était rare ;
   Mais tant me plaît bruit de verre brisé.

C'est rendre justice à notre groupe heureux que de dire que nous ne nous bornions pas à dire ou à chanter nos propres poèmes ; bien que Belloc fut généralement toujours prêt à faire plaisir ; et la bruyante et même rugissante (mais non moins pathétique) chanson avec son refrain :

And the gates of Heaven are opening wide
To let poor Hilary in[31]

fut chantée pour la première fois, si je ne me trompe, à l'une de ces paisibles soirées, pour la mutuelle édification des assistants. Mais nous avons dû chanter aussi beaucoup des plus belles chansons de la langue anglaise ; œuvres de poètes tant anciens que modernes ; et une légende subsiste même encore d'après quoi, quand Herbert logeait près du Palais de Buckingham, nous chantâmes « Drake's Drum »[32] avec une telle ardeur patriotique que le roi Édouard VII nous dépêcha un messager nous invitant à faire moins de bruit.

Si j'ai été amené à citer ici ces souvenirs sans intérêt, mais agréables, c'est surtout pour faire remarquer que l'aversion nullement jouée de Bernard Shaw pour ces sortes de choses révélait bien chez lui l'élément puritain. Il est probablement encore tenu par beaucoup de gens pour un bouffon ; la vérité, c'est qu'il a beaucoup trop peu de goût pour la simple bouffonnerie. Son austérité en cette matière fait tellement partie de sa personnalité et de la pureté de ses intentions, que l'on peut à peine désirer qu'il y change rien. Il reste que le Puritain ne peut comprendre ni la moralité, ni la religion du « Cavalier ». Sur la plupart des questions, je fus plutôt d'accord avec M. Bernard Shaw qu'avec M.G.H. Wells, l'autre génie des Fabiens, bien que j'aie pour l'un et pour l'autre une admiration ardente ; mais, sur ce

31. *Et les portes du Ciel toutes grandes s'ouvrirent*
    Que pauvre Hilaire pût entrer.
32. Ballade moderne, de Sir Henry Newbolt, où Drake mourant se constitue l'ange gardien de l'Angleterre dans l'avenir.
    Sir Francis Drake (1540 ?-1596), le plus grand marin du règne de la reine d'Elizabeth, un des artisans de la puissance maritime anglaise ; combattit les Espagnols sa vie durant. Fit maints voyages et maintes découvertes dans le monde alors connu ; défit en 1588 l'Armada espagnole.
    « Drake's Drum » est une chanson militaire au rythme très martial où il est dit que Drake, voyant enfin paraître l'Armada, fit battre le tambour d'une certaine manière.

point particulier, Wells était plus de ma sorte que n'était Shaw. Wells comprend, lui, l'éclat et la substance de la bonne humeur, même quand il s'agit d'une bonne humeur purement physique ; et il comprend la saturnale où le sénateur, tout aussi bien que l'esclave, peut parfois aimer se détendre. Pourtant, même en ceci, il faut encore distinguer. Shaw a beaucoup de goût pour l'aventure ; mais dans son cas, c'est comme aventure de plein air qu'elle serait le mieux accueillie. Il ne verrait pas ce qu'il y a de plaisant dans une cave ou dans une caverne de contrebandiers ; il lui faut une frivolité, une légèreté en un certain sens céleste, dans le sens littéral de *sub divo*. Pour tout dire d'un mot, Wells comprendrait la farce pour elle-même, mais Shaw ne la comprendrait que si elle offrait une sorte d'enseignement.

Il était dans mon destin de voir quelqu'une de ses « mises en boîte » au moins une fois ; et aussi d'avoir le privilège de m'amuser en sa compagnie loin des tribunes politiques, sinon très loin de la scène théâtrale. La chose débuta par une visite que me fit Bernard Shaw à Beaconsfield, dans les dispositions les plus cordiales, pour me proposer de paraître avec lui, déguisés tous deux en cow-boys, dans je ne sais plus quel film que Sir James Barrie[33] avait formé le projet de tourner. Je ne décrirai ni le but, ni la nature de la performance, car personne n'a jamais pu découvrir ni l'un ni l'autre, à l'exception peut-être de Sir James Barrie lui-même. Mais, pendant toute la durée du programme, Barrie eut plutôt l'air de se cacher à lui-même son secret. Tout ce que je pus savoir, c'est que deux autres personnalités bien connues, Lord Howard de Walden[34] et M. William Archer[35], le grave

33. Sir James Matthew Barrie (1860-1937), O.M. (Order of Merit) et « baronet », écrivain célèbre et chancelier de l'Université d'Édimbourg. Débuta comme journaliste, d'abord à Nottingham et ensuite à Londres. Acquit une immense popularité par la publication de *Peter Pan or the boy who wouldn't grow up* (1904), fantaisie dramatique, qui fut ensuite publié sous forme de récit sous le titre *Peter and Wendy* (même année). Auteur de plusieurs autres pièces : *Quality street* (1901) ; *the Admirable Crichton* (1902) ; *What every woman knows* (1908), etc., etc. Par certains de ses ouvrages, Sir James Barrie se rattache à l'École Kailyard, qui décrit en faisant usage de termes d'argot la vie écossaise.

34. Thomas Evelyn Scott-Ellis, baron Howard de Walden, (1880-1946) ; études à Eton et à Sandhurst ; servit dans le Sud-Africain de 1899 à 1901 et pendant la grande guerre. Auteur dramatique (*Lanval, Heraclitus*) et compositeur d'opéras : *The Children of Don ; Dylan ; Bronwen*.

35. William Archer (1856-1924), critique dramatique distingué, qui, outre ses études sur Ibsen et ses traductions, publia également (1883) une étude sur le célèbre

critique écossais et traducteur d'Ibsen, avaient également consenti à faire le cow-boy. « Ma foi, dis-je à Shaw, après un silence embarrassé, à Dieu ne plaise qu'on dise que je n'ai pas compris une plaisanterie quand William Archer l'a comprise. » Puis, après un autre silence, je demandai en quoi consistait la plaisanterie. Bernard Shaw répondit en riant, mais dans des termes vagues, que personne ne le savait. La plaisanterie consistait justement en cela, que personne ne savait à quoi elle rimait. J'appris que le mystérieux programme comportait en fait deux parties, toutes deux plaisamment conspiratoires, à la manière de M. Oppenheim ou de M. Edgar Wallace[36]. L'une consistait en un rendez-vous dans une sorte de briqueterie abandonnée, dans je ne sais plus quel terrain vague de l'Essex ; en quel endroit on prétendait que nos vêtements de gardiens de bestiaux étaient déjà cachés. L'autre partie du programme consistait en une invitation à souper au *Savoy*, « pour causer de l'affaire » avec Barrie et Granville Barker[37]. Je me rendis à ces deux mélodramatiques assignations ; et si ni l'une ni l'autre ne jeta la moindre lumière sur ce que nous étions censés devoir faire, elles n'en furent pas moins très plaisantes, chacune à sa manière, et bien différentes de ce à quoi on eût pu s'attendre. Au terrain vague dans l'Essex, nous trouvâmes notre équipement pour le Wild West. Mais notre indignation contre William Archer fut grande, car, avec une prévoyance vraiment écossaise, il était arrivé avant l'heure pour s'emparer de la meilleure paire de pantalons ; une paire magnifique ; en fourrure ; tandis que trois autres cavaliers de la pampa devaient se contenter de culottes de toile. Des commentaires persistants sur un tel

auteur anglais Henry Irving et une pièce assez populaire intitulée *The Green Goddess* ; cette pièce fut filmée à Hollywood ; le célèbre acteur anglo-américain George Arliss y joua le rôle principal.

36. Voir note 25, chap. V.

37. Granville-Barker (Harley Granville) : 1877-1946. Directeur (1937-39) de l'Institut Britannique à l'Université de Paris ; auteur dramatique remarquable, érudit, critique, spécialiste des questions de théâtre ; membre de la « Royal Society of Literature » où il fut professeur d'art théâtral et d'histoire du théâtre ; docteur ès lettres *honoris causa* d'Oxford et d'Édimbourg. Cours et conférences à Yale en 1940, à Harvard de 41-45.

Auteur de *Three plays* (1909) ; *The exemplary Theatre* (1922) ; *The secret Life* (1923) ; *On dramatic method* (1931) ; *Love passes by* (1932).

A traduit et adapté : *Knock*, de Jules Romains ; *Anatol*, d'Arthur Schnitzler. A écrit des préfaces pour plusieurs pièces de Shakespeare.

acte d'individualisme se poursuivirent durant tout l'après-midi, c'est-à-
dire durant tout le temps qu'on nous roula dans des barils, qu'on nous
hissa au bout d'une corde au-dessus de précipices factices, pour nous
lâcher ensuite dans un champ où nous devions prendre au lasso des
chevaux sauvages, mais qui étaient tellement apprivoisés que c'étaient
eux qui couraient après nous, et non point nous après eux, et qu'ils
fourraient leurs naseaux jusque dans nos poches pour y chercher du
sucre. Quelles que soient les limites de la crédulité du lecteur, il faut
bien, pour rester conforme à la vérité, mentionner le fait que nous
montâmes tous sur une même motocyclette, dont les roues tournaient
sans toucher le sol, afin de produire l'illusion que nous ronflions à
l'allure d'un bolide vers le fond d'une passe montagneuse. Quand les
autres eurent finalement disparu par-dessus la falaise, accrochés à la
corde qui nous tenaient attachés, ils me laissèrent par derrière, comme
on laisse le poids qu'il faut pour donner de l'assurance aux alpinistes.
Pendant ce temps, Granville Barker ne cessait de m'apostropher, me
prêchant la résignation, l'esprit de sacrifice ; je tentai de me figurer
que je pratiquais l'une et l'autre, y joignant les gestes sauvages qui
me venaient à l'esprit et balayant généreusement l'espace, non sans
recueillir, je suis fier de le dire, l'approbation générale. Pendant tout
ce temps, son petit visage caché derrière sa grande pipe, Barrie se
tenait debout, nous observant d'un air impénétrable ; rien ne pouvait
lui arracher la plus vague indication sur le motif pour lequel on nous
soumettait à toutes ces épreuves. Jamais les effets de mutisme du
mélange « Arcadia »[38] pour la pipe ne m'apparurent plus puissants,
et moins scrupuleux. C'était comme si la fumée qui montait de cette
pipe était une vapeur non seulement magique, mais de magie noire.

Or, l'autre moitié du mystère fut, s'il est possible, plus mystérieuse
encore. D'autant plus mystérieuse qu'elle se déroulait en public,
pour ne pas dire dans un endroit bondé de monde. Je me rendais
au souper du « Savoy » avec le sentiment que Barrie et Barker y
expliqueraient dans un groupe restreint une partie au moins de leur
thème. Au lieu de cela, je trouvai la scène du théâtre Savoy bourrée
de presque tout ce que Londres compte de notabilités, comme disent
les journaux mondains quand ils veulent parler des gens du monde.

---

38. Tabac que fumait Barrie. La « mixture » est un tabac humide pour la pipe.

Depuis M. Asquith, le premier ministre, jusqu'au plus jaune et au plus obscur attaché oriental, tout le monde était là, dînant par petites tables, et parlant de tout, sauf de l'affaire qui nous occupait le plus. Tout le monde était là, excepté Sir James Barrie, qui, en cette occasion, se fit presque complètement invisible. Vers la fin du repas, Sir Edward Elgar[39] fit distraitement remarquer à ma femme : « Vous savez ? On vous filme sans interruption. Je suppose que vous êtes au courant ? »

De ce que je sais de la personne à qui il parlait, il est peu probable qu'elle fut en train, à ce moment-là, de brandir une bouteille de champagne, ou d'attirer l'attention générale de quelque manière analogue ; mais d'autres convives se jetaient des boulettes de pain, et témoignaient d'un grand détachement des soucis de l'État. Les quatre personnages qui étaient à l'origine de l'affaire, ceux que la destinée avait choisis pour mener la vie des ranches du Wild West, reçurent ensuite les instructions particulières qui donnèrent lieu au spectacle public qui suivit. La scène fut évacuée, et l'auditoire dirigé vers l'auditorium, où Bernard Shaw les harangua d'un speech furieux, agrémenté de gestes sauvages, dénonçant Barker et Barrie, et finalement tirant du fourreau une énorme épée. À ce signal, les trois autres (c'était nous), se levèrent, brandissant aussi des épées, montèrent à l'assaut de la scène, et sortirent par le décor. Et là, (les uns comme les autres), nous sortons pour toujours du récit de l'affaire en même temps que d'une compréhension accessible au commun des mortels. Car jamais, depuis ce jour-là jusqu'au jour où nous sommes, la plus faible lumière n'a été jetée sur les raisons de notre singulière conduite. J'ai parfois surpris, d'une manière accidentelle, vague et circulaire, certaines hypothèses d'après quoi nous avions symboliquement figuré notre disparition de la vie réelle et notre capture par le monde de l'aventure cinématographique ; pendant tout le reste de la pièce nous avions été engagés dans un effort pour retrouver la voie de notre retour à la réalité. Fut-ce là l'idée de l'affaire ? Je ne l'ai jamais su d'une façon certaine. Je sais seulement que je reçus,

---

39. Sir Edward Elgar (Ordre du Mérite) (1857-1935), le plus grand compositeur anglais de notre temps. *The dream of Gerontius* (1900) ; *Cockaigne* (1902) ; *The Apostles* (1903), etc.

immédiatement après, un mot d'excuses, très amical, de Sir James Barrie, disant que tout le programme avait été abandonné.

Je n'ai jamais su ; mais j'ai souvent songé à cette aventure. Et je me suis parfois figuré qu'elle avait eu un autre sens, plus sombre que ce que j'avais d'abord imaginé, un sens grâce auquel le secret fourré dans la pipe de Barrie s'était réellement résolu en fumée. Le fait est qu'il y avait eu vraiment quelque chose d'irréel dans la frivolité de ces dernières heures ; quelque chose, eut-on dit, de haut et d'aigu, comme sur le point de se briser. Et tout cela fut brisé, en effet. Je me suis parfois demandé si l'on avait senti que cette fantaisie du Londres à la mode semblerait incongrue auprès de ce qui se produisit quelques jours après. Car ce qui se produisit alors, c'est qu'un certain ultimatum fut envoyé à la Serbie par le Gouvernement de Vienne. Un peu plus tard, tandis que se précipitaient les événements, j'appelai Maurice Baring au téléphone ; et j'entends encore le son de sa voix tandis qu'il me disait : « Il va falloir se battre. Tout le monde va devoir se battre. Je ne vois pas qu'âme qui vive puisse empêcher ce qui va se produire ».

Si vraiment les cow-boys que nous fûmes avaient été chargés de représenter l'effort de la fantaisie pour retrouver le chemin de la réalité, on peut bien dire qu'ils ne manquèrent pas leur but.

CHAPITRE XI

L'OMBRE DU GLAIVE

Il y avait déjà longtemps que je vivais à Beaconsfield, dans le comté de Bucks. C'est une ville que certains coloniaux s'imaginent avoir été baptisée d'après Lord Beaconsfield[1], l'homme politique.

1. Benjamin Disraeli, comte de Beaconsfield, Ordre de la Jarretière (1804-1881), un des plus grands hommes d'État de l'époque victorienne en même temps qu'un des romanciers les plus représentatifs de cette période. Israélite de naissance, fut baptisé à l'âge de 12 ans, tous les privilèges dont les Juifs étaient encore exclus lui devenant ainsi accessibles. Fit des études privées ; apprenti chez un officier ministériel dans l'intention de devenir lui-même « solicitor » ; mais quitte cette étude pour apprendre le droit afin d'entrer au barreau. Ne termine pas non plus ces nouvelles études et commence à écrire (1826) ; publie : *Vivian Grey* (1826-27) ; *Captain Popanilla* (1828) ; et *Young Duke* (1831). En 1830 et 1831, visite l'Espagne, Venise et Jérusalem. Deux fois candidat à la députation en 1832, une fois en 1835 ; il échoue chaque fois. Il est enfin élu député en 1837, l'année même de l'accession au trône de la reine Victoria ; fut toute sa vie conservateur et même un des piliers du conservatisme.

Publie encore : *Contarini Fleming* (1832) ; *The Wondrous Tale of Alroy* (1833) ; *The revolutionary Epick* (1834) ; *Vindication of English Constitution* (1 vol. en 1835 et 2 vol. en 1837) ; *Henrietta Temple* et *Venetia*. Son ascension dans la vie politique fut lente ; il y avait neuf ans qu'il était député quand il devint chef du parti « Young England », formé de jeunes aristocrates qui voulaient défendre la pratique de l'ancienne politesse dans les manières du jour.

Sa haine des libéraux était irrépressible. En 1846, il devint le véritable chef des « tories » protectionnistes, le chef nominal étant resté, pendant deux années encore, Lord George Bentinck. C'est à cette période de sa vie qu'appartiennent les romans : *Coningsby* (1844) ; *Sybil* (1845) ; *Tancred or The New Crusade* (1847) ; chancelier de l'Échiquier en 1852, il abandonna froidement le protectionnisme, mais dut céder la place au chef de l'opposition : Gladstone (voir note 8, chap. IV), qui fut toujours son adversaire. Disraeli revint au pouvoir en 1858, puis en 1866 ; en 1868, il fut premier ministre et de nouveau en 1874. En 1878, il assiste au Congrès de Berlin ; cet événement marque le sommet de sa gloire. Vers cette époque, il publia : *Lothair*

C'est un peu comme s'ils se figuraient que l'Angleterre a été baptisée d'après M. England, le pirate. J'ai presque envie d'ajouter que j'écris ceci en m'excusant auprès des pirates. Je ne connais pas les vraies raisons pour lesquelles Disraeli a pris son titre à Beaconsfield, qu'il n'a pour ainsi dire jamais visitée, plutôt qu'à Hughenden, où il vivait. Mais je me suis laissé dire par le vieux Lord Burnham[2], le fondateur du *Daily Telegraph*, qu'on a raconté que c'est Disraeli qui avait choisi le titre, d'abord destiné à Burke[3], qui vivait à Beaconsfield, et dont la légende reste encore, par plus d'un trait, attachée à la petite ville. Le directeur de l'*Observer*, M. Garvin[4], demeure dans ce qui fut un

(1870) ; *Endymion* (1880). Fait comte en 1876 ; refuse par testament d'être enterré à l'abbaye de Westminster, probablement pour reposer auprès de sa femme. Inhumé à Hughenden, près de Beaconsfield, où il vécut trente ans. Sa devise était : « Ne jamais se plaindre, ne jamais s'expliquer » (*Never complain, never explain*).

2. Edward Levy Lawson, premier baron Burnham (1833-1916) ; journaliste ; juge de son district ; lieutenant de la Cité de Londres ; études à Oxford ; président du Royal Institute of Journalists (1886) ; échevin du comté de Buckinghamshire ; fonda le *Daily Telegraph*, concurrent du *Times*, et moins cher que lui. La création de ce journal est son titre le plus sérieux à la renommée.

3. Edmund Burke (1729-1797), philosophe, écrivain et orateur célèbre du XVIIIe siècle ; peut-être le plus grand orateur et le plus pur prosateur anglais. Irlandais de naissance, quoique protestant ; études au Trinity College (Dublin) ; fait un stage à Londres au Middle Temple (pour être avocat) ; puis chez un avocat (1750) ; membre du Parlement en 1765 ; secrétaire particulier du marquis Rockingham (1730-82), qui le soutint financièrement pendant toute sa carrière ; discours sur les questions américaines (1766) ; attaques ardentes contre le gouvernement « tory » (il n'existait pas encore de conservateurs libéraux) ; membre du Parlement en 1774 et 1881. Défend sans répit la cause américaine ; publie *Observations on the Present State of the Nation* (1769) ; *Thoughts on the present Discontents* (1770) ; *Letter to the Sheriffs of Bristol* (1777) ; *Thoughts on French Affairs* (1791). Discours fameux sur « American taxation » (1774), sur la « Conciliation with the colonies » (1775) et « Contre l'emploi des Indiens dans la guerre » (1778) ; partisan fidèle du libre commerce avec l'Irlande et de l'émancipation catholique. Bien qu'il n'ait jamais été premier ministre, son influence fut immense.

Ne cesse de défendre l'Inde contre le mauvais gouvernement de l'« East India Company » et de s'opposer au jacobinisme athée de la Révolution française ; il tenta de soustraire la Chambre des Communes au contrôle de George III et des amis du roi.

Auteur des remarquables traités philosophiques suivants : *A Vindication of Natural Society* (1756) et de *A philosophical enquiry into the Origin of our Ideas of the Sublime and Beautiful* (1756) ; ce dernier est l'un des ouvrages à consulter pour l'Histoire de l'Esthétique. La meilleure édition des œuvres complètes a été publiée à Boston (États-Unis) en 1839 (9 vol.).

4. James Louis Garvin (1868-1947), docteur en droit *honoris causa de* l'Université d'Édimbourg, docteur ès lettres *honoris causa* de l'Université de Durham, célèbre journaliste contemporain, rédacteur en chef de l'*Observer* (hebdomadaire littéraire

jour la maison du régisseur de Burke, et le chêne qui pousse dans mon propre jardin appartenait à la rangée d'arbres qui marquait la limite du territoire. Je suis content de savoir que M. Garvin s'accommode beaucoup mieux que moi de ce paysage politique ; j'admire Burke en beaucoup de choses, mais je suis en désaccord avec lui sur presque tout ; tandis que M. Garvin me fait l'effet de ressembler un peu à Burke ; il lui ressemble par son origine irlandaise, par son conservatisme bien anglais, par son éloquence, par sa gravité, et aussi par une chose qui ne peut guère être appelée que les instances de l'esprit. Un jour, je lui proposai de paraître avec lui à une fête locale, lui déguisé en Burke, et moi en Fox[5], rôle pour lequel je n'ai d'ailleurs aucune autorité, sinon celle de la circonférence. Mais j'espère que jamais ne sonnera cette heure sombre et difficile où les divergences politiques prennent un tour personnel, l'heure où M. Garvin commencera à lancer dans toutes les directions des traits empoisonnés, et à dire que notre amitié touche à sa fin.

J'ai habité Beaconsfield depuis le jour où Beaconsfield était encore presque un village, et jusqu'au jour où, comme a dit son ennemi dans un propos diffamatoire, il est devenu presque un faubourg. Il serait plus vrai de dire que les deux états coexistent encore ; l'instinct populaire reconnaît bien cette dualité quand il parle, comme il fait couramment, de la vieille ville et de la ville neuve. J'ai caressé le projet d'écrire un ouvrage en plusieurs volumes, ouvrage sociologique et massif, qui aurait épuisé la matière, et que j'aurais intitulé : « Les deux barbiers de Beaconsfield ». Il reposait tout entier sur la conversation des deux citoyens chez qui j'allais me faire raser. Leurs deux boutiques appartiennent en effet à deux civilisations différentes. Le coiffeur de la ville neuve appartient au monde nouveau ; il a la méticuleuse propreté du spécialiste ; l'autre a ce que l'on pourrait appeler l'ambidextérité du paysan, rasant (si l'on peut dire) d'une main, tandis que, de l'autre, il empaille des écureuils ou vend du tabac. Le dernier me conte, d'après ses souvenirs, ce qui s'est passé dans le vieux Beaconsfield ; l'autre, ou

et politique du dimanche) de 1908 à 1942 ; rédacteur en chef de la 14e et dernière édition de l'*Encyclopaedia Britannica*, publiée de 1926 à 1929 ; ex-directeur du *Pall Mall Gazette* de 1912 à 1915, et de l'*Outlook* (1905-6). Auteur d'une *Vie de Joseph Chamberlain*.

5. Voir note 20, chap. I.

ses assistants, me disent, d'après le *Daily Mail* ce qui n'est pas arrivé dans un monde beaucoup plus vaste. Si je suggère la comparaison, c'est simplement comme introduction à un parallèle d'intérêt local ; il se fait que ce parallèle englobe, mieux peut-être que n'importe quel autre symbole, tous ces vastes sujets qui sont beaucoup plus que locaux. Si je voulais écrire un livre sur l'ensemble de cette vaste période de l'histoire de l'Angleterre, qui comprend la Grande Guerre et aussi maints autres changements presque aussi grands que la Grande Guerre, je lui donnerais la forme d'une Histoire du Monument aux Morts de Beaconsfield.

Le tout premier projet, projet tout simple, était qu'une croix devrait être dressée à la croisée des chemins. Mais avant que la discussion du projet eût atteint le milieu de son complet développement, les divers sujets qui suivent s'étaient immiscés dans le débat : 1° la Situation de la Femme dans le Monde moderne ; 2° la Prohibition et la Question de l'Alcoolisme ; 3° Excellence ou Exagération du Culte de l'Athlétisme ; 4° Problème du Chômage, particulièrement en ce qui concerne les Anciens Combattants ; 5° Question des Subsides aux Hôpitaux et Revendications générales de la Chirurgie et de la Médecine ; 6° La Guerre est-elle juste ? 7° Par-dessus tout, ou plutôt au-dessous de tout, car elle était, sur bien des points, entièrement masquée, ou bien simplement suggérée d'une manière symbolique, la question de la Grande Guerre de Religion qui n'a jamais cessé de diviser l'Humanité, surtout depuis que la croix a été dressée parmi eux.

Ceux qui discutaient la question formaient un petit groupe composé d'habitants d'une petite ville de province ; il y avait le recteur, et il y avait le docteur ; le directeur de la banque ; les commerçants respectables du lieu, et quelques compères comme moi, appartenant aux professions moins respectables des arts ou du journalisme. Mais les puissances qui étaient là présentes par l'esprit sortaient de tous les âges et de tous les champs de bataille de l'histoire ; Mahomet y était, et les Iconoclastes qui s'en vinrent à cheval de l'Orient pour détruire les statues de l'Italie ; et Calvin ; et Rousseau ; et les anarchistes russes ; et toute la vieille Angleterre ensevelie sous le puritanisme[6] ;

6. Le mot puritanisme vient de « puritas » (pureté) en usage comme nom d'un parti vers 1564, pour désigner la section de l'Église d'Angleterre qui désirait une

et Henry III[7] qui commandait des petites images pour Westminster ; et Henry V[8], après Agincourt, à genoux devant les reliquaires de Paris. Si l'on pouvait vraiment écrire la petite histoire de ce petit pays-là, cela ferait la plus grande des grandes monographies historiques.

La première chose à noter, et qui est typique du ton d'aujourd'hui, c'est une certaine affectation de tolérance qui, dans la pratique, se résout en timidité. La liberté religieuse, cela pourrait être censé vouloir dire que chacun est libre de discuter de religion. Mais, en pratique, cela signifie que presque personne n'est autorisé à y faire seulement allusion. Autre remarque qui ne manque pas d'intérêt : c'est qu'en cette matière, comme d'ailleurs en beaucoup d'autres, il existe une immense supériorité intellectuelle chez le pauvre, et même chez l'ignorant. Les habitants des chaumières de la vieille ville ou bien aimaient la croix parce qu'elle était chrétienne, et le disaient ; ou bien

réforme plus complète de l'Église que celle qui avait été faite sous Elizabeth, une réforme comparable à celle des protestants du continent, surtout ceux de l'école de Calvin ; souvent employé par extension pour désigner les gens trop exclusifs et trop intolérants en matière de morale, et menant une vie trop austère.

7. Né en 1207 ; monté sur le trône d'Angleterre en 1216 ; mort en 1272, Henri III fut un homme d'État médiocre, mais son règne est important dans l'histoire de l'art. Sous son règne, Westminster devint une entre artistique remarquable ; des artisans de toute l'Europe affluèrent en Angleterre. Les premiers enlumineurs apparurent à la cour. Les œuvres décoratives principales de cette période furent exécutées pour la « Painted Chamber », dans le palais du Roi. Mais le palais fut brûlé en 1834. Heureusement, des copies faites au début du XIXe siècle existent encore. Les décorations de la chapelle de Saint-Étienne, à Westminster School, furent également détruites, dans les mêmes circonstances. De celles-là aussi, des copies subsistent.

Les petites images dont parle G.K.C. et qui furent exécutées par les enlumineurs, se trouvent en grand nombre dans divers psautiers tels que le « Tenison Psalter » (au British Museum) ; « le Windmill Psalter » qui appartient à Pierpont Morgan, etc., etc.

L'influence française fut si complètement assimilée que le goût anglais put influencer à son tour les pays étrangers, surtout les pays rhénans. Il y eut même un groupe d'enlumineurs anglais qui travailla, cent ans plus tard, à Paris même.

8. Henry V, né en 1387, monté sur le trône en 1413, mort en 1422, fut le roi le plus populaire de toute l'histoire d'Angleterre. On l'a représenté, avec beaucoup d'exagération, comme un libertin. Le grand effort de son règne a été la conquête de la France ; il croyait avoir droit à la couronne par son arrière-grand'père Edward III. Envahit la France (par Harfleur) en 1415, gagna la bataille d'Azincourt (octobre) avec une armée quatre fois moins nombreuse que celle des Français ; rentre en Angleterre ; mais recommence deux ans plus tard ; puis encore en 1420, date à laquelle il conclut par le traité de Troyes, une « paix perpétuelle » avec la France, dont il devient régent avec le titre d'« héritier » du trône ; il épousa la fille du roi Charles VI : Catherine de Valois.

n'aimaient pas la croix parce qu'elle était du pape, et le disaient aussi.
Mais les chefs du parti « Pas de Papauté » avaient honte de dire : « Pas
de papauté ! » Ils ne disaient pas, comme je fais ici, qu'ils pensaient
qu'un crucifix est une mauvaise chose ; ils disaient, à force de parler,
qu'ils pensaient qu'une pompe communale, une fontaine publique ou
un autobus municipal est une bonne chose. Mais le plus grand nombre
d'entre eux proposaient de construire un local de réunion, destiné
surtout aux anciens combattants ; un club où les anciens combattants
pourraient se faire servir des rafraîchissements (c'est là qu'intervenait
la Question de l'Alcoolisme) ; ou se livrer à des divertissements
divers (ici entrait en jeu la Question de l'Athlétisme) ; même on eût
pu admettre au club, sur un pied d'égalité, leurs femmes, ou d'autres
femmes (c'est là qu'intervenait la question des Torts de la Femme) ;
en fait, on eût pu y jouir, d'une façon générale, de tout ce dont nous
voudrions que les anciens combattants puissent jouir, s'il y avait moyen.
À ce point de vue-là, le plan était admirable ; mais, à mesure qu'il
évoluait, il devenait presque trop admirable, dans le sens d'original,
c'est-à-dire dans le sens latin d'étonnant. Ceux qui l'avaient imaginé
se dénommaient eux-mêmes, ai-je besoin de le dire, le Parti pratique.
Ils nous condamnaient justement, nous autres de l'autre groupe, en
nous traitant de rêveurs, de visionnaires, de mystiques. Ils se mirent
donc à l'ouvrage pour établir les plans de leur club, et, il n'y a pas
à dire, ce furent des plans admirables. On prévoyait des terrains de
cricket et de football, des piscines, des terrains de golf, et peut-être
autre chose encore. L'incident comporte une première morale, et qui
se rattache à cette étrange notion moderne de ce qui est pratique et
constructif, et qui me semble à moi désigner seulement ce qui est
vaste et qui bénéficie d'une publicité considérable. Vers la fin de la
controverse, le plan du parti pratique avait enflé jusqu'à toucher aux
confins de la terre ; il avait pris les proportions du palais d'Aladin.
Pas le moindre espoir de récolter des souscriptions pour un plan de
cette envergure ; à l'allure à laquelle il se développait, sa réalisation
pouvait exiger des millions ; tandis que la vision des visionnaires
eut pu être aisément matérialisée pour quelques centaines de livres.

   L'autre morale de l'histoire, la voici : c'est que l'esprit moderne
trouve malaisé de comprendre l'idée d'un but, ou d'un objet. Discourant
en faveur d'un simple monument de pierre à dresser dans un carrefour,

je citai l'excellent propos de M. Bingley, dans *Pride and Prejudice*[9], quand sa sœur lui demande, immédiatement avant le bal, s'il ne serait pas beaucoup plus rationnel que la conversation, dans un bal, prît la place de la danse : « Beaucoup plus rationnel, répond M. Bingley, mais cela ne serait presque plus un bal ! » Je fis remarquer qu'une pompe communale pouvait sembler à certains plus rationnelle qu'une croix, mais qu'elle ne serait presque plus un monument aux morts. Un club, une salle d'hôpital, ou n'importe quoi ayant sa destination propre et pratique, sa propre politique et son propre avenir, ne serait pas du tout un monument aux morts ; ce ne serait pas, dans le plan pratique, un souvenir de la guerre. Si des gens trouvaient que c'était une faute de commémorer le souvenir de la Guerre, il n'y avait qu'à les laisser dire. S'ils n'approuvaient pas qu'on dépensât de l'argent pour un monument aux morts, on n'avait qu'à « laisser tomber » le monument aux morts, et épargner l'argent qu'il aurait coûté. Mais faire quelque chose de totalement différent de ce que nous avions voulu faire, sous prétexte de faire autre chose, que nous ne faisions pas, était indigne de l'*homo sapiens* et de la dignité de ce pauvre vieil anthropoïde. Je gagnai quelques citoyens à ma façon de voir ; mais je crois que beaucoup continuaient à penser que mon projet n'était pas pratique ; bien qu'en fait, je fusse, moi, très spécialement pratique, pour ceux qui comprennent ce qu'il faut réellement entendre par le mot *pragma*. La solution la plus concrète du problème des monuments commémoratifs qui ne servent pas à commémorer fut présentée par le recteur de Beaconsfield, qui se leva pour dire : « Une salle de l'hôpital de Wycombe[10], a déjà été ouverte pour commémorer je ne sais plus quoi. Quelqu'un ici pourrait-il me dire ce qu'elle commémore ? »

Quoiqu'il en soit, c'était la croix qui demeurait le point crucial ; ceci n'est pas un calembour ; c'est la vérité toute simple. Mais le point curieux, c'est que très peu de ceux qui trouvaient que la croix était le point névralgique eussent admis, comme je le fais ici, que, s'il était névralgique, c'est parce que c'était une croix. Ils formulaient toutes sortes d'objections qui ruinaient notre préférence, ou bien faisaient toutes sortes de propositions qu'excluait notre choix. Une dame eut

---

9. Voir note 5, chap. I.
10. High Wycombe, centre urbain, près de Beaconsfield.

voulu voir la statue d'un soldat, et je frissonnais intérieurement, sachant ce que peuvent être de telles statues ; heureusement, une autre dame, qui avait un neveu dans la Marine, explosa d'indignation : « Et les marins, alors ? » fit-elle. Sur quoi la première dame se hâta de faire des excuses et reprit cordialement : « Bravo ! Un marin aussi ! » Là-dessus une troisième dame, qui avait un frère dans l'aviation, dit que l'aviateur devrait bien, lui aussi, figurer dans le groupe ; et la première dame, faisant de grands gestes généreux, accepta tout, et de même toute autre addition nouvelle ; si bien que le magnifique morceau de sculpture fut bientôt couronné de tanks, et menacé de verser en avant par le poids de plusieurs aéroplanes. Cela semblait bien un peu dangereux, mais c'était plus sûr qu'une croix dressée sur le marché. D'autres objections à ce dernier symbole furent encore alléguées, peut-être pour couvrir l'objection véritable. Par exemple : que le monument serait un obstacle au trafic. Le médecin de l'endroit, homme admirable comme médecin, mais sceptique de l'espèce presque puérile, fit observer avec chaleur : « Si vous plantez un machin pareil, j'espère que vous y collerez une lumière, sans cela nos voitures iront s'écraser dessus dans l'obscurité. » À quoi ma femme, qui était alors une ardente anglo-catholique, répliqua, comme en un rêve : « Oh oui ! Quelle belle chose ! Une lampe brûlant perpétuellement devant la croix ! » Ce qui n'était pas exactement ce que l'apôtre de la science avait voulu dire ; mais on ne pouvait appuyer plus chaudement le projet.

Ce qu'il y eut de plus significatif dans cet épisode d'ordre social fut sa fin. À quelqu'un qui ne peut exactement mesurer ce qu'ont de durable ou d'attardé, en dépit de tout, les vieilles conventions sociales de l'Angleterre, et sa structure d'ancien État aristocratique, je ne pourrais conseiller mieux que de considérer la dernière phase de la grande bataille du monument aux morts de Beaconsfield dans ce qu'elle a de tranquillement ironique. Un grand plébiscite fut organisé par la presse où presque personne ne savait pour quoi il votait, mais qui, je ne sais trop comment, donna une faible majorité au projet de construction d'un club. Or le club, pour lequel la majorité des habitants avait voté, ne fut jamais construit. Mais la croix, pour laquelle la minorité des plus mystiques avait largement oublié de voter, fut bel et bien placée. Quand tout le bruit fait par les journaux et les réunions publiques fut apaisé, et que chacun se fut remis à penser à autre chose, le chef spirituel de la paroisse organisa tranquillement sa propre souscription, parmi ses coreligionnaires et les sympathisants ; il recueillit assez d'argent pour faire faire une croix ; et, quand elle fut faite, il la fit placer. Dans l'intervalle, Lord Burnham, le plus gros propriétaire terrien d'alentour informa, comme par hasard, les anciens combattants et leurs défenseurs qu'ils pouvaient disposer, si bon leur semblait, pour en faire leur local, d'une salle qui lui appartenait. Ils parurent contents ; et, loin de réclamer un autre local pour leurs réunions, parurent même se désintéresser de celui qui leur était offert gratis. Ainsi passa la Grande Guerre sur Beaconsfield, préparant le monde à la démocratie, et à la réunion de je ne sais combien d'assemblées publiques toutes gonflées des espèces révolutionnaires du monde moderne ; ainsi tout fut-il résolu, en fin de compte, par l'initiative privée du seigneur et du pasteur, c'est-à-dire absolument comme au temps jadis.

L'affaire eut toutefois une suite, une suite impliquant des choses plus graves. Un nouveau sursaut secoua le parti anticlérical quand on s'aperçut que la croix du carrefour était un crucifix. Pour beaucoup de non-conformistes, par ailleurs bienveillants et, de leur propre avis, modérés, et pour des protestants d'une autre sorte, cette note supplémentaire était justement ce qu'ils ne pouvaient tolérer. La distinction doit rester d'autant plus clairement présente à l'esprit que, au premier abord, elle est tout à fait irrationnelle. L'espèce d'évangéliste qui réclame ce qu'il nomme lui-même un Christ vivant doit sûrement trouver difficile de concilier avec sa religion l'indifférence pour un Christ qui meurt ; en tout cas, on serait tenté de penser qu'il devrait préférer un Christ mort à une croix morte ; car, saluer une croix sans Christ, c'est littéralement s'incliner devant du bois et devant de la pierre, puisque ce n'est que l'image de pierre de quelque chose qui était en bois. Il est certes moins idolâtre de saluer le Dieu incarné, ou Son image ; et le cas se complique encore de la relation de l'image à l'objet qui la porte. Un homme qui serait prêt à détruire toutes les statues de Jules César, mais aussi à embrasser le glaive qui a causé sa mort pourrait être pris par erreur pour un admirateur de Jules César. Un homme à qui l'idée de posséder un portrait de Charles Ier serait insupportable, mais qui se frotterait les mains de joie à la vue de la hache qui l'a décapité, n'aurait qu'à s'en prendre à lui-même si on le prenait plutôt pour un « roundhead »[11] que pour un royaliste. Et permettre la reproduction de l'instrument qui servit à l'exécution, tandis qu'on interdit l'image de la victime, est tout aussi étrange et sinistre dans le cas du Christ que dans le cas de Jules César. Ceci peut illustrer certain côté de la situation, qui devint pour moi de plus en plus clair, vers cette époque, et qui fut à l'origine de l'étape suivante de ma vie.

De cette révolution dans ma vie, je parlerai plus loin d'une manière plus complète. Pour l'instant, et pour m'en tenir aux circonstances particulières que je viens de rapporter, je me borne à dire ceci : le fait qu'après toutes ces alertes, toute cette agitation, et, conséquence presque illogique de tant de vaine trépidation, de tant d'effervescence, une croix avec un Christ sculpté se dresse maintenant au cœur de la petite ville où je demeure, est naturellement pour moi une source de joie intense, un peu teintée d'ironie. Mais, en dépit de la sympathie et du respect que j'éprouve pour mes amis et pour les voisins qui l'ont dressée, il y a dans la manière dont la chose s'est faite, dans la manière dont elle a été acceptée, quelque chose qui n'est pas, selon moi, tout à fait acceptable. Je ne veux pas que le crucifix soit un compromis, une concession faites aux frères plus faibles, quelque chose comme un bon poids, un sous-produit. Je veux qu'il soit comme un blason, comme une chose dont on est fier. Je veux qu'il n'y ait pas plus de doute sur la gloire que nous en tirons qu'il y en avait dans n'importe quel parti de Croisés défendant la Croix contre le Croissant. Et si l'on désire connaître mes sentiments sur une question à laquelle je ne touche que rarement, et d'une manière réticente, je veux dire : le rapport entre l'Église que j'ai quittée et l'Église à laquelle je me suis rallié, voici la réponse, aussi dense, aussi concrète qu'une image de pierre. Je ne veux pas appartenir à une religion dans laquelle *on me permet* d'avoir un crucifix. Ma position est la même sur la question beaucoup plus controversée de l'hommage rendu à la Sainte Vierge. Si certains n'aiment pas ce culte, ils ont pleinement raison de ne pas être catholiques. Mais, à des gens qui sont des catholiques, ou qui se disent catholiques, je veux que l'idée soit non seulement agréable,

---

11. Membre du parti du Parlement dans la guerre civile du XVIIᵉ siècle. Il portait les cheveux ras. L'adversaire de Cromwell s'appelait le Cavalier. (Voir note 22, chap. X).

mais ardemment aimée, et, par-dessus tout, fièrement proclamée. Je veux qu'elle soit ce que les protestants ont parfaitement le droit de la nommer : l'insigne et le signe du papiste. Je veux qu'on me permette d'être enthousiaste de ce que l'enthousiasme existe ; et non que mon enthousiasme essentiel soit froidement toléré comme une de mes excentricités. Et c'est pourquoi, malgré toute la bonne volonté du monde, je ne puis considérer le crucifix planté à l'un des bouts de la ville comme un succédané de ce qu'est, à l'autre bout, la petite église catholique romaine.

J'ai présenté ici l'histoire du monument aux morts en fonction d'une autre question, celle de la Guerre. C'est à dessein que j'ai abordé l'épisode de Guerre par le mauvais bout. Si j'ai parlé d'abord de certains problèmes qui se sont posés quand elle eut pris fin, c'est parce que le hasard veut qu'ils peuvent aider à faire comprendre certaines particularités de mon cas, et de mon expérience personnelle. Il y a des choses à dire qui ne peuvent guère être dites que par quelqu'un qui voit la guerre rétrospectivement ; le problème qui nous occupe était à peine posé à l'époque où nous ne le voyions que dans sa perspective probable ; et cependant, si je ne recourais pas à un exposé de cette sorte, tout ce que je dis sur le sujet pourrait être très mal compris, surtout dans l'atmosphère qui n'a pas cessé de se répandre durant ces dix ou douze dernières années.

J'ai toujours souffert, parmi mes compatriotes britanniques, gens positifs et bien campés, de l'inconvénient qui résulte du fait de ne pas changer d'opinion assez vite. En général, je me suis toujours efforcé, aussi modestement que possible, d'appuyer mes opinions sur des raisons ; et je n'ai jamais pu concevoir pourquoi les opinions devraient changer avant que les raisons elles-mêmes aient changé. Si j'étais un vrai britannique, bien campé et flegmatique, je pourrais me contenter des changements de modes. Car cette espèce de britannique bien campé n'a pas besoin d'être conséquent avec lui-même ; il n'a besoin que d'être conséquent avec les autres. Mais moi, ayant ce qu'il m'est agréable de tenir pour une sorte de philosophie politique, j'ai, en mainte matière, gardé mes opinions politiques. Dès les premiers jours de la querelle du *Home Rule*, j'ai pensé que l'Irlande devrait être gouvernée selon les idées irlandaises. Et je continue à penser ainsi, même après que mes amis les libéraux ont fait la surprenante découverte que les idées irlandaises ne sont que des idées chrétiennes ordinaires. J'ai pensé que l'activité de l'Angleterre dans la guerre sud-africaine fut une activité coupable ; et je pense toujours qu'elle fut coupable. J'ai pensé que, dans la Grande Guerre, l'intervention de l'Angleterre fut juste, et je pense encore qu'elle fut juste. Dans le premier cas, ce n'est pas dans le *Daily Mail* que j'ai pris ce qu'il faut penser, et je ne me propose pas de prendre dans le *Daily Express* ce qu'il faut penser dans le second cas. Dans le premier cas, je pensais et je pense encore que la puissance financière juive ne devrait pas dominer l'Angleterre. Dans le second cas, je pensais et je continue à penser que le militarisme et le matérialisme prussien ne devraient pas dominer l'Europe. Jusqu'au jour où je changerai d'opinion sur ces deux principes, je n'aperçois aucune raison de modifier mon point de vue sur leurs applications pratiques. Une obstination de cette sorte, fondée sur une froide insensibilité aux fluctuations du marché et à tout le poids qui s'attache aux opinions des deux ou trois hommes qui possèdent tous les journaux, a, dans la pratique, toutes sortes de désavantages en ce qu'elle isole un individu de ses contemporains. Mais elle a quelques avantages ; et l'un de ces avantages, c'est que l'homme peut regarder le monument aux morts de Beaconsfield sans partage du cœur, ni trouble de l'esprit.

Car toute la question débattue est là. La croix de Beaconsfield fut dressée, comme le Monument[12] qu'on éleva après le Grand Incendie,

12. Le grand incendie de Londres de 1666 dura cinq jours (du 2 au 7 septembre) ; 13.200 maisons furent brûlées ; les deux tiers de la population fut sans abri. Sir Christopher Wren (1632-1723), un des plus grands architectes de tous les temps, s'efforça de reconstruire la ville tout entière sur un plan nouveau. Bien que son projet ne fût pas accueilli, et que Sir Christopher Wren ne fut chargé que d'une reconstruction partielle (dont la cathédrale Saint-Paul et divers édifices importants, les rues nouvelles furent conçues dans le nouvel esprit, plus larges et plus droites, et beaucoup de vieilles maisons à étages en surplomb furent démolies. Un nouveau Londres sortit de ces travaux, moins pittoresque, mais plus sain.

Le « Monument » dont il s'agit, érigé par le même architecte de 1671 à 1677, commémore l'incendie qui éclata tout près de là, dans Pudding Lane. Une inscription sur le socle attribuait l'incendie à la malveillance des catholiques romains. Elle a aujourd'hui disparu.

Le monument en pleine Cité, consiste en une haute colonne dorique (qui rappelle un peu celle de la Place Vendôme, à Paris), haute de 60 mètres. Une station de métro voisine porte le nom de « Monument ». Lire le grand incendie dans *Pepy's Diary*, dont une traduction française a paru.

pour commémorer le fait que quelque chose avait été sauvé par la Grande Guerre. Ce qui fut sauvé, ce fut Beaconsfield, tout comme ce qui fut sauvé du Grand Incendie, ce fut l'Angleterre ; non point un Beaconsfield idéal, non point un Beaconsfield parfait, ou s'acheminant vers la perfection, non point un nouveau Beaconsfield avec des portes d'or et de perles descendant de Dieu du haut du ciel ; mais tout de même Beaconsfield. Un certain équilibre social, un certain mode de vie, une certaine tradition de morale et d'usages, dont je regrette certains traits et dont je goûte d'autres traits, étaient menacés par le destin de tomber dans une infériorité, dans une impuissance totale, peut-être permanente, par rapport à une autre tradition, à un autre mode de vie. C'est un non-sens que de dire que, dans une lutte de cette importance, la défaite n'eut pas été une destruction, simplement parce qu'elle n'eut probablement pas amené ce qui équivaut, en fait, à une annexion. Les États vaincus deviennent des États vassaux, ne gardant qu'une indépendance de pure forme, gouvernés, dans toutes les questions vitales, par la diplomatie du vainqueur et pénétrés par la culture du vainqueur. Ceux dont les noms sont gravés sur le monument aux morts de Beaconsfield sont morts pour empêcher Beaconsfield d'être plongée si fort dans l'ombre immédiate de Berlin que toutes ses réformes eussent été copiées sur Berlin, tous ses produits utilisés pour servir les desseins internationaux de Berlin, même si le Roi de Prusse n'eût pas effectivement porté le titre de « Suzerain du roi d'Angleterre ». Ils sont morts pour empêcher cela, et ils l'ont empêché. Que ceux à qui l'idée peut être agréable répètent, s'il leur plaît, avec insistance, qu'ils sont morts en vain.

Si le conflit en est arrivé à éclater en Europe, c'est parce que le Prussien était intolérable. Que fut-il devenu si, déjà intolérable, il s'était avéré invincible ? Le Kaiser, avec son gant de fer du temps de paix, et son ambition d'être comme Attila, le chef des Huns, que fut-il devenu s'il était sorti vainqueur d'une guerre universelle ? C'est bien là, pourtant, la question de bon sens qu'il faut se poser, quand on se pose l'autre question : Valait-il la peine que des hommes se battent et continuent à se battre comme ils ont fait ? Ce n'est pas ici le lieu de se poser de folles et abstraites questions sur le point de savoir si le monde a été très sérieusement amélioré par la Grande Guerre ; si l'Utopie, si la nouvelle Jérusalem sont sorties de la Grande Guerre ;

ce sont questions de visionnaires que de se demander, de cet air apocalyptique, ce qui est sorti de la Grande Guerre. Ce qui est sorti de la Guerre, c'est nous-mêmes ; nous en sommes sortis vivants. L'Angleterre, l'Europe sont sorties de la Guerre avec tous leurs péchés empilés sur leurs têtes ; brouillées, corrompues, dégradées ; mais vivantes ; pas mortes. La seule guerre défendable est une guerre de défense. Et une guerre de défense, c'est, par définition, par sa nature même, une guerre dont un homme revient meurtri et saignant, et ne se vantant que d'une chose, c'est de n'être pas mort.

Ceux-là qui n'ont maintenant qu'une médiocre opinion de la cause des Alliés, sont les mêmes qui ont eu un jour trop bonne opinion d'elle. Ceux qui sortent déçus de la grande défense de la civilisation sont ceux-là même qui en attendaient trop de choses. Un esprit un peu instable, comme M.H.G. Wells, caractérise toute la contradiction. Il a commencé par appeler l'effort des Alliés « la guerre qui tuera la Guerre ». Et il a fini par dire, par le truchement un peu équivoque de M. Clissold[13], qu'il ne valait pas beaucoup mieux qu'un incendie de forêt, et qu'au fond cela n'arrangeait rien. Il est difficile de dire laquelle des deux déclarations est la plus absurde. L'effort des Alliés a réglé exactement ce qu'il s'était proposé de régler. Mais c'était une chose un peu plus raisonnable et un peu plus modeste que ce que M. Wells avait décidé que l'effort des Alliés devait régler. Dire à un soldat qui défend son pays que la guerre qu'il fait est la Guerre à finir la Guerre, c'est exactement comme de dire à un ouvrier, qui naturellement regimbe un peu à faire sa tâche quotidienne, que le travail qu'on l'invite à faire est le Travail destiné à en Finir avec le Travail. Nous n'avons jamais promis de mettre une fin finale à toutes les guerres, ou à tous les travaux, ou à tous les soucis. Nous nous sommes contentés de dire que nous étions obligés de supporter quelque chose de très mauvais parce que l'autre alternative était plus mauvaise encore. En somme, nous avons dit ce que tout homme qui se trouve sur la défensive peut avoir à dire. M. Dupont est attaqué par un cambrioleur. Il réussit à sauver sa vie et ses biens. Il est absurde de se tourner vers lui pour

---

13. Héros de *The World of William Clissold*, roman en trois volumes et exposé complet de la philosophie sociale de H.G. Wells. Paru en 1926 (voir note sur H.G. Wells, 45, chap. I).

se dire : « En somme, qu'est-il donc advenu de cette bataille dans l'arrière-cour ? C'est toujours le même vieux père Dupont, avec son même visage, son même pantalon, sa même humeur un peu difficile au déjeuner, sa même manie de raconter l'anecdote sur le bookmaker de Brighton. » Il est absurde de se plaindre que M. Dupont n'ait pas été changé en un dieu grec, pour la seule raison qu'il a eu le crâne défoncé par un cambrioleur. M. Dupont avait le droit de se défendre ; il avait le droit de se sauver ; ce qu'il sauvait, c'était lui-même, tel qu'il était jusque-là, ni meilleur ni pire. S'il était parti en campagne dans le dessein de purifier le monde en abattant tous les cambrioleurs possibles, la guerre n'eut pas été une guerre défensive. Et elle n'eut pas été une guerre défendable.

C'est cela que je veux dire quand je dis que, selon moi, le monument aux morts de Beaconsfield commémore le sauvetage de Beaconsfield ; non d'un Beaconsfield idéal, mais du véritable Beaconsfield. Il y a toutes sortes de choses, dans une ville de la province anglaise comme celle-là, avec lesquelles je ne suis pas d'accord ; il y en a beaucoup que j'ai essayé de changer, ma vie durant. Je n'aime pas le système anglais de propriété terrienne, avec son absence de paysans et sa prédominance de seigneurs. Je n'aime pas le compromis religieux déjà passablement amorphe du puritanisme qui s'achemine peu à peu vers le paganisme ; mais je ne veux pas qu'il soit discrédité et nivelé jusqu'à disparaître sous le prussianisme. La défense de son prestige et de son indépendance contre une hégémonie inhumaine et païenne était juste. Mais je suis loin d'être sûr qu'une guerre qui se serait donné pour but de Mettre Fin à la Guerre eût été juste. Je ne suis pas du tout sûr que, si quelqu'un pouvait réussir à empêcher toute protestation, tout défi par les armes, porté par n'importe qui, n'importe où, sous n'importe quel prétexte, ce ne serait pas là une très mauvaise chose.

Cet interlude sur les aspects intellectuels de la guerre est nécessaire ; car tout ce que je dis sur les détails éphémères de la période de la guerre serait dépourvu de sens si l'on croyait que je sympathise avec cette réaction entachée de faiblesse d'esprit qui est en train de grandir peu à peu autour de nous. Tout au début de la guerre, j'ai assisté à la conférence des hommes de lettres anglais, réunis pour rédiger une réponse au manifeste des professeurs allemands. Moi, du moins, parmi tous ces écrivains, je puis dire que « ce que j'ai écrit alors, reste écrit ». J'ai écrit plusieurs pamphlets contre la Prusse, que beaucoup considéraient comme violents, bien qu'à ce moment-là chacun approuvât leur violence. Je suis encore entièrement prêt à soutenir ce qu'ils contenaient de vérité. À peine pourrais-je dire que j'y trouverais un mot à changer. Mon opinion n'est point sortie de la fièvre qui était alors à la mode ; ni mon opinion n'a-t-elle changé quand cette fièvre a passé de mode.

Immédiatement après que la Guerre eut éclaté, je fus abattu comme une quille par une très grave maladie, qui se prolongea pendant de longs mois, et qui, à un moment donné, me conduisit très près de ma fin, au point de me priver de toute communication avec les journaux et avec ce méchant monde où il faut vivre. La dernière chose que je fis tandis que j'étais encore sur pied, quoique déjà très malade, fut d'aller à Oxford parler devant une foule énorme d'étudiants pour y défendre la déclaration de guerre de l'Angleterre. Le souvenir de cette soirée est pour moi comme un cauchemar, et je ne me rappelle rien, sinon que je parlai pour la bonne cause. Je rentrai ensuite chez moi ; je me couchai, et je tentai d'écrire une réponse à Bernard Shaw, dont le premier paragraphe doit exister encore ; mais je fus bientôt incapable d'écrire n'importe quoi. Cette conséquence eut des conséquences qui m'empêchèrent, même guéri, de faire n'importe quoi de plus utile qu'écrire. Je me mis néanmoins au travail, pour apporter, dans la mesure où j'en était capable, ma collaboration aux journaux de toutes opinions en même temps qu'à la propagande du gouvernement. Celle-ci comptait plusieurs départements. Je puis bien observer ici que la conduite de la Guerre, soit à l'intérieur, soit à l'extérieur du pays, fut une excellente formation pour un écrivain déjà trop porté vers les théories, dans cette question complexe et concrète des réalités humaines qui est le mystère et l'inconsistance de cette même réalité. L'homme semble capable de grandes, mais non de petites vertus ; il est capable de défier son tortionnaire, mais non de dominer son humeur. Et je dois admettre que je fus confondu, pendant que je faisais de la littérature propagandiste à la requête de divers départements officiels, par le spectacle des petites vanités et des jalousies dignes de vieilles filles qui semblaient diviser entre eux ces départements, et par la manière dont ils continuaient à appliquer leur formalisme minutieux dans la grande lumière du Jour du Jugement. Les faits ressemblaient vraiment beaucoup au tableau si habilement peint par M. Arnold Bennett dans son histoire de *Lord Raingo*[14]. Je comprenais très bien qu'un homme fût lâche et pût s'enfuir devant un Allemand ; je puis comprendre, et j'espère humblement que je pourrais encourager le combattant qui résiste et qui combat courageusement. Mais qu'un Anglais, quel qu'il fut, pût se conduire comme s'il s'agissait, non d'une guerre entre un Anglais et un Allemand, mais du conflit entre un employé du ministère des Affaires étrangères et un employé du Ministère de la Guerre, voilà qui échappe entièrement à ma faculté d'imagination. Je suis sûr que tous et chacun de ces fonctionnaires seraient morts pour l'Angleterre, sans faire le moindre embarras. Mais ils ne pouvaient pas tolérer que telle petite brochure à deux sous pût passer par une autre petite cellule de la grande ruche de Whitehall

14. Enoch Arnold Bennett (1867-1931), fils d'un officier ministériel, né près de Hanley, dans le Staffordshire, dans la région de « Five Towns » (Tunstall, Burslem, Hanley, Longton et Stoke-upon-Trent, qui forment aujourd'hui la municipalité de Stoke-on-Trent, célèbre depuis Wedgwood (voir note 7, chap. X) pour ses poteries). Enfance modeste ; études école locale et Université de Londres. Entra (1893) chez un solicitor ; puis journaliste ; rédacteur en chef du périodique *Woman* ; après 1900 s'est consacré exclusivement à la littérature et plus spécialement au théâtre et au journalisme.

Vers cette époque vint s'établir près de Paris, où, jusqu'à la fin de sa vie, il exerça son double métier. Dans la production de cet écrivain, qui est immense, on distingue aisément les deux Bennetts : le journaliste qui gagne sa vie (celui-ci ne se distingue pas de la moyenne), et un authentique romancier, qui est l'un des premiers de son époque. Son premier roman : *A man from the North* parut en 1898, quand il n'avait que 21 ans ; la gloire lui vint beaucoup plus tard ; il la doit surtout à *The Old Wives' Tale* (1908), à la série des romans réunis (en 1925) sous le titre général de « Clayhanger Family », et à d'autres romans et récits qui décrivent la vie et le décor de cette région des cinq villes (la plus britannique de toute la Grande-Bretagne) dont il a été question plus haut.

Cette région, il la peint souvent laide et sordide, mais le décor en est habilement tissé avec les histoires de vies présentées objectivement et nourries de détails minutieux et significatifs.

E.A. Bennett a été également attiré par la vie des caravansérails que sont les grands hôtels modernes. Dès 1902, il avait publié *Grand Babylon Hotel* ; il revint au problème dans *Imperial Palace* (1930) publié peu avant sa mort. Ses autres romans importants sont : *The pretty lady* (1918) ; *Riceyman Steps* (1923) ; et *Lord Raingo* (1926). Lord Raingo est l'histoire d'un homme très ordinaire qui devient ministre par la faute des circonstances, et non grâce à son mérite personnel.

Bennett a aussi écrit plusieurs ouvrages dramatiques : *Milestones* (en collaboration, 1907) ; *The Great Adventure* (1913) et un grand nombre d'esquisses autobiographiques et critiques.

sans faire un foin terrible. Je m'étais imaginé que, pour l'instant, je ne faisais qu'un avec tous les Anglais de qui je différais sur les questions essentielles de l'âme ; que, dans ces heures mortelles, je ne faisais qu'un avec les athées, avec les pessimistes, avec les puritains manichéens, même avec les « Orangemen » de Belfast[15]. Mais les différents stratagèmes du Circumlocution Office[16] pouvaient diviser des hommes que ni Dieu, ni diable ne pouvaient diviser. Ce n'était qu'une petite chose, mais c'était un peu de cette compréhension de la véritable énigme de l'homme, qui reste cachée aux jeunes gens, et qui ne nous vient que dans notre maturité ; et qui prenait à mes yeux, de plus en plus, le caractère d'un éclaircissement d'ordre religieux ; d'une révélation sur la vraie doctrine du péché originel et de la dignité humaine. C'était une partie de ce processus tardif de la croissance, qui doit malheureusement précéder la magnifique réalisation de la seconde enfance.

Quand je recouvrai pour la première fois pleinement conscience, au cours de la phase finale de ma longue maladie, on m'a dit que j'avais demandé qu'on m'apportât *Land and Water*[17], où M. Belloc avait déjà commencé à publier sa célèbre série d'articles de guerre ; le dernier que j'avais lu, ou pu comprendre, parlait du nouvel espoir que représentait la Marne. Quand je revins à la réalité, les longues batailles devant Ypres avaient pris fin ; la longue guerre de tranchées avait commencé. Mon infirmière, sachant que j'avais été longtemps incapable de lire quoi que ce fût, me remit sans réfléchir un numéro de la revue pris au hasard, comme on donne un jouet à un enfant malade. Mais d'une voix haute et claire je déclarai soudain que ce n'était là qu'un vieux numéro parlant de la première tentative devant Nancy ; et que je voulais tous les numéros du journal qui avaient paru depuis la bataille de la Marne. J'ai l'esprit ainsi fait qu'il était redevenu tout à coup parfaitement lucide ; aussi lucide qu'il peut être aujourd'hui. Cela aussi, c'était un peu une leçon sur le paradoxe des choses réelles, si différentes de maintes choses d'aujourd'hui, qui

15. Voir note 20, chap. IX.

16. Circumlocution Office, expression appliquée par Charles Dickens (dans *Little Dorrit*, 1855) aux Offices publics, où le devoir était si divisé et subdivisé que l'opération la plus simple exigeait que l'on passât par toute une série de fonctionnaires.

17. Un magazine de cette époque.

sont purement théâtrales. Depuis lors, j'ai appris que toutes choses n'épousent pas la courbe lente et graduée d'une évolution, mais qu'il y a, dans la vie et la mort, un élément de catastrophe qui porte en soi un peu de la peur qu'inspire le miracle.

À ma demande, clairement exprimée et plusieurs fois réitérée, on m'apporta la collection complète de l'hebdomadaire ; et je la lus sans m'interrompre, comprenant tout, les faits, les chiffres, les diagrammes, et les estimations ; étudiant tout si attentivement qu'à la fin je sentis qu'en somme je n'avais pas tant perdu de l'histoire générale de la guerre. J'appris aussi que les pamphlets que j'avais écrits circulaient déjà, surtout à l'étranger, et avec d'autant plus de succès qu'ils y circulaient sous le manteau. Mon vieil ami Masterman, attaché à la direction d'un département de la propagande, me dit avec fierté que ses ennemis se plaignaient qu'aucune propagande britannique ne circulât en Espagne, ni en Suède. Masterman, en disant cela, poussait des gloussements de joie ; car ces critiques signifiaient qu'une propagande comme la mienne était absorbée sans que les gens se rendissent même compte que c'était de la propagande. Et je vis moi-même mon très belliqueux essai : « *La Barbarie de Berlin* », paraître sous l'aspect d'une paisible étude philosophique espagnole intitulée « Le concept de barbarie »[18]. Les sots qui cherchaient noise à Masterman eussent sans doute publié la brochure avec un drapeau anglais et un lion britannique sur la couverture, si bien que pas un Espagnol ne l'aurait lue, et que nul Espagnol, en tout cas, n'y aurait ajouté foi. C'était dans des questions de cette sorte que la subtile individualité de Masterman était si supérieure à celle de son entourage politique. À plus d'un point de vue, comme je l'ai laissé entendre, il se laissait aller à se mêler trop intimement à cet entourage. Il laissait des chefs de partis qui lui étaient en tout point inférieurs utiliser ses talents. Mais tout le sombre humour qui dormait au profond de lui rejaillissait soudain tandis qu'il souriait d'entendre une critique qui faisait la preuve de son succès comme camoufleur intellectuel.

Or, ce dont je suis un peu fier, c'est moins d'avoir écrit cette brochure intitulée : « *La Barbarie de Berlin* » que d'avoir écrit pendant

18. En anglais, le mot *barbarism* que G.K.C. emploie dans les deux cas, signifié à la fois *barbarie* et *barbarisme*.

la Guerre un livre plus important : « *Les Crimes de l'Angleterre* ». J'étais ardemment convaincu de la folie de l'Angleterre qui se contentait de jouer les Pharisiens à cette heure d'intense réalité morale. Je relevai donc dans un livre la liste des péchés réels commis par l'Empire britannique au cours de l'histoire moderne ; puis, montrant que, dans chacun de ces péchés, l'Empire germanique avait fait bien pis, je démontrais que les pires tendances de la Grande-Bretagne avaient été, en fait, empruntées à l'Allemagne. C'était une politique pro-allemande, l'appui donné au héros protestant en Prusse, ou aux princes protestants du Hanovre, qui nous avaient engagés dans notre querelle à mort avec l'Irlande, et dans bien des choses plus graves. Tout notre impérialisme récent n'avait été qu'un éloge de la Prusse, prise comme exemple, et offerte comme une excuse. Néanmoins, parler sous ce titre nu des *Crimes de l'Angleterre* risquait de créer, à ce moment-là, un malentendu ; je crois même que certaines passages du livre furent interdits comme pamphlets pacifistes ; or le livre n'était pas très pacifiste.

Mais tout ceci se passait un peu plus tard. Quand je commençai à guérir, je lus, comme je l'ai dit, le récit de tous les faits de la guerre. Alors, comme quelqu'un qui reprend le train normal de sa vie, je me remis à ma réponse à M. Bernard Shaw.

L'anecdote contée dans les souvenirs du Colonel Repington[19] n'est pas sans fondement, d'après laquelle M. Belloc et moi continuâmes à discuter pendant un raid aérien, sans même savoir qu'il avait commencé. Je ne sais plus très bien à quel moment nous finîmes par nous rendre compte de ce qui se passait ; mais je suis tout à fait certain que nous continuâmes à parler. Je ne vois d'ailleurs pas bien quelle autre chose on eût pu faire. Je me rappelle très bien les détails de la circonstance ; un peu parce que c'était le premier raid aérien que j'eusse subi, bien qu'ayant, durant cette période, circulé sans

---

19. Le lieutenant-colonel Charles A'Court Repington (1858-1925), militaire de carrière et écrivain militaire, Croix de l'Ordre de Saint-Michel et Saint-George (1900) ; Croix de l'Ordre de Léopold ; Officier de la Légion d'honneur ; études à Eton et à Sandharst ; entre dans l'armée en 1878 ; sert en Afghanistan (1878-79) ; en Birmanie (1888-89) ; au Soudan (1898) ; lieutenant-colonel, 1898 ; guerre du Transvaal (1899-1900) ; ensuite : attaché militaire à Bruxelles et à La Haye (1900-2). A publié : *Vestigia* (1919) ; puis *Diary* (et non « Souvenirs », 1920) et *After the War* (1922).

cesse dans Londres ; et aussi parce que d'autres circonstances, que le colonel Repington ne mentionne pas, soulignaient encore l'ironie du rapprochement entre les abstractions de notre débat et la réalité des bombes. La scène se passait dans la maison de Lady Juliet Duff[20] ; parmi les invités se trouvait le major Maurice Baring, qui avait amené avec lui un Russe en uniforme ; un Russe qui parlait de telle sorte qu'il réussissait à défier jusqu'aux interruptions de Belloc, sans parler de celle des bombes qui tombaient. Il monologuait en français dans un débit suave et continu qui balayait tout devant soi ; et les choses qu'il disait avaient une qualité bien caractéristique de son pays ; une qualité que beaucoup ont essayé de définir, mais qu'on ne peut mieux résumer qu'en disant que la Russie semble posséder tous les dons humains, le sens commun excepté. C'était un aristocrate, un propriétaire terrien, un officier de l'un des régiments réputés du tsar ; des pieds à la tête, un homme de l'ancien régime. Mais il y avait en lui l'étoffe même qui fait le bolcheviste ; quelque chose que j'ai senti chez tous les Russes que j'ai rencontrés. Comment dire ce que c'est ? Je dirai que, lorsqu'il passa la porte pour sortir, on sentait qu'il eût pu tout aussi bien passer par la fenêtre. Ce n'était pas un communiste ; mais c'était un utopiste ; et son utopie était de loin beaucoup plus folle que n'importe quel communisme. Sa proposition la plus concrète était celle-ci : que seuls les poètes devraient être appelés à gouverner le monde. (Il était poète lui-même, comme il nous l'expliqua très gravement). Il fut assez courtois, assez flatteur pour me choisir, puisque j'étais poète aussi, comme gouverneur absolu, comme autocrate de l'Angleterre. D'Annunzio fut semblablement intronisé par lui comme gouverneur de l'Italie. Anatole France gouvernerait la France. Je lui fis remarquer, grâce aux quelques mots de français que je réussis à faire traverser le torrent qui coulait irrésistiblement de ses lèvres, que gouverner impliquait une *idée générale*[21] et que les idées de France et d'Annunzio étaient formellement en contradiction, ce qui

20. Lady Juliet Duff, née Lady (Gladys Mary) Juliet Lowther, fille du comte de Lonsdale, quatrième du nom ; épousa en premières noces (1903) Sir Robert George Vivian Duff, tué à la guerre en 1914. Se remarie (1919) avec le commandant Keith Trevor (Military Cross) de qui elle se sépare en 1926 pour divorcer et reprendre le nom de Duff.

21. En français dans le texte.

devait s'avérer désavantageux pour tout patriote français. Mais, d'un geste, il écarta les doutes de cette nature : il était convaincu qu'aussi longtemps que les politiciens seraient des poètes, ou tout au moins des écrivains, ils ne pourraient jamais commettre d'erreurs, ni manquer de se comprendre. Les rois, les magnats, la racaille même pouvaient se heurter en d'aveugles conflits ; des gens de lettres ne pouvaient pas se quereller. Ce fut vers ce moment de l'exposé de la nouvelle structure sociale que je commençai à prendre conscience de certains « bruits de voix au dehors » (comme on dit au théâtre), puis des dramatiques réverbérations et du tonnerre guerrier qui bouleversaient le ciel. Le Prussien, prince des airs, faisait pleuvoir son feu sur la grande cité de nos pères ; et l'on peut dire ce que l'on veut contre la Prusse, sauf qu'elle est gouvernée par des poètes. Nous continuâmes naturellement à parler, sans rien changer à nos dispositions, sauf que la maîtresse de maison fut chercher son petit enfant à l'étage supérieur et le redescendit ; et l'exposé du grand plan pour le gouvernement politique du monde se poursuivit. Dans de telles circonstances, personne n'est entièrement exempt d'une pensée fugitive sur la façon dont l'aventure pourrait finir ; et l'on a beaucoup écrit sur les circonstances, ou idéales ou ironiques, dans lesquelles cette fin pouvait survenir. Mais je pouvais difficilement imaginer une circonstance plus singulière où me trouver moi-même, à l'article de la mort, que d'être assis dans une grande maison de Mayfair, en train d'écouter un Russe égaré m'offrir la couronne d'Angleterre.

Quand il fut parti, Belloc et moi rentrâmes à pied à travers Hyde Park, l'écho des dernières rumeurs roulant encore aux quatre coins du ciel. Comme nous sortions par Buckingham Gate[22], nous entendîmes le signal de la fin de l'alerte, pareil au bruit des trompettes du triomphe. Et nous parlâmes quelque temps des perspectives de la Guerre, qui était alors dans cette période de transition entre le suprême péril et la suprême délivrance ; puis, nous nous séparâmes, non sans éprouver une émotion à retardement ; et je m'en fus le long de la grande rue de Kensington pour regagner la maison de ma mère.

Parmi les légendes, pour ne pas dire les mensonges, qui sont devenues monnaie courante sur le compte de Belloc parmi ceux qui

22. Une des rues venant du côté de Victoria Station et qui aboutissent à Hyde Park.

ne savaient rien de lui, il y eut la légende d'après laquelle Belloc était ce qu'on appelait « un optimiste » de la Guerre ; ou encore qu'il exagérait les pertes allemandes afin de réconforter l'opinion et lui donner du courage. Pour quiconque connaît Belloc, l'idée est grotesque au dernier point. En premier lieu, étant un animal doué du pouvoir de penser, Belloc est absolument incapable de s'imaginer que le fait d'être optimiste ou pessimiste peut changer quelque chose, quand il s'agit d'une question de fait ; et de même incapable de recommander à qui que ce soit d'être jovial ou joyeux pour qu'il ne pleuve pas demain. En second lieu, dans la mesure où l'humeur et l'émotion ont leur place légitime dans la vie, l'humeur et l'émotion de Belloc ne sont généralement, au contraire, pas assez optimistes. Troisièmement, ceux qui ont pris la peine d'examiner de près les faits, et notamment les chiffres des pertes réelles de l'ennemi savent que ses calculs étaient corrects en substance ; et ceux de la partie adverse follement inexacts. La vérité, c'est qu'au début d'une nouvelle méthode de guerre : la guerre de tranchées, les calculs de chacun furent faussés pendant un certain temps ; mais ceux de Belloc furent corrigés aussitôt que ceux de quiconque ; et ils furent, par la suite, constamment exacts, tandis que les autres furent constamment inexacts. Pour le reste, une chose dérangea toute appréciation scientifique de la guerre ; et ce fut un facteur d'ordre moral, et non scientifique ; exemple courant du changement apporté aux choses matérielles quand elles sont commandées par une volonté humaine ; je veux parler de la révolution en Russie. Cette révolution, nul qui mérite d'être nommé ne l'avait prévue ; mais Belloc lui-même a dit la chose la plus sage que l'on puisse dire sur les événements de cette nature. Dans un de ses articles de *Land and Water*, il doit avoir, je le crains, intrigué pas mal de ses lecteurs en reconstruisant historiquement et en détail les perspectives d'avenir telles qu'elles pouvaient s'échafauder dans l'esprit d'un fonctionnaire grec de Byzance au début du VIᵉ siècle, d'après l'évaluation et les combinaisons des forces de l'Empire romain et de l'Église catholique. Belloc faisait remarquer à quel point un homme eût pu croire qu'il avait vraiment tenu compte de toutes les possibilités : danger d'une scission religieuse entre l'Est et l'Ouest, danger de raids des Barbares sur la Gaule ou sur la Grande-Bretagne, situation en Afrique et en Espagne, etc. ; et dire alors qu'il avait en

main tous les éléments possibles de changements éventuels. Mais… :
« à ce moment-là, bien loin, dans un petit village d'Arabie, Mahomet
venait d'avoir dix-huit ans ».

Je n'ai pas besoin d'insister davantage sur cette vieille et vaine
querelle ; si ceux qui ont extravagué sur l'optimisme de Belloc
ont laissé une trace dans l'histoire sérieuse, on ne se souviendra
d'eux que parce qu'ils se seront disputés avec Belloc. C'étaient les
propriétaires presque illettrés de la « presse jaune »[23] de ce temps-là ;
Belloc les gênait à cause de quelques remarques pertinentes qu'il
avait faites concernant la vente des pairies. La chose vaut bien qu'on
s'y arrête un moment pour insister sur un fait qui était certainement
vrai de tous mes amis, et, je pense, de tous les plus dignes amis de
l'Angleterre ; c'est que jamais nos convictions ne s'appuyèrent sur
des fanfaronnades de petites gens ; c'est que, bien qu'entièrement
préparés à la défaite nous avons travaillé pour la victoire ; c'est
que nous ne prédîmes jamais rien concernant la fin de la guerre,
ou concernant n'importe quel autre événement futur ; et Belloc
moins que quiconque ; ainsi le jour où je l'entendis dire, au cours
de la première de ses conférences londoniennes : « Il n'appartient
pas à un orateur ou à un écrivain de parler de victoires qui seraient
d'avance certaines grâce à telle ou telle combinaison. Dieu seul
donne la victoire ».

Il existe un autre aspect de la manière dont la presse jaune
répandait la panique et la mutinerie politique, qu'elle appelait
« patriotisme » et « esprit d'entreprise journalistique ». On faisait
mine de supposer que l'Angleterre avait besoin d'être aiguillonnée
par derrière. Mon ami Bentley, qui faisait d'excellent travail au *Daily
Telegraph*, décrivait la chose beaucoup plus exactement quand il
disait que l'Angleterre était poignardée par derrière. Car le *Daily
Telegraph*, pendant ces jours de fièvre, fit un admirable travail

---

23. Nom donné à l'origine aux États-Unis (vers 1900) aux journaux à nouvelles
sensationnelles ; un des précurseurs de ce journalisme fut Joseph Pallitzer (1847-
1911). C'est en 1895 que parut dans le *New-York World* une caricature en couleurs où
un enfant vêtu de jaune (yellow Kid) offrait un premier échantillon de l'impression
en couleurs qui n'avait pas encore été appliquée au journalisme. Il semble bien que
c'est de là qu'est venu le nom qui s'applique encore de nos jours aux périodiques qui
cherche la grosse vente en exagérant le caractère sensationnel de leurs informations.

d'assainissement moral. Mais pour moi et pour mon petit groupe, la querelle avait un autre aspect ; elle faisait apparaître que nous étions, en proportions très variables, occupés à combattre sur deux fronts ; d'un côté les Hohenzollern, de l'autre les Harmsworth[24], aussi heureux comme entrepreneurs de publicité que malheureux comme hommes d'État. C'est à moi qu'il échut de donner à cette double attitude sa pleine expression, pour une raison que je n'eusse jamais pu prévoir dans les circonstances ordinaires.

Je devins en effet directeur de journal. En tout temps la chose me serait apparue comme à peu près aussi probable ou possible que de devenir éditeur, ou banquier, ou bien encore rédacteur de l'article de tête du *Times*. Mais la nécessité naquit du fait que l'existence de notre petit journal, le *New Witness*, journal passionnément patriote et pro-allié, mais non moins passionnément opposé au chauvinisme du *Daily Mail*, se prolongeait au delà de ce qu'on avait prévu. Il n'y avait pas tant de gens à qui l'on pût se fier pour entretenir ces deux

24. Nom d'une des plus grandes familles des dirigeants de la presse universelle. Cinq frères s'y sont distingués :

1° Alfred Charles William (1865-1922), créé vicomte Northcliffe, premier du nom ; fonda le *Daily Mail* en 1896 ; un des principaux actionnaires du *Times* ; né dans le comté de Dublin ; fils d'avocat ; docteur ès lettres *honoris causa* de l'Université de Rochester (États-Unis) ; un des rois de la presse ; président de la mission britannique envoyée aux États-Unis en 1917-18 ; président de la commission des transports civils aériens (1917) ; de la propagande en pays ennemis (1918) ; A publié : *At the war* (1916).

2° Harold Sidney, né en 1868, vicomte Rothermere, premier du nom en 1919 ; principal propriétaire du *Daily Mail*, du *Daily Mirror*, des *Evening News* ; baronnet en 1910 ; directeur-général du « Royal Army Clothing Department » (1916-1917) ; membre du « Privy Council » (1917) ; ministre de l'Air (1917-18). A doté une chaire de littérature anglaise, une chaire d'histoire navale à Cambridge et une chaire d'histoire américaine à Oxford.

3° Son frère, Hildebrand Aubrey, autre magnat de la presse, dont le fils fut le directeur du *Continental Daily Mail* à Paris, et de plusieurs sociétés en Angleterre, dans les Dominions et dans les Colonies.

4° Cecil Bisshopp, né en 1869 à Londres ; études au Trinity College à Dublin ; député libéral (1906-1910) et de 1911 à 1922 ; sous-secrétaire d'État à l'Intérieur (1915) ; ministre des Affaires étrangères (1919 à 1922) ; membre du Conseil de la S.D.N. (1922). A publié : *Pleasure and problem in South Africa* (1908) ; *Immortals at first hand* (1933).

5° Sir (Robert) Leicester, (1870-1937) ; baronnet en 1918 ; avocat ; docteur en droit *honoris causa* de Queen's University à Toronto. Études secondaires ; député libéral de 1918 à 1922.

indignations distinctes, en se gardant de les résoudre en cet expédient dégoûtant qui consiste à se montrer modéré. Il n'y avait pas trop de ces gens-là ; mais, dans un certain sens, j'étais de ces gens-là ; quand mon frère partit pour le front, il me confia son journal, me demandant de le publier jusqu'à son retour. Et je continuai à publier le *New Witness* : car mon frère ne revint pas.

Il était dans le destin de mon frère de prouver, dans une heure sombre, dans une heure de perdition, que lui seul, de tous les hommes de notre temps, possédait les deux espèces de courage qui ont soutenu le pays : le courage du forum et celui du champ de bataille. Dans le second, il a souffert avec des milliers d'hommes aussi braves que lui ; mais dans le premier, il souffrit seul. Car c'est un autre exemple de l'ironie humaine qu'il semble plus facile de mourir sur le champ de bataille que de dire la vérité en politique. La nature humaine est, en tout cas, une bien étrange chose ; à la nouvelle de la mort de mon frère, je fus, en tant que directeur de son journal, poussé à une bizarre réaction que je ne puis complètement expliquer, mais que je ne pus exprimer qu'en écrivant à Rufus Isaacs, Lord Reading, une lettre ouverte où il était question de notre ancienne querelle sur le cas Marconi. Je tâchai de lui dire, avec toute la modération possible, que je croyais qu'il avait vraiment agi contre le pays, dans l'intérêt de sa propre famille ; et que lui, qui avait tenu au Parlement (et sans doute méprisé dans l'instant même où il le tenait) le propos aussi sot que fastidieux sur la rencontre fortuite avec son frère au cours d'une cérémonie familiale, avait en fait constamment agi selon cette profonde loyauté domestique qui était, à cette heure même, ma propre tragédie. Mais j'ajoutai : « Vous êtes beaucoup plus malheureux que moi ; car votre frère vit encore ».

Il est étrange, comme je l'ai dit, que, peu de temps après, son frère mourût, lui aussi, et dans la même foi que celle de mon propre frère. Ainsi prit fin, assez symboliquement, le grand duel Marconi ; je continuai à publier le journal de mon frère, si cela peut s'appeler publier ; et pendant ce temps, tous les autres financiers et politiciens ne faisaient pas mine de mourir, dans l'une ni dans l'autre foi, ni d'ailleurs de mourir tout court. La guerre tirait à sa fin, où tant de vies allaient elles-mêmes à leur fin ; les Allemands lancèrent leurs derniers assauts, aussi vastes qu'inutiles ; Foch leur porta le dernier coup devant Châlons, où la Chrétienté avait déjà brisé les Huns mille ans plus tôt[25].

Mais en Angleterre, les politiciens continuaient à nous sourire avec beaucoup de condescendance ; de nouveaux nobles continuaient à naître à la vie, issus de milieux commerciaux un peu obscurs ; un nombre incalculable d'aventures économiques purent réussir, soutenues par une publicité forcenée ou grâce au concours de personnalités à l'influence magnétique ; et toutes les puissances des consortiums scientifiquement organisés et des omniums de journaux, qui gouvernent aujourd'hui le pays, grandirent lentement jusqu'à atteindre le pouvoir qui est aujourd'hui le leur, et la paix dont ils jouissent. Comme disait *le Vieux Marinier*[26], en veine de comparaison mélancolique :

The many men so beautiful
And they all dead did lie ;
And a thousand thousand slimy things
Lived on ; and so did I[27].

---

25. Il s'agit de la fameuse bataille de Châlons, où Attila, roi des Huns, fut arrêté par le Romain Aetius, le 23 juin 451. Châlons marque le point extrême où Attila se soit avancé vers l'ouest.

26. Un des poèmes les plus fameux de S.T. Coleridge (voir note 6, chap. X).

27. *Tant nombreux qui, si beaux étaient*
Et là tous morts gisant ;
Et les mille choses vaseuses
Vivant toujours, et moi aussi.

THE CHESTER-BELLOC

Dessin de Thomas Derrick réalisant l'invention humoristique de Bernard Shaw.

Hors-texte de l'édition originale.

CHAPITRE XII

QUELQUES CÉLÉBRITÉS POLITIQUES

Presque chaque fois qu'il m'est arrivé de rencontrer quelqu'un, j'ai fait par la même occasion la connaissance d'un autre personnage. Je veux dire que, lorsque j'ai connu un homme public dans le privé, je l'ai trouvé singulièrement différent de l'homme public que je connaissais avant notre entrevue. Même quand son caractère n'était pas exactement le contraire de ce que la caricature avait fait de lui, de ce que les interviews des journaux l'avaient montré, je dirais volontiers que ce fut souvent encore plus opposé que peut l'être un contraire. J'entends que la relation était plus subtile, la réalité placée sur un autre plan ; que, quand après une longue expérience, je découvrais avec étonnement qu'un hommage était vraiment dû au personnage, la vérité était presque à l'opposé de l'hommage rendu. Par exemple, nous sommes tous heureux de nous joindre au chœur des louanges qui furent spontanément prodiguées au défunt roi George V. Pourtant, la répétition même des témoignages en faveur de son dévouement sincère au bien public donnait une indéfinissable impression de routine qui portait atteinte à la valeur même du témoignage. Je n'ai rencontré George V qu'une fois, dans la maison de feu Lord Burnham, chez qui il chassait, et (je donne mon impression pour ce qu'elle vaut) il est certain qu'il m'a frappé comme l'un des hommes les moins artificiels et les plus sincères que j'aie rencontrés. Mais sa simplicité même frappait d'une manière imprévue. Ce n'était pas seulement un honnête homme, mais un homme sincère, si libre et si simple dans sa façon de dire ce qu'il aimait et ce qu'il n'aimait pas, qu'il eût pu paraître inconsidéré.

Parlant de ses allocutions publiques, G.B.S.[1] disait avec raison, qu'elles étaient faites dans une langue qui était vraiment l'anglais du roi[2] ; ses propos privés étaient, tout aussi décidément, de l'anglais tel qu'on le parle. Il était tout, sauf le fonctionnaire suprême et permanent que maints éloges officiels avaient dépeint ; et nullement ce notaire de tout repos qui tient comme enfermés à clef des secrets de famille, non plus que ce docteur qui étouffe de garder le silence sur les secrets professionnels ; il ressemblait bien davantage à un petit capitaine au long cours, qui, sur le gaillard d'arrière, garde un certain mutisme, un certain souci de l'étiquette, mais qui, dans sa cabine, est plein d'anecdotes, pour ne pas dire d'anathèmes. Rien ne vaut une rencontre avec un homme, même pendant une heure ou deux ; toujours sa présence nous dira si une erreur de l'histoire ou de la légende est en train de prendre naissance. S'il arrive un jour que j'entende, avant de mourir, au sein des générations nouvelles qui n'ont jamais vu George V, qu'on le loue d'avoir été un homme fort et silencieux, ou qu'on le blâme d'avoir été un homme stupide et creux, je saurai que l'histoire a complètement raté son portrait.

J'ai eu parfois des contacts plus courts encore, et qui m'ont causé des surprises encore plus singulières. Je me suis entretenu avec feu le marquis Curzon[3] pendant dix minutes à peu près, au sein d'une cohue

1. Bernard Shaw (voir note 30, chap. V.

2. L'anglais du roi, c'est-à-dire l'anglais très pur ; la langue anglaise contemporaine fut formée, aux XIIIᵉ et XIVᵉ siècle dans le centre-est du pays, où se trouvaient alors toutes les résidences royales.

3. George Nathaniel Curzon, marquis Curzon of Kedleston, premier du nom (1859-1925), créé marquis en 1921, homme d'État, fils du Révérend A.N.H. Curzon, baron de Scarsdale, quatrième du nom ; études à Eton et à Bailliol (président de l'Union Society (voir note 12, chap. III) ; « Lothian Essay Prize » en 1883 et Arnold Essay Prize en 1884 ; « fellow » de All Souls' College en 1883 ; sous-secrétaire particulier du marquis de Salisbury (voir note 37, chap. VI) en 1885 ; sous-secrétaire d'État pour l'Inde (1891-1892) ; sous-secrétaire d'État aux Affaires étrangères (1895-1898) ; vice-roi et gouverneur-général de l'Inde (1899-1905) ; membre du Comité conservateur de la National Gallery (1911) ; président du Royal Geographical Society (1911-1914) ; « Lord Privy Seal » en 1915-1916 ; ministre de l'Air (1916) ; lord-président du Conseil (1915-1916) ; docteur en droit civil *honoris causa* des Universités d'Oxford et de Durham ; chancelier de l'University d'Oxford (1907) et lord recteur de l'Université de Glasgow (1908).

Grand voyageur : Asie Centrale, Perse, Afghanistan, plateau de Pamir, Siam, Indo-Chine, Corée.

réunie occasionnellement, alors que j'étais déjà allé chez lui une fois ou deux ; il ne semblait pas le moins du monde se soucier de la cohue ; il ne semblait même pas se soucier de la conversation, ni d'ailleurs de moi-même ; il fut tout à fait aimable, et de bonne humeur. Et, parmi les mille choses qu'on eût pu dire, il dit la seule chose que presque personne, moi compris, ne se fût attendu à entendre de sa bouche. Il dit à quel point il était d'accord, cordialement d'accord avec moi, sur ce point, que les cris, les sifflets, les plaisanteries et les dénigrements de la foule d'une réunion publique étaient de beaucoup plus spirituels, plus dignes d'être entendus que les discours des hommes d'État qui défilaient à la tribune. J'avais exprimé ce point de vue dans un article des *Illustrated London News*[4] ; mais lui, qui était si souvent le plus pompeux, le plus solennel des hommes d'État, dans les tribunes les plus privilégiées, je ne me le fusse jamais représenté comme un défenseur de la populace, ou du bouffon qui la défend. Il n'en est pas moins indiscutablement vrai qu'en mainte occasion Curzon a dit et fait des choses qui justifiaient et qui, même, faisaient naître, chez ceux qui ne le connaissaient pas encore, la légende si populaire de l'impopularité de son attitude. Il offrait un exemple unique de l'aristocrate anglais se présentant comme eût fait un aristocrate prussien ; et c'est un cas très singulier, car l'aristocrate anglais peut être souvent un cynique, mais jamais un barbare ; pour tout dire d'un mot, il est plus subtil ; mais il m'arrive d'imaginer que Curzon, d'une certaine manière, un peu bizarre peut-être, était plus subtil même que cette subtilité-là. Chacun sait qu'il y avait dans sa vie physique une sorte de comédie héroïque ; qu'il soutenait son attitude avec difficulté ; je soupçonne que quelque chose de l'effort qu'il devait faire aboutissait chez lui à une sorte de blague raide et bluffeuse. Il arriva d'Oxford au temps où c'était la mode d'être pessimiste en philosophie, et réactionnaire en

---

Chevalier de l'Ordre de la Jarretière ; Grand'croix de l'Étoile des Indes ; membre du « Privy Council ». Impérialiste notoire ; a exercé également une certaine influence sur l'art et la littérature anglaise. A publié : *Russia in Central Asia* (1889) ; *Persia and the Persian Question* (1892) ; *Problems of the Far-East* (1894) ; *Lord Curzon in India* (1906) ; *Principles and Methods of University Reform* (1909) ; *Modern parliamentary Eloquence* (1913) ; *War poems and other Translations* (1915) ; *Subjects of the Day* (1915) ; *Tales of Travel* (1923).

4. Hebdomadaire mondain qui paraît encore aujourd'hui.

politique. Un peu comme les décadents en matière d'art se faisaient pires qu'ils étaient, il se donnait l'air plus antidémocratique qu'il était. C'est un fait typique que beaucoup des anecdotes colportées sur son compte et contre lui passent pour avoir été inventées par lui-même. Mais je ne fais, en tout ceci, qu'imaginer, d'après le propos tenu devant moi par un homme qui ne pouvait pas avoir été aussi stupide qu'un Prussien ; dans d'autres cas, où il m'est arrivé d'avoir un entretien limité, mais tout de même un peu plus long que celui-ci, j'ai observé la même contradiction.

Ma première découverte du contraste entre un être humain et son portrait, ou sa caricature politique, c'est avec Lord Hugh Cecil[5] que je l'éprouvai. Je crois bien l'avoir rencontré pour la première fois dans la maison de Wilfrid Ward[6] ; de Wilfrid Ward que j'aurais dû citer ici depuis longtemps comme l'un des hommes dont l'influence m'a éclairé sur bien des choses ; car il avait écrit dans la *Dublin Review* une critique des plus sympathiques sur *Orthodoxy*, à une époque où beaucoup des gens de son monde devaient tenir ce livre pour un morceau tout en paradoxes, et aussi tapageur que désordonné. Il écrivit notamment cette excellente remarque critique : que les critiques ne pouvaient comprendre ce qu'il aimait, mais que lui pouvait comprendre ce qu'ils n'aimaient pas. « La Vérité peut concevoir l'erreur, disait-il encore, mais l'erreur ne peut comprendre la Vérité ». Ce fût à sa bienveillance que je dus d'être fait plus tard membre de la « Synthetic

5. Right Honourable Lord Hugh (Richard Heathcote) Cecil (né en 1869), cinquième fils du troisième marquis de Salisbury (voir note 37, chap. VI). Études à Eton et à Oxford, où il fut « fellow » ; débute comme secrétaire particulier de son père ; député conservateur en 1895, puis en 1906, pour Greenwich ; ensuite, en 1910, membre du Parlement pour l'Université d'Oxford, qu'il ne cessa de représenter jusqu'en 1937. Pendant la guerre, fut lieutenant aviateur (1915) ; « principal » du Collège d'Eton (1936) ; baron Quickswood en 1941.

Docteur en droit civil honoraire *honoris causa* d'Oxford ; membre du « Privy Council » depuis 1918. Docteur en droit *honoris causa* de Cambridge et d'Edinbourg.

6. Wilfrid Philip Ward (1856-1916), biographe et apologiste catholique, fils du célèbre théologien catholique et philosophe William George Ward (1812-1882). Études à Dublin et à l'Université grégorienne de Rome ; directeur du *Dublin Review* depuis 1906. Auteur d'une biographie de son père (1889-93) et des biographies du cardinal Wiseman (1897) et du cardinal Newman (1912, 31, plus loin).

Son père fut appelé « Ideal Ward » par les adhérents au mouvement d'Oxford (voir note 31, plus loin) parce qu'en 1844 il avait publié : *The Ideal of a Christian Church*.

Society »[7], fière à juste titre de prolonger la Société dans laquelle le grand Huxley[8] pouvait discuter avec le non moins grand Ward[9] (qu'on appelait Dieu sait pourquoi, le Ward idéal), et au sein de laquelle j'eus le privilège de rencontrer plusieurs personnalités très centrales, comme le baron von Hügel[10] et mon vieil ami le Père Waggett, déjà rencontré en Palestine. Si l'on me demande pourquoi je mentionne la chose ici, la réponse sera curieuse. Pour l'une ou pour l'autre raison, il y avait très peu d'hommes de lettres dans ce groupe qui se consacrait à l'étude de la philosophie ; j'excepte Wilfrid Ward lui-même, qui était un excellent rédacteur et commentateur. Mais on y comptait des politiciens de la meilleure espèce, de ceux qui eussent pu être des hommes d'État. C'est là par exemple que je rencontrai le vieux Haldane[11], béant de tous ses abîmes hégéliens, et qui m'apparut tel que je dois être apparu moi-même à l'un de mes voisins dans un club de débats local, quand, délaissant les profondeurs métaphysiques, il dit en me montrant du doigt : « Le voilà, ce Léviathan que Tu as créé pour qu'il s'en amuse ». Mais je n'ai jamais oublié que l'Angleterre l'a trahi quand elle l'accusa de trahir l'Angleterre. Là aussi, je rencontrai Balfour, préférant visiblement tous les philosophes et toutes les philosophies à ses loyaux partisans du parti tory. Il se peut que la

7. Synthetic Society, nommée autrefois « Metaphysical Society » fut ressuscitée sous son nouveau nom par Wilfrid Ward (voir note 6, ci-dessus). La « Metaphysical Society » avait été fondée en 1869 par les hommes des plus distingués des écoles de pensée les plus opposées, qui apprenaient ainsi, au cours d'entretiens et de discussions privées, à reconnaître l'unité de dessein de leurs travaux et acquéraient une considération mutuelle, impossible auparavant. Darwin (voir note 45. chap. VII), Huxley (voir note 38, chap. VI) firent partie de cette société qui ne fut dissoute qu'en 1881.

8. Voir note 38, chap. VI.

9. Voir note 6, ci-dessus.

10. Friedrich, baron von Hügel, historien ecclésiastique et critique (1852-1925), né à Florence, de père autrichien (ambassadeur à Florence, puis à Bruxelles) et petit-neveu d'un général anglais ; épousa Lady Mary Catherine Herbert ; études privées ; atteint en 1871 de la fièvre typhoïde, devient sourd et reste pendant quinze ans incapable d'un effort mental soutenu ; se fixe en Angleterre où il apprend le grec et l'hébreu et consacre sa vie à la critique historique appliquée aux documents bibliques, à la psychologie, et à la philosophie appliquées à l'expérience religieuse. Naturalisé Anglais ; docteur en droit ; docteur en théologie d'Oxford. A publié : *The Mystical Element in Religion* (2 vol., 1908-1909) ; *Eternal Life* (1912-1913) ; *The German Soul* (1916) ; *Essays and Addresses* (1921).

11. Voir note 8, chap. V.

religion ne soit pas l'opium du peuple ; la philosophie, en tout cas, est l'opium des politiciens. Et tout ceci me ramène à Lord Hugh Cecil.

Dans toutes les caricatures libérales, et dans toute la petite correspondance des journaux libéraux en général[12], Lord Hugh Cecil a toujours été dépeint comme un ascète médiéval ; tout cela plutôt réservé, plutôt raffiné, sans quoi on l'eut dénoncé comme un saint. « F.C.G. »[13] le représentait toujours vêtu d'une longue soutane et coiffé d'une barrette très italienne ; et quelque chose qui ressemblait à un vitrail gothique était représenté comme l'accessoire qu'il portait constamment avec lui.

Dans ma simplicité, j'avalais toutes ces choses ; je ne pouvais pas même, dans ce temps-là, éprouver pour elles autant d'horreur que le faisait la *clientèle*[14] des *Daily News* ; il n'en était que plus aisé de croire qu'un gentleman évidemment intellectuel était réellement amoureux de l'architecture et de l'autorité médiévale. Il advint alors que je rencontrai Lord Hugh Cecil. C'était dans la maison de Wilfrid Ward, cette grande chambre de compensation des philosophies et des théologies ; car l'œuvre de Wilfrid Ward, œuvre vaste et remarquable, tournait surtout autour du fait qu'il était plus en sympathie avec les Cecil, les Balfour et les autres, que je ne pouvais jamais avoir été moi-même. J'écoutai les déclarations très lucides que Lord Hugh me donnait sur sa position ; et quiconque aime la logique ne pouvait manquer d'être impressionné par un esprit aussi logique que le sien ; je me formai ainsi sur l'homme un certain nombre d'impressions très définies. L'une de ces impressions était celle-ci : qu'il avait beaucoup d'idées tout à fait personnelles ; une autre, qu'il considérait toutes les

12. Il s'agit des lettres de lecteurs, traitant surtout de questions politiques, facteur politique de grande importance en Angleterre.

13. « F.C.G. », pseudonyme de Sir Francis Carruthers Gould, journaliste et caricaturiste (1844-1925) ; études privées ; courtier en valeurs de bourse pendant plus de 20 ans ; illustra pendant de longues années le numéro de Noël de *Truth*, et collabora régulièrement à la *Pall Mall Gazette* jusqu'au jour où ce journal passa aux mains de M. Astor ; depuis lors, secrétaire de rédaction à la *Westminster Gazette*. Conférences sur des questions parlementaires en Angleterre et en Écosse ; commandant en retraite des « London Irish Rifles » ; juge de son district.

A publié : *Tales told in the Zoo* (en collaboration avec un de ses fils, 1900) ; *Who Killed Cock Robin ?* (1897) ; *Froissart's Modern Chronicles* (2 vol.), etc., etc.

14. En français dans le texte.

idées, y compris les siennes, sous ce qu'on a pu appeler une lumière un peu froide ; mais la plus forte impression que j'éprouvai, c'est que c'était un protestant. J'étais moi-même encore à cent lieues d'être catholique ; mais je pense que ce fut le parfait, le solide protestantisme de Lord Hugh qui me révéla pleinement que je n'étais plus désormais un protestant. Il était, et peut-être est-il encore, le seul vrai protestant ; car sa religion est intensément vraie. De temps en temps, il surprend le monde dans lequel il vit par une défense droite et résolue de la simple théologie et morale chrétienne, à laquelle tous les protestants ont cru un jour. Car le monde protestant, dans l'Angleterre d'aujourd'hui, est une chose très curieuse et très subtile que je serais mal venu à vouloir critiquer ; mais peut-être peut-on dire ceci de lui sans l'offenser que, tandis qu'il est naturellement un peu troublé quand un protestant se rallie au catholicisme, il est beaucoup plus gravement troublé par le protestant qui défend encore le protestantisme. Et je pensai alors aux bonnes vieilles caricatures radicales de l'homme du moyen âge en soutane, et le rire s'épanouit en moi, et ce me fut un soulagement. Comparé à Hugh Cecil, le vieux Kensit[15] n'était rien de moins qu'un jésuite ; car l'antiritualisme n'est qu'une forme bruyante, subversive du ritualisme ; et le pauvre vieux Kensit avait la candeur de se laisser photographier tenant à la main un crucifix. Je me dis un jour qu'il était étrange qu'un Cecil put devenir célèbre pour s'être insurgé contre la Réforme. Et j'ai assez vécu pour voir de tels hommes accusés par le jingoïsme[16] braillard de protéger l'Allemagne, comme le radicalisme avait un jour été accusé de favoriser Rome. Mais j'ai aussi assez vécu pour me rendre compte que Hugh Cecil fut aussi héroïquement loyal à sa maison qu'à son pays. Nul homme n'a été plus fidèle à une tradition

15. John Kensit (1853-1902), agitateur protestant ; prit de bonne heure une part active à l'agitation anti-romaine. En 1885, devint directeur du « Protestant Book Depot » dans Paternoster Row, et, quatre ans plus tard, secrétaire du « Protestant Trust Society » (1899) ; organisa les « Wicliffite Itinerant Preachers » (du nom de John Wiclif — ou Wicliffe — qui vécut de 1320 ? à 1384 et fut le premier précurseur de la Réforme en Angleterre) qui faisaient le procès du ritualisme. Mena campagne contre la confirmation des évêques Mandell Creighton en 1897, Winnington Ingram et Gore en 1901 (voir note 26, chap. VII). Fut mortellement blessé au cours d'une rixe de caractère religieux, à Liverpool.

J.C. Wilcox a écrit sa biographie (1903).

16. Voir note 8, chap. I.

que Hugh Cecil à la tradition de cette grande Angleterre protestante, que le génie du fondateur de sa famille avait fondée.

C'est George Wyndham qui, un jour, me confirma dans cette idée que j'avais déjà, en formulant ce qu'il appelait l'extrême individualisme de Lord Hugh Cecil. Le caractère commercial de cette Angleterre ramassée et patriote des siècles récents est, par exemple, responsable pour une grande part du fait que Lord Hugh Cecil fut un libre-échangiste si entêté. Car il n'est pas seulement un vieux protestant ; ce conservateur chevaleresque est aussi, et tout aussi ostensiblement, un vieux radical. Il eût été beaucoup plus à l'aise dans l'école de Manchester[17] qu'au moyen âge. Et si j'ai aussi longuement insisté ici sur son nom, sans autre raison que celle d'avoir écouté sa conversation lumineuse, c'est que je pense sérieusement qu'il se tient debout et comme planté au centre même de cette civilisation d'aujourd'hui ; et qu'il pourrait être appelé le seul pilier solide supportant encore l'Angleterre dans laquelle je suis né. Mais il est vrai que les idées de Georges Wyndham furent toujours orientées dans une direction différente, comme le furent mes propres idées ; et elles étaient, dans un certain sens, marquées, ou mesurées, par notre sentiment commun sur l'homme d'État conservateur. Car Wyndham n'était pas que conservateur ;

17. Ne pas confondre avec Manchester Grammar School, la célèbre école secondaire de Manchester. Il s'agit ici du parti politique, ainsi baptisé par Disraeli (voir note 1, chap. XI) et qui défendait les principes du libre échange. Le nom fut plus tard étendu à tous les partisans des deux chefs du parti, pour toutes les autres questions politiques. L'expression « Manchester Policy » fut employée par dérision pour dénoncer toute politique du laisser-faire et de l'égoïsme. Les chefs du premier parti s'appelaient Richard Cobden et John Bright. Le premier était le fils d'un fermier du Sussex fixé à Manchester. Né en 1804, mort en 1865, il fut membre du Parlement de 1841 à 47, de 1847 à 57 et encore en 1859. Négocia le traité de commerce avec la France en 1859.

John Bright (1811-1889), fils d'un meunier de Rochdale, près Manchester, fut un orateur remarquable. Député en 1843, en 1847, et en 1857, ministre du Commerce de 1868 à 70 ; chancelier du duché de Lancastre (1873-1880), il s'opposa à la « Home Rule policy » de Gladstone. Fut lord recteur de l'Université de Glasgow (1880).

Cobden et Bright condamnèrent ouvertement la guerre de Crimée (1854). Mais leur plus grand titre de gloire est d'avoir fait rapporter (1846) les « Corn Laws », qui réglaient l'importation et l'exportation des blés de manière à protéger le producteur indigène aux dépens du consommateur. Après une campagne ardente et prolongée, elles furent abolies sous le premier ministre Sir Robert Peal (1788-1850). La grande famine d'Irlande (1845) facilita, dans une certaine mesure, la tâche de Cobden et de Bright.

c'était un tory ; c'est-à-dire un homme capable d'être Jacobite[18], ce qui est parfois tout aussi révolté qu'un Jacobin. Il ne désirait pas seulement conserver et protéger le protestantisme, le libre-échange, ou n'importe quoi qui était devenu « indigène » à la nation britannique ; il voulait faire revivre des choses plus anciennes et vraiment plus internationales. Et mes premières impressions sur la fausseté du système des partis datent, alors que j'étais encore journaliste libéral, du jour où je compris à quel point j'étais d'accord avec Wyndham et à quel point Wyndham était en désaccord avec Cecil.

C'est à Taplow[19], chez Lord et Lady Desborough[20] qui étaient depuis longtemps pour moi de bons amis, comme d'ailleurs pour beaucoup de gens de lettres de toutes couleurs et de toutes opinions, que je rencontrai pour la première fois George Wyndham, et je sentis presque immédiatement que les opinions de Wyndham étaient pour le moins, sur l'essentiel, de la même nuance que les miennes. Et si jamais il y eut quelqu'un chez qui le mot « nuance » en matière d'opinion comme en toute autre matière, vient tout naturellement à l'esprit, Wyndham était bien ce quelqu'un. Il souffrait, lui aussi, cela va sans dire, de la sotte simplification des commentaires et des caricatures politiques. Parce qu'il avait servi dans l'armée, on le décrivait toujours comme un officier de la garde au langage affecté ; parce que le hasard avait voulu qu'il fut bel homme, on insinuait en toute occasion qu'il n'était qu'un homme à femmes. Dans la plupart des cas essentiels, cette opinion était curieusement fausse. Wyndham

18. Partisans des Stuarts après qu'ils eurent été chassés du trône par la révolution de 1688. Le mot vient du nom de Jacques II, dernier roi des Stuarts. Les jacobites tentèrent deux restaurations : en 1715 et en 1745, qui toutes deux échouèrent. Après quoi le mouvement dégénéra et perdit tout caractère militant.

19. Petite bourgade dans le comté de Buckinghamshire.

20. William Henry Grenfell (1855-1945), baron Desborough of Taplow (premier du nom) en 1905. Études à Harrow et à Bailliol ; homme d'État et sportsman notoire ; fit partie de l'équipe de « rowing » d'Oxford, où il fut président de l'« Union Athletic Club », et aussi de l'« Oxford University Boat Club » ; alpiniste aux exploits remarquables ; chasses épiques dans les montagnes rocheuses des Indes ; traversa deux fois le Niagara à la nage ; membre du Parlement en 1880, 85, 92 et 1900-1905. Président de la « British Chamber of Commerce » et du « British Imperial Council of Commerce ». Fut aussi juge de son district. Commandeur de l'Ordre de Victoria (1908) ; Grand'Croix de cet Ordre (1925) ; Ordre de la Jarretière, en 1928 ; a épousé Ethel, cohéritière de la baronnie de Butler, fille de l'Honourable Julian et Lady Adine Fane.

était très exactement le contraire même d'un homme à femmes. Il était, par exemple, passionnément épris de ces choses particulières que les femmes en général n'aiment pas ; par exemple : rester assis toute une nuit à poursuivre inlassablement la même interminable discussion sur toutes sortes de points de détail et de logique pure ; si bien qu'il ne laissait jamais ses hôtes s'en aller avant l'approche du petit jour, à moins qu'il eût résolu, à sa satisfaction, la signification de « T.T.[21] » dans les sonnets de Shakespeare ; ou encore, à quoi s'attendait Chaucer[22] en secret quand il pensait à la publication de

21. L'un des points mystérieux et non résolus des *Sonnets*.

22. Geoffrey Chaucer (1340 ?-1400), est considéré par certains historiens littéraires comme le père de la poésie anglaise, bien qu'il ait adopté les règles prosodiques de la poésie française pour les appliquer au Middle English. Il en tout cas le plus grand écrivain anglais avant Shakespeare, et l'un des plus grands malgré Shakespeare. Londonien, fils d'un marchand de vins, élevé en sa qualité de page dans l'atmosphère de la Cour. Voyagea sur le continent ; connaissait parfaitement la France, où il fut fait prisonnier en 1359 ; fut le premier Anglais qui prit contact avec la glorieuse littérature italienne de son temps ; connut Boccace, et peut-être Pétrarque. À son retour, préposé aux douanes (département des laines) de 1374 à 1386 ; abandonna toute fonction officielle, Richard II étant impopulaire. Il tombe dans la misère ; obtient enfin une pension de vingt livres sterling en 1394. Envoie à Henri IV une « Complaynte of Chaucer to his Empty Purse » (1399), à la suite de quoi sa pension est doublée.

Chaucer fut le grand moderniste du XIVe siècle ; sut exprimer d'une façon remarquable l'esprit de son temps ; il a fixé le langage et adopté, le premier, une loi grammaticale ; consolida la langue grâce à des éléments tant anciens que récents. Fixe également les grands traits de l'Histoire et ceux de la prosodie. Homme instruit, toujours maître de soi, même dans ses audaces et ses innovations. Génie poétique doué d'une étonnante sensibilité, d'une vision puissante. Il est en somme le premier Anglais authentique, par la fraîcheur de son aspect, le naturel de sa bonne humeur ; parfois libre, jamais grossier ; le premier qui eut le vrai sens de l'humour. Aimant l'homme quelle que soit sa classe sociale, et connaissant tous les hommes.

Dryden (voir note 9, chap. I) disait de lui : « une intarissable fontaine de bon sens ; un observateur pénétrant ; un excellent peintre ; un rat de bibliothèque sans pédanterie ni austérité (*Preface to the Fables*, 1700).

Chaucer est l'auteur de : « Romaunt of Rose » (traduction du Roman de la Rose) ; *The Legend of Good Women* (1385) ; *Troïlus and Cressida* (sujet traité plus tard par Shakespeare : 1383) ; enfin les célèbres *Canterbury Tales* (conçu vers 1387, imprimé seulement en 1475, quoique bien connues et répandues avant cette date) ; c'est un recueil de récits en vers des pèlerins qui se rendent au reliquaire de Saint-Thomas à Becket, à Canterbury ; les conteurs appartiennent à des classes différentes de la société. Dans ces *Tales*, vingt-neuf pèlerins prennent part au pèlerinage appartenant à toutes les classes de la société ; à l'origine, Chaucer projetait de faire raconter quatre histoires à chaque pèlerin, deux à l'aller, deux au retour ; puis, il voulut se borner à deux. Pour finir, vingt-quatre histoires furent écrites (dont deux en prose) ; mais ces vingt-quatre

Troilus et Cressida. Il n'était un dandy en aucun des sens du terme ; et, s'il s'habillait avec goût, il était totalement indifférent à la façon dont d'autres hommes, qui étaient ses amis, pouvaient s'habiller ; autre signe de camaraderie purement masculine. Dans une société sportive comme dans une société littéraire, il était le bon compagnon ; et ni dans l'une, ni dans l'autre, il n'était, en quoi que ce fût, l'homme du monde. Il avait une grande sympathie pour les bohémiens et les chemineaux ; et il accueillait beaucoup d'hommes de lettres (moi compris) ayant plus l'air de chemineaux que d'hommes de lettres. La générosité profonde qui donnait tant d'attrait et tant de saveur à tout ce qu'il faisait, était vraiment à l'opposé de cet éclat superficiel auquel faisaient constamment allusion ceux qui le calomniaient quand ils l'appelaient « un homme charmant ». Il m'avait d'abord envoyé par écrit des félicitations au sujet d'une lettre que j'avais adressée à la *Westminster Gazette* sur l'éducation religieuse ; lettre dans laquelle, dès cette époque lointaine, je suggérais que beaucoup d'Anglicans sentaient que le Christ n'est pas entièrement séparé de Sa Mère. Dans cette thèse, Wyndham était soutenu par le mysticisme profond et naturel de sa femme ; une femme que l'on ne pouvait oublier quand on l'avait rencontrée une fois ; et qu'on ne pouvait se contenter de simplement louer quand on l'avait appréciée à sa valeur. Elle fit toujours preuve d'une curiosité des plus émouvantes quant à la question de savoir d'où avait pu me venir cette passion pour ce qu'on appelle la « mariolâtrie »[23] dans ce pays protestant où nous sommes ; je pus lui assurer, en toute sincérité, quoique sans m'expliquer complètement, que je l'avais toujours éprouvée sous une forme ou sous une autre, et cela depuis l'enfance.

Ce fut à Taplow, à l'époque même de ma première rencontre avec Wyndham, que je rencontrai aussi pour la première fois feu le comte Balfour ; mais, quoique j'aie assez souvent parlé avec lui de choses

histoires sont tout un univers. Car chacun y parle avec son esprit et son langage. Une telle œuvre suppose une connaissance étonnante de tous les milieux sociaux.

La prose était le point faible de ce poète. Dans *Pierre le Laboureur, l'épopée mystique de William Langland*, M. Jusserand a très justement écrit : « Habitué à la poésie, Chaucer s'embourbe dans la prose ; il s'arrête au moindre obstacle ; il lui faut les chemins de l'air ; les oiseaux de haut vol sont mauvais marcheurs ».

23. Adoration de la Vierge.

abstraites, je n'en vins jamais à le connaître aussi personnellement, ni, en tout cas, à le comprendre aussi bien. Je ne crois pas qu'il fût très facile à comprendre. C'était naturellement quelqu'un sur qui il était très aisé de se tromper, à cause de tous ces traits d'élégance extérieure, ou, si l'on veut, d'excentricité, qui conspirent à former l'image d'un personnage public, c'est-à-dire une caricature politique. Mais, dans son cas, les caricatures étaient encore plus follement éloignées de la vérité ; de même que, selon moi, les compliments étaient pires que les caricatures. Dans la presse, ses ennemis l'appelaient Miss Arthur ; et ses amis parlaient de lui en le traitant gracieusement de Prince Arthur ; je ne sais lequel des deux termes donnait l'impression la plus fausse. Il n'y avait à coup sûr rien de féminin en lui, dans le sens peu chevaleresque où ce mot-là s'emploie pour désigner ce qui est sot, faible ou flottant ; il était beaucoup plus le contraire de tout cela. Il est caractéristique du temps où nous sommes que feu le comte Balfour fut toujours tenu pour un orateur nuageux et confus, alors qu'il était, en réalité, un orateur remarquablement clair ; et tout homme capable de suivre une discussion pouvait le suivre ; à moins qu'aux esprits modernes la lucidité semble plus déroutante que la mystification. Quant aux images contemporaines le représentant comme un lys penché, on eût pu tout aussi bien représenter son oncle, Lord Salisbury comme un petit perce-neige brisé. Mais il est vrai qu'il y avait vraiment quelque chose de singulier chez Arthur Balfour : il fut toujours pour moi des plus agréables et des plus aimables ; mais en général il n'avait pas la réputation d'être aimable, ni même agréable avec tout le monde. On eût pu inventer pour lui seul cette définition : « Un gentleman est un homme qui n'est jamais impertinent, sauf exprès ». Mais, bien qu'il fût peut-être à l'excès un aristocrate, il n'était pas le moins du monde ce qu'on appelle ordinairement un aristocrate outrancier. J'ai rencontré beaucoup d'hommes de son rang ; quelques-uns étaient des gentilshommes arrogants, et un petit nombre des gentilshommes vraiment offensants. Mais ils avaient la simplicité de la vanité et de l'ignorance ; le cas de Balfour n'était pas simple, car il n'était ni le mauvais extrême ordinaire, ni davantage, le bon extrême ordinaire ; le bon seigneur, ni même le bon chevalier. Appeler Arthur Balfour le Prince Arthur était beaucoup moins vrai que d'appeler George Wyndham : Saint George. Wyndham, lui, avait vraiment cette allure romantique et chevaleresque ; mais chez Balfour, il y avait quelque chose d'autre, quelque chose que je n'ai jamais compris. J'ai parfois pensé que cette autre chose était nationale plutôt que sociale. On cite souvent ce mot de Charles II disant que le presbytérianisme n'est pas une religion pour un gentleman ; on cite moins souvent un autre mot de lui disant aussi que l'anglicanisme n'est pas une religion pour un chrétien. Mais il est étrange que le souvenir trop bref et déformé qu'il avait gardé des Écossais lui ait fait dire que le presbytérianisme n'est pas une religion pour un gentilhomme, parlant du seul pays où les gentilshommes étaient souvent des presbytériens. L'Écosse a été beaucoup modifiée par cette croyance puritaine qui a eu cours longtemps parmi les nobles, tel le vieux Argyll de mon enfance. Et Balfour avait dans le sang quelque chose qui était, je crois, la froide férocité du calvinisme ; un courant glacé qu'on devine parfois quand le vent change, comme dans les récits de voyages de Stevenson, où le vent joue un si grand rôle. La comparaison montrera que je parle ici sans préjugé ; car je m'étais fait depuis l'enfance une idée romantique de l'Écosse ; même de cette côte orientale de l'Écosse, toute froide et plate. On peut ne pas le croire, mais j'ai joué au golf, étant jeune garçon, sur un terrain situé à une portée de flèche de Whittinghame, à une époque où les Anglais moyens demandaient : « Le golf, qu'est-ce que c'est ? » Le goût en vint d'Écosse comme une ruée, comme la mode des bonnets bleus[24] un ou deux ans plus tard ; et devint un sport chic, surtout parce que Arthur Balfour représentait la mode. Que ce fut cela ou autre chose, ce don de fascination de Balfour était écossais ; sa fierté était écossaise ; et il y avait dans sa longue et belle tête, quelque chose de ravagé, un air de migraine voudrait-on dire, qui n'appartenait nullement aux seigneurs anglais ; et qui me faisait penser plutôt au presbytère qu'au château. Aussi, comme quelqu'un qui n'a fréquenté aucune grande Université, et qui a beaucoup de joyeux amis, qui sont aussi les siens, d'ailleurs très différents de lui, il doit m'être permis d'insinuer que, pour l'une ou l'autre raison, on pensait à lui comme à un étudiant de Cambridge.

Je n'ai à peu près rien su des politiciens après l'époque des Asquith et des Balfour ; j'ai néanmoins un peu connu un autre politicien, qui

24. Bérets écossais, inspirés des bonnets du régiment écossais des Blue Bonnets.

fut un autre type écossais et aussi une énigme écossaise, quoique d'une
autre sorte. À mes yeux, le mystère qui concerne M. James Ramsay
Mac Donald[25] consistait en ceci, que, lorsque je l'ai un peu connu,
dans ma jeunesse, au temps où nous étions tous socialistes, il avait le
nom d'être plutôt un théoricien scientifique et froid du socialisme ;
son espèce d'éloquence, plus expansive et même plus émouvante,
semble lui être venue plus tard dans la vie, dans les speeches tout à
fait poétiques que je lui ai entendu faire quand nous étions assis sur
la même estrade, et censé faire quelque chose pour la restauration
de l'Angleterre rurale. Mais je me rappelle toujours le temps où
j'étais moi-même expansif et émotif, plein du juvénile enthousiasme
pour la « *Merry England* » de Blatchford[26], et sentant en lui une
froideur plus que fabienne, attendu qu'il disait (d'ailleurs assez
nettement) que le tableau de Blatchford faisait penser à un homme qui
chercherait à expliquer le mécanisme détaillé d'une auto en décrivant
une brouette. Plus tard et dans des circonstances semblables, il déplora
sincèrement, comme je fis moi-même, les ravages de l'auto ; mais je
puis malaisément me le figurer poussant la rusticité jusqu'à se faire
véhiculer, comme M. Pickwick, dans une brouette. Peut-être y eut-il
toujours en lui je ne sais quoi qui s'accommodait mieux des choses
tranquilles et traditionnelles. Quand il était encore considéré comme un

25. Right Honourable James Ramsay Mac Donald (1866-1938), opposé au
conservatisme et au libéralisme ; homme d'État socialiste, écossais de naissance.
Études locales ; secrétaire de 1900 à 1912 du parti travailliste, dont il fut trésorier de
1912 à 1924 ; président de l'« Independant Labour Party » de 1906 à 1909 ; chef de ce
parti de 1911 à 1914. De 1901 à 1904, fut aussi membre du London County Council,
et pendant quelque temps directeur de la *Socialist Library* et de la *Socialist Review* ;
membre du Parlement de 1906 à 1918, de 1922 à 1929, de 1929 à 1931, de 1931 à 1935,
et de nouveau depuis 1936. President du parti travailliste au Parlement et, en 1932, de
l'Opposition de S.M. Membre du « Privy Council » en 1924 ; du « Privy Council »
pour le Canada en 1929 ; premier ministre, « First Lord of Treasury » et ministre des
Affaires étrangères en 1924 ; premier ministre et « First Lord of Treasury » de 1929 à
1935 ; lord-président du Conseil de 1935 à 1937 ; docteur en droit *honoris causa* des
Universités du Pays de Galles, de Glasgow, d'Édimbourg et de Mac Gill ; membre
de la « Royal Society » en 1930.
    A publié : *Socialism and Society ; Labour and the Empire ; Socialism and
Government ; The Awakening of India ; National Defence ; Parliament and Revolution ;
Wanderings and Excursions ; At home and abroad*, etc., etc.
    26. Livre très répandu, presque un manuel, qui représente le peuple anglais
comme opposé au conservatisme et au libéralisme.

chef travailliste révolutionnaire à cravate rouge, j'ai entendu Balfour parler de lui au Parlement avec des regrets mêlés de respect, et dire : « j'avoue être un admirateur du style parlementaire de l'honorable gentleman », et, d'une façon ou d'une autre, quand j'entendais ces paroles, je crois que je savais déjà que l'homme à la cravate rouge était destiné à faire partie, un jour, d'un ministère national. Du moins, même dans ce temps-là, il avait beaucoup plus l'air d'un aristocrate que la plupart des aristocrates.

Mais les hommes d'État n'étaient pas le type d'hommes, ni même le type d'Écossais avec lesquels je cherchais à passer longuement mon temps. Je me sentais beaucoup plus près de l'espèce d'Écossais qui, même quand il s'intéressait à la politique, ne serait jamais vraiment admis à participer à la vie politique. Un magnifique spécimen de ce type d'homme, c'était Cunninghame Graham. Jamais un membre du cabinet n'eût admiré son style parlementaire ; bien qu'il eût un style bien meilleur que n'importe quel ministre de cabinet. Rien ne pouvait empêcher un Balfour d'être premier ministre, un Mac Donald d'être premier ministre ; mais Cunninghame Graham réalisa cette aventure d'être Cunninghame Graham. Comme Bernard Shaw l'a fait remarquer, c'est une performance si fantastique que, si la chose se fût passée dans un roman, on ne l'eût jamais crue. On ne peut pas dire non plus, dans ce cas-ci, que les Écossais conspirent pour se louer l'un l'autre ; car je regrette de dire que j'ai entendu un de ces grands hommes d'État prononcer un speech plein des plus nobles idéals, Cunninghame Graham étant à mon côté et me murmurant à l'oreille, d'une voix douce, mais ardente : « Je n'ai jamais pu supporter un sermon protestant ! »

Il y eut une petite bagarre, ou, si l'on veut, un petit scandale, à propos de Cunninghame Graham et de sa candeur en matière politique ; et la chose est toujours restée dans ma mémoire comme un symbole. Elle explique pourquoi moi, d'abord, je me suis toujours beaucoup mieux entendu avec les révolutionnaires qu'avec les réformateurs ; même quand j'étais absolument en désaccord avec les révolutions, ou entièrement d'accord avec les réformes. En Irlande, les choses eussent été différentes ; en Angleterre, durant la majeure partie de ma vie, les révolutionnaires furent toujours des socialistes ; et, au moins théoriquement, presque toujours des socialistes d'État ; et j'avais de

bonne heure commencé à douter de la conception du socialiste ou
de n'importe quelle autre conception qui impliquait une confiance
entière dans l'État. Plus tard, j'en arrivai même à la nier. Je crois
que j'avais commencé à douter depuis le jour où j'avais rencontré
des hommes d'État. D'autre part, j'étais vraiment d'accord avec les
libéraux sur maintes questions définies qui en étaient venues à faire
partie du programme libéral ; tels le Home Rule pour l'Irlande et la
décentralisation démocratique, que beaucoup considéraient comme la
mort de l'Empire. Mais j'ai toujours éprouvé, et j'éprouve encore plus
de sympathie personnelle pour un communiste comme Conrad Noël,
que pour un libéral comme John Simon ; tout en reconnaissant que tous
deux sont sincères, chacun à sa manière. Je pense que la raison en est
que les révolutionnaires, en un certain sens, jugeaient le monde ; non
pas avec justice, comme les saints ; mais avec indépendance, comme
les saints ; tandis que les réformateurs faisaient à ce point partie du
monde qu'ils réformaient, que les pires d'entre eux tendaient à être
des snobs, et les meilleurs à être des spécialistes. Quelques-uns des
spécialistes libéraux du type Cambridge le plus frigide m'irritaient un
peu ; beaucoup plus que n'importe quel anarchiste ou que n'importe
quel athée. C'est qu'ils me semblaient tellement négatifs, et leurs
critiques semblaient tellement des tracasseries. Un homme distingué,
à qui il est arrivé de me désobliger de cette manière, c'est feu J.A.
Hobson[27] (qu'il ne faut pas confondre avec Hobson prénommé S.G.,
dont les excellentes études économiques servent encore à éclairer nos
débats politiques) ; mais qui était un orateur et un écrivain doué d'un
esprit des plus élevés et du sens civique indépendamment de tout le
reste. J'hésite à nommer un homme aussi honnête et aussi sérieux en
y mettant un esprit de critique ; mais nul de ceux qui se souviennent

---

27. John Atkinson Hobson, écrivain, né en 1858 ; études à Derby School et à
Oxford ; professeur de langues anciennes ; conférences sur la littérature anglaise et
les questions économiques entre 1887 et 1897.
     A publié : *Problems of Poverty* (1891) ; *the Evolution of Modern Capitalism*
(1894) ; *The Economics of Distribution* (1900) ; *The Psychology of Jingoïsm* (1901) ;
Imperialism (1902) ; *International Trade* (1904) ; *The Industrial System* (1909) ; *The
Science of Wealth* (1911) ; *Gold, Prices and Wages* (1913) ; *Towards International
Government* (1915) ; *Problems of a New World* (1921) ; *Free-Thought in the Social
Sciences* (1926) ; *God and Mammon* (1931) ; *Democracy* (1934) ; *Property and
improperty* (1937), etc., etc.

encore, avec quelque respect que ce soit, de sa silhouette décharnée, de cette attitude à la fois aiguë et amère, ne prétendra que l'esprit de J.A. Hobson n'était pas lui-même critique au suprême degré. C'était l'un des plus intelligents, l'un des plus indépendants des critiques libéraux de l'impérialisme, et, sur ce point, j'étais entièrement avec les libéraux ; je désapprouvais l'impérialisme, mais quand Hobson avait fini d'en faire le procès, j'étais sur le point de l'aimer. Et je me rappelle le jour où il prit la parole à je ne sais plus quel meeting d'aborigènes ou concernant des aborigènes de tous les coins de l'Empire ; il avait à sa droite Cunninghame Graham, et j'avais l'honneur d'être assis de l'autre côté. Hobson fit un discours politique très habile, mais, je ne sais comment, ce discours ressemblait à un discours de partisan, conçu plutôt pour le libéralisme que pour la liberté. Il se peut que je fasse erreur ; en tout cas, j'avais l'impression que quelque chose me manquait, pendant qu'il multipliait les critiques contre l'Empire britannique jusqu'à ce qu'il n'en demeurât plus rien debout qu'un tissu fait de trous liés ensemble par la routine administrative. Cunninghame Graham prit alors la parole ; et je compris ce qui me manquait. Il brossa un tableau qui ressemblait à une procession d'Empires ; parlant de l'Empire espagnol et de l'Empire britannique comme de choses qu'il convenait d'examiner d'un œil équitable ; de choses que des hommes braves et brillants avaient souvent servies pour aboutir à des effets doubles, ou douteux ; il versa son dédain sur cette ignorance provinciale qui croit que constructeurs d'Empires ou proconsuls espagnols avaient tous été des oiseaux de proie ou des vampires de la superstition ; il dit que beaucoup d'Espagnols, de même que beaucoup d'Anglais, avaient été des gouverneurs de qui tout empire pouvait être fier. Puis, il se mit à dessiner ces figures, à les détacher sur le fond sombre et tragique de ces anciennes populations humaines qu'ils avaient si souvent ou servies ou conquises en vain.

Or, dans le cours de ce speech, Cunninghame Graham en vint à dire en passant, à propos de quelque émeute ou crime local : « Personnellement, je n'ai jamais pu me figurer que, dans certaines circonstances, le tyrannicide est intrinsèquement, inévitablement indéfendable. » Me croira-t-on si je dis que ces mots soulevèrent sur-le-champ un brouhaha horrible de la part de l'auditoire ; qu'ils furent les seuls mots du discours dont les gens prissent la peine de se souvenir ; qu'ils ne furent retenus que comme un exécrable exemple de la fureur des ennemis de l'Empire ; et que tous ceux qui se tenaient sur l'estrade furent dès lors traités en bloc comme s'il se fût agi de régicides couverts de sang qui s'en allaient buvant le sang des rois ? Or, tandis que Cunninghame Graham parlait, je m'étais dit, à chaque instant, qu'il s'était montré équitable, et même chic pour les autres Empires en tant qu'Empires, tandis que J.A. Hobson n'avait pas du tout été juste à l'égard de l'Empire britannique. Il n'y avait rien de particulièrement neuf ou d'absurde dans ce que le socialiste écossais avait dit du tyrannicide ; bien que nous pussions ne pas être d'accord avec lui pour des raisons particulières, morales ou religieuses. En somme, il ne faisait que dire ce qu'eussent pu dire tous les grands païens ; ce qu'eussent dit les admirateurs d'Hermodius et d'Aristogiton[28] ; ce que beaucoup de théoriciens de la Renaissance, catholiques ou non, eussent pu dire ; ce qu'eussent dit tous les grands révolutionnaires français ; ce qu'à peu près tous les poètes et tragédiens classiques jusqu'aux temps modernes eussent pu dire. Il n'y avait là guère plus que ce qui était implicitement représenté dans cent tableaux sacrés de Judith, dans cent louanges séculaires de Brutus. Or, M. Hobson eût été choqué, je le crains, de la plus vague allusion au meurtre d'un mauvais roi ; mais il n'était pas choqué le moins du monde de l'impossibilité pour un bon d'exercer son pouvoir, ni de l'ignorance d'aujourd'hui de tout ce que les hommes ont voulu dire par le mot « royauté ».

Ce fut le côté irritant de cette irritation, qui me semblait mince, et locale, contre toute vue large de la loyauté ou de la liberté, qui lentement me détacha du libéralisme politique. Mais il ne serait pas équitable de parler ainsi sans ajouter aussitôt que j'ai connu des hommes capables de travailler pour le parti et qui étaient vraiment pleins de cette chose qui n'était pas du libéralisme, mais de la libéralité. Deux hommes de ce modèle restent présents à ma mémoire, et c'est à cause d'eux,

---

28. Harmodios (et non Hermodius) et Aristogiton (ou Aristogeiton), deux Athéniens très attachés l'un à l'autre qui, en 514 avant J.C., assassinèrent Hipparque, fils cadet du tyran Pisistrates et qui avait insulté la sœur d'Hermodios. Ils avaient aussi projeté de tuer Hippias, fils aîné du tyran quand Harmodios fut abattu. Aristogiton put s'enfuir, mais il fut pris et exécuté. Considérés comme des martyrs du patriotisme, on leur éleva des statues et ils reçurent des honneurs divins.

c'est dans leur sens que je dis que je suis libéral. L'un était Augustin Birrell[29], qui égayait de littérature sa politique ; l'autre était le dernier gladstonien, G.W.E. Russell[30], qui animait la politique parce qu'il avait hérité de la très réelle religion de Gladstone. Tous deux étaient très victoriens, comme il seyait à leur génération ; mais ils avaient hérité d'une certaine admiration pour tous les grands victoriens, qui englobait une grande variété de personnages. Birrell était un non-conformiste qui avait une excellente compréhension de Newman[31].

29. Right Honourable Augustin Birrell (1850-1933), homme politique et écrivain, fils d'un ministre baptiste ; études à Trinity Hall (Cambridge) ; entré au barreau en 1875 ; député libéral de 1889 à 1900 et de 1906 à 1918 ; ministre de l'Éducation Nationale de 1905 à 1907 ; ministre pour l'Irlande de 1907 à 1916 ; esprit pénétrant et essayiste charmant, auteur de *Obiter Dicta* (1884, 1887 et 1924) ; *William Hazlitt* (1902) ; *Andrew Marvell* (1905) ; et aussi de : *Res Judicate* (1892), a publié une « Vie de Charlotte Brontë » (1885) ; *Copyright in Books* (1899) et *Lectures on the Duties and Liabilities of Trustees* (1896).

30. Right Honourable George William Erskine Russell, homme d'État (1853-1919) ; études à Harrow et à Oxford ; député libéral de 1880 à 1885 et de 1892 à 1895 ; secrétaire parlementaire du Local Government Board de 1883-1885 ; sous-secrétaire d'État pour l'Inde de 1892 à 1894 ; pour l'Intérieur en 1894 et 1895 ; échevin du London County Council de 1889 à 1895.

A publié : *A Londoner's Log-Book ; The Spirit of England* (1915) ; *A Short History of the Evangelical Movement* (1915) ; *Politics and Personalities* (1917), etc., etc.

31. John Henry, cardinal Newman (1801-1890), une des grandes figures de la pensée religieuse de l'Angleterre victorienne. Fils de banquier ; études privées, puis Trinity College (Oxford), où il devint « fellow » et connut d'autres « fellows » remarquables : John Keble, professeur de poésie (1792-1866), Edward Bouverie Pusey, professeur de langue et de littérature hébraïque (1800-1882) et Richard Hurrell Froude (1803-1836) qui était le frère de James Anthony Froude (1818-1894) connu comme historien et comme biographe de Thomas Carlyle (voir note 5, chap. XIII).

En 1828, nommé curé de Saint-Mary's Church à Oxford ; en 1832, se rendit avec Froude à Rome, où ils publièrent un recueil de poèmes sacrés intitulé : *Lyra Apostolica* ; en 1833, Newman décide de prendre la défense de la doctrine de la Succession apostolique et de l'intégrité du « Prayer Book » ; presque en même temps, Keble prononce son fameux Sermon sur l'Apostasie Nationale ; ainsi commence l'« Oxford Movement » ou « Tractarian Movement ». Newman publie ensuite les célèbres « *Tracts for the Times* » (1833-1841) ; Pusey (qu'alarmait le développement du rationalisme dans l'Église d'Angleterre) se joignit à Newman. Quatre-vingt-dix tracts, signés de divers auteurs furent publiés, dont vingt par Newman. Le plus fameux de ces tracts, appelés « catholic tracts », fut le tract XC, écrit par Newman sur la compatibilité des articles de l'Église d'Angleterre avec la théologie catholique. Il fut cause que leurs auteurs furent proscrits du sein de l'Église. En 1843, Newman se retira de Saint-Mary, écrivit l'« *Essay on Miracles* » (1845) et entra dans l'Église de Rome. L'année suivante,

Russell était un « High Churchman »[32], avec, en outre, une admiration tout à fait détachée pour Matthew Arnold[33]. Et tous deux tiraient de ces sentiments larges et profonds cette belle faculté de se réfugier dans l'humour qui était refusée aux hommes plus simples attachés au

ordonné prêtre à Rome et créé docteur en théologie, il devient oratorien (ordre fondé à Florence au xvie siècle et dont les membres sont prêtres sans avoir prononcé de vœux).

En 1847, Newman revient en Angleterre et fonde l'Oratoire de Birmingham, après avoir publié (1845) son *Essay on the Development of Christian Doctrine*, puis un roman religieux : *Loss and Gain* (1848). En 1851 paraît son *Lecture on the Present Position of the Roman Catholics* ; en 1852, *The Scope and Nature of University Education* ; en 1854, Newman est recteur de la Nouvelle Université Catholique en Irlande. Mais, ne pouvant s'entendre ni avec le clergé irlandais, ni avec l'Université, il démissionne. Continuant à s'intéresser aux questions d'enseignement universitaire, il fit paraître (1859), après avoir publié (1856) un nouveau roman religieux : *Callista*, ses *Lectures on Universities*, plaidoyer farouche en faveur de l'instruction théologique et contre l'enseignement laïque. En 1864, publia son ouvrage le plus célèbre : *Apologia pro Vita Sua* et, en 1866, un poème presque aussi retentissant : *The Dream of Gerontius*. En 1868 : *Verses on Various Occasions* ; en 1870 : *The Grammar of Assent* (étude sur le caractère de la foi).

En 1877, son vieux collège d'Oxford l'élut, malgré l'anathème dont il avait été frappé : « fellow » honoraire. En 1879, il fut nommé cardinal.

32. Voir sur High Church, la note 11, chap. I.

33. Matthew Arnold (1822-1888), fils du célèbre « headmaster » du collège de Rugby : Thomas Arnold (1795-1842) qui éleva cette école au rang qu'elle occupe aujourd'hui ; poète, critique, essayiste ; études à Rugby, Manchester et Balliol ; Newdigate Prize en 1843 ; « fellow » du collège Oriel et inspecteur des écoles de 1851 jusqu'à sa mort.

Professeur de poésie de 1857 à 1867 ; ses premiers poèmes : *The Strayed Reveller and other Poems* datent de 1849 ; *Empedocles on Etna* (1852 ; publié anonymement) ; *Poems* (1853) ; *Poems, second series* (1855) ; « *Merope, a Tragedy* » (1858) ; *New Poems* (1867).

Son œuvre en prose ne parut qu'après 1860 : *Essays in Criticism* (1865 et 1888) ; *The Study of Celtic Literature* (1867) ; *Culture and Anarchy* (critique de la vie politique et sociale anglaise, 1869) ; ensuite ce furent des œuvres de critique religieuse : *Saint Paul and Protestantism* (1870) ; *Literature and Dogma* (1873) ; *God and the Bible* (1875) ; *Last Essays on Church and Religion* (1877).

Après différentes missions officielles sur le continent (1859 et 1865) pour étudier les divers systèmes d'instruction, surtout d'instruction secondaire, il publie (1861) : *The Popular Education in France* ; *Schools and Universities on the Continent* (1868).

Ses poèmes les plus célèbres sont : *The Forsaken Merman ; Sonnet on Shakespeare ; Tristram and Iseult ; Sohrab and Rustum ; The Scholar Gipsy ; Thyrsis.*

Comme poète, il est peut-être le premier des Victoriens dont la formation fut entièrement classique et pour qui la beauté fut la seule fin. La pureté de son art est, en tout cas, nettement antiromantique.

Critique, il défendit la prédominance de l'intelligence et de la critique ; et crut aux définitions et aux formules plus que personne peut-être avant lui.

système des partis. Je n'oublierai jamais le jour où le vieux Birrell, excité par la vulgarité raffinée de la presse populaire puritaine telle qu'elle trouvait son expression chez un suave rédacteur qui usait du style polysyllabique du Dr. Johnson, se leva, lion à la blanche crinière, à la table du dîner où le rédacteur avait parlé, et lui dit que s'il voulait comprendre le style du Dr. Johnson, il ferait bien de consulter le passage où le Dr. Johnson appelait quelqu'un « fils de chienne ». Ce fut jeté d'un ton de colère si virile que les mots produisirent un effet un peu inquiétant de remarque trop personnelle. Je n'oublierai jamais non plus l'autre circonstance, où Russell figura dans un rôle qui pourrait sembler opposé au premier ; car Russell était un homme onctueux, aux mouvements lents, un peu lourd, et qui passait pour un sybarite ; mais il ne craignait jamais de faire partie d'une minorité ; il prit la présidence d'un dîner en faveur des Boers au moment où les pro-Boers étaient des plus impopulaires. À la fin du repas, Sir Wilfrid Lawson[34], le célèbre et fanatique abstinentionniste, (ou bien dirai-je l'enthousiaste abstinentionniste ?) lui porta un toast. Sir Wilfrid était, lui aussi, un brave homme, et capable de lutter pour défendre une minorité. En ce temps-là, il était déjà vieux ; en tout cas, par suite de quelque méprise, il embrouilla la formule du toast, qu'il appela un vote de remerciements, ou je ne sais plus quoi. Mais ce que je sais bien, c'est que pour une raison ou pour une autre, la dernière scène de ce dîner reste étonnamment présente à ma mémoire. Car Russell se leva, pareil à quelque grand poisson, regarda insolemment le plafond, comme il faisait toujours, et commença ainsi : « Ce toast, que Sir Wilfrid Lawson semble trouver difficile à prononcer, difficulté propre aux moments qui suivent un bon repas… »

Il y en avait naturellement beaucoup d'autres qui faisaient exception à tout ce que j'ai dit ici de l'atmosphère du libéralisme politique.

---

34. Sir Wilfrid Lawson (1829-1906), homme politique et apôtre de la tempérance (voir note 34, chap. I) ; membre du Parlement de 1859 à 65 et de 1868 à 1885 ; soutint énergiquement la motion en faveur de la fermeture dominicale des cafés en Angleterre (1863) et en Irlande (1875 à 1876). Réélu député en 1886, en 1900 et de 1903 à 1906. S'opposa passionnément à la guerre contre les Boers ; défendit le principe de la liberté commerciale ; humoriste de la parole et écrivain doué, il a publié des poèmes légers, notamment : *Cartoons in Rhyme and Line*, qui fut illustré par Sir F.C. Gould (voir note 13, ci-dessus sur F.C.G.). G.W.E. Russell (voir note 30, ci-dessus) a publié les mémoires de Sir Wilfrid Lawson.

L'un de ceux à qui je dois plus qu'à la plupart des autres, c'est Philip Wicksteed[35], le conférencier du Dante ; mais, dans son cas encore, l'esprit moderne avait été élargi par une étude de dogmes médiévaux un peu étroits. Dans l'ensemble, je dois avouer que j'en arrivais à un point tout proche de la séparation ; je ne désirais pas le moins du monde me rapprocher de l'impérialisme de Curzon, ni du patriotisme cynique de Balfour, ni du patriotisme pacifique de Cecil ; je suis ce que je suis, mais je ne suis pas un conservateur ; je suis ce que je suis, mais je ne suis certainement pas un unioniste ; or, l'atmosphère générale de libéralité était trop peu libérale pour que je pusse la supporter.

La loi sur les assurances (Insurance Act)[36] de M. Lloyd George situe le moment de ma disparition de la scène ; car je croyais qu'elle marquait un pas vers « l'État servile » puisqu'elle reconnaissait légalement deux classes de citoyens : des maîtres et des serviteurs. Mais une coïncidence plaisante m'aida aussi à disparaître : je venais d'écrire *The Flying Inn*[37], qui contenait une strophe d'une violence injurieuse contre le cacao. Après tant d'années, il me semble que je puis dire, sans faire de mal à personne, que le rédacteur de journal libéral m'écrivit une lettre pleine de sympathie, mais un peu affligée, où il disait qu'il espérait que je n'avais sous-entendu aucune attaque personnelle contre tel ou tel pilier du parti. Je l'assurai que ma répugnance physique pour le cacao, répugnance nullement feinte, ne cachait, en effet, aucune attaque contre M. Cadbury[38] ; tout de même que « Praise of Wine »[39] était une chose traditionnelle et

---

35. Rev. Philip Henry Wicksteed (1844-1927), écrivain et conférencier ; études à l'Université de Londres (maître-ès-arts) ; ordonné prêtre unitarien (1867) ; conférences de l'Extension Universitaire (1887-1918) sur Dante, Wordsworth, l'Économie politique et la Tragédie grecque. A publié *Translation of Bible for young people* (6 vol. en collaboration avec Ferrers Howell) ; *Dante and Del Virgilio ; The common Sense of Political Economy ; Dante and Aquinas ; Dogma and Philosophy* ; a study of Aquinas (1920) ; *From Vita Nuova to Paradiso* (1922), etc., etc.

36. L'« Insurance Bill » (et non « Act ») de Lloyd George (1911) est le premier décret destiné à améliorer les conditions de la vie du travailleur britannique. Élaboré par Lloyd George, à l'exemple de l'idée de Bismarck et d'abord très impopulaire en Angleterre, l'Insurance Bill fut finalement accepté et prépara la voie à l'« Unemployment Bill » (le chômage) actuellement en vigueur.

37. *L'Auberge volante* (1914).

38. Le très célèbre fabricant de chocolat. Voir note 34, chap. V.

39. Poème de Belloc.

nullement destinée à servir à la publicité de M. Gilbey[40]. Je quittai donc le journal libéral pour collaborer à un journal travailliste, qui, lorsque la guerre éclata, devint férocement pacifiste ; depuis lors, j'ai été et je suis encore le proscrit ténébreux, détesté, que l'on peut voir errer, privé des joies de tous les partis politiques.

---

40. La famille Gilbey se trouve à la tête d'un omnium qui contrôle presque tout le commerce des vins en Angleterre. Sir Walter Gilbey (1831-1914) fut le fondateur de cet omnium ; éleveur de chevaux de race et agriculteur ; créé baronnet en 1893.

CHAPITRE XIII

QUELQUES CÉLÉBRITÉS LITTÉRAIRES

Je suis tout juste assez vieux pour me rappeler ce qu'on appelait « Les Lectures publiques à deux sous », où les « classes travailleuses » étaient censées entendre lire de bonne littérature, sous prétexte qu'elles n'étaient pas suffisamment instruites, dans ce temps-là, pour lire toutes seules de mauvais journaux. Petit garçon (j'étais même encore un enfant), je passai ainsi une soirée dans un endroit qu'on dénommait, assez bizarrement, « Le Hall progressif », comme si le bâtiment, incapable de se tenir tranquille, pût se mettre en mouvement et marcher de l'avant, tel un omnibus, sur le sentier du progrès. Il y avait là un petit président portant lunettes, et le petit président était nerveux ; et aussi un maître d'école, gros, grand, l'air inquisiteur, nommé Ash, qui, lui, n'était pas nerveux du tout. Au programme figuraient quelques interprètes qui étaient, sinon éminents, du moins incontestablement excellents. M. Ash lut, d'une voix sonore, « The Charge of the Light Brigade »[1] et l'auditoire attendait impatiemment le numéro suivant, qui était un solo de violon. Mais le président se hâta d'expliquer que le signor Robinsoni était malheureusement dans l'impossibilité de se produire ce soir-là ; par contre, M. Ash avait très aimablement consenti à lire « *The May Queen* »[2]. Le numéro qui venait ensuite était une chanson qui s'appelait, je crois : « Murmures de la mer », et devait être chantée par une demoiselle Durand, accompagnée par

1. Poème de Tennyson (1854) sur la charge des cavaliers de la brigade légère contre les positions russes de Balaklava.
2. Autre poème de Tennyson, écrit en 1842.

une demoiselle Dupont. Mais elle ne fut ni chantée par Miss Durand,
ni accompagnée par Miss Dupont ; car, comme le président vint nous
le dire, un peu nerveusement peut-être, ces dames n'avaient pas pu
assister à la séance ; par contre, une annonce vint nous consoler : M.
Ash avait aimablement consenti à lire « The Lord of Burleigh »[3]. Ce
fut vers ce moment qu'une chose se produisit, extraordinaire en tout
temps pour quiconque connaît la patience et la politesse des Anglais
de la classe pauvre ; mais encore plus extraordinaire pour les pauvres
moins évolués de ces jours lointains. Au milieu de la salle, pareil à
quelque léviathan émergeant de l'eau marine, un grand diable au
visage bonasse, un plâtrier de profession, se leva et, d'une voix
aussi tonnante que celle de M. Ash, mais beaucoup plus cordiale,
beaucoup plus humaine, lança : « J'en ai assez de vos histoires ! Bien
le bonsoir, M. Ash ! Mesdames et Messieurs, bien le bonsoir ! » Et,
faisant le geste de bénir l'assemblée, à coups d'épaules il se fraya un
chemin vers la sortie du Hall progressif, d'un air, nullement simulé,
de parfaite amabilité et de profond soulagement.

Je ne sais trop pourquoi ce géant m'est resté toujours dans la
mémoire comme le titan original, qui osa, le premier, se rebeller
contre les Victoriens. Et je continue à préférer de beaucoup son bon
sens colossal et sa parfaite bonne humeur aux dénigrements parfois
mesquins, et souvent regrettables de critiques plus récents et plus
cultivés des conventions victoriennes. Mais l'incident m'apprit que,
pour de bonnes raisons, et aussi pour de mauvaises, il existe maintenant
une tendance à considérer certains Victoriens comme des raseurs,
ou, du moins, le sujet comme « barbant » ; or, mes souvenirs sur des
hommes plus âgés que moi, dans le monde des lettres, sont forcément
des souvenirs de Victoriens, bien qu'il ne s'agisse, dans mon cas, que
des derniers Victoriens. Il est vrai que, même à ce point de vue, il va
sans dire que la mode actuelle est très composite et paradoxale. Par
exemple, on semble témoigner un intérêt beaucoup plus vif pour la
vie des hommes de lettres victoriens que pour leur œuvre. On écrit
tant et plus, on ressasse l'aventure de M. et Mme Browning ; on
en fait des pièces, des articles, des biographies, mille bavardages.
Mais, si l'on récrit beaucoup l'histoire des Browning, je doute que

3. Autre poème de Tennyson (1832).

l'on relise beaucoup Browning, ou qu'on lise une seule ligne de Mᵐᵉ Browning. Il semble qu'on connaisse mieux les détails de l'histoire des Brontë que leurs histoires. C'est une fin bizarre, ce fait que des bavardages d'esthètes au sujet d'un artiste puissent devenir la seule chose qui compte dans son art. Ce qu'il y a de plus étrange encore, c'est qu'un livre sur un homme comme Palmerston[4], dont la politique est complètement morte, soit plus populaire qu'un livre écrit par un homme comme Carlyle[5], dont les idées sembleraient, *au moins*

4. Henry John Temple, vicomte Palmerston, troisième du nom (1784-1865) ; un des hommes d'État les plus célèbres de l'époque victorienne. Études : Harrow, University d'Édimbourg et de Cambridge. Député « tory » 1807 ; sous-ministre de la Marine en 1808, date à laquelle il fit son premier discours en faveur du secret diplomatique ; membre du Parlement pour l'Université de Cambridge de 1811 à 1831 ; blessé par un meurtrier (1818) ; quitte officiellement le parti « tory » en 1828 ; député pour diverses circonscriptions en 1831, 32 et de 1835 à 1865. On lui offre la chancellerie de l'Échiquier, mais George IV s'oppose à son entrée en fonctions ; ministre des Affaires étrangères en 1830 ; défendit l'octroi de l'indépendance à la Belgique (1830-31) ; obtint délimitation de la frontière grecque (1832) ; Grand'Croix de l'Ordre du Bain (1832) ; soutint l'Espagne contre Don Carlos en 1834 et envoya des troupes en Espagne. Guerre à la Chine et annexa Hongkong (1840-41) ; soutint la Turquie contre la Russie et l'indépendance de la Suisse contre l'Autriche et l'immixtion française en 1846. Poursuivit vigoureusement la guerre de Crimée (1854-55) et la guerre en Chine (1857) et réduisit la mutinerie des Indes, dont il n'avait pas vu d'abord le caractère important. Son cabinet tomba en 1857, mais il redevint premier ministre en 1859 et le resta jusqu'à sa mort. Fut lord recteur de l'Université de Glasgow ; docteur en droit civil *honoris causa* d'Oxford en 1862 et en droit de Cambridge en 1864. Resta neutre pendant la guerre de Sécession, aux États-Unis (1861-65). Inhumé à l'abbaye de Westminster.

5. Thomas Carlyle (1795-1881), écrivain célèbre, écossais de naissance, fils d'un maçon ; études à l'école paroissiale, puis à l'Université d'Édimbourg. Se destinait à la prêtrise ; puis fut instituteur, mais se consacra bientôt à la littérature ; collabore à l'*Edimburgh Encyclopaedia* ; étudie la littérature allemande ; écrit une *Vie de Schiller* (1823-25), suivie d'une traduction du *Wilhelm Meister* de Goethe (1824-27). Poursuit ses études littéraires allemandes, jusqu'à la publication de *Sartor Resartus* (1833-38).

Épouse Jane Welsh, une remarquable épistolière. En 1837, publie *French Revolution* et se retire dans Cheyne Row, à Chelsea, où il demeure jusqu'à la fin de sa vie. (On l'appelle le Sage de Chelsea). En 1839, il publie *Chartism* ; et, en 1841, son fameux livre : *On Heroes, Hero-Worship and the Heroic in History* ; en 1843 : *Past and Present* ; trois ouvrages où il cherche à attirer l'attention sur les problèmes politiques du jour, sur la situation présente et futur des classes travailleuses ; antidémocrate résolu ; dédaignait l'économie politique.

D'après lui, le salut ne pouvait venir que d'un retour aux conditions du moyen âge, et le gouvernement d'un homme juste et puissant, qui ne sera pas désigné par les suffrages du peuple. On trouve ces mêmes vues exposées dans les *Latter-Day*

partiellement, applicables en ces temps de réaction et de dictature où nous sommes. Dans l'ensemble, et en dépit de l'ombre géante du plâtrier, je crois pouvoir me présenter sans honte comme un Victorien attardé, sorti de l'ombre même de la reine Victoria ; dont l'ombre, d'ailleurs, ne diminue pas.

Le premier grand Victorien que j'aie connu, ce fut de très bonne heure, et seulement pour une très brève entrevue : je veux parler de Thomas Hardy. J'étais alors un jeune écrivain, complètement obscur et râpé, qui attendait encore son premier entretien avec un éditeur. Or, la chose vraiment remarquable concernant Hardy, c'est qu'il eût pu être lui-même un jeune écrivain obscur et râpé à la recherche d'un éditeur ; et même un nouvel écrivain cherchant son premier éditeur. Mais le fait est qu'il était déjà fameux à la ronde ; il avait écrit ses premiers romans, qui sont aussi ses plus beaux, et que couronnait Tess[6] ; et il avait déjà formulé l'étrange pessimisme qui lui est propre dans le fameux passage sur le Président des Immortels[7]. La ride de l'ennui marquait déjà son visage d'elfe, qui aurait pu faire paraître vieux tout autre que lui ; et pourtant, d'une certaine manière étrange, il me parut très jeune. Si je dis « aussi jeune que moi », j'entends par là « aussi simplement pragmatique et même aussi pédant que moi ». Il n'évita même pas le sujet de son prétendu pessimisme ; il le défendit, mais un peu avec l'innocence d'un des très jeunes membres d'un

---

Pamphlets (1850). A aussi publié *Oliver Cromwell's Letters and speeches* (1845) et, en 1851, *Life of John Sterling* (auteur anglais : 1806-1865), dont le résultat semble disproportionné à ses efforts.

De relation peu agréable, individualiste fanatique, apôtre de la supériorité de l'instinct sur l'intelligence, Carlyle exerça, prophète déguisé en homme de lettres, une influence plus grande sur la littérature anglaise du milieu du XIXe siècle et sur les croyances morales, religieuses et politiques de son temps, que n'importe lequel de ses contemporains. Irritable et intolérant, il était (le cas est fréquent) incapable d'injustice, de rancune et d'insincérité. Sans rival par son style ciselé et sachant user de l'humour au service de ses opinions, il fut le premier à défendre la culture allemande et le premier détracteur de la France « dégénérée », de la Révolution avec ses idéals socialistes.

Les traces de cette influence se retrouvent encore de nos jours.

6. *Tess d'Urberville* (1891).

7. Il s'agit du passage suivant du chapitre LIX de *Tess of the d'Urbervilles*, vers la fin du roman : « *Justice* » *was done and the President of the Immortals* (*in Aeschylian phrase*) *had ended his sport with Tess.* (« Justice » était faite et le Président des Immortels — pour citer Eschyle — en avait fini avec elle). La phrase se place au moment où Tess vient d'être exécutée pour avoir tué son gredin de mari.

club de débats. En bref, je le trouvai un peu nerveux sur ce sujet de son pessimisme, comme je l'étais moi-même pour mon optimisme. Il me dit à peu près ceci : « Je sais que certaines gens disent que je suis un pessimiste ; or, je ne crois pas que je le sois de nature ; j'aime tellement une foule de choses ; mais je n'ai jamais pu me débarrasser de cette idée qu'il vaudrait mieux pour nous être exempts à la fois de plaisirs et de peines ; et que notre meilleure aventure serait une espèce de sommeil. »

J'ai toujours eu un faible pour discuter avec les gens ; et ces propos de Hardy impliquaient tout le nihilisme contemporain contre lequel j'étais alors en révolte ouverte ; pendant près de cinq minutes, dans le bureau d'un éditeur, je discutai activement avec Thomas Hardy. Je prétendis que la non-existence n'est pas une expérience ; et qu'il ne peut être question de la préférer, ou de s'en déclarer satisfait. Honnêtement, si je n'avais été qu'un jeune homme mal dégourdi, et rien d'autre, j'aurais tenu toute son argumentation pour très superficielle, voire pour niaise. Mais je ne tiens Hardy, ni pour un homme superficiel, ni pour un niais.

Car la vérité plutôt surprenante sur Hardy était celle-ci : c'est qu'il y avait en lui de l'humilité. Mes amis, qui le connaissaient mieux, ont confirmé l'exactitude de cette première impression ; Jack Squire[8] m'a dit que, dans ses derniers jours de gloire, le grand vieillard envoyait des poèmes au *Mercury*, offrant de les modifier ou de les reprendre s'ils ne convenaient pas. Il défiait les dieux, bravait la foudre et tout le reste ; mais les grands Grecs auraient su voir qu'il n'y avait pas de foudre pour lui, parce qu'il n'avait pas de « ὕβρις », ou d'insolence. Car ce que hait le ciel, ce n'est pas l'impiété, mais l'orgueil d'être impie. Hardy était blasphémateur, mais il n'était pas fier ; et c'est l'orgueil qui est un péché, non le blasphème. On m'a blâmé pour une

---

8. Sir John Collings Squire, écrivain, né en 1884, créé chevalier en 1933 ; études à Cambridge ; directeur du *New Statesman* en 1913, du *London Mercury* en 1919. Poèmes, parodies, essais, comptes rendus critiques et récits divers. Auteur de : *Imaginary speeches* (1912) ; *Steps to Parnassus* (1913) ; *Poems* (première série : 1918 ; deuxième série : 1922) ; *Books in general* (première série : 1918 ; deuxième série : 1920 ; troisième série : 1921) ; *Essays at large* (1922) ; *Grub Street Nights* (1924) ; *A London Reverie* (1928) ; *Sunday Mornings* (1930) ; *Shakespeare as a dramatist* (1935) ; *The way to be a Horse* (1936) ; *The Honeysuckle and the Bee* (1937), Water Music (1939) etc., etc.

prétendue attaque contre Hardy dans une esquisse sur la littérature victorienne ; c'est qu'apparemment on estimait que parler de l'athée de village méditant sur l'idiot du village était une forme d'attaque. Mais ceci n'est point une attaque contre Hardy ; c'est la défense de Hardy. Son cas tout entier, c'est qu'il avait la sincérité et la simplicité de l'athée de village ; c'est-à-dire qu'il tenait l'athéisme pour une vérité, non pour une victoire. Il fut victime de cette décadence de notre civilisation de l'époque rurale anglaise qui a donné aux hommes une mauvaise religion, et point du tout de philosophie. Mais il avait raison quand il me disait en substance, dans ces jours très lointains, qu'il pouvait prendre plaisir à une foule de choses, et ces choses comprenaient une philosophie meilleure et une meilleure religion. Ici me reviennent à la mémoire quatre vers publiés dans mon petit journal par une Irlandaise :

Who can picture the scene at the starry portals ?
Truly, imagination fails,
When the pitiless President of the Immortals
Shows unto Thomas the print of the nails ?[9]

J'espère ne point paraître profane si je dis que voilà qui s'appelle enfoncer le clou dans la tête. Dans un cas semblable, le second Thomas ferait exactement ce que Prométhée et Satan ne songèrent jamais à faire : il plaindrait Dieu.

Il faut que je franchisse une longue série d'années pour en arriver à ma rencontre avec l'autre grand romancier victorien si souvent cité auprès de Hardy ; car, à ce moment-là, je m'étais déjà fait un certain nom dans le journalisme, ce qui me valut, à ma femme et à moi, d'être invités à rendre visite à George Meredith. Mais, même à travers toutes ces années, je ressentais encore le contraste singulier. Hardy était un puits, tout recouvert, selon moi, des mauvaises herbes d'une période stagnante de scepticisme ; mais il y avait la vérité au

9. *Qui peut peindre la scène aux portails étoilés ?*
   Car vraiment l'imagination y échoue,
   Où l'impitoyable Président des Immortels
   Montre à Thomas l'empreinte des clous ?

fond ; et, en tout cas, l'honnêteté au fond ; tandis que Meredith était une fontaine. Il avait exactement l'impétuosité, l'éclat brillant de la fontaine située dans son jardin, où il nous recevait. C'était déjà un vieillard, avec une barbe blanche en pointe et un toupet de cheveux blancs, pareil à une touffe de chardons ; mais cela aussi semblait briller d'un vif éclat. Il était sourd, mais tout le contraire de muet[10]. Il n'était pas humble ; mais je ne pourrais jamais me résoudre à dire qu'il était fier. Il réussissait encore à être une troisième chose, qui est presque le contraire d'être fier : il était suffisant. Il avait tous les signes indescriptibles d'une vanité juvénile ; par exemple, jusqu'à préférer éblouir les femmes que les hommes ; car il s'entretint constamment avec ma femme bien plutôt qu'avec moi. Nous ne lui parlâmes d'ailleurs pas beaucoup, un peu parce qu'il était sourd, mais bien davantage parce qu'il n'était pas muet. Pour résumer honnêtement les choses, je dirai que j'en suis encore à me demander si nous pûmes, ma femme et moi, placer un mot ou deux, et encore par la tangente. Il parlait ; il parlait ; et, tout en parlant, il buvait de la bière de gingembre, dont il nous dit, avec une sorte de joie satisfaite, qu'il avait appris à l'aimer autant que le champagne.

Meredith n'était pas seulement plein de vie, mais plein de vies. Sa vitalité avait ce don de créer et de faire bifurquer une histoire qui est le don du romancier, capable d'inventer constamment de nouveaux épisodes sur des personnages singuliers. Il n'était pas comme la plupart des vieux romanciers ; il s'intéressait au roman. Il ne s'attardait pas à vivre dans les livres qu'il avait écrits ; il vivait dans les livres qu'il n'avait pas écrits. Il nous parla d'un grand nombre de romans et de nouvelles qui étaient vraiment des choses nouvelles ; un, surtout, sur la tragédie de Parnell. Je ne dus pas être beaucoup d'accord avec lui sur son interprétation de cette tragédie, car il estimait que Parnell eût pu aisément recouvrer sa popularité, s'il avait été capable de la désirer ; or il était naturellement secret et solitaire. Mais je doute que ce seigneur irlandais fût plus avide de secret que la plupart des seigneurs anglais affligés de mutisme qui, dans le même temps, menaient exactement la même espèce d'intrigue de

10. Ici un jeu de mots qui spécule sur le double sens de *dumb* : « muet », mais aussi « sot ».

caractère sexuel, et eussent été tout aussi irrités et tout aussi muets s'ils avaient été découverts. Mais le fait est qu'ils ne furent jamais découverts. Car il n'y avait aucun espoir qu'une telle découverte pût différer la délivrance d'une nation chrétienne. Or ce fut là la qualité qui me frappa personnellement chez Meredith. Homme de primesaut, il sautait trop vite aux conclusions. On ne pourrait jamais dire d'un si grand homme qu'il était superficiel ; mais, dans un certain sens, être si prompt, c'est être superficiel. Maintes parodies à bon marché de Sherlock Holmes l'ont peint maladroit ; mais une vraie comédie d'un Sherlock Holmes qui fût vraiment très fort avec des données insuffisantes reste encore à écrire. On parle de la soif dévorante d'être informé ; la vraie soif ne dévore pas, elle avale. Ainsi Meredith, par exemple, a avalé la théorie raciale courante qui consiste à diviser les nations en Teutons et en Celtes.

Le nom de James Barrie date, lui aussi, de ma jeunesse ; bien que Barrie fut naturellement plus jeune que Meredith et que Hardy ; il a fini par être pour moi un très bon ami ; mais il est, de tous les amis, le moins égoïste ; et il est mêlé pour moi à des souvenirs prodigieusement intéressants sur ces deux autres hommes et sur leurs contemporains. Il reste surtout comme un témoin de la grandeur de Meredith dans un monde qui a singulièrement oublié Meredith ; mais il m'a aussi conté mainte histoire sur des hommes que je n'ai jamais rencontrés ; par exemple sur Stevenson, sur Henley et sur Wilde ; de Wells et de Shaw, j'ai parlé ailleurs à propos d'autres choses. Mais une impression m'est restée dans l'esprit des souvenirs de ces hommes ; et c'est le caractère étrangement fugitif de leurs controverses, même au sujet des plus grands des hommes de lettres. Comme tous ceux qui écrivent des mémoires, je trouve que la plus grande des difficultés que j'éprouve consiste à faire partager l'impression de l'immense importance de certains individus à certaines époques. Car ces hommes ont cessé d'être des sujets, même quand ils sont restés des classiques. Je me rappelle que Barrie me fit un jour un récit des plus amusants d'une scène violente de controverse littéraire, où Henley, lançant sa béquille à travers la pièce, atteignit en pleine poitrine un autre critique éminent. Le geste montrera au moins l'importance qui semblait s'attacher à certaines préférences, à certains goûts intellectuels. Cette forme vraiment très personnelle de critique créative semble bien en effet avoir été provoquée par la déclaration, au cours d'une discussion sur Ibsen et sur Tolstoï, d'après quoi l'un de ces deux grands hommes était assez grand pour porter l'autre suspendu comme une breloque à la chaîne de sa montre. Mais ce qui me sembla représenter le côté vraiment comique de l'aventure, c'est que le narrateur oublia complètement de me dire si c'était Ibsen qui eut dû suspendre Tolstoï à sa chaîne, ou Tolstoï Ibsen à la sienne. D'où je me hasarde à conclure que ni l'un ni l'autre de ces deux géants ne semble aujourd'hui aussi gigantesque à quiconque qu'ils semblaient alors à certains.

Depuis, j'ai vu maintes fois Sir James Barrie, et je pourrais raconter sur lui mainte autre histoire ; mais il y a dans son effacement volontaire et chargé d'humour quelque chose qui semble créer autour de lui un silence qui ressemble à son propre silence. Quant aux Victoriens plus âgés, il fut presque toujours vrai que je ne les rencontrai qu'une seule fois, à l'occasion de l'accomplissement d'une sorte d'ambassade privilégiée ; et les impressions recueillies dans de telles circonstances peuvent aisément n'être que des illusions. S'il en fut ainsi pour Meredith, ce le fut bien davantage encore pour Swinburne. Car, à l'époque où je le vis, Swinburne était une sorte de dieu dans un temple, et qui ne pouvait être approché qu'à travers un grand prêtre. J'eus donc un long entretien avec Watts-Dunton[11], suivi d'une courte conversation avec Swinburne. Swinburne fut tout à fait gai et folâtre, bien que d'une façon qui me parût ressembler étrangement à la façon vieille

11. Walter Theodore Watts-Dunton (1832-1914), poète et critique, fils d'un « solicitor » qui était aussi naturaliste ; études privées à Cambridge. Abandonne l'étude pour les études et pour s'adonner à la critique ; sa maison devient le rendez-vous d'une société choisie d'artistes et de gens de lettres, surtout des préraphaélites (D.G. Rossetti — voir note 20, ci-après — William Morris — voir note 41, chap. VI — et aussi, plus tard, des hommes comme Lord Tennyson (voir note 9, chap. III) et Swinburne (voir note 15, chap. III) qui devinrent pour lui des amis. Swinburne passa toute la fin de sa vie chez Watts-Dunton, où il vécut littéralement sous la protection de son ami.

Watts-Dunton a exercé sur l'art et la culture de son temps une grande influence. Poète, il s'intéressait aux Bohémiens ; on en trouve la preuve dans toute son œuvre : *The Coming of Love*, poème (1897) ; *Aylwin*, roman (1898). Son œuvre posthume (1915) : *Old Familiar Faces* est un volume de souvenirs.

Sa meilleure œuvre critique est sans doute un essai intitulé « *Poetry* » dans l'*Encyclopaedia Britannica* (9ᵉ éd., 1885). [Hake et Rickett ont publié : Vie et Lettres de Watts-Dunton (2 vol., 1916).] La plupart des morceaux qui n'ont pas été réunis se trouvent dans la revue : *Athenaeum* (1876-1898).

fille ; mais ses manières étaient charmantes ; surtout sa courtoisie, empreinte d'une bonne humeur inlassable. Quant à Watts-Dunton, il faut le reconnaître, il fut vraiment très, très sérieux. On a dit de lui que Swinburne était sa religion ; mais ce qui me parut singulier, même en ce temps-là, c'est que cette religion semblait consister surtout à préserver et à protéger l'irréligion de son poète. Il considérait comme essentiel qu'aucun grand homme ne fût contaminé par le christianisme. Il fut question des tentations éprouvées par Browning dans le sens de cette croyance ; il me dit en hochant la tête ; « N'importe qui d'aussi *borné*[12] que ce pauvre Browning ». Puis il fit allusion à la « Hertha » de son ami comme au pur sommet de son œuvre : « Il était alors, me dit-il, tout à fait à la crête de la vague ». Et, moi, qui connaissais mon Swinburne plus que par cœur, me délectant de poésie, et méprisant déjà un peu la philosophie, je me disais que c'était là une métaphore singulière pour parler du vrai, du sincère Swinburne :

> *It is little enough that a man can save*
> *In the reach of life, in the tide of time,*
> *Who swims in sight of the great third wave,*
> *That never a swimmer shall cross or climb*[13].

Non, je ne pensais pas que la vague eut été franchie ou assaillie par le panthéisme monstrueusement confus qui règne dans *Hertha* ; dans cette *Hertha* d'où un Swinburne plus tardif tenta absurdement de déduire une morale révolutionnaire, le droit de résister aux torts, d'après un monisme cosmique qui ne pouvait signifier que ceci : que toutes choses sont également justes ou injustes.

Je n'ai évidemment retenu ici qu'un ou deux noms, parce que ce sont les plus fameux ; je ne dis même pas qu'ils sont les plus dignes de renommée. Par exemple, en supposant que chacun de nous caresse en secret une collection de nos pessimistes préférés, j'ai toujours

---

12. En français dans le texte.
13. *C'est peu de chose qu'un homme peut sauver*
    Au courant d'une vie, en la marée du temps,
    Qui nage en vue de la troisième vague haute
    Que jamais un nageur ne traverse ou franchit.

été plus impressionné par A.E. Housman[14] que par Thomas Hardy. Je n'entends pas dire que j'ai été influencé par quiconque en ce qui concerne les prétentions intellectuelles du pessimisme, prétentions que j'ai toujours tenues pour pures balivernes, tout autant que pour un poison ; mais il me semble que Housman a, plus que Hardy, une certaine autorité dans la grande littérature anglaise ; celle qui est d'autant plus classique que sa langue est plus simple. Je n'ai jamais pu complètement digérer Hardy comme poète, malgré l'admiration que j'ai pour le romancier ; tandis que Housman me semble l'un des deux grands poètes classiques de notre temps. J'ai eu, dans le mécontentement que m'ont inspiré les socialistes, des compagnons et des amis ; c'est que je n'étais pas en désaccord avec eux sur les conditions dont ils se déclaraient mécontents, mais plutôt sur les perspectives dont ils voulaient se contenter. Et quand le receveur collectiviste du tram Fabien criait : « Prochain arrêt : Utopie ! », il provoquait une sorte d'optimisme officiel dont le spectacle éveillait en moi quelque chose qui n'était pas simplement païen, et qui était à l'unisson des vers de ce grand génie païen :

The troubles of our proud and angry dust
Are from eternity and shall not fail[15].

Comme chacun sait, le poète était aussi professeur, et l'une des premières autorités en matière de littérature païenne ancienne. Je conserve amoureusement une anecdote qui, par hasard, intéresse ce double caractère classique et poétique. Il se peut qu'elle soit familière ; il se peut même qu'elle soit fausse. Il s'agit du début d'un speech prononcé, au dessert, dans un dîner au Trinity College, à Cambridge ; je trouve que celui qui l'a formulée, ou inventée, avait un sens magnifique du style : « Ce grand collège, dans cette Université vénérable, a vu, disait-il, d'étranges spectacles. Il a vu Wordsworth

---

14. Voir note 46, chap. VI.
15. Vers de A.E. Housman :
    Les tourments de notre fière et rageuse poussière
    Furent de tout éternité, et ne nous manqueront point.

soûl, et Porson à jeun[16]. Et me voici, meilleur poète que Porson, plus lettré que Wordsworth, entre le jeûne et l'ivresse ».

Mais Hardy et Housman, comme Henley et Swinburne, et comme la plupart des autres grands hommes qui comptent parmi mes aînés en cette matière, produisirent sur moi l'impression vague et curieuse de former tous ensemble comme un arrière-plan de pessimisme païen. Ce qu'il y avait à l'avant du plan auquel ils servaient d'arrière, en réalité je n'en savais rien ; ou du moins, j'hésitais beaucoup à le formuler. Ce qui est certain, c'est qu'un certain sentiment de similitude entre ces personnages très divers et leur position, prit chez moi la forme d'une question : j'en vins à me demander pourquoi ils étaient à ce point divisés en groupes littéraires ; et à quoi répondaient ces groupes. J'étais intrigué de voir la civilisation découpée en sections qui n'étaient même pas des sectes. Colvin[17] avait une cour, qui était très cérémonieuse ; Henley en avait une autre, qui n'était pas exactement cérémonieuse, ou plutôt qui était pleine de courtisans plutôt turbulents ; dans la banlieue, Swinburne était Sultan et prophète à Putney[18], avec Watts-Dunton pour grand vizir. Je ne pouvais pas comprendre les raisons d'être de tout cela ; le prophète n'était pas vraiment un commandeur des fidèles, puisqu'il n'y avait pas de foi ; et quant au doute, il était commun à tous les groupes rivaux de l'époque. Je ne pouvais comprendre pourquoi il importait tellement à M. Watts-Dunton qu'il plût à Colvin d'aimer un nouveau poète, ou qu'il plût à Henley d'en détester un autre.

J'ai connu aussi, dans un ou deux cas isolés, l'homme qui n'était qu'imagination. Il est toujours difficile de donner ne fut-ce qu'une

---

16. Richard Porson, helléniste distingué (1759-1808). Avait une telle mémoire qu'un riche propriétaire terrien l'envoya au collège d'Eton ; grâce à une bourse et à diverses protections, il eut sa licence au Trinity College, Cambridge ; devint « fellow » en 1782. Ses *Notae breves ad Toupii Emendationes in Suidam* (1790) lui valurent une notoriété en dehors de l'Angleterre. En 1788 parurent ses célèbres « Lettres » sur les vers apocryphes de l'Évangile selon saint Jean (I, vers 7) qui lui valurent bien des haines. En 1792, nommé professeur de grec à Cambridge. Publia quatre des pièces d'Euripide. En 1808, bibliothécaire du London Institution, mais négligea ses devoirs et mourut d'apoplexie la même année. Doit sa réputation à ses qualités d'érudit, d'homme d'esprit et de formidable buveur.

17. Voir note 21, chap. IV.

18. Putney, sud-ouest de Londres, près de Wimbledon.

esquisse des hommes de cette sorte ; précisément parce que le contour d'une esquisse est toujours une ligne par où une chose touche à des choses différentes. J'ai déjà fait une allusion, d'ailleurs assez vague, à la position qu'occupait, par exemple, W.B. Yeats ; c'est précisément parce que Yeats touche à des choses qui sont en dehors de ses propres pensées ; et que son nom évoque des controverses sur la théosophie, la mythologie, ou la politique irlandaise. Mais l'homme qui n'est qu'un imaginatif, on ne peut le trouver que dans les images qu'il invente, non dans les portraits que d'autres font de lui. Ainsi, je pourrais citer un certain nombre de faits isolés et précis sur M. Walter de la Mare[19] ; à cette réserve près que, à strictement parler, ils ne le concerneraient pas. Je dirais qu'il a un sombre profil romain, qui ressemble à celui d'un aigle de bronze ; ou qu'il vit à Taplow, non loin de Taplow Court, où je l'ai rencontré avec maints autres personnages qui font partie du paysage de cette histoire ; ou qu'il a la manie de collectionner de menus objets ayant le caractère d'ornements, mais qui peuvent à peine être vus à l'œil nu. Il se fait que ma femme prend le même plaisir à collectionner des choses menues qui sont pour elle comme des jouets, bien que certaines gens l'aient accusée d'inconséquence lorsqu'elle a choisi un mari. Mais elle et de la Mare faisaient entre eux un commerce digne du *Goblin Market*[20] dont ces objets pygmées qui leur appartenaient faisaient l'enjeu. Je

19. Walter de la Mare, né en 1873, poète et romancier contemporain notoire ; études privées ; docteur ès lettres *honoris causa* à Cambridge et à Bristol ; docteur en droit *honoris causa* à Saint-Andrews. Fantaisiste délicat, fait les délices des grands et des petits.
    A publié : *Songs of Childhood* (sous le pseudonyme de : Walter Ramel, 1902) ; *Henry Brocken* (roman romanesque, 1904) ; *The three mulla Mulgars* (children's story, 1910) ; *The Return*, roman de l'occulte (1910) ; *The Listeners* (poème, 1913) ; *Peacock Pie* (poèmes, 1913) ; *The Veil* (poems, 1921) ; *Memoirs of a Midget* (histoire fantastique, 1921) ; *On the Edge* (recueil de nouvelles, 1930), etc., etc.
    20. Poème de Christina Georgina Rossetti (1830-1894), une des plus grandes poétesses anglaises et certainement la plus préoccupée des choses spirituelles. Le poème a paru en 1862 ; c'est un conte de fées où on a voulu voir une allégorie. Laura se laisse séduire par les fruits que lui offrent les gobelins (plaisirs terrestres), et languit du désir d'en obtenir d'autres, que les gobelins lui refusent ; elle tombe malade ; elle est sur le point de mourir. Sa sœur Lizzy, pour l'amour d'elle, brave la tentation et délivre sa sœur.
    Parmi ses autres ouvrages : 1° en vers : *The Prince's Progress* (1866) ; *Singsong* (1872) ; *A Pageant and other poems* (1881) et *New Poems* (1896) ; 2° en prose :

pourrais aussi mentionner le fait que j'ai découvert un jour, quelque part dans les terrains vagues d'Old Kent Road, si ma mémoire m'est fidèle, une école où toutes les petites filles entretenaient une sorte de légende autour du nom de M. de la Mare, comme autour d'un oncle de féerie, parce qu'il avait fait là, certain jour, une conférence, il y avait de cela je ne sais pas combien de temps. Je n'imagine pas quelles formules magiques il pouvait avoir fabriquées lors de cette occasion lointaine ; mais il est certain qu'il les avait, selon la parole d'un vieux poète anglais « knocked' em in the Old Kent Road »[21]. Mais, même une chose comme celle-ci n'a pas, à strictement parler, de rapport quelconque avec le sujet ; avec le centre et la plénitude

---

Commonplace and other stories (1870) ; *Speaking Likeness* (1874) ; 3° livres de caractère religieux : *Time Flies, a Reading Diary* (1883), etc., etc.

Elle était la sœur cadette de Dante Gabriel Rossetti (1828-1882) qui fut également célèbre comme poète et comme peintre. Un des fondateurs du mouvement pré-raphaélite (voir note 43, chap. I, sur Ruskin).

Fils d'un émigré politique italien qui fut professeur d'italien au King's College (Université de Londres), il étudia le dessin, d'abord au King's College, puis à l'école un peu démodée de l'Académie Royale. Avait déjà entrepris la traduction du Dante et de ses contemporains (qui ne fut publiée qu'en 1861) ; vers 1847, publia des poèmes, parmi lesquels le célèbre *Blessed Damozel* ; en 1848, étudie la peinture avec Ford Madox Brown, et, peu après, rencontre les amis avec lesquels il fonde la Fraternité Pré-Raphaélite.

Chose étrange, cet Italien, fils d'Italien et traducteur du Dante, n'a jamais vu l'Italie. Expose en 1849 : « Girlhood of Mary Virgin » ; en 1830 : « The Annunciation » (actuellement à la National Gallery) ; peu après, devint le protégé de Ruskin. Rencontra aussi Sir Edward Coley Burne-Jones [1833-1898 ; grand peintre de l'école romantique et ami de faculté de William Morris (voir note 41, chap. VI), créé baronnet en 1894 ; dessina plusieurs cartons remarquables pour les vitraux de la cathédrale de Christ Church (Oxford) ; son tableau le plus célèbre est « King Cophetua »], Swinburne et William Morris.

Se maria en 1860 ; veuf en 1862 ; fou de douleur, ensevelit avec sa femme tous ses propres poèmes. C'est seulement en 1869 que ses amis le décidèrent à exhumer ses manuscrits, qui parurent en 1870, sous le titre : *Poems*. Vécut ensuite à Chelsea, avec son frère William Michael, avec Swinburne et avec Meredith.

A peint une « Beata Beatrix », une « Monna Vanna », et beaucoup d'autres toiles, où l'on retrouve, sur l'un ou l'autre personnage, les traits de sa chère défunte.

Son dernier grand tableau fut : *Dante's Dream* (1869-1871) et son dernier recueil de poèmes : *Ballads and Sonnets* (1881). On peut voir son portrait par lui-même à la National Portrait Gallery, à Londres.

21. Citation d'une chanson populaire, rendue célèbre en Angleterre il y a quarante ou cinquante ans par le fameux chansonnier Gus Elen. L'Old Kent Road est une grande artère dans le sud de Londres.

du sujet que je traite. Et je n'ai jamais pu moi-même dire quoi que ce fût, qui s'appliquât, dans ce sens-là, à cet imaginatif. Pour serrer au plus près ce qui serait mon jugement sur une œuvre d'imagination, je devrais me contenter de dire simplement ceci : que si j'étais un enfant, et qu'on prononçât devant moi les deux seuls mots « Peacock Pie »[22] mon esprit passerait par toute une série d'images successives. Je ne penserais pas surtout à un livre ; je ne penserais même pas à un homme ; et certainement pas à quelque chose qui m'est aujourd'hui aussi tristement familier qu'un homme de lettres. L'instinct religieux du sacrifice, qui dort au fond de moi, me donnerait plutôt le sentiment qu'il existe quelque part, je ne sais comment, une substance parée de somptueuses couleurs et bonne à manger. Ce qui est le cas en effet. Et les doutes ou les divergences que j'aurais pu concevoir sur les côtés tranchants, théoriques ou moraux de la personnalité de M. Yeats n'affecteraient pas davantage l'appétit que j'éprouve, même à présent que je ne suis plus un enfant, pour les pommes d'argent de la lune ou pour les pommes d'or du soleil.

Les images des imaginatifs ne se discutent pas ; et je n'ai jamais désiré en discuter. Les idées des esprits logiques, ou dogmatiques (et surtout des sceptiques, ces esprits très dogmatiques) sont au contraire discutables ; et j'ai toujours eu envie de les discuter. Mais je n'ai jamais désiré discuter des goûts, là où manquent les points de comparaison. Je n'ai jamais pris parti là où il n'y a ni goûts en commun, ni thèses controversées ; et cette façon de voir m'a tenu à l'écart de beaucoup de mouvements d'opinions. J'ai conscience qu'il existe un trou, ou peut-être un défaut dans mon esprit en ces matières. Et je le sens bâiller en moi comme un abîme (et même bâiller dans le sens propre, en ce qui me concerne personnellement) chaque fois que des gens disent qu'il faudrait faire quelque chose dans l'intérêt du théâtre. Je pense que *César et Cléopâtre* de Shaw est du bon théâtre ; quoique, selon mon goût moral, la pièce soit à la fois trop pacifiste et trop impérialiste. Je trouve que *Are you a Mason ?*[23] est du bon théâtre ; et mon appréciation n'a rien à voir avec une suspicion papale concernant la Maçonnerie. Mais parler d'encourager le théâtre me semble revenir à dire, par exemple : encourager la machine à écrire, encourager la presse à imprimer. Pour un esprit simple comme le mien, l'opportunité d'encourager semble dépendre, pour une bonne part, de ce qui sort de la machine.

Parmi toutes ces figures d'hommes de lettres, il y en avait une que je placerai la dernière parce que je devrais, au contraire, la placer la première. C'est celle d'une contemporaine et d'une camarade de toute cette société cultivée ; une grande amie de Meredith ; une artiste admirée comme telle par les esthètes, et même par les décadents. Mais Alice Meynell[24], bien qu'elle préférât éveiller le sens esthétique, plutôt qu'être anesthésique, n'était pas essentiellement une esthète ; et il n'y avait rien en elle qui pût tomber en décadence. La poussée de la vie était chez elle comme celle d'un arbre grêle qui porterait en toute saison des fleurs et des fruits ; il n'y avait point de tarissement pour la sève de son esprit, qui était tout idées. Elle pouvait toujours trouver quelque chose à quoi penser ; même étendue sur un lit de souffrance, dans une chambre obscure, où l'ombre d'un oiseau sur le store représentait, disait-elle, plus que l'oiseau lui-même, parce que l'ombre de l'oiseau était un message du soleil. Étant si vigoureusement un artisan, elle était éminemment une artiste, et non une esthète ; par-dessus tout, elle était comme cet artiste fameux qui mélangeait toujours, disait-il, ses couleurs avec son esprit. Mais il y avait en elle quelque chose d'autre qu'à cette époque je ne comprenais pas, et qui lui faisait une place à part, qui faisait d'elle comme un être séparé du temps. Elle était forte, avec des racines profondes, quand tous les stoïques n'étaient que raides et désespérés ; elle était consciente d'une beauté immortelle, là où tous les païens ne pouvaient que mêler l'idée

24. Alice Christiana Meynell (1847-1922), poétesse d'une délicatesse extrême, essayiste et critique. Subit dans sa jeunesse l'influence de Ruskin (voir note 1, page 26) et de Henley (voir 1, page 208). Son père s'occupa seul de son instruction ; publia son premier volume de vers : *Preludes* en 1875. En 1877, elle épousa Wilfrid Meynell, poète et romancier dont il n'y a pas grand'chose à dire.
Œuvres : 1° poésie : *Poems* (1893) ; *Later Poems* (1901) ; *A Father of Women* (1918) ; *Past Poems* (1923). 2° Essais : *The Rhythm of Life* (1893) ; *The Colour of Life* (1896) ; *The Children* (1896) ; *The Spirit of Peace* (1898) ; *Ceres' Runaway* (1910) ; *The Second Person Singular* (1921).

de beauté à l'idée de mort. Et, bien qu'elle n'ait fait que traverser ma vie par à-coups, et plus rarement que j'eusse souhaité ; bien que sa présence eût, en effet, quelque chose de la fantomatique gravité d'une ombre, et son passage ici-bas quelque chose de la furtive aventure d'un oiseau, je sais maintenant qu'elle n'était pas fugitive, et qu'elle n'était pas ombreuse. Elle fut un message du soleil.

CHAPITRE XIV

PORTRAIT D'UN AMI

Laissant de côté les mouvements de fausse modestie ou de vanité (qui, chez des êtres sains, ne sont jamais qu'une façon de plaisanter) le vrai jugement que je porte sur mon œuvre, c'est que j'ai gâté en mon temps bon nombre de bonnes idées.

Il y a à cela une raison, c'est que cette œuvre est plutôt une manière d'autobiographie que de critique littéraire. Je pense que *Le Napoléon de Notting Hill*[1] était un livre parfaitement digne d'être écrit ; mais je ne suis pas bien sûr qu'il l'ait jamais été. Je pense qu'une arlequinade comme *L'Auberge Volante*[2] contenait un sujet des plus prometteur, mais je doute d'avoir tenu la promesse. Je suis même tenté de dire que le sujet de *L'Auberge Volante* reste très prometteur… pour un autre que moi. Je pense que le conte intitulé *La Sphère et la Croix*[3] comportait une excellente intrigue, avec ses deux personnages perpétuellement empêchés par la police d'engager un duel où se seraient heurtés le blasphème et l'adoration, ce que les gens respectables appelleraient « un simple différend d'ordre religieux ». Je crois que l'hypothèse selon quoi le monde moderne est organisé, en ce qui concerne la plus évidente et la plus urgente des questions, non pas tant de manière à y répondre de travers que de manière à l'empêcher de recevoir même une réponse, je pense que cette hypothèse est une suggestion sociale qui a réellement beaucoup de fond en soi ; mais je suis moins affirmatif

1. 1904.
2. 1914.
3. 1910. Traduit par Charles Grolleau, chez Desclée, de Brouwer et Cie.

sur le point de savoir si j'en ai tiré quelque chose, même au regard de ce qu'on eût pu en tirer. Considérées en tant que contes (dans le sens d'anecdotes) mes histoires me semblent avoir eu une certaine nouveauté, avoir été assez personnelles ; mais, en tant que romans, non seulement elles ne furent pas aussi bonnes que ce qu'un vrai romancier en eût pu faire, mais même pas aussi bonnes que j'eusse pu les faire-moi-même, si j'avais vraiment essayé d'être un romancier. Et parmi beaucoup de mauvaises raisons de n'avoir pas été capable d'être un romancier, il y a ce fait : que j'ai toujours été, que je serai probablement toujours un journaliste.

Mais ce qui fit de moi un journaliste, ce ne fut pas ce qu'il y a en moi de superficiel, de bête ou de futile ; au contraire, c'est l'intérêt que je porte à ce qui est sérieux, et même solennel. Le seul goût de la plaisanterie eût pu me conduire dans un cabaret, mais à peine chez un éditeur[4]. Et s'il m'a conduit chez un éditeur pour n'y faire paraître que des vers sans queue ni tête, ou des contes de fées, il n'eut jamais dû me conduire à la déplorable, à l'interminable série de mes articles et de mes lettres dans les journaux. En somme, je ne pouvais pas être un romancier, parce que ce que j'aime, c'est voir des idées ou des conceptions lutter nues, et non point déguisées sous l'aspect d'hommes et de femmes. Mais je pouvais être journaliste parce que je ne pouvais me retenir d'être un controversiste. Je ne sais même pas si tout ceci devrait s'appeler fausse modestie ou vanité dans l'échelle moderne des valeurs ; mais je sais pertinemment que ce n'est ni l'un ni l'autre. Il me vient à l'esprit que la meilleure et la plus saine des épreuves pour juger à quel point la pure incompétence, ou la paresse, ou un goût légitime pour l'appel démocratique direct m'a empêché d'être un véritable homme de lettres, pourrait se trouver dans une étude sur l'homme de lettres que je connais le mieux, et qui avait les mêmes raisons que moi de ne faire que du journalisme, et qui pourtant n'a produit qu'une œuvre littéraire.

Au temps où Belloc était déjà connu de Bentley et d'Oldershaw, mais non de moi, alors que tous trois faisaient partie, à Oxford, du groupe radical, Belloc fréquentait surtout un groupe beaucoup moins nombreux, qui s'était baptisé lui-même le « Club Républicain ». Pour

---

4. G.K.C. rapproche ici plaisamment les mots : *public house* et *publishing house*.

autant que je puisse m'en rendre compte, le Club Républicain ne
compta jamais plus de quatre membres, et le plus souvent moins encore,
l'un d'entre eux, et peut-être davantage, ayant été cérémonieusement
expulsé soit pour crime de torysme, soit pour crime de socialisme.
C'est ce club-là que Belloc a célébré dans la délicate dédicace de
son premier livre ; dédicace dont deux lignes ont acquis une certaine
popularité : « Il n'est rien au monde qui vaille la peine d'être atteint,
le rire et l'amour des amis exceptés », mais dans le développement
de laquelle il décrivait aussi avec plus de détails les idéals de cette
association exigeante.

We kept the Rabelaisian plan
We dignified the dainty cloisters
With Natural Law, the Rights of Man,
Song, Stoïcism, Wine and Oysters.

We taught the art of writing things ∕
On men we still would like to throttle,
And where to get the blood of Kings
At only half-a-crown a bottle[5].

Des trois autres coins de cet Évangile Très Carré de Citoyenneté,
c'est-à-dire des trois fidèles collègues de Belloc dans ce vieux
Club Républicain, l'un est encore, je crois, un exilé de distinction,
fonctionnaire en Birmanie ; « un satrape », comme ses vieux amis
aimaient à le dire avec d'aigres sourires d'affectueuse résignation ;

---

5. *Nous pratiquions le plan rabelaisien*
   Et relevions la dignité des gentils cloîtres
   Pratiquant la loi de nature, les droits de l'homme,
   Les chansons, le stoïcisme, le vin et les huîtres
   Et nous enseignions l'art d'écrire
   Sur des gens que nous eussions volontiers étranglés
   Et où se procurer le sang des rois
   Au prix avantageux de cinquante sous le litre.

   Citation de *Dedicatory Ode* de Belloc, qui se trouve dans le volume *Sonnets and
   Verse* (pp. 78-79) de la nouvelle édition de 1938.

   Citation d'ailleurs inexacte. D'abord, la première strophe est le 14ᵉ et la suivante,
   la 16ᵉ. Dans la 16ᵉ, 2ᵉ ligne, il faut lire : « Should » an lieu de « would » ; et « blood »
   est écrit avec une majuscule.

comme s'il avait en quelque façon commis le crime de « médisme », ou condescendu à ce barbarisme oriental que nous appelons impérialisme. Je ne doute pas qu'en fait il était un satrape heureux et bien à sa place ; mais il fut le seul membre du groupe que je n'aie jamais rencontré. Les deux autres républicains, qui étaient les amis les plus intimes de Belloc à Oxford, ont joué tous deux, dans des plans différents, un rôle considérable dans ma propre vie. L'un fut ce John Swinnerton Phillimore, fils du vieil amiral[6] dont le nom faisait comme une toile de fond au Kensington de mon adolescence ; par la suite, il fut professeur de latin à l'Université de Glasgow, et l'une des premières autorités du temps en matière d'humanités anciennes ; il n'est plus aujourd'hui, hélas, qu'une mémoire qui va s'assombrissant. L'autre était Francis Yvon Eccles, qui fait autorité en tout ce qui est français, et que je ne rencontre aujourd'hui que trop rarement, à cause justement de cette attraction que la France exerce sur lui.

Eccles, comme Belloc, descendait de parents français et anglais ; mais les noms d'Eccles et de Belloc se jouaient l'un à l'autre une comédie décevante ; il semblait qu'on les eût interchangés, comme on eût pu faire d'étiquettes. Car Eccles, à qui le hasard avait donné un nom anglais, avait beaucoup plus l'air d'un Français ; et Belloc, avec son nom français, beaucoup plus l'air d'un Anglais ; Belloc finit même par être le seul Anglais, solitaire, mais symbolique, qui eût vraiment l'air du John Bull traditionnel. Il est vrai que, ce type traditionnel, il l'a atteint grâce à un menton carré pareil à celui du grand empereur des Français, et par l'acquisition subséquente de favoris, peut-être pour se conformer aux usages des Espagnols ? Mais cette combinaison de deux influences étrangères eut pour effet de le faire exactement ressembler à ce que devraient être tous les fermiers anglais ; en fait,

---

6. John Swinnerton Phillimore (1873-1926), professeur de langues anciennes (Professor of Humanity) à l'Université de Glasgow, de 1906 à 1920, fils de l'amiral Sir Augustus Phillimore (voir note 40, chap. I.) ; études à Westminster et à Christ Church (Oxford) ; (double « first » en section classique) ; « Chancellor's Prize » pour les vers latins ; chargé de cours à Christ Church (1895) ; « fellow » et « tutor » à Christ Church (1896-1899) ; professeur de grec à Glasgow (1899 à 1906) ; puis de langues anciennes ; pendant un an, professeur de langues anciennes à l'Université de Californie.
   A publié : *Poems* (1902) ; *Things New and Old* (1918) ; *Remarks on Translation* (1919) ; nombreuses traductions, et éditions d'auteurs anciens, etc., etc.

il offrait de Cobbett[7] un meilleur portrait que n'offrait Cobbett lui-même. En outre, le symbole était vrai ; car les racines qui l'attachaient aux collines des comtés du sud et aux profonds labours du sud de l'Angleterre allaient même plus profond, pour autant que l'instinct fût en cause, que les fondations marmoréennes de la République abstraite du Club Républicain. Je me revois buvant un pot de bière avec un cafetier, non loin de Horsham, et citant par hasard le nom de mon ami ; le cafetier, qui, de toute évidence, n'avait jamais entendu parler de livres ou de rien qui ressemblât à un livre, se contenta de dire : « Il est fermier, je crois ? » et je pensais combien Belloc eût été flatté s'il l'avait entendu.

J'ai connu Eccles dans Fleet Street dès les premiers temps du journal pro-Boer *Speaker*, dont il était en grande partie le conseiller littéraire ; mais on se le représentait toujours assis à la terrasse d'un café, et à Paris plutôt qu'à Londres. Sa tête, son chapeau, ses sourcils arqués, son front barré des rides de la curiosité la plus désintéressée, son toupet méphistophélique, son air de patience lucide, tout cela était beaucoup plus français que l'allure de son ami qui avait un nom français. Que ces apparences correspondent habituellement aux caractères ou non, elles ne correspondent pas toujours, en tout cas, aux carrières. C'est ainsi que John Phillimore, fils de marin et surtout descendant d'une famille de marins, avait lui-même beaucoup plus l'air d'un marin que d'un « don »[8]. Sa sombre silhouette massive, son visage brun et ouvert, on eut pu les rencontrer sur n'importe quelle passerelle où l'on fait le quart. Mais en vertu d'une autre comédie carnavalesque à base d'échanges, j'ai toujours trouvé que son cousin, qui est, je crois, un amiral distingué, ressemblait beaucoup plus à un « don », ou à un professeur. Le hasard voulut que John Phillimore devienne une sorte de « don » plutôt unique en son genre ; et, en même temps, un professeur populaire et combatif. On ne pourrait diriger une classe, dans le chaos racial et religieux de Glasgow, plein de Highlanders exaltés et d'Irlandais non moins exaltés, de jeunes communistes fanatiques et de vieux calvinistes non moins fanatiques,

7. Voir note 16, chap. IX.
8. Tout membre du personnel enseignant d'une université anglaise, *qu'il soit professeur ou non*.

sans posséder quelques-unes des qualités d'un officier de quart. Or, la plupart des histoires sur Phillimore ressemblent à des récits de mutineries en haute mer. On disait pertinemment de lui que l'effet du mot : « Gentlemen ! », lancé par lui d'une certaine manière, était pareil à l'effet célèbre du « Quirites ! » dans la bouche de César[9]. Dans une circonstance analogue, une foule de Glasgow, insubordonnée mais intelligente, parut instantanément saisir la plaisante ironie de son appel : « Messieurs ! Messieurs ! je n'ai pas fini de jeter mes perles ! »

Mais le fait essentiel, et qui trouve sa place dans ce chapitre, c'est que les idéaux du Club Républicain furent à l'origine même de la carrière de Belloc. À ceux qui parlent d'idéals, mais ne pensent pas aux idées, il peut sembler bizarre qu'Eccles et lui aient fini tous deux dans la peau d'ardents monarchistes. Mais il n'y a qu'une différence très minime entre un bon despotisme et une bonne démocratie ; l'un et l'autre impliquent l'égalité soutenue par l'autorité, que cette autorité soit personnelle ou impersonnelle. Ce que l'un et l'autre détestent, c'est l'oligarchie ; même dans sa forme plus humaine d'aristocratie, sans parler de la forme répulsive qu'elle connaît actuellement : la ploutocratie. Belloc avait d'abord placé sa foi dans l'autorité impersonnelle de la République, et il en étudia attentivement la réapparition au XVIIIe siècle, mais surtout sous son aspect militaire. Ses deux premiers livres furent de très belles monographies sur les deux révolutionnaires français les plus fameux ; et il était, à ce point de vue, très sincèrement révolutionnaire. Mais si je cite ici ce trait, c'est pour une raison particulière, en relation avec un autre trait par quoi Belloc était, et est encore, un esprit à peu près unique en ce pays ; à la fois indigène et fortement transplanté et enraciné. J'ai déjà noté que bien connaître Belloc, c'est d'abord savoir qu'en tant qu'homme il est Anglais, et non Français. Mais son cas très curieux revêt un autre aspect : dans la mesure où il est traditionaliste, c'est un traditionaliste anglais. Or, quand il était surtout un révolutionnaire, c'était dans le sens très exact de révolutionnaire français. On pourrait résumer la chose symboliquement en disant qu'il était un poète anglais, mais un soldat français.

---

9. C'est le « Quirites ! » dans le sens humiliant, d'après Pharsale.

Je croyais savoir sur les révolutionnaires tout ce qu'on peut savoir sur eux longtemps avant ma rencontre avec le représentant du Club Républicain. Je m'étais entretenu avec eux dans des tavernes malpropres ou dans des studios en désordre, ou bien dans le décor plus déprimant d'hôtels réservés aux végétariens. Je savais qu'il y avait entre eux des différences, de coupe et de coloris ; et que les uns étaient plus véritablement révolutionnaires que les autres. Je savais que certains portaient des cravates vert pâle et faisaient des conférences sur l'art décoratif ; tandis que d'autres portaient des cravates rouges et prononçaient des speeches sur des estrades trade-unionistes. J'ai chanté « The Red Flag »[10] à plein cœur avec les derniers, et les accents plus raffinés de l'« *England, awake* » de William Morris avec les premiers. Et bien que je ne connusse rien de la comparaison avec une autre méthode, je me rendais compte, de plus en plus, et d'un cœur de plus en plus déprimé, que, pour l'une ou l'autre raison, nous n'avions pas de chant révolutionnaire décent qui nous fût propre ; et que, pour ce qui était de produire un chant de haine respectable, mes compatriotes avaient fait chou-blanc.

L'un des points faibles de ces chants de guerre à l'usage du peuple, c'est qu'ils n'étaient pas des chants de guerre. Ils ne faisaient jamais la plus pâle allusion à la manière dont quelqu'un pourrait un jour faire la guerre à quelque chose. Nos chants de guerre étaient toujours en train « d'attendre l'Aurore », sans jamais imaginer qu'à l'aurore ils pourraient être abattus d'un coup de feu, et sans imaginer même le moins intelligent des préparatifs pour descendre quelqu'un à l'aurore.

> *England awake ! The long, long night is over ;*
> *Faint in the east behold the dawn appear*[11].

Tous nos chants étaient de cette eau-là : des « Songs before Sunrise »[12], comme si le soleil qui se levait sur le juste et sur l'injuste

---

10. Chanson révolutionnaire anglaise.

11. *Angleterre, éveille-toi ! La longue nuit s'achève.*
   Pâle, vers l'orient, vois l'aurore apparaître.

12. *Songs before Sunrise* (Chants d'avant l'aurore) est le titre d'un recueil de poèmes de Swinburne, publié en 1871 (voir note 15, chap. III).

ne se levait pas aussi sur un vaincu comme sur un vainqueur. Mais le poète révolutionnaire anglais chantait comme si le soleil était à lui, comme s'il était certain d'être vainqueur. Autrement dit, je découvris que l'idée socialiste de la guerre était exactement pareille à l'idée impérialiste de la guerre ; je sortis de cette découverte fortifié, et plus profondément déterminé dans mon aversion pour l'une et pour l'autre. J'ai entendu exposer beaucoup d'arguments contre l'idée de la guerre des classes ; mais l'argument qui pour moi discrédite la guerre des classes, c'est le fait que les socialistes, tout de même que les impérialistes, ont toujours postulé qu'ils gagneraient la guerre. Je ne suis point fasciste, mais la marche sur Rome leur a causé la surprise dont ils avaient besoin. Le moins qu'on puisse dire, c'est qu'elle a considérablement entravé l'inévitable triomphe du prolétariat ; exactement comme les Boers avaient fait marquer le pas à l'inévitable triomphe britannique. Je n'aime pas les triomphes inévitables. Et puis, je n'y crois pas. Je ne crois pas qu'une solution quelconque du problème social, même une solution virile, comme celle de Morris, vaille qu'on dise d'elle : « aussi sûr que le soleil se lèvera demain »[13].

Alors Belloc écrivit un poème appelé *The Rebel* et personne ne remarqua ce qu'il avait d'intéressant. C'est un poème très violent et très amer ; et qui serait beaucoup trop révolutionnaire pour la plupart des révolutionnaires ; même ceux qui portent des cravates rouges se sentiraient rougir à le lire, et ceux qui portent des cravates vert pâle pâliraient et verdiraient, tant ils se sentiraient malades à la lecture des menaces contre les riches qui éclatent dans des vers dans le genre de ceux-ci :

And hack their horses at the knees
And hew to death their timber trees[14] ;

et la très belle finale :

---

13. Un vers de « England, awake ! »
14. *Sabrez leurs chevaux aux genoux*
Hachez à mort leurs arbres fiers.

And all these things I mean to do ;
For fear perhaps my little son
Should break his hands as I have done[15].

Ce n'est pas là un chant d'avant le lever du soleil. C'est une attaque avant l'aube. Mais le point particulier sur lequel je veux appeler ici l'attention se trouve dans la strophe précédente, celle qui parle du caractère même de l'attaque. C'est le seul poème révolutionnaire, parmi ceux que j'ai lus, qui suggérât qu'il fallait un plan pour attaquer. Les deux premiers vers de la strophe disent : « Quand nous les trouverons où ils sont, un front d'une lieue à chaque aile ». Les Camarades de l'Aurore semblaient toujours, eux, marcher en colonne, et en chantant. Ils ne semblaient jamais avoir entendu parler de l'éventualité de se déployer en une longue ligne de tirailleurs qui ferait face à l'ennemi pour se battre. Et voici les deux vers suivants :

I mean to charge from right away
And force the flanks of their array[16].

Qui a jamais entendu dire que les Camarades de l'Aurore pussent avoir une idée aussi compliquée que celle de tourner le flanc de l'ennemi ? Ensuite vient l'encerclement :

And press them inward from the plains
And drive them clamouring down the lanes,
And gallop and harry and have them down,
And carry the gates and hold the town[17].

15. *Toutes ces choses que j'entends faire ;*
    De peur peut-être que mon enfant
    Se déchire les mains comme j'ai fait moi-même.
16. *Je veux charger, partant d'ici,*
    Forcer les flancs de leur dispositif.
17. Citation du même poème : *The Rebel*, qui veut dire, à peu près :
    Et les forcer à reculer depuis la plaine,
    Les chasser à grands cris par les routes
    Les charger, les harceler jusqu'à ce qu'ils en crèvent,
    Et, ayant enlevé les portes, tenir la ville.

Puis la poursuite ; et puis la capture et la défense de la tête de pont.

Voilà donc le seul chant de la guerre des classes que j'aie lu qui ait la notion de ce que pourrait être la guerre. Dans cette élucubration lyrique et sauvage, pleine de violence et de destruction vengeresses, il y a aussi, sous une forme lyrique, mais tout à fait rapide, un plan tactique parfaitement clair, une carte militaire ; une description précise de la manière dont les troupes peuvent monter à l'assaut d'une forteresse, s'il faut qu'elle soit prise d'assaut. La violence de cette déclaration, démocratique quoique sans doute théâtrale, va loin au delà de tout ce qu'aucun communiste puisse atteindre d'ici cent ans. Mais aussi elle exprime le caractère véritable d'une bataille ; or, une bataille, comme toute œuvre humaine, est à la fois précise quand elle commence, et douteuse quant à sa fin. Les Camarades de l'Aurore m'ont toujours agacé, parce que leur révolution était, au contraire follement imprécise dès le début, quant à son dessein, et ne comportait, par contre, aucun doute quant à sa fin. Exactement comme l'impérialisme ; et comme la guerre sud-africaine.

C'est cela que je veux dire quand je dis que Belloc est un poète anglais, mais un soldat français. L'homme au repos, et par conséquent l'homme dans sa réalité, c'est l'homme du Sussex ; mais il a été agrandi (certains diraient contaminé), par l'influence étrangère de ceux qui ont connu de vraies révolutions, de vraies invasions ; et, s'il était appelé à conduire une révolution, il la conduirait aussi logiquement qu'une foule parisienne conduit une émeute. Comme il le faisait un jour remarquer, une telle foule, démocratique, sait se déployer. Mais je n'ai choisi cet exemple, pris au hasard, que pour illustrer une vérité d'ordre général sur un homme des plus remarquables. J'ai noté le fait que le chant de révolte n'est ordinairement que militant, mais que celui de Belloc est en outre militaire ; je veux dire : plein de la notion, non seulement du combat pour la foi, mais de la notion d'en venir aux prises avec les faits. Si nous voulons combattre les riches, participer à la révolte contre les riches, ou lutter pour une raisonnable redistribution des richesses, ou combattre n'importe quoi, c'est ainsi que la chose doit se faire. Et quand je me rappelle tous les autres chants révolutionnaires romantiques, je ne suis pas du tout surpris de constater que, dans ce pays-ci, aucune lutte de ce genre n'a encore été entreprise.

Or, c'est là exactement où ses contemporains ont manqué l'occasion de voir ce qu'il y a d'essentiel chez Belloc à chaque phase de son action ; par exemple, dans son étude historique intitulée *The Servile State*. Parce que les Anglais, dont je suis, sont romantiques ; parce qu'ils se pâment de cette idée romanesque que le Français est romantique, et dans cette légende, encore plus délirante, que Belloc est Français, ils sont tout bonnement restés complètement aveugles dans leur jugement sur Belloc chaque fois que Belloc fut entièrement scientifique. Son étude du *Servile State* est aussi strictement scientifique qu'une carte stratégique peut être militaire. Rien de romantique dans cette étude ; rien de rigolo là dedans ; rien de particulièrement drôle, à part peut-être ces deux mots admirables : « cet imbécile » survenant tout à coup au milieu de la paisible procession de mille mots impartiaux, dans le chapitre sur l'Homme pratique. Faire exception de cela, c'est un peu comme accuser Euclide de se livrer à une plaisanterie quand il démontre une proposition par l'absurde. Quiconque connaît la position de la raison dans l'Angleterre d'aujourd'hui, peut imaginer ce qui arriva. D'abord, avant même de lire ce que Belloc avait écrit, les critiques commencèrent à critiquer ce que Belloc allait sans doute écrire. Ils dirent qu'il nous menaçait d'un cauchemar affreux qu'il appelait *The Servile State*. En fait, sa thèse même, c'est que ce n'était pas du tout un cauchemar, mais une chose à laquelle nous étions presque aussi habitués qu'à accepter la lumière du jour. De tout temps, une thèse d'importance aussi cardinale que celle d'Adam Smith ou de Darwin est à peine comprise ou même critiquée par qui que ce soit pour ce qu'elle est vraiment, tandis qu'elle est critiquée de la manière la plus folle sur des hypothèses, et au hasard, pour tout ce qu'elle n'est pas. Bernard Shaw déclara carrément que *The Servile State* était une simple résurrection de l'exposé d'Herbert Spencer d'après lequel toute dépendance de l'État est pour le citoyen un esclavage[18]. Et quand nous lui fîmes remarquer qu'il fallait qu'il n'eût pas lu une seule page du livre de Belloc pour dire qu'il ressemblait au livre de Spencer, il répondit avec cette gaîté qui lui était propre que c'était celui de Herbert Spencer qu'il n'avait pas lu. Beaucoup

---

18. *L'individu contre l'État*, œuvre et thèse individualiste du fondateur de la philosophie évolutionniste en Angleterre (voir note 49, chap. I).

de gens crurent qu'il s'agissait d'une espèce de description satirique d'un État socialiste ; quelque chose entre le *Laputa*[19] et *Brave New World*[20]. D'autres encore parurent croire que « *Servile State* » était un terme général pour désigner toute tyrannie, tout État officiellement oppressif ; et même ils emploient couramment l'expression dans ce sens. Car, c'est encore une des caractéristiques de notre temps et de notre pays que, tandis qu'il était impossible de dire que le livre fût populaire, le titre du livre fut immédiatement et largement popularisé. Il fut un temps où les garçons de course et les porteurs des gares disaient couramment : « *servile state* » ; ils ne savaient pas ce que cela signifiait ; mais ils en savaient à peu près autant que les critiques littéraires, et même que les « dons ».

La thèse du livre, c'est que le mouvement socialiste ne conduit pas au socialisme. Cela tient, pour une part, à des compromis, à des lâchetés ; mais aussi, en partie, au fait que les hommes ont un respect confus, mais indestructible, pour la propriété ; même quand elle prend l'aspect répugnant des monopoles modernes. À cause de ce respect pour la propriété, au lieu du résultat auquel on tend, c'est-à-dire au lieu du socialisme, nous atteindrons le résultat auquel nous ne tendons pas : l'esclavage. Le compromis prendra la forme suivante : « Nous devons nourrir les pauvres et nous ne voulons pas dépouiller les riches. Nous dirons donc aux riches de nourrir les pauvres et nous les leur abandonnerons, pour qu'ils soient les domestiques permanents de la classe maîtresse, et pour qu'ils soient entretenus, qu'ils travaillent ou non ; en retour de cet entretien total, les pauvres donneront complète obédience ». Cet état, ou du moins son début, on peut déjà le voir apparaître dans cent changements de la société moderne, dans des choses comme les *Insurance Acts* (Assurances sociales) qui, au nom de la loi, divisent les citoyens en deux classes : les maîtres et les serviteurs, comme dans tous les projets imaginés pour empêcher les grèves et le *lock-out* par l'arbitrage obligatoire. Mais toute loi qui renvoie un homme à son travail alors qu'il désire le quitter n'est pas

19. Un des États imaginaires visités par Gulliver (voir note 30, chap. VI).

20. Titre d'un roman, paru en 1932, de Aldous Huxley, romancier contemporain, né en 1894 ; études à Eton et à Oxford ; auteur de *Antic Hay* (1923) ; *Point Counterpoint* (1928), etc., ainsi que de recueils d'essais où surtout il excelle. (Voir note 38, chap. VI, sur Thomas Huxley).

autre chose, en fait, que la loi sur l'esclave en fuite, que la loi sur le hors la loi.

Je choisis cet exemple d'une thèse scientifique, et défendue d'une manière purement scientifique, pour montrer à quel point l'importance de l'œuvre intellectuelle de Belloc a été peu comprise. La raison de ce malentendu a sa source dans un autre trait de Belloc, trait vraiment étranger, et relativement français ; je veux dire : l'habitude qu'il a de séparer dans son esprit le scientifique de l'artistique ; l'ornemental de l'utile. Il est vrai que lorsqu'un Français dessine un parc comme parc d'agrément, les sentiers en sont vraiment très sinueux, parce qu'ils ne sont que des ornements. Mais quand il trace une route, il la fait aussi droite qu'un écouvillon, droites comme les routes le long desquelles les soldats français avaient l'habitude de marcher quand ils portaient leurs écouvillons ; parce qu'une route est faite pour être utile, et qu'elle est la plus courte quand elle est la plus droite. Le petit vers arcadien de Belloc : « Quand je n'étais pas bien plus vieux que Cupidon, et déjà plus hardi que lui « ressemble à un jardin ornemental français » ; et son livre sur le *Servile State* ressemble à une route stratégique française. Nul n'est plus instinctivement spirituel ; et nul ne peut être plus terne avec intention.

Ces deux voix de Belloc, pour ainsi parler, étaient si distinctes qu'il pouvait parfois passer sur-le-champ de l'une à l'autre, au point de donner l'impression que deux personnes se parlaient ; il réalisait ainsi à la tribune une transition presque aussi dramatique que le dialogue d'un ventriloque avec sa poupée. Candidat à la députation libérale pour Salford[21], il réussissait souvent à décontenancer ses contradicteurs publics, en les douchant de cette manière, alternant le chaud et le froid. Salford était une circonscription pauvre et populaire, avec des couches multiples de gens simples, de provinciaux, ayant gardé les préjugés de nos arrière-grands-pères, et notamment cette croyance touchante qu'on amène quiconque porte un nom français à s'effondrer et à ramper de peur à la moindre allusion à la bataille de Waterloo. C'était probablement la seule bataille dont l'auditeur eût jamais entendu parler ; et ce qu'il en savait se bornait à cette idée, partiellement fausse, qu'elle fut gagnée par les Anglais. L'auditeur

21. Immense faubourg de Manchester.

avait donc l'habitude de crier de temps en temps à Belloc « Qui a gagné Waterloo ? » Belloc affectait de prendre la question avec le plus grand sérieux, comme une question technique à lui posée sur un problème d'ordre tactique ; et il répondait avec la lucidité laborieuse d'un conférencier ; disant par exemple que « la fin de la bataille de Waterloo avait surtout été déterminée par la manœuvre de Colborne au centre, soutenue par les effets du tir des batteries de Van der Smitsen au début de l'engagement ; que l'échec synchrone des Prussiens n'avait pas été suffisamment grave, etc., etc. » Alors, tandis que l'infortuné patriote s'efforçait encore de comprendre cet accroissement imprévu de la complexité du problème qu'il avait lui-même soulevé, Belloc changeait soudain de ton, adoptant le style direct et sonore du démagogue, et ouvertement se vantait d'avoir dans les veines du sang de ce soldat pyrénéen qui avait suivi l'armée révolutionnaire de Napoléon et pris du galon dans ses rangs au cours de ces victoires qui avaient établi, sur toute l'étendue d'un continent, un code de justice, qui avaient restitué sa citoyenneté à la civilisation : « C'est du bon sang, disait-il, du sang de démocrate ; et je n'en ai pas honte ».

Ce changement de ton produisait un effet énorme ; la salle entière se dressait vers lui, rugissant d'applaudissements, et le poseur de questions sur la campagne de Belgique restait seul avec sa critique. Ceci met même exactement la chose au point ; le questionneur restait vraiment isolé. Et voilà qui montre, non seulement la subtilité de ce mélange de sang français et de sang anglais, mais aussi la subtilité un peu spéciale de l'Anglais. Les Anglais sont des insulaires, non pas tant dans le sens d'insolent que dans le sens d'ignorant ; mais ils ne sont pas rancuniers. Toutes autres choses étant égales, ils acclameraient plutôt le Français qui serait fier d'être français, comme ils acclamèrent le maréchal de Napoléon au couronnement de la reine Victoria, que de lui rappeler la mésaventure de l'Empereur à Waterloo. Et la même curieuse distinction se retourne aussi dans l'autre sens. Depuis l'enfance, on nous parle d'une manière ennuyeuse de quelque chose qu'on appelait la rhétorique. À notre honte, nous avons oublié qu'il y eut, jusqu'à des temps très proches de nous, une noble chose qui s'appelait la rhétorique anglaise. Or, en tant que chose distincte de son ironie ou de son militarisme scientifique et objectif, la rhétorique de Belloc était intégralement une rhétorique anglaise. Il n'y avait rien dans cette rhétorique qui ne pût être dit par Cobbett et même par Fox, aux jours où l'authentique radical anglais pouvait s'adresser à une foule anglaise authentique. Ce qui a affaibli cet appel direct au peuple, ce fut le changement qui a transformé presque tous les Anglais en une classe de Londoniens de contrebande ; la rhétorique de Westminster est devenue de plus en plus pompeuse et hypocrite, tandis que l'esprit de Whitechapel devenait de plus en plus amer et irrespectueux. Mais, il était possible d'entendre encore, à l'occasion, même de mon temps, la Voix Historique ou bien un démagogue anglais vraiment viril, parlant, dans un anglais cru, d'émotions essentielles. Personne ne fit cela, quand il lui en prenait fantaisie, mieux que le vieux John Burns[22], pour qui j'ai fait campagne et pour qui j'ai si souvent voté au temps où je demeurais à Battersea. Citons cet exemple exemplaire. Il était assez naturel que le vieux fomenteur de grèves des dockers, devenu ministre en exercice, devenu aussi, par maints côtés, une force plutôt conservatrice, fut assailli par des groupes révolutionnaires comme on assaille un volcan éteint, sinon comme une forteresse déjà rendue. Mais Burns savait comment traiter ce genre d'assaut quant il s'adressait à des démocrates ; au lieu de se défiler en se réfugiant dans des fictions légales, il entrait profondément dans les faits humains. Attaqué avec malveillance par des socialistes à un meeting de Battersea[23] parce qu'il ne s'était pas opposé au *Royal Grant*[24] à la reine Mary, ou à je ne sais quelle princesse, lors des fêtes données pour la naissance d'un héritier, je peux fort bien imaginer de quelle façon le parvenu, l'arriviste libéral-travailliste de l'espèce accommodante et qui avait passé dans la classe dirigeante à travers le Parlement, dut expliquer sa

22. Right Honourable John Burns, né à Londres de parents écossais, en 1858. Études à Battersea ; fréquente les écoles du soir, et continue à s'instruire sans fréquenter les écoles : « Je suis venu au monde en luttant ; je lutte encore, et je projette de continuer à lutter ».

Fut d'abord mécanicien ; se tourne vers le socialisme ; député radical pour Battersea de 1892 à 1898. Président du « Local Government Board » de 1905 à 1918 ; ministre du Commerce en 1914 ; démissionna à la déclaration de guerre. Le premier « ouvrier » anglais qui soit devenu ministre. A publié un grand nombre de pamphlets, d'articles et de discours.

23. Quartier des docks de Londres.

24. Souscription nationale destinée à offrir une cadeau à une membre de la famille royale.

position dans des termes empruntés à l'étiquette de la Chambre. John Burns leur dit : « Je suis le fils de ma mère, le mari de ma femme. Si vous me demandiez de faire publiquement injure à une femme qui vient de mettre un enfant au monde, je ne vous suivrais pas ! » Voilà de la rhétorique anglaise, et elle vaut bien n'importe quelle autre rhétorique au monde.

Mais, si c'est une erreur complète de croire qu'il y avait quelque chose de spécialement français dans l'art oratoire, démocratique et direct, auquel Belloc recourait dans ce temps-là, il reste vrai que Belloc avait une autre qualité, qu'il pratiquait aussi, et qui, je crois, peut être vraiment appelée, celle-là, spécifiquement française. Nous avons souvent une idée assez sotte et en tout cas inexacte de l'esprit français ; la pleine richesse de ce fruit de la culture est rarement soupçonné par nous, même quand nous parlons de l'ironie française ; car la meilleure ironie française ne consiste pas uniquement à dire une chose alors qu'on pense le contraire ; c'est, en même temps, montrer et retenir, dans un même éclair, toute une série des aspects d'une chose ; comme un homme qui ferait jouer à la lumière les vingt facettes d'un joyau. Plus le propos est concis, irrespectueux, et en apparence superficiel, plus il y a dans cette ironie un élément de mystère. Il y a toujours, pour un esprit simple, un élément de confusion dans ce que comporte une citation comme celle de Voltaire, que je cite de mémoire : « Pour réussir dans le monde, il ne suffit pas d'être bête, il faut avoir de bonnes manières ». Chose curieuse, on retrouve exactement la même qualité dans le message militaire courant d'un soldat très peu disert et très réaliste ; dans celle de Foch, lors de la crise suprême de la Marne, par exemple : « Ma droite est durement pressée, ma gauche est en retraite ; situation excellente ; j'attaque. » Un tel propos pourrait être toutes sortes de choses, en dehors de la chose tout à fait réaliste et prosaïque qu'elle est. Elle pourrait être un paradoxe ; ou une vantardise ; ou l'amère plaisanterie du désespoir ; or, en fait, elle reste à chaque instant une description tout à fait exacte, aussi exacte qu'une carte militaire, des désavantages de la situation tactique immédiate de celui qui la formule. Je n'ai jamais aussi vivement senti qu'il y avait vraiment quelque chose de français chez Belloc que lorsqu'il lui prenait fantaisie de dire soudain des choses de cette nature dans une réunion publique, devant un auditoire d'ailleurs toujours complètement dérouté. Je me rappelle un jour où il faisait justement une conférence sur cette campagne de la grande Guerre ; conférence purement technique, truffée de chiffres et de plans. Or, il fit soudain une pause et ouvrit une parenthèse pour dire que personne, peut-être, ne comprendra jamais pourquoi Von Kluck fit la grande bêtise qu'il fit devant Paris : « Peut-être, dit Belloc, parlant comme un homme qui cherche et réfléchit, peut-être fut-il… inspiré ».

Or, on peut déduire de ce propos toutes sortes de choses, et dans toutes sortes de sens opposés. On peut le prendre pour une allusion sarcastique (à la Voltaire) à l'inspiration divine et aux désastres qu'elle apporte ; ou bien pour un sombre et mystérieux jugement comme celui auquel il est fait allusion quand : « Le Seigneur durcit le cœur du Pharaon »[25] ; ou pour toutes sortes de nuances subtiles entre l'une et l'autre hypothèse. Mais on ne pourrait jamais être tout à fait sûr d'avoir touché le fond des certitudes. C'est par là que cet étang ornemental, qui brille et qui a l'air si peu profond, et qu'on appelle l'esprit français, est, en fait, le plus profond de tous les puits ; et la vérité se trouve au fond.

Pour finir, on peut encore remarquer, à propos de Belloc, que cette diversité dans les procédés d'un même homme, et l'habitude qu'il a de garder distinctes ces diverses façons de voir expliquent l'accident par quoi beaucoup de gens furent déçus, déroutés, ou même « rasés » par Belloc de diverses manières ; c'est qu'ils cherchaient la confirmation d'une des légendes qui courent sur lui, au moment même où le hasard voulait qu'il se concentrât avec une froide férocité sur quelque chose de beaucoup plus prosaïque et de plus précis. Discutant avec Bernard Shaw de la loi sur les loyers, il observait, avec une gravité sévère que, si l'on voulait discuter d'économie, il était prêt à discuter d'économie ; mais que si M. Shaw voulait se livrer à des plaisanteries, il serait heureux de lui répondre sur le même ton, en vers comiques. À quoi M. Shaw, toujours prêt à se hisser à la hauteur d'une performance sportive, poursuivit la discussion en vers burlesques ; et Belloc répondit par une chanson sur « la langue de terre vers le sud du Strand », qui, dans ce temps-là, comprenait le

25. *Exode.*

quartier d'Adelphi[26]. Mais, chose caractéristique, sa chanson était vraiment une chanson, une chanson qui eût pu être chantée dans n'importe quel café comme chanson à boire.

L'un des événements les plus amusants de ma vie date du jour où je présidai la célébration à titre privé du soixantième anniversaire de Belloc. Il y avait là quelque quarante personnes ; presque toutes étaient ce qu'on appelle « des gens importants » au sens « notoriété publique » ; mais les autres étaient plus importants, au sens privé, puisque c'étaient les intimes de Belloc et ses relations les plus proches. La conjonction m'apparaissait comme une expérience curieuse, quelque chose qui tenait le milieu entre un rêve et le Jour du Jugement dernier, une réunion où des hommes de tous les clans et que j'avais connus en des circonstances diverses reparaissaient ensemble à mes regards comme dans une sorte de résurrection. Tout le monde comprendra ce sentiment ; il suffit d'avoir connu, comme la plupart des hommes, l'aventure d'être arrêté dans la rue par un étranger qui vous dit : « Comment vont les anciens ? » En de telles occasions, je prends soudain conscience d'avoir appartenu à pas mal de groupes d'anciens. Je connaissais assez bien la plupart des convives ; pour quelques-uns, les plus jeunes, je ne les avais rencontrés que tout récemment ; les autres, il y avait longtemps ; parmi eux se trouvaient, comme il arrive dans ces réunions, ceux de qui j'avais eu mainte fois l'intention de m'enquérir, sans avoir jamais satisfait ma curiosité. Bref, de toutes les sortes, l'espèce stupide exceptée ; et ce renouveau de camaraderie remuait en moi le souvenir de cent controverses. Il y avait là mon vieil ami Bentley, qui datait de mes premiers jours à l'école ; et Eccles, qui évoquait pour moi les premières bagarres politiques du temps des pro-Boers ; et Jack Squire (aujourd'hui Sir John), qui avait fait partie du cercle que je fréquentais au temps du *Eye Witness* et de la campagne de mon frère contre la corruption ; et

---

26. Ce quartier s'appelle Adelphi du mot grec, « adelphi » (frères), parce qu'il fut tout entier construit et décoré par les illustres frères Adam, Robert (1728-1792) et James, son cadet, mort en 1794. Créèrent un style qui porte leur nom et qui s'accorde admirablement avec les intérieurs Directoire français. Le quartier est menacé de disparaître.

Duff Cooper[27], jeune politicien, en plein essor, que j'avais rencontré à peine un mois auparavant ; et A.P. Herbert[28], à peu près du même âge ; et le brillant journaliste que je n'avais longtemps connu que sous le pseudonyme de « *Beachcomber* »[29] et dont je n'avais que récemment appris qu'il s'appelait Morton[30]. Tout cela promettait. Et ce fut, en effet, une très charmante soirée. Il ne devait pas y avoir de discours. On avait spécialement insisté auprès de moi pour qu'il n'y eût pas de discours. Moi seul, comme Président, devais être autorisé à dire quelques mots en remettant à Belloc un gobelet d'or ciselé d'après des vers de son poème héroïque à la louange du vin, poème qui finit en demandant qu'une telle coupe d'or soit la coupe de l'étrier à l'heure de ses adieux à ses amis :

27. Right Honourable Alfred Duff Cooper, né en 1890 ; études à Eton et à Oxford. Débuta comme député unioniste (1924-1929) ; secrétaire financier du ministère de la Guerre (1928-1929) ; député conservateur en 1931 et depuis encore secrétaire financier du ministère de la Guerre, de 1931 à 1934 ; puis secrétaire financier du Trésor (1934-35) ; ministre de la Guerre (1935-1937) ; premier lord de l'Amirauté depuis 1937. A servi pendant la guerre de 1914-1919 ; D.S.O. (Distinguished Service Order) ; avait servi autrefois dans les grenadiers de la Garde ; membre du « Privy Council » depuis 1935. Ambassadeur à Paris (1944-1947).

A publié : *Talleyrand* (en collaboration avec le lieutenant-colonel C.M. Headlam, 1932) ; *House of Lords or Senate ?* (1932) ; *Haig* (2 vol., 1935-36).

28. Allan Patrick Herbert, né en 1890, écrivain et homme politique ; études à Winchester et à Oxford ; termine « first class » en jurisprudence (1914) ; sert en France et à Gallipoli avec les Fusiliers marins (même année) ; puis de nouveau en France, où il est blessé.

Entré au barreau en 1918, ne plaida jamais ; secrétaire de Sir Leslie Scott, conseiller du Roi, membre du Parlement ; collabore à *Punch* où il signe « A.P.H. » (1910) et entre à la rédaction de ce journal en 1924. Membre du Parlement depuis 1935.

A publié : *The House-by-the-River ; Tinker Tailor… ; The Man about Town ; Laughing Ann ; Plain Jane ; The Water Gipsies* (son œuvre la plus connue) ; *Tantivy Towers* (opéra-comique), etc., etc.

29. Beachcomber, paria blanc des mers du Sud. Le nom lui fut donné parce que l'exilé volontaire, et parfois le naufragé, trouvait sur la plage tout ce dont il avait besoin pour subsister.

30. John Bingham Morton, né en 1893, a collaboré sous le pseudonyme de « Beachcomber » à la *Dublin Review*, au *New Witness*, à *New Age*, à *New Statesman*, au *Sunday Express*, au *Daily Express*, etc., etc.

Auteur, le plus souvent sous son nom, de : *The Barber of Putney* (1919) ; *Gorgeous Poetry* (1920) ; *Enchanter's Nightshade* (1920) ; *Penny Royal* (1921) ; *Cow jumped over the Moon* (1920) ; *Old Man's Beard* (1923) ; *Tally Ho !* (1924) ; *Mr Thake* (1929), etc., etc.

And sacramental raise me the divine
Strong brother in God and last companion, wine[31].

Je me bornai à dire quelques mots, et notamment qu'une cérémonie comme celle qui se déroulait eût pu tout aussi bien avoir lieu il y a des milliers d'années, au festival d'un grand poète grec ; que j'avais confiance que les sonnets de Belloc et ses robustes strophes resteraient comme sont restées les coupes grecques et les épopées ciselées des Grecs. Il répondit brièvement, avec une bonne humeur mélancolique, qu'à soixante ans, il se souciait peu de savoir si ses vers resteraient ou non : « Mais on m'assure, ajouta-t-il avec une emphase soudainement rallumée, on m'assure qu'à soixante-dix on recommence à se soucier de nouveau et terriblement du sort de ses vers. Si c'est vrai, j'espère bien mourir à soixante-neuf ans ». Alors les vieux amis s'attablèrent pour ce festin qui devait être si heureux parce qu'il n'y aurait pas de discours.

Vers la fin du dîner, quelqu'un me murmura qu'il serait bon, peut-être, qu'un mot fut dit pour reconnaître les efforts d'une personne (j'ai oublié son nom) qui était censée avoir organisé la fête. Je remerciai donc brièvement ; et l'autre plus brièvement encore, mais en ajoutant qu'il y avait erreur sur la personne, car le véritable auteur du projet était Johnnie Morton[32], alias « Beachcomber », assis immédiatement à sa droite. Morton se leva, solennel, remercia de cet honneur brusquement transféré sur sa tête, se tourna de côté et remercia chaudement celui qui se trouvait assis à sa droite (je crois que c'était Squire), disant que c'était lui qui avait inspiré cette idée magnifique d'un banquet en l'honneur de Belloc. Squire se leva à son tour, et, avec maints gestes courtois, expliqua que le convive assis à sa propre droite, M.A.P. Herbert, avait été le vrai, l'ultime inspirateur ; et qu'il n'était qu'équitable de révéler maintenant le secret. Dès cet instant, l'impitoyable logique de la plaisanterie était lancée à plein galop, et ne pouvait plus s'arrêter ; j'aurais voulu l'enrayer que je n'aurais pas pu. A.P. Herbert fut sur-le-champ à la hauteur des circonstances :

---

31. *Et soulève-moi, comme pour un sacrement, ce divin*
    Frère robuste en Dieu et dernier compagnon, le vin !
32. Voir note 28, ci-dessus.

avec une magnifique présence d'esprit, il donna à l'affaire un tour nouveau en même temps qu'original. C'est un orateur excellent, et, comme chacun sait, un auteur admirable ; mais je ne savais pas, avant ce jour-là, que c'est aussi un admirable acteur. Pour une raison qu'il connaissait mieux que personne, il décida de prétendre qu'il était le porte-parole officiel de je ne sais quelle *Société ouvrière bénévole* comme les *Oddfellows* ou les *Foresters*[33]. Il n'avait pas besoin de nous dire qu'il était en train de jouer un rôle ; le ton de sa voix nous le révéla dès les premiers mots. Je n'oublierai jamais l'exactitude de l'accent avec lequel il dit : « Mes amis, je suis sûr que nous sommes tous très heureux de voir parmi nous ce soir l'ex-druide Chesterton ». Mais il donna aussi à son discours une forme nettement logique. Il dit qu'à dire vrai, « c'était » pas à lui, mais à not' vieux et fidèle ami Duff Cooper que cette agréable soirée était due. Duff Cooper, assis près de lui, se leva ; et d'un air résolu, d'une voix sonore improvisa un speech, en imitant le ton d'un discours politique libéral, plein d'invocations à Lloyd George, son grand leader. Mais il ajouta que c'était M.E.C. Bentley, assis à sa droite, et non lui-même, qui avait organisé l'hommage à M. Belloc, pilier du libéralisme politique. Et Bentley, ayant jeté lui aussi un coup d'œil à droite, se leva avec cette gravité, cette indifférence dédaigneuse qui m'avait déjà frappé quarante ans plus tôt dans les clubs de débats de notre adolescence ; le souvenir de ses lunettes balancées, de sa solennité débonnaire me revint à travers les années avec cette intensité qui fait monter aux yeux les larmes qui viennent des souvenirs trop lointains. Avec cette prononciation précise qui est la sienne, il dit qu'il avait suivi, durant toute sa vie, une règle simple et suffisante. Devant chaque problème, il s'était toujours contenté de s'en référer exclusivement à l'opinion du professeur Eccles ; pour tous les détails de sa vie quotidienne, dans le choix qu'il avait fait d'une femme, d'une profession, d'une maison, d'un dîner, il n'avait jamais rien fait de plus que de mettre à exécution tout ce que le professeur Eccles lui avait d'abord conseillé ; dans la circonstance présente, tout ce qui pouvait donner à croire qu'il avait lui-même organisé le banquet Belloc n'était qu'un paravent destiné à masquer l'influence du professeur Eccles. Le professeur Eccles

33. Sortes de franc-maçonneries.

répondit à peu près sur le même ton, mais avec plus de réserve encore, disant qu'on l'avait pris par erreur pour l'homme qui était assis près de lui, et qui était, lui, le véritable instigateur de la fête. Ainsi, par un acheminement fatal, inéluctable, le procédé fit le tour de la table, jusqu'à ce que chacune des personnes présentes eût fait un discours. C'est le seul dîner auquel j'aie assisté dont il fut littéralement vrai de dire que chaque convive y fit son discours d'après-dîner. Telle fut l'heureuse fin de cet heureux banquet, prévu pour être sans discours.

Moi-même, et quoique bien éloigné de penser qu'on avait fait trop de discours, je ne pris pas de nouveau la parole. Pourtant certains fragments de phrases, le souvenir d'un poète victorien défunt, Sir William Watson[34], que j'avais connu, flottaient en mon esprit ; et si j'avais dit quelque chose, ce sont ces phrases-là que j'eusse dû dire. Oui, ce que le poète disait à son ami, c'est là ce que j'aurais pu ajouter, dans un sentiment purement personnel, à tout ce qui fut dit ce soir-là sur Hilaire Belloc ; et je n'aurais eu nulle honte si les mots avaient paru sonner comme un sujet de vantardise :

Nor without honour my days ran,
Nor yet without a boast shall end ;
For I was Shakespeare's contryman
And were not you my friend ?[35]

---

34. Sir William Watson (1858-1935), poète ; fils d'un fermier du Yorkshire. Premiers ouvrages : *The Prince's Quest* (1880) et *Epigrams of Art, Life and Nature* (1884) ; n'attira l'attention du public qu'en 1890 avec *Wordsworth's Grave*.

Œuvres principales : *Lachryma Musarum* et *Lyric Love* (1892) ; *The Eloping Angels* (1893) ; *Odes and Other Poems* (1894) ; *The Father of the Forest* (1895) ; *The purple East* (1896) ; *The Year of Shame* (1896) ; *For England* (1903) ; *Collected Poems* (2 vol., 1906) ; *Sable and Purple* (1910) ; *The Heralds of the Dawn* (1912) ; *The Muse in Exile* (1913) ; *The man who saw* (1917) ; *The Super-human Antagonists* (1919) et *Poems, Brief and New* (1925).

35. Citation d'un poème de Sir William Watson, qui pourrait à peu près se traduire ainsi :
Ni sans honneur furent mes jours
Ni sans me vanter finiront
Car de Shakespeare je fus compatriote
Et ne fus-tu point mon ami ?

CHAPITRE XV

LE VOYAGEUR INACCOMPLI[1]

Si ces mémoires de moi ne sont pas abondamment datés, ni avec
beaucoup d'exactitude, de même que mes lettres ne sont jamais datées du
tout, j'espère que personne ne me soupçonnera d'avoir voulu manquer

1. G.K.C. doit penser au *Compleat Angler* (le pêcheur accompli) d'Izaak Walton,
manuel du pêcheur à la ligne et livre classique en Angleterre. Curieuse figure que
celle de cet Izaak Walton (1593-1683), qui écrivit par hasard un chef-d'œuvre. Né à
Stafford, débuta comme apprenti chez un quincaillier ; s'établit à son compte en 1614 ;
membre honoraire de la corporation des quincailliers (1618). Ami de Donne (voir
note 33, chap. VI) et de beaucoup d'autres personnalités littéraires. Avait commencé
à écrire des vers avant 1619. Publie plusieurs biographies : *Life of D*r *John Donne*
(1640) ; *Life of Sir Henry Wotton* (1651) ; *Life of Richard Hooker* (1665) ; *Life of
George Herbert* (1670) ; *Life of Bishop Robert Sanderson* (1678) ; mais ce ne sont
point ces tentatives, d'ailleurs honorables, qui lui valurent l'immortalité. Ce fut son
livre célèbre : *The Compleate Angler, or the Contemplative Man's Recreation*, publié
en 1653 (deuxième édition augmentée en 1655). C'est un discours sur la pêche,
présenté sous la forme d'un dialogue entre l'auteur : Piscator, un pêcheur, Anceps, un
oiseleur, et Venator, un chasseur. Anceps abandonne la discussion et Venator devient
le disciple du pêcheur. Le dialogue se poursuit alors entre le maître et le disciple ;
c'est ici que l'auteur expose toutes les instructions sur toutes les formes possibles de
pêche à la ligne ; chose singulière, sa compétence en matière de pêche à la mouche
laissait beaucoup à désirer.

[Charles Cotton (1630-1787) tenta de remédier à ce défaut, et publia un dialogue
complémentaire entre Piscator et Venator, qui parut en 1676 dans la cinquième édition
du *Compleate Angler*.]

Izaak Walton entremêle son discours sur les poissons, les rivières, les étangs, les
cannes à pêche et les lignes de réflexions morales, de vieux poèmes, de chansons,
de dictons et de vues idylliques sur la vie rurale ; et tout le livre est imprégné d'un
charme, d'une fraîcheur, d'une bonne humeur qui lui a valu la faveur de toutes les
générations qui se sont succédées depuis lors. Les éditions princeps du *Compleate
Angler* sont parmi les plus recherchées des bibliophiles anglais.

exprès de respect à cette grande école académique d'histoire qui est généralement désignée aujourd'hui sous le nom de « 1066 et tout ça »[2]. J'ai quelques rudiments de connaissance sur ce qu'on peut appeler 1066 ; je sais, notamment que la conquête n'eut pas lieu, en réalité, avant 1067. Mais je considère le fait comme sans grande importance, comparé, disons : à la notion courante d'après laquelle les Normands ne dressèrent des tours en Galilée, en régnèrent sur la Sicile, et ne préparèrent la naissance de saint Thomas d'Aquin, que pour pouvoir rendre les Anglo-Saxons encore plus anglo-saxons, dans le lointain espoir qu'ils deviendraient un jour anglo-américains. Bref, j'ai le plus profond respect pour la date de 1066 ; mais je continuerai bien humblement à livrer à « tout çà », c'est-à-dire à tout le reste, une guerre impitoyable.

En ce qui me concerne, réparations et compromis viendraient d'ailleurs trop tard. J'ai écrit plusieurs livres qui ont passé pour être des biographies, des vies d'hommes qui avaient été réellement grands et remarquables, mais toujours en leur refusant méchamment les plus élémentaires détails de chronologie ; n'est-il pas vrai qu'il serait d'une méchanceté plus que mortelle d'avoir aujourd'hui l'arrogance de me montrer précis pour les faits de ma propre vie, après avoir tellement failli à être exact en parlant de la leur. Que suis-je donc moi-même que je doive être daté avec plus de soin que Dickens ou que Chaucer[3] ? Quel sacrilège si je réservais pour moi ce que j'ai négligé de rendre à saint Thomas, à saint François d'Assise ! Le cas me semble ici bien clair ; la plus banale humilité chrétienne me commande de poursuivre dans la voie du péché.

Mais s'il est vrai que je ne date pas mes lettres, non plus que mes esquisses littéraires lorsque je travaille chez moi, réglé jusqu'à un certain point par la pendule et par le calendrier, encore moins suis-je capable d'une pareille ponctualité quand l'esprit sans horaire d'un voyage d'agrément m'a non seulement lancé à travers l'espace, mais projeté en dehors du temps. Je ne consacrerai que ce court chapitre à quelques notes de voyage, la plupart de mes carnets de notes ayant

2. En octobre 1930 a paru un petit ouvrage intitulé « 1066 and All That », par Walter Carruthers Sellar et Robert Julian Yeatman. C'est une histoire abrégée des grands événements de l'histoire d'Angleterre, à l'usage des petits et des grands, traitée avec humour, et qui eut un tel succès que son titre est devenu locution courante.
3. Voir note 22, chap. XII.

déjà été utilisés pour faire des livres, sur l'Irlande et sur l'Amérique, sur la Palestine et sur Rome. Je ne ferai ici qu'effleurer quelques faits que le hasard a voulu que je n'aie point relatés ailleurs : un voyage en Espagne ; ma seconde visite en Amérique ; et ma première visite à la Pologne, dont j'espère bien pouvoir dire que ce ne sera pas la dernière.

Qu'on me laisse d'abord repaître ma faim des dates du dattier de Palestine, si l'on me passe cette plaisanterie ; et mettre ainsi, au moins, dans leur ordre véritable les premiers jours que j'ai passés là-bas ; quand je devrais parler de quelques faits postérieurs dans un ordre moins rigoureux. Je puis fièrement déclarer que j'ignore la date exacte de mon pèlerinage à Jérusalem ; un peu parce que c'était un an après la fin de la Grande Guerre, un peu parce que, lorsque mes éditeurs me proposèrent ce voyage en Terre Sainte, le projet m'apparut d'abord comme un voyage dans la lune. C'est que c'était le premier de mes longs voyages, à travers un pays encore dangereux, un pays encore sous les armes. Il devait comporter une traversée nocturne du désert, dans quelque chose qui ressemblait beaucoup à un camion à bestiaux ; et c'est aussi que certaines parties de la Terre Promise ont un peu l'aspect de paysages lunaires. Pour quelque raison singulière, un incident, dans ce désert, domine encore ma mémoire ; pas besoin de parler pour cela de la politique palestinienne ; mais le fait est que j'ai erré en voiture par le désert en compagnie d'un petit sioniste zélé. Au premier abord, il me fit presque l'effet d'un monomane, de l'espèce qui, quand on lui déclare qu'il fait beau, se hâte de répondre : « Oui, tout à fait le temps qu'il faut pour nos projets ». Mais j'en vins à trouver son aventure sympathique ; et, quand il m'eût dit : « C'est un pays charmant ! J'aimerais avoir dans ma poche le chant de Salomon et errer à ma fantaisie », je sus que, juif ou gentil, fou ou sain d'esprit, nous étions tous deux de la même sorte. Le « pays charmant » était un désert de terrasses rocheuses, qui s'étendaient à perte de vue jusqu'à l'horizon ; spectacle vraiment impressionnant ; sauf nous et le chauffeur, pas une chose humaine en vue. Ce chauffeur était un géant aux noirs sourcils, le type juif, rare, mais authentique, qui devient boxeur professionnel[4]. Il conduisait très bien ; et la règle,

---

4. G.K.C. parle ici de ces juifs de Whitechapel qui fournissent la presque totalité des boxeurs professionnels en Angleterre.

dans ces contrées, est qu'une Ford peut passer partout, pourvu qu'elle ne roule pas sur la route. Il s'était porté à quelque distance en avant pour déplacer des pierres tombées ; je fis observer cette pertinence. Près de moi, le petit professeur au teint basané avait déjà tiré un livre de sa poche ; mais il répondit sans s'émouvoir : « Oui. Je ne le connais que très peu. Entre nous, je crois que c'est un assassin ; mais je n'ai pas voulu avoir l'indiscrétion de faire une enquête. » Il se remit à lire le chant de Salomon tout en savourant cette odeur d'épices qui se lève quand le vent du sud souffle sur les jardins. L'heure était pleine de poésie, et non exempte d'ironie.

Les dates de mon premier et de mon second voyage en Amérique ont pour moi une signification véritable ; car l'un eut lieu un an à peu près avant le voyage de Palestine ; l'autre est relativement récent (1930). Ce n'est pas seulement, pour le premier, que la date fut très voisine de la fin de cette lubie monstrueuse, et prolongée, qui s'appelle la prohibition. Je ne m'attarderai pas ici à disputer avec le sot qui pense qu'il est risible de s'opposer à la Prohibition. Mais voici qui se rattache à la même conception : le premier voyage eut lieu au moment de la hausse, l'autre vit le commencement de la baisse, et, ce qui est plus important, une révolution profonde dans l'esprit des Américains vraiment intelligents. Il n'est pas sans intérêt de constater qu'en ce qui concerne la prohibition, ils avaient complètement évolué ; au début de l'expérience, même ceux qui la désapprouvaient croyaient qu'elle serait efficace ; à la fin, même ceux qui étaient pour la prohibition avaient cessé d'y croire. Mais, ce qui est beaucoup plus curieux, c'est que, vers la fin, des gens qui avaient été toute leur vie des républicains parlaient de voter pour Franklin Roosevelt ; même ceux qui avaient maudit la démagogie de Théodore Roosevelt. Les Américains ont connu chez eux plus de ploutocratie que quiconque ; mais je ne suis pas sûr qu'ils ne commencent pas à y voir clair les premiers.

Pour le surplus, ma dernière tournée en Amérique a consisté à n'infliger pas moins de quatre-vingt-dix-neuf conférences à des gens qui ne m'avaient jamais fait le moindre mal. Le reste, qui fut très agréable, se fragmente, comme un rêve, en petits incidents isolés. D'abord un vieux porteur nègre, le visage pareil à une noix, que j'avais découragé de brosser mon chapeau et qui m'avait riposté d'un ton de reproche : « Oh, jeune homme ! Ti perdre trop tôt dignité ! Ti dois être beau pour plaire jolies filles ! » Puis un grave messager qui, dans un hôtel de Los Angeles, vint me voir de la part d'un des grands magnats du cinéma désireux d'obtenir que je me laisse photographier en compagnie de vingt-quatre reines de beauté vêtues en baigneuses. Léviathan parmi les Néréides. Offre qui fut déclinée, à la surprise générale. Et puis, l'effort épuisant, surhumain pour me montrer équitable envers les subtilités de la controverse évolutionniste, le jour où je m'adressai aux étudiants de Notre-Dame (État d'Indiana) dans une série de conférences sur « la littérature victorienne » ; nulle trace, nul compte rendu n'en est resté, sinon qu'un des auditeurs écrivit au milieu de son carnet de notes resté vierge : « Darwin a fait beaucoup de mal ». Je ne suis pas du tout certain qu'il avait tort ; mais c'était tout de même une extrême simplification de mes raisons d'être agnostique quant aux déductions agnostiques, dans un débat sur Lamarck[5] et sur Mendel[6]. Et puis encore : un débat sur l'histoire de la religion, avec un sceptique très notoire, qui, lorsque je tentai de parler de cultes grecs et d'ascétisme asiatique, parut incapable de penser à autre chose qu'à Jonas et qu'à la Baleine. Mais c'est la malédiction qui pèse sur l'amusante carrière de conférencier qu'elle semble n'offrir que des comédies sur la scène éclairée ; et j'ai déjà

---

5. Jean Baptiste Antoine Pierre Monet de Lamarck (1744-1829), naturaliste français, évolutionniste d'avant Darwin (voir note 45, chap. VII). Officier à 17 ans ; séjourne à Toulon et à Monaco ; s'intéresse à la flore méditerranéenne ; quitte l'armée après avoir été blessé ; employé de banque, se consacre à l'étude de la botanique. Publie une *Flore française* (1773) ; l'année suivante : membre de l'Académie et conservateur du Jardin royal (plus tard : Jardin des Plantes), où il fut, pendant vingt-cinq ans, chargé du cours de zoologie des invertébrés. Vers 1801, commence des recherches sur l'origine des espèces ; cette étude le conduisit à des conclusions qu'il formula dans son célèbre ouvrage : *Philosophie zoologique* (1809). Publia ensuite une *Histoire des Animaux sans vertèbres* (1815-1822).

Rompant avec les vieilles notions des espèces, Lamarck a cherché à expliquer leurs transformations et leur évolution et préparé ainsi la voie à l'un des théories actuellement acceptées. (Voir note 45, chap. VII).

6. Gregor Johann Mendel (1822-1884), célèbre naturaliste autrichien ; ordonné prêtre dans un cloître augustinien de Brünn en 1847 ; se rendit à Vienne où il étudia les sciences (1851-1853) ; rentré à Brünn abbé, après s'être livré à des recherches remarquables sur l'hybridité des végétaux, il formula les principes de l'hérédité qui l'ont rendu célèbre et établit les fondements de l'étude scientifique moderne de l'hérédité.

Mendel fut le premier à énoncer des lois précises sur la transmission des caractères spécifiques. La valeur de son œuvre ne fut reconnue que plusieurs années après sa mort.

dit que je ne crois pas que l'Amérique les prenne beaucoup plus au
sérieux que je fais moi-même. Les commentaires vraiment américains
furent toujours sérieux et sensés ; et nulle remarque ne fut plus sérieuse
et plus sensée que celle de ce magnat de l'industrie mécanique, qui
me dit : « Les gens devraient retourner à la terre ».

Pour ce qui est de la France, je m'y étais promené de-ci de-là
depuis toujours, c'est-à-dire depuis que mon père m'y avait emmené
enfant ; et Paris était la seule capitale étrangère que je connusse. C'est
à mon père que je dois d'avoir au moins été un voyageur, et non point
un touriste. Le distinguo n'est pas d'un snob ; en fait, il est plutôt la
marque d'une époque que celle d'une éducation ; la moitié de tous les
malentendus dont l'homme moderne est si souvent victime viennent
de ce qu'on le forme à comprendre les langues étrangères, et à se
méprendre sur l'étranger. Le voyageur voit ce qu'il voit ; le touriste
voit ce qu'il est venu pour voir. Ce n'est pas « parce qu'elle était
belle » que le vrai voyageur, dans les poèmes épiques anciens, ou
dans les contes populaires, prétendait aimer la belle princesse. Cela
est encore vrai d'un pauvre matelot, d'un chemineau ; en bref, d'un
voyageur. Ainsi, le voyageur n'a pas besoin de se faire une opinion
sur les journaux de Paris ; mais s'il le désirait, il est probable qu'il
commencerait par les lire. Le touriste, lui, ne les lit jamais, les appelle
des feuilles de chou, et en sait à peu près autant sur ces feuilles que
le *chiffonnier*[7] qui les cueille dans les poubelles avec son crochet.
Je n'en donnerai qu'un exemple, attendu qu'il rappelle le rôle que
j'ai joué dans une très vieille controverse. À un moment donné,
l'Angleterre tout entière fut amenée à tirer deux grandes conclusions
morales sur le cas d'un homme appelé Zola, ou plus exactement sur
deux hommes, qui s'appelaient tous deux Zola. Le premier n'était
qu'un Français malpropre ; un pornographe, que nous emprisonnions
par procuration, même dans la personne de son éditeur. Le second
fut un héros et un martyr de la vérité, et probablement torturé par
l'Inquisition, tout comme Galilée. Cette vérité se rattachait à l'affaire
Dreyfus ; journaliste, placé dans les coulisses, je découvris bientôt que
la vérité n'était pas si simple. Déroulède disait : « Dreyfus peut être
coupable ou pas coupable, mais la France n'est pas coupable ». Moi

7. En français dans le texte.

je dis que Dreyfus peut avoir été innocent, mais que les dreyfusards ne furent pas toujours innocents ; même quand c'étaient des journalistes anglais. Ce fut là la première révélation que j'eus de notre propagande de presse, et ce fut affreux. Je ne parle pas de la conclusion, mais des méthodes des dreyfusards ; un Écossais intelligent, et d'opinion tout à fait indépendante, ami d'Oxford de Oldershaw, m'a dit qu'ils avaient carrément proposé de commettre un faux, en falsifiant les dimensions de l'écriture. Mais c'est Zola qui est ici en cause : il fut d'abord obscène, et puis noble ; même dans ses portraits, son front se dégagea, sa nuque fut moins épaisse. Or, je ne voudrais aller, en parlant du pauvre Zola, ni à un extrême ni à l'autre ; mais le hasard voulut que je fusse justement à Paris le jour du transfert de ses cendres au Panthéon. Paris était farouchement divisé ; j'achetai dans un café l'une de ces feuilles fanatiques où Maurice Barrès, *littérateur*[8] plutôt isolé, exposait les raisons pour lesquelles il avait voté contre l'apothéose ; il condensait en une seule phrase tout ce que j'ai essayé de dire ici sur les pessimistes, les athées, les réalistes et tout le reste. Il disait qu'il n'avait aucune objection contre l'obscénité : « Je me soucie peu de savoir jusqu'où l'on force l'esprit de l'homme à descendre ; pourvu qu'on ne casse pas le ressort ».

Naturellement, la plupart d'entre nous ne regarderaient même pas de telles feuilles de chou ; elles sont pourtant pleines de remarques de cette taille pour celui qui, non content de condescendre à les regarder, pousse la curiosité morbide jusqu'à les lire. La remarque de Barrès me semble, à moi, un commentaire bien plus important sur ce que Zola symbolisait, que le simple fait que Zola représentait le parti dreyfusard ; même s'il était aussi digne de foi concernant Dreyfus qu'il était indigne de foi concernant Lourdes ; ce qui ne fait aucun doute. Or, cette espèce de commentaire-là, nous ne l'avons pas, en Angleterre, car la verbosité, les méthodes commerciales et l'impression soignée ne fournissent pas ce genre de commentaire-là. Mais nous avons en propre de bonnes choses qui compensent cette carence ; et les meilleures de ces choses sont des choses dont nous n'entendons pour ainsi dire jamais parler.

8. En français dans le texte.

Somme toute, le pays le plus bizarre que j'aie visité, c'est l'Angleterre ; mais je l'ai visitée de très bonne heure, et c'est ainsi que je devins moi-même un peu bizarre. L'Angleterre est un pays extrêmement subtil ; mais, le meilleur de ce qu'on y trouve est une chose qui veut rester secrète ; traditionaliste, elle l'est naturellement, non professionnellement ; elle l'est même plus qu'elle n'est aristocratique ; et elle n'est jamais officielle. Parmi ses bizarreries très estimables, et d'ailleurs à peine perceptibles, il y a celle d'un certain type d'Anglais, que j'ai fréquemment rencontré en voyage, mais jamais dans les livres de voyage, et qui expie en somme les crimes du touriste anglais ; on pourrait l'appeler l'exilé anglais. C'est un homme nourri de bonne culture anglaise, qui se consacre très ardemment et sans aucune affectation à une culture étrangère particulière. En un certain sens, il a déjà souvent figuré dans ce récit ; car Maurice Baring avait exactement cette attitude à l'égard de la Russie, et le professeur Eccles envers la France. Mais j'ai rencontré aussi un gentleman anglo-irlandais, personnage académique, mais particulièrement charmant, et qui faisait la même chose ; il cherchait à pénétrer, en y mettant beaucoup de sympathie, l'âme de la Pologne ; et j'en ai rencontré un autre, qui cherchait à découvrir les secrets de la musique espagnole à Madrid. Ils sont partout, éparpillés comme des points sur la carte du monde, et faisant un travail utile, non seulement pour l'Europe, mais très réellement pour l'Angleterre ; et qui démontrent à des antiquaires lithuaniens, ou à des géographes portugais, que nous ne sommes pas tous que des vantards, ou des malotrus ; mais que nous descendons de gens capables d'interpréter Plutarque et de traduire Rabelais. Ils ne sont qu'une minorité, microscopiquement réduite ; comme sont, d'ailleurs, presque tous les groupes d'Anglais qui savent vraiment ce qui se passe ; mais ils sont comme une semence, donc comme un secret. Ce n'est peut-être qu'une coïncidence, mais elle est plaisante et curieuse : la plupart de ces Anglais sont d'un type physique donné : tendance légère à la calvitie ; et tous ont d'aimables sourires sous des moustaches démodées. Si la sociologie était une science, hypothèse d'ailleurs absurde, je me targuerais d'avoir, tout comme un savant disciple de Darwin, découvert une espèce. C'est en me souvenant de ces hommes-là que je trouve aisé de parcourir rapidement, pour remplir ce court chapitre, les différents pays dont ils sont nos diplomates très officieux.

J'aime la France ; et je suis heureux de l'avoir vue d'abord quand j'étais jeune. Car, quand un Anglais a compris la France, il a compris le plus étranger des étrangers. La nation la plus voisine est maintenant pour nous la moins accessible. L'Italie et l'Espagne, et plus spéciale-ment la Pologne, ressemblent beaucoup plus à l'Angleterre que cette forteresse carrée de citoyens égaux et de soldats romains ; pleine de conseils de famille, de *patria potestas* et de propriété privée toujours régie par le droit romain ; le château-fort, la citadelle de la Chrétienté. La chose est évidente pour l'Italie, premier exemple. Quand je fus pour la première fois à Florence, j'eus l'impression vague que cette cité italienne était peuplée de dames anglaises ; et qu'elles étaient toutes théosophes. Mais quand je fus pour la première fois à Assise, après être allé à Rome (et je le dis en plus d'un sens), je dus constater que cette impression n'était pas tout à fait équitable. C'est un fait qu'il existe une certaine affinité entre la culture anglaise et l'italienne, tandis qu'il n'y en a pas encore entre la culture anglaise et la française. C'est un fait qu'il existe quelque chose qui réchauffe le cœur, quelque chose de romantique grâce à quoi nous voyons comme teintées d'or les raides falaises qui dominent la plaine, vers Perugia ; et c'est là une chose qui trouve son écho chez les deux peuples. Les Anglais apprécient saint François comme ils n'apprécient pas Pascal ou le curé d'Ars. Les Anglais peuvent lire le Dante dans une traduction, même s'ils ne savent pas lire l'italien. Mais ils ne peuvent pas lire Racine, même s'ils savent lire le français. En un mot, ils ont quelque compréhension du médiévalisme italien tandis qu'ils n'ont même pas une lueur de la granitique grandeur du classicisme français. Le surnom de Rossetti[9] ne fut pas tout à fait un accident. La dévotion que mon vieil ami Philip Wicksteed a vouée au Dante fut un exemple excellent de ce que je veux dire quand je parle du type d'Anglais atteint d'une marotte étrangère.

J'éprouvai cela encore quand, me trouvant à Madrid, où j'allais faire des conférences, j'y rencontrai cet Anglais timide et courtois qui eût pu faire un cours aux Espagnols sur leurs propres airs de musique et sur leurs chansons. Ce peuple espagnol, je n'ai pas senti qu'il fût, d'une façon insurmontable, différent du peuple anglais ; mais j'ai

9. Voir note 20, chap. XIII.

senti qu'un puritanisme stupide avait interdit aux Anglais de laisser paraître ces émotions saines et cordiales que l'Espagnol a le droit de montrer. L'émotion la plus manifeste, à ce qu'il m'a semblé, c'est la fierté que les pères tiraient de leurs petits garçons. J'ai vu un petit garçon courir d'un bout à l'autre d'une avenue bordée d'arbres pour se jeter dans les bras d'un ouvrier mal vêtu qui l'étreignit avec une sorte d'extase heureuse, plus que maternelle. On peut dire, évidemment, que voilà qui n'est pas anglais du tout, ce qui semble une réflexion peu généreuse pour les Anglais. Je préfère dire qu'il n'est que trop probable que l'ouvrier espagnol n'avait pas suivi les cours d'une école publique anglaise. Mais il est certain qu'il existe très peu d'Anglais qui n'aimeraient pas que la chose leur arrivât. Le puritanisme n'est qu'une paralysie, qui se raidit en stoïcisme quand elle manque de religion. Cette sorte de chaleur et cette absence de méthode furent mes grandes impressions d'Espagne. Si, j'ai vu l'Escurial. Et, grand merci, j'ai visité Tolède ; c'est splendide ; mais où je revois le mieux l'Espagne, c'est quand je me rappelle une paysanne bien plus splendide en train de servir du vin par gallons entiers sans cesser un instant de parler.

J'ai récemment revisité l'Espagne, si les Catalans me permettent d'appeler cela l'Espagne (question d'opinion à part, je trouve très sympathiques ces nuances sensibles), car je l'ai revisitée au cours d'un véritable raid, dans une voiture qui ne savait que foncer à toute allure le long des côtes, vers Tarragone. Raid gracieux, à plus d'un titre, mené par un moteur aux mains de Miss Dorothy Collins, à la fois secrétaire, messagère, chauffeur, guide, philosophe, amie par-dessus tout, et sans qui ma femme et moi eussions été souvent sans amis, et en grand besoin de philosophie. Car, après avoir traversé la France, franchi les crêtes des Pyrénées comme Charlemagne, celles des Alpes comme Napoléon (ou comme Hannibal accompagné par un éléphant), Miss Collins me ramena de nouveau à Florence, où j'allais faire une conférence, puis rebroussa chemin, à travers la Suisse, jusqu'à Calais, où commença le grand assaut.

Au cours duquel j'ai fait deux expériences curieuses, dans deux cafés étrangers. Le premier était situé hors des portes de Barcelone, et son propriétaire était un authentique gangster américain, qui avait fait un livre avec le récit de ses vols organisés, de ses chantages à la rançon. Modeste, comme tous les grands hommes, pour ce qui était de cette habileté dont il avait fait preuve au cours d'importantes affaires (cambriolages, et vols de grands chemins) il était beaucoup plus fier de son expérience littéraire, et de son livre en particulier ; mais, comme bien d'autres hommes de lettres, il était mécontent de ses éditeurs. Il disait qu'il avait traversé la Manche juste à temps pour découvrir qu'ils lui avaient volé la presque totalité de ses droits d'auteur. Je lui répondis que le procédé me semblait indigne, et vraiment je sympathisais. « Ma parole, ajoutai-je, c'est là du vol, tout bonnement ». « C'est aussi mon avis ! » fit-il, assénant sur la table un coup de poing indigné : « Un vol pur et simple ».

L'autre expérience fut sans date, même dans ma vie non datée ; car j'avais oublié le temps, et je n'avais aucune notion de quoi que ce fût, ni lieux, ni choses, le jour où, dans une petite ville française, j'entrai par hasard dans un café tout bruissant de paroles. La T.S.F. bêlait des chansons sans qu'on y prît garde ; ce qui n'a rien de surprenant, le langage des Français valant bien mieux que la T.S.F. Tout à coup (je ne sais comment) j'entendis une voix, et cette voix parlait en anglais ; une voix que j'avais déjà entendue. Et j'entendis les mots « … où que vous soyez, chers concitoyens, dans ce pays, ou de l'autre côté des mers… ». Et je me rappelai soudain la monarchie, et un vieux cri de la monarchie ; car celui qui parlait, c'était le roi d'Angleterre. Ce fut ainsi que je célébrai le jubilé.

Retraversant la France pour rentrer au pays, je réfléchissais à ce fait singulier d'avoir trouvé ces pays lointains si proches de nous ; et je me disais que les deux nations qui sont le plus près de nous sont celles-là même que nous ne comprenons jamais : l'Irlande et la France. Pour ce qui est de l'Irlande, j'en ai déjà beaucoup parlé ; et je n'ai rien de plus à en dire, car je n'ai à me rétracter en rien. J'ai écrit sur l'Irlande à l'heure de sa tragédie, après la rouge aurore du Soulèvement de Pâques[10] et le cauchemar de la menace de la conscription ; et, encore, à l'heure de son triomphe, quand le Congrès eucharistique brûla d'ardeur dans Phœnix Park[11], devant des millions de personnes, et que toutes les épées, toutes les trompettes saluaient ce qui était

10. Il s'agit des émeutes du lundi de Pâques, en 1915.
11. C'est le plus grand parc de Dublin, un peu comme le Hyde Park de Londres ou notre Bois de Boulogne.

en effet un phénix. Mais il est un autre pays, pas très différent de l'Irlande par sa tragédie et par son triomphe, et de qui je dirai un mot pour terminer. Quelque jour peut-être, je tenterai d'écrire une étude plus complète. Dans ce chapitre, je me contenterai de rappeler une ou deux choses ; non point celles dont je pourrais me souvenir, mais celles que je ne pourrais oublier.

Quand je visitai la Pologne, j'eus l'honneur d'être l'invité du Gouvernement ; mais toute l'hospitalité que je reçus en Pologne a été beaucoup trop naturelle pour que je me souvienne de ce qui fut officiel. Il y a à Varsovie une taverne souterraine où les hommes boivent un Tokay qui guérirait tout officiel de son officialité ; on y chantait les chansons de marche des Polonais. Cracovie est maintenant d'autant plus la ville polonaise qu'elle n'est pas la capitale ; et ses secrets sont bien mieux explorés par des hommes comme le professeur Roman Dyboski[12] qu'ils pourraient l'être par un personnage emberlificoté dans l'art de gouverner. Toutefois, j'ai pu voir quelque chose de cet art difficile de l'homme d'État, assez en tout cas pour savoir que tout ce qu'on en dit dans les journaux qui parlent de ce qu'ils nomment le couloir polonais est dépourvu de sens. La généralisation la plus équitable pourrait se formuler ainsi : certains événements récents seraient mieux compris, si chacun voulait voir le fait, évident en soi, que les Polonais n'ont jamais le choix qu'entre des maux. J'ai rencontré le grand Pilsudski, et ce grand et un peu rude vieux soldat m'a dit, en substance, qu'*à choisir*, il préférait l'Allemagne à la Russie. Il est non moins clair que son rival Dmowski, qui, lui aussi, nous reçut d'aimable façon dans sa retraite rurale, avait décidé qu'*à choisir*, il préférait la Russie à l'Allemagne. J'avais déjà rencontré cet homme intéressant ; le docteur Sarolea l'avait amené chez moi ; et le Belge, à sa façon, qui était malveillante, voire diabolique, avait

12. Roman Dyboski, né en 1883, docteur en philosophie de l'Université de Vienne ; membre de l'Académie de Pologne et professeur de littérature anglaise à l'Université de Cracovie ; membre du corps enseignant de l'École d'Études slaves à l'Université de Londres. Agent actif de propagande littéraire anglaise en Pologne et de propagande polonaise en Angleterre.
    Parmi ses ouvrages, citons : *Poland Old and New* (1926) ; *Some Aspects of Contemporary England* (1928) ; *Rise and Fall in Shakespeare's Dramatic Art* (1923), etc., etc.

provoqué le Polonais sur le chapitre de son antisémitisme, lui disant d'un air qui paraissait convaincu : « Après tout, votre religion vient des Juifs ». À quoi le Polonais avait riposté : « Ma religion vient de Jésus-Christ, qui fut assassiné par les Juifs ». Pilsudski avait aussi beaucoup de sympathie pour les Lithuaniens, bien que Lithuaniens et Polonais se querellassent en ce temps-là. Il était enthousiaste de Wilno ; et je découvris plus tard, sur la frontière, un site historique où Polonais et Lithuaniens sont en paix, même lorsqu'ils sont en guerre.

Je voyageais en voiture avec une spirituelle Polonaise, qui connaissait bien la mentalité de tous les pays d'Europe, sans excepter l'Angleterre (comme c'est la barbare habitude des Slaves) ; je notai seulement que sa voix changeait (dans le sens, à peine sensible du reste, de la froideur) comme nous faisions halte devant une voûte qui ouvrait sur une ruelle. Elle me dit : « Nous ne pouvons pas passer par là avec la voiture ! » Je m'étonnai, car la voûte était large, et la ruelle apparemment ouverte. Comme nous avancions sous l'arche, elle me dit, de la même voix neutre : « Ôtez votre chapeau ! » Alors je vis que la ruelle était encombrée par une foule nombreuse ; que cette foule était tournée vers moi ; qu'elle était toute entière à genoux sur le pavé. Et j'eus l'impression que quelqu'un marchait derrière moi, ou qu'un oiseau étrange planait au-dessus de ma tête. Ayant fait volte-face, je vis, au milieu de la voûte de grandes fenêtres ouvertes sur une chambre toute pleine de couleurs et d'or. Au fond de la chambre, un tableau ; un tableau dont certaines parties bougeaient comme dans un théâtre de marionnettes, remuant en moi d'étranges souvenirs, comme un rêve du jeune homme passant à pied sur un pont dans le petit théâtre de mon enfance. Et je me rendis compte, alors, que ce qui brillait, ce qui montait des personnages en mouvement dans la chambre, c'était l'ancienne splendeur de la Messe.

J'ajouterai ici encore un souvenir. Je fis la connaissance d'un jeune comte, dont le palais vaste et coûteux qui lui servait de maison de campagne, palais à la mode ancienne (alors que son propriétaire avait d'une demeure rurale une notion toute différente) avait été incendié, ravagé et laissé en ruines au cours de la retraite de l'armée rouge après la bataille de Varsovie. L'un de nous, devant cette montagne de marbre brisé, de tapisseries calcinées et perdues, se hasarda à dire : « Il doit être affreux pour vous de voir ainsi détruit le vieux foyer familial ? »

Le jeune comte, dont tous les gestes étaient si jeunes, haussa les épaules et sourit, bien que son visage fût empreint de tristesse. « Je ne saurais les blâmer pour cela, dit-il. Je fus soldat moi-même, et au cours de la même campagne, et je connais ces tentations-là. Je sais ce qu'un homme ressent, quand, tombant de fatigue et presque mort de froid, il se demande quelle importance peuvent avoir les rideaux et les sièges d'un autre, pourvu qu'il ait de quoi se chauffer, lui, pendant une nuit. D'un côté comme de l'autre, nous n'étions tous que des soldats ; et la vie de soldat est une rude et terrible vie. Non, je n'ai pas la moindre rancune pour le mal qu'ils ont fait ici. Une seule chose m'indigne ; je vais vous la faire voir ».

Il nous mena dehors, par une avenue bordée de peupliers ; et au bout de cette avenue, nous vîmes une statue de la Sainte Vierge, dont on avait, à coups de feu, fait tomber la tête et les mains. Or, la Vierge avait été représentée les mains levées ; et, chose étrange : la mutilation semblait donner plus d'accent encore à l'attitude d'intercession ; on eut dit que la Vierge implorait pitié pour les hommes, pour cette race humaine impitoyable.

CHAPITRE XVI

LE DIEU À LA CLEF D'OR

Assis à l'aise, un soir de l'autre été, et passant en revue une vie incontestablement heureuse et fortunée, je supputais que je devais avoir perpétré pour le moins cinquante-trois homicides ; qu'en outre j'avais, en soustrayant aux recherches la moitié d'un cent de cadavres, dissimulé les traces d'un nombre égal de crimes ; à telle patère, faite pour suspendre un chapeau, j'avais suspendu un cadavre ; empaqueté tel autre dans le sac d'un facteur des postes ; décapité un troisième, et, à sa tête, substitué celle d'un quatrième ; et ainsi de suite au cours d'une longue série de stratagèmes innocents de la même espèce. Il est bien vrai que la plupart de ces atrocités, c'est sur le papier que je les ai commises ; et je recommande chaudement au jeune étudiant, sauf dans certains cas extrêmes, de ne céder à ses impulsions criminelles que sous cette forme-là, plutôt que de courir le risque de gâter une belle idée, bien étudiée quant à ses proportions, en la faisant entrer de force dans le plan de la plus rude et de la plus matérielle réalité, où trop souvent elle devra supporter les imperfections et les déceptions imprévues de ce monde déchu où nous sommes ; sans parler de certaines conséquences, diverses, mais indignes et fâcheuses, et tant sociales que légales. J'ai déjà dit ailleurs que j'ai dressé un jour une table scientifique des Vingt Manières de Mettre son Épouse à Mort ; j'ai réussi à conserver leur ordonnance et leur intégralité artistiques, de sorte qu'il est désormais possible à un artiste, d'avoir pour ainsi dire réussi à assassiner vingt épouses, tout en gardant néanmoins la première, détail qui, dans nombre de cas, et en particulier dans le mien, n'est pas sans avantages. Au contraire, pour un artiste, sacrifier sa femme, et peut-être sa tête, pour la simple satisfaction de ne présenter vulgairement, théâtralement, qu'un seul de ces drames idéals, c'est non seulement perdre le drame même, mais tout l'idéal plaisir que peuvent procurer les dix-neuf autres manières d'agir. Ceci étant mon principe strict, principe dont je ne me suis jamais écarté, rien n'est venu borner le magnifique amoncellement de cadavres imaginaires ; et je ne me suis pas fait faute d'en accumuler un certain nombre, ainsi que je l'ai dit. J'ai même acquis une certaine notoriété comme auteur de ces histoires criminelles, qu'on appelle communément policières ; des éditeurs, des magazines en sont venus à faire fond sur moi pour ces balivernes ; ils sont même encore assez bons pour m'écrire de temps à autre et me commander un nouveau lot de cadavres, généralement par séries de huit à la fois.

Ceux qui sont tombés par hasard sur les traces de cette industrie savent peut-être qu'un grand nombre de mes petites histoires criminelles pivotent autour d'un personnage central, que j'ai appelé le Père Brown[1], prêtre catholique dont la simplicité extérieure unie à la subtilité secrète formaient quelque chose qui n'était pas très éloigné de ce qu'on pourrait appeler un caractère, du moins dans ce qu'il fallait pour les besoins de ces sortes d'histoires, plus esquissées que fouillées. Certaines suggestions ont pris naissance, notamment quant à l'identité réelle et à l'authenticité du personnage, qui ne furent pas sans retentir sur des questions beaucoup plus importantes.

Comme je l'ai dit, je n'ai jamais pris très au sérieux mes romans et mes contes, ni imaginé que j'avais une situation particulière quelconque dans un genre aussi sérieux que celui du roman. Mais peut-être me permettra-t-on de dire que ces histoires étaient assez romanesques pour appartenir au roman, le mot étant pris dans le sens d'ouvrage qui n'est ni historique, ni biographique ; et même que l'un de mes contes était assez original en soi pour se passer d'originaux, c'est-à-dire de modèles. L'idée d'après laquelle un personnage de roman est forcément censé représenter quelqu'un, ou copié sur un modèle, repose sur un malentendu relatif au caractère même du récit fantaisiste en général, et particulièrement à celui des fantaisies légères du genre de celles que j'ai faites. N'empêche qu'on a généralement répandu la

---

1. Voir la préface pour les œuvres dont le père Brown est le héros.

version d'après quoi le père Brown avait eu un modèle dans la vie ; la chose n'est pas inexacte, d'ailleurs ; mais elle n'est vraie que dans un sens un peu spécial, et même personnel.

L'idée qui veut qu'un romancier prenne un personnage globalement, et dans tous ses détails, d'après tel ami, voire d'après tel ennemi est une erreur qui a fait bien du mal. Même les personnages de Dickens, qui sont tout à la fois si visiblement des créations, et si visiblement des caricatures, furent comparés à de simples mortels, comme s'il pouvait y avoir des mortels qui soient exactement à la mesure de la magnifique silhouette pseudo-héroïque d'un Swiveller ou d'un Micawber[2]. J'entends encore mon père me dire comment certains de ses contemporains se défendaient avec indignation contre l'accusation d'avoir servi de modèle à M. Pecksniff[3], et surtout comment le célèbre S.C. Hall[4], le spiritualiste, protestait contre la légende, avec une éloquence que certains trouvaient trop sublime pour être tout à fait convaincante. « Comment peut-on dire de moi que je ressemble à Pecksniff ? » disait ce digne homme à mon père. « Vous me connaissez ; tout le monde me connaît ; on sait que j'ai consacré ma vie au bien d'autrui, que j'ai mené une existence pure, vouée aux devoirs les plus élevés, aux idéals les plus hauts, que j'ai toujours cherché à m'ériger en modèle de bonne foi, de justice, de

2. Voir note 36, chap. I.
3. Voir note 37, chap. I.
4. Samuel Carter Hall (1800-1889), écrivain et journaliste né à Waterford, quitte Dublin pour Londres en 1821. Pendant qu'il fait son droit, devient (1822) le secrétaire littéraire du patriote et de l'écrivain italien Ugo Foscolo en même temps que rédacteur parlementaire à la Chambre des Lords en 1823. Fonde et publie *The Amulet* (1826-37) ; succède au poète Campbell (1777-1844) à la rédaction en chef du *New Monthly Magazine* (1830-36) ; publie ensuite et pendant 40 ans, à partir de 1839 : *Art Union Monthly*, qui prit plus tard le nom de *Art Journal*. En 1874, ses amis reconnaissants lui offrent une somme de 1600 livres ; en 1880, il est doté officiellement d'une pension viagère de 150 livres.
A publié : *Book of British Ballads* (1842) ; *Gallery of Modern Sculpture* (1849-54) ; *Memoirs of Great Men and Women from personal acquaintance* (1871) ; *Retrospect of a Long Life* (1883).
Sa femme, Mrs S.C. Hall (née Anna Maria Fielding, 1800-1881), fut elle-même une romancière et une conteuse populaire très prolifique. A publié neuf romans et des centaines de « short stories ». Elle aussi a reçu une pension de 100 livres en 1868.
Les œuvres de S.C. Hall et de sa femme, et les ouvrages publiés par eux excèdent 500 volumes.

probité, de pureté des mœurs et de vertu civique. En quoi puis-je ressembler à M. Pecksniff ? »

Quand un écrivain invente un personnage pour les besoins d'une œuvre d'imagination, et particulièrement d'une œuvre fantaisiste et légère, il le pare de toutes sortes de traits destinés à produire de l'effet dans le cadre et sur le fond choisis. Il se peut qu'il ait pris, et sans doute a-t-il pris un trait à tel modèle. Mais il n'hésitera pas à modifier le portrait, surtout dans son apparence extérieure, et cela justement parce qu'il ne songe pas à faire un portrait, mais un tableau. Dans le cas du père Brown, le trait caractéristique était précisément le manque de caractère ; l'accent particulier du personnage consistait à paraître manquer d'accent ; on pourrait dire que sa qualité la plus ostensible était de ne pas être ostensible. La banalité de son aspect extérieur était conçue pour contraster avec une vigilance, avec une intelligence insoupçonnées ; ceci étant admis, c'est à dessein que je lui ai donné cet air amorphe et négligé, ce visage rond sans expression, ces allures gauches, et tout le reste à l'avenant. En même temps, j'empruntais quelques-unes des sérieuses qualités de son intelligence à mon ami le père John O'Connor, de Bradford[5], lequel ne répond en rien au portrait dans son apparence extérieure. Le père John n'est nullement négligé, mais au contraire net ; il n'est pas balourd, mais, au contraire, délicat à l'extrême, et adroit ; et non seulement il est amusant, et amusé, mais il a réellement l'air d'être l'un et l'autre. C'est l'Irlandais sensible, à l'esprit prompt, ayant cette ironie profonde et même un peu de l'irritabilité que les gens de sa race tiennent toujours en réserve. C'est de propos délibéré que mon père Brown fut peint par moi comme une quenelle authentique du Suffolk[6]. Ce trait, et tout le reste du portrait ne fut qu'un déguisement prémédité, nécessaire aux fins du roman policier d'imagination. Malgré tout, le père O'Connor

5. Reverend John O'Connor, aujourd'hui membre du clergé de la paroisse de Saint-Cuthbert, à Bradford, et « chambellan privé » du pape Pie XI. A publié, en septembre 1937 (Frederick Muller Ltd), un volume de souvenirs sur G. K. C., où l'on trouve, outre maints curieux détails biographiques, des lettres et des documents inédits. Cet ouvrage intitulé *Father Brown on Chesterton* complète heureusement la période de la présente autobiographie relative aux relations entre l'écrivain et son modèle.
6. Le Suffolk (South folk), partie de l'ancien royaume d'East-Anglia, est renommé pour l'exquise délicatesse de ses quenelles.

fut, dans un sens très réel, à l'origine de l'idée qui servit de départ à toutes ces histoires ; et d'ailleurs à des choses qui ont beaucoup plus d'importance. Et pour expliquer tout cela, surtout les choses importantes, je ne puis faire mieux que de raconter comment m'est venue à l'esprit l'idée première de cette comédie policière.

Dans ces jours lointains, et en particulier au cours de la période qui précéda et qui suivit immédiatement mon mariage, le destin me fit parcourir maintes régions de l'Angleterre pour y faire ce que l'on voulait bien appeler poliment des conférences. Il existe pour ce genre de mornes divertissements un appétit considérable, surtout dans le nord de l'Angleterre, dans le sud de l'Écosse, et dans certains centres actifs non-conformistes à l'intérieur des faubourgs de Londres. « Mornes » rappelle à mon souvenir une chapelle[7] particulière, située dans les derniers terrains vagues déserts de la banlieue nord de Londres, vers laquelle je me dirigeais à travers une aveuglante tempête de neige, dont je tirais d'ailleurs un vif plaisir ; car j'aime les tempêtes de neige. En fait, j'aime à peu près toutes les sortes de temps anglais, excepté cette espèce de temps particulière qu'on appelle « une splendide journée ». Nulle raison donc de se lamenter prématurément sur mon aventure, ni d'imaginer que je suis en train de me plaindre, ou de mendier de la pitié. Mais c'est un fait que, pendant près de deux heures, soit à pied, soit à l'impériale d'un omnibus perdu et roulant tout seul à travers un désert, je fus la proie des éléments ; et vers le moment où j'atteignis la chapelle, je devais sommairement ressembler à l'un de ces bonshommes de neige que les enfants dressent l'hiver dans les jardins. Je fis ma conférence, je serais bien embarrassé aujourd'hui de dire sur quoi, et j'allais repartir pour refaire en sens inverse mon hivernal voyage, quand le digne ministre de la chapelle, frottant l'une contre l'autre ses robustes mains, se frappant des bras la poitrine, et rayonnant à mon adresse de la généreuse hospitalité du Père Noël, me dit d'une voix profonde, cordiale, j'allais dire juteuse : « Alors, Monsieur Chesterton ? Quel temps ! Un froid de loup ! Permettez-moi de vous offrir un biscuit oswego »[8]. Je l'assurai avec gratitude

---

7. Église non-conformiste (voir note 12, chap. I).

8. Il existe dans l'État de New York un port de mer qui s'appelle Oswego, et qui est un centre important de minoteries de froment. Outre ses farines, Oswego

que je n'en avais pas la moindre envie. C'était très aimable à lui, car il n'y avait aucune raison plausible, étant données les circonstances, pour qu'il m'offrit un rafraîchissement. Mais je conviens que la pensée de reprendre ma route, à travers la neige qui tombait et la bise glacée, pendant deux nouvelles heures, avec, dans l'estomac, la chaleur de ce biscuit unique, le feu d'un biscuit sec courant dans mes veines, me frappa sur l'heure comme un peu hors de proportion avec les circonstances. Et je crois bien me rappeler que ce fut avec un véritable plaisir que je traversai la rue pour entrer chez le bistro qui s'ouvrait juste en face de la chapelle, c'est-à-dire sous l'œil même de la conscience non-conformiste.

Simple parenthèse ; et j'en pourrais ouvrir beaucoup sur ces jours lointains de conférences vagabondes. C'est de ce temps-là que date la légende d'après laquelle j'envoyai un jour à ma femme, qui était demeurée à Londres, une dépêche où je disais : « Suis à Market Harborough[9]. Où devais-je me rendre ? » Je ne saurais dire si l'histoire est vraie ; elle n'est pas improbable, en tout cas ; ni, à mon avis, déraisonnable. C'est au cours de ces tournées que je nouai beaucoup d'amitiés dont je fais grand cas : avec M. Lloyd Thomas, qui habitait alors Nottingham, et avec M. Mc. Clelland[10] de Glasgow. Je ne cite ces deux-là que parce qu'ils furent à l'origine de cette

exporte dans le monde entier des produits semi-manufacturés (certains tapiocas, etc.) et manufacturés (biscuits, etc.). Le mot « oswego » est devenu un nom commun pour désigner ces produits et d'autres analogues.

9. Petite ville du Leicestershire, à 25 kil. environ de Leicester.

10. Reverend Henry Simpson M'Clelland (et non Mc Clelland), personnage pittoresque, théologien et moraliste aux idées avancées, né en 1882 ; après des études dans une école provinciale de l'Ulster, vient à Londres, à l'âge de 13 ans, pour y gagner sa vie ; garçon de bureau dans Fleet Street ; puis employé chez un libraire ; études au New College à Londres (1902) où il obtient sa licence ès arts (1907) et en théologie (1909). Ordonné prêtre en 1910, il disparaît pendant quelque temps sous le déguisement d'un clochard pour aller vivre dans les bas-fonds de Londres (1912) et dans ceux de Glasgow (1925) et se documenter sur la misère des pauvres. À la déclaration de guerre (1914) se rend en Belgique comme correspondant de guerre du *Times* et d'autres journaux. Prend du service actif en France (1917-1918) ; gagne, on ne sait comment, l'Égypte, puis la Terre Sainte, où il est capturé par des Bédouins. Voyagea par toute l'Europe ; visita les États-Unis, le Mexique, l'Inde, l'Abyssinie. Fut membre du clergé de l'Église Emmanuel, à Montréal.

A publié : *London's Underworld ; In the hands of the Bedouins ; The Paradox of Religious Experience ; Christianity and the Modern Mind*, etc., etc.

rencontre très accidentelle dans le Yorkshire qui devait avoir pour moi des conséquences allant bien au delà des apparences d'un accident. Je m'étais rendu à Keighley[11], sur les hautes landes du West Riding[12], afin d'y faire une conférence, et je devais passer la nuit chez un notable citoyen de cette petite ville industrielle. Il avait pour la circonstance réuni quelques amis du lieu, choisis, je suppose, comme susceptibles de faire preuve de patience en présence d'un conférencier. Parmi eux se trouvait le vicaire de l'église catholique romaine ; c'était un petit homme au visage glabre, l'air réservé, mais un peu malicieux. Je fus frappé du tact et de l'humour avec lequel il se mêlait à cette société très Yorkshire et, en outre, très protestante ; et je ne fus pas long à m'apercevoir que tous avaient, avec leur air brusque et franc, déjà appris à l'apprécier comme une espèce de type à part. Je ne sais plus qui me fit le récit très amusant d'une tournée faite par deux fermiers du Yorkshire, deux géants par la taille, délégués pour faire le tour de divers centres religieux, et qui, saisis d'une incompréhensible frayeur, avaient hésité à frapper à la porte du presbytère occupé par notre petit vicaire. Après mainte défaillance, ils en étaient finalement arrivés à cette conclusion que le prêtre ne pouvait guère leur faire beaucoup de mal[13] ; et qu'après tout, si malheur leur arrivait, ils pourraient toujours envoyer chercher la police. Ils devaient croire que la maison du prêtre était pourvue de tous les instruments de torture en usage sous l'Inquisition espagnole ; or, ces mêmes fermiers, me dit-on, avaient, depuis, accepté d'avoir avec ce prêtre des relations de voisinage ; et, la soirée tirant à sa fin, il fut bientôt visible que ses voisins l'encourageaient à exercer ses dons peu négligeables de boute-en-train. Il se détendit donc, s'épanouit, et se trouva bientôt en train de réciter le grand, l'émouvant, le dramatique poème qui

11. Le nom de cette bourgade du Yorkshire, à 32 kil. de Leeds, se prononce comme si elle s'écrivait « Keethley ».

12. Une des subdivisions du Yorkshire. « Riding » vient du scandinave « Thrithing » ou « thriding », qui signifie « tiers », le est assez curieux que l'on ne rencontre ce mot que dans le plus grand comté anglais, le Yorkshire, où prédomine l'élément danois. Autre coïncidence, non moins curieuse : le dialecte du Yorkshire est plus accessible aux Scandinaves que l'anglais littéraire.

Il y a trois « Ridings », le North R., l'East R. et le West Riding.

13. Dans certains districts ruraux d'Angleterre, un catholique romain inspire encore aux gens une frayeur quasi-superstitieuse.

s'appelle « Mes bottes me font mal »[14]. Il me plut beaucoup ; mais si l'on m'avait dit que je serais, dix ans plus tard, missionnaire mormon dans les Îles Cannibales, je n'aurais pas été beaucoup plus surpris que d'apprendre que je serais, quinze ans plus tard, en train de faire à ce même prêtre ma confession générale, et sur le point d'être reçu dans l'Église qu'il servait.

Le lendemain matin, nous franchissions à pied, lui et moi, Keighley Gate, la grande muraille des landes qui sépare Keighley de Wharfedale ; j'allais voir des amis à Ilkley ; or, parvenu au terme de mon voyage, c'est un nouvel ami que je présentai à mes vieux amis ; quelques heures de conversation par les landes avaient suffi. On le retint à déjeuner ; il resta pour le thé ; il dîna ; peut-être même, devant leur pressante insistance, passa-t-il la nuit sous leur toit ; ce dont je suis certain, c'est qu'il y passa par la suite bien des jours et bien des nuits ; c'est là que, le plus souvent, nous nous rencontrâmes. Ce fut lors d'une de ces visites que se produisit l'incident qui m'induisit à prendre la liberté de le mettre, ou plutôt de mettre un peu de lui dans une série de récits sensationnels. Si je le cite ici, ce n'est pas que j'attache une importance quelconque à ces récits, mais parce que l'incident se rattache d'une façon plus vitale à une autre histoire ; celle que je suis en train de conter.

Au cours de notre conversation, je fis part au prêtre que je me proposais de soutenir et de faire imprimer une proposition, il importe peu de savoir laquelle, en relation avec certaines questions sociales plutôt sordides, des questions de vice et de crime. Sur cette question spéciale, il pensait que j'étais dans l'erreur, ou plus exactement dans l'ignorance ; ce qui, d'ailleurs, était vrai. Et, comme pour remplir un devoir nécessaire, et pour m'empêcher de m'engager dans une découverte illusoire, il m'exposa certains faits qu'il connaissait concernant des perversions que ce n'est ici le lieu ni d'exposer ni de discuter. J'ai confessé que, dans ma jeunesse, j'avais déjà tendance à imaginer toute l'iniquité de certaines situations sociales et de leurs conséquences ; ce fut pour moi une curieuse aventure que celle de trouver que ce célibataire aimable et tranquille avait sondé ces abîmes beaucoup plus profondément que moi. Je n'avais pas imaginé

14. Monologue du répertoire populaire.

que le monde pût abriter de telles turpitudes. Si le prêtre eût été un romancier professionnel répandant dans les kiosques des ordures de ce genre, pour que les garçons, grands et petits, les y aillent cueillir, il eût évidemment passé pour un grand artiste créateur, un héraut de la nouvelle Aurore. Mais, vu qu'il n'en parlait qu'avec répugnance, au cours d'un entretien strictement privé, et comme par une nécessité d'ordre pratique, c'était, non moins évidemment, le type même du Jésuite murmurant à mon oreille des secrets empoisonnés. Quand nous rentrâmes à la maison, nous la trouvâmes pleine de visiteurs, et nous fûmes bientôt engagés dans une conversation particulière avec deux étudiants de Cambridge, cordiaux et bien portants, qui s'étaient promenés, à pied ou peut-être à bicyclette, à travers les landes, avec cette idée que les Anglais se font des vacances, c'est-à-dire sérieuse et violente. Mais ce n'étaient pas des sportifs à l'esprit étroit ; ils s'intéressaient, au contraire, aux sports les plus divers et d'une façon un peu désinvolte, à divers arts ; c'est ainsi qu'ils se mirent à discuter de musique avec mon ami le père O'Connor. Je n'ai jamais connu quelqu'un qui pût passer d'un sujet à un autre avec plus d'aisance, qui eût plus de ressources, plus de réserves imprévues de connaissances, et souvent purement techniques, et sur toutes choses. La conversation gagna bientôt en profondeur sur le terrain de la philosophie et de la morale ; et, quand le prêtre eût quitté la pièce, les deux jeunes gens laissèrent éclater généreusement leur admiration, célébrant, avec une sincérité qui ne faisait aucun doute, l'homme remarquable qui paraissait savoir tant de choses sur Palestrina, sur l'architecture baroque, en somme, sur tout ce dont on avait discuté. Après un silence, étrangement chargé de gravité, l'un des étudiants lança tout à coup :

« Malgré tout, je ne crois pas que la vie que mène ce prêtre soit vraiment la vie qu'il faut mener. C'est très beau d'aimer la musique religieuse et tout le reste, pour des hommes qui vivent ensemble, enfermés comme dans un cloître, ignorant tout des maux réels dont souffre le monde. Mais je ne crois pas que ce soit un idéal recommandable. J'ai plutôt foi dans l'homme qui circulerait par le monde, regardant bien en face les maux répandus sur la terre, et sachant au moins quelque chose des dangers que nous courons. C'est très joli d'être innocent, d'être ignorant ; mais je trouve que c'est une bien plus belle chose de ne pas avoir peur de savoir ».

Encore bouleversé comme je l'étais par les réalités effrayantes contre lesquelles le prêtre m'avait mis en garde, ces commentaires tombaient sur moi avec une ironie si énorme, si écrasante, que je me retins pour ne point partir au beau milieu du salon d'un grand éclat de rire. Car je sentais que, de tout le satanisme connu du prêtre, et contre lequel il passait sa vie à mettre les autres en garde, ces deux gentilshommes de Cambridge savaient (heureusement pour eux) à peu près autant de choses sur le mal réel que deux bébés assis dans la même voiture.

Alors surgit dans mon esprit l'idée, encore vague, de transposer dans une forme artistique des malentendus de cette sorte, à la fois comiques et tragiques ; d'imaginer une comédie où un prêtre paraîtrait ne rien savoir, tandis qu'en fait, il saurait beaucoup plus de choses sur le crime que ne sait le criminel lui-même. Je résumai cette idée dans le récit que j'ai appelé *La Croix Bleue*, qui n'est, par ailleurs, qu'une histoire très mince et très invraisemblable, et je continuai de la développer à travers l'interminable série de récits que j'ai infligés à l'univers. En somme, je pris la grande liberté de m'emparer de mon ami et de le bourlinguer de cent façons ; malmenant son chapeau et son parapluie, jusqu'à ce que l'un et l'autre fussent devenus presque informes ; mettant le désordre dans ses vêtements, bousculant son allure si intelligente jusqu'à lui prêter la fatuité d'un homme à figure de pouding ; pour tout dire, déguisant le père O'Connor jusqu'à faire de lui le père Brown. Ce déguisement, je l'ai dit, fut une invention réalisée de propos délibéré, et conçue pour faire ressortir le contraste qui était le sujet même de la comédie. Il y eut aussi, dès la conception de l'idée, comme dans presque tout ce que j'ai jamais écrit, une bonne dose d'inconsistances et d'inexactitudes sur des points de détail. La moindre de ces pailles n'est pas l'idée générale d'un père Brown n'ayant rien à faire qu'à s'immiscer dans tout ménage où un crime est susceptible d'être commis. Une catholique très charmante que je connais a fait un jour à ce prêtre détective le compliment qui lui convenait exactement : « J'aime beaucoup, me dit-elle, ce petit mêle-tout fainéant ».

Quoi qu'il en soit, l'incident des étudiants de Cambridge et leur dédain désinvolte pour la vertu éphémère, confite et comme moisie d'un prêtre de paroisse, représentait pour moi des choses bien plus sérieuses que le lamentable, mais purement professionnel amas de cadavres, ou que le massacre que j'avais fait de personnages qui méritaient un meilleur sort. Pour ainsi dire, l'incident me remit une fois de plus face à face avec ces problèmes de l'âme, morbides mais pressants, auxquels j'ai déjà fait allusion ; il réveilla en moi le sentiment, profond et sans cesse grandissant, que je n'avais trouvé à ces problèmes aucune solution religieuse véritable ; bien qu'il soit vrai qu'extérieurement, et pratiquement, ces problèmes troublent moins gravement l'adulte qu'ils ne font le jeune homme. Ils me troublaient encore bien assez ; mais il est certain que j'eusse pu me résoudre de plus en plus, par pure lassitude, à quelque sorte de compromis, à quelque sorte de capitulation, si ce n'est pour cette vision soudaine de l'abîme ouvert sous nos pieds à tous. Je fus surpris de ma propre surprise. Que l'Église catholique en sût sur le bien plus que ce que j'en savais moi-même, c'était chose aisée à croire. Qu'elle en sût plus que moi sur le mal, c'est cela qui semblait incroyable.

Quand on me demande, ou quand on se demande : « Pourquoi vous être rallié à l'Église de Rome ? », la première réponse qui me vient, la réponse essentielle, bien que partiellement elliptique encore, c'est : « Pour me débarrasser de mes péchés. » Car il n'est pas d'autre système religieux qui enseigne vraiment à l'homme à se débarrasser de ses péchés. Il trouve sa confirmation dans la logique, qui semble à beaucoup surprenante, par quoi l'Église déduit que le péché dont on s'est confessé et convenablement repenti, est positivement aboli ; que le pécheur repenti se retrouve vraiment dans un état nouveau comparable à celui de qui n'a jamais péché. Ceci rejoint directement le souvenir de ces visions ou de ces fantaisies dont j'ai parlé dans le chapitre sur mon enfance. J'ai parlé alors de cette indescriptible et indestructible certitude que j'ai dans l'âme, que ces premières années d'innocence furent le commencement de quelque chose de digne, de plus digne peut-être qu'aucune des choses qui leur ont succédé. J'ai parlé de l'étrange lumière diurne qui était quelque chose de plus que la lumière d'un jour ordinaire, et qui semble encore baigner dans mon souvenir les routes raides qui descendent de Campden Hill, d'où l'on pouvait voir de loin le Crystal Palace[15]. Eh bien, quand un catholique

15. Voir note 16, chap. II.

revient de s'être confessé, il retourne vraiment, par définition, à cette aurore de son commencement ; il regarde le monde avec des yeux nouveaux, vers un Crystal Palace qui est véritablement un palais de cristal. Il croit que, dans le coin sombre du confessionnal, à la faveur de ce bref rituel, Dieu l'a véritablement recréé à son image. Il est alors tout autant une nouvelle expérience du Créateur qu'il pouvait l'être quand il avait cinq ans. Il se trouve, comme je l'ai dit, tout baigné de lumière blanche, en ce très digne commencement d'une vie d'homme. L'accumulation des âges ne le terrifie plus. Tout grisonnant, voire tout goutteux, il n'a que cinq minutes d'âge.

Je ne défends pas ici telle ou telle doctrine, comme celle du Sacrement de Pénitence ; pas plus que celle également bouleversante de l'amour divin pour la créature. Ce n'est point ici un livre de controverse religieuse ; j'en ai écrit plusieurs, et, à moins que je sois violemment persuadé par mes amis et par mes parents de n'en rien faire, il est probable que j'en écrirai encore plusieurs. Je ne suis ici engagé que dans la tâche honteuse et morbide de dire l'histoire de ma vie ; et n'ai rien d'autre à faire qu'à rapporter ce que furent vraiment les effets de telles doctrines sur mes actes et sur mes sentiments. Par la nature même de ma tâche, ce qui m'intéresse surtout, c'est le fait que ces doctrines semblent enchaîner ma vie entière depuis le commencement, comme nulles autres doctrines n'eussent pu faire ; et c'est particulièrement le désir de résoudre simultanément le double problème de mon bonheur d'enfant et de mes humeurs sombres d'adolescent. Et ces doctrines se rattachaient surtout à une idée que, j'espère, il n'est pas pompeux d'appeler : l'idée maîtresse de ma vie ; je ne dirai pas que c'est la doctrine que j'ai toujours enseignée, mais que c'est la doctrine que j'aurais toujours aimé enseigner. Cette idée, c'est d'accepter toutes choses avec gratitude, et non de les tenir pour dues. Ainsi, le sacrement de pénitence donne une vie nouvelle et réconcilie l'homme avec tout ce qui vit ; mais il ne le fait pas comme font les optimistes, les hédonistes et les païens qui prêchent le bonheur. Le don est fait moyennant un certain prix ; il est conditionné par une confession. En d'autres termes, le nom de ce prix est Vérité, qui peut être appelée aussi Réalité ; mais il consiste à faire face à la réalité de soi-même. Quand on ne l'applique qu'à autrui, le procédé ne s'appelle plus : réalité, il s'appelle réalisme.

J'ai commencé par être ce que les pessimistes appelaient un optimiste ; j'ai fini par devenir ce que les optimistes appelleraient très probablement un pessimiste. Or, je n'ai été ni l'un ni l'autre ; en fait, je n'ai jamais vraiment changé. J'ai commencé par défendre les boîtes aux lettres vermillon et les omnibus victoriens, bien qu'ils fussent laids. J'ai fini par dénoncer les affiches modernes ou les films américains, même lorsqu'ils sont beaux. La chose que j'essayais de dire alors est la même que j'essaie de dire aujourd'hui ; et la plus profonde révolution religieuse elle-même n'a fait que me confirmer dans le désir de le dire. Car le fait est que je n'ai jamais vu les deux aspects de cette vérité toute simple exprimés ensemble nulle part, jusqu'au jour où le hasard me fit ouvrir un petit catéchisme à deux sous et y lire ceci : « Les deux péchés contre l'Espérance sont : la présomption et le désespoir ».

J'ai commencé, dans mon adolescence, à chercher à tâtons cette vérité par le mauvais bout ; le bout de la terre le plus éloigné des espoirs purement surnaturels. Mais, même sur le fait de la plus vague espérance terrestre, ou du moindre bonheur terrestre, j'ai eu, dès l'abord, le sentiment presque violent de ces deux dangers ; le sentiment que l'expérience ne doit pas être gâtée par la présomption ou par le désespoir. Pour me servir d'une citation commode tirée de mon premier livre de vers, je demandais par quelle incarnation, quels purgatoires prénataux je devais avoir passé pour recevoir cette récompense : avoir le droit de regarder un pissenlit. Or il serait assez facile à un commentateur, si la chose en valait la peine, de dater cette phrase d'après certains détails, ou de deviner qu'elle pouvait avoir été formulée en d'autres termes à une époque plus tardive. Je ne crois pas à la réincarnation, si tant est que j'y aie jamais cru ; et depuis que j'ai possédé un jardin (je ne pourrais pas dire : « depuis que je suis jardinier ») j'ai mieux compris qu'auparavant que les mauvaises herbes représentent un cas réel, et non seulement symbolique. Mais, en substance, ce que je disais du pissenlit est exactement ce que je dirais du tournesol ou du soleil, ou de la gloire qui (comme dit le poète) est plus éclatante même que le soleil. La seule façon de jouir, ne serait-ce que d'une mauvaise herbe, est de se sentir indigne, même d'une mauvaise herbe. Or, il y a deux manières de se plaindre d'une mauvaise herbe, voire d'une fleur ; l'une était à la mode dans ma jeunesse, l'autre dans ces dernières années ; mais non seulement toutes deux sont fausses, mais elles sont fausses pour la même raison. Les pessimistes de mon adolescence, mis en présence du pissenlit, disaient avec Swinburne :

> *I am weary of ail hours*
> *Blown buds and barren flowers*
> *Desires and dreams and powers*
> *And everything but sleep*[16].

Et, moi, quand je lisais cela, je les maudissais, les pessimistes ; je leur lançais des coups de pied, je me donnais fâcheusement en spectacle ; m'étant fait le champion de la *dent du lion*, un « dandelion »[17] rampant sur mon écu. Mais il est une façon de mépriser le pissenlit qui n'est pas celle du triste pessimiste, mais celle de l'optimiste plus militant. La chose peut se faire de diverses manières, dont l'une consiste à dire : « On trouve des pissenlits bien plus beaux chez Selfridge »[18] ou bien : « On peut avoir des pissenlits bien moins cher chez Woolworth[19] ».

---

16. *Je suis las de toutes les heures,*
    Boutons avortés, fleurs stériles,
    Des désirs, rêves ou puissances,
    De tout, de tout, sauf du sommeil.
Mais les deux premiers vers sont cités inexactement.
Swinburne avait écrit :
    I am weary of days and hours
    Blown buds of barren flowers
17. Le mot anglais *dandelion* signifie « pissenlit ».
18. Immenses magasins, conçus sur le plan américain par feu H. Gordon Selfridge, Américain établi à Londres et qui fut longtemps (de 1890 à 1903) l'un des associés de la colossale affaire des grands magasins Marshall Field & C°, à Chicago ; retiré des affaires, il rouvrit à Londres, six ans plus tard (1909) et cette fois pour son propre compte, sous le nom de Selfridge & C°, les magasins célèbres désignés ainsi : « Selfridge's ».
    A publié : *The romance of Commerce*.
19. L'un des deux ou plus grands magasins du monde entier et le premier en date des magasins à prix uniques. Les magasins Woolworth ne connaissent partout que deux prix. Aux États-Unis, où ils comptent d'innombrables succursales, tous les articles se vendent cinq ou dix cents. En Angleterre, où les succursales sont également très nombreuses, tout est vendu trois ou six pence. Woolworth possède également de nombreuses succursales en Allemagne.
    La seule héritière de cette immense fortune est Barbara Hutton, épouse divorcée du comte danois Reventlow.

Une autre consiste à dire, d'un air traînant et affecté : « Naturellement, à part Gamboli à Vienne, personne ne comprend vraiment les pissenlits. » Ou à dire que personne ne se contente plus du vieux pissenlit démodé depuis qu'on cultive le super-pissenlit au Palm-Garten de Francfort ; ou simplement à ricaner de la mesquinerie qu'il y a à offrir des pissenlits, quand toute bonne maîtresse de maison vous offre une orchidée pour mettre à votre boutonnière, et un bouquet de fleurs rares exotiques à emporter. Ces méthodes-là consistent à sous-estimer la chose par comparaison ; car ce n'est pas la familiarité qui engendre le dédain, c'est la comparaison. Et toutes ces comparaisons captieuses sont, en fin de compte, basées sur l'étrange et fragile et chancelante hérésie d'après laquelle un être humain *a droit* aux pissenlits ; que, de quelque façon extraordinaire, nous pouvons exiger le premier choix de tous les pissenlits du jardin du paradis ; que nous ne devons pour cela aucun remerciement à personne, que nous ne devons éprouver à les voir nul émerveillement ; et, par-dessus tout, nul émerveillement d'être tenus pour dignes de les recevoir. Au lieu de dire, comme le vieux poète religieux : « Qu'est-ce que l'homme, que Tu te soucies de lui ; ou le fils de l'homme, que Tu daignes T'apercevoir de sa présence ? », nous dirions, comme le cocher mécontent : « De quoi ? », ou bien, comme le Major mal luné à son club : « Est-ce là côtelette digne d'un gentilhomme ? » Eh bien, non seulement je désapprouve cette attitude tout autant que l'attitude pessimiste swinburnienne, mais je pense qu'elle aboutit à peu près à la même chose, c'est-à-dire à la perte réelle d'appétit pour la côtelette ou pour une tasse d'infusion de pissenlits. Et le nom de cette attitude est Présomption, et le nom de son frère jumeau est Désespoir.

Tel est le principe que je défendais quand je passais pour un optimiste aux yeux de M. Max Beerbohm[20], et tel est le principe que je défends encore quand je devrais passer indubitablement pour un pessimiste aux yeux de M. Gordon Selfridge[21]. Le but de la vie, c'est l'appréciation : ne pas apprécier les choses est une attitude dépourvue de sens ; avoir plus de choses quand on est moins disposé à les apprécier n'a pas de sens. D'abord, je disais qu'un réverbère

20. Voir note 24, chap. IV.
21. Voir note 18, ci-dessus.

londonien, peint de la couleur des petits pois, valait mieux que pas de lumière du tout, que pas de vie du tout ; et que, si le réverbère était unique, on verrait bien mieux sa lumière sur le fond noir de l'ombre. Mais le décadent du temps de ma jeunesse était si désolé de voir le réverbère tout seul, qu'il avait envie de grimper au réverbère, d'éteindre la lampe, et de laisser toutes choses retomber dans leur obscurité originelle. Le millionnaire moderne, lui, se hâte, très excité, à ma rencontre dans la rue, pour me dire qu'il est un optimiste, et qu'il a deux millions cinq mille nouveaux réverbères, tous peints d'avance, non d'un vert petit pois victorien, mais d'un jaune de chrome et d'un bleu électrique futuristes ; et qu'il les plantera par le monde entier, en si grand nombre que personne ne les remarquera, tant ils seront tous exactement pareils. Et je ne vois pas bien de quoi mon optimiste a raison d'être si optimiste. Un réverbère peut avoir une signification, et être laid. Mais mon optimiste ne donne pas de sens aux réverbères ; il les rend au contraire insignifiants.

En somme, à ce qu'il me semble, il importe très peu qu'un homme soit mécontent au nom du pessimisme ou au nom du progrès, si son mécontentement paralyse sa faculté d'apprécier ce qu'il possède. La réelle difficulté pour l'homme n'est pas de jouir des réverbères, ou des paysages, pas plus que des pissenlits ou des côtelettes ; c'est de goûter le plaisir d'apprécier les choses. Garder le pouvoir d'aimer vraiment ce qu'il aime, voilà le problème que le philosophe a à résoudre. Il me semblait, au commencement, comme il me semble aujourd'hui à la fin, que pessimistes et optimistes du monde moderne ont tous passé à côté de la question et qu'ils n'ont fait que l'embrouiller ; c'est qu'ils ont négligé la vieille idée d'humilité, la gratitude des indignes. C'est là une question beaucoup plus importante et plus intéressante que mes propres opinions, mais en réalité ce fut en suivant le fil ténu de l'idée de gratitude, aussi fragile que l'une de ces graines de pissenlits que la brise éparpille, que je suis arrivé peu à peu à une opinion qui est plus qu'une opinion. Peut-être la seule et unique opinion qui soit réellement plus qu'une opinion.

Car ce secret de la simplicité antisceptique[22] fut vraiment un secret ; il n'était nullement évident ; en tout cas, il ne l'était pas à

22. Le jeu de mots est ici meilleur en français.

cette époque. C'était un secret qui avait déjà été presque entièrement abandonné avec d'autres questions, négligées et impopulaires, et enfermé à clef avec ces questions. C'était presque comme si l'infusion de pissenlit fût vraiment une médecine, comme si la seule recette, la seule ordonnance appartînt à certaine vieille femme, une vieille femme en haillons, inclassable, plutôt réputée chez nous pour être sorcière. Quoiqu'il en soit, il est vrai que les heureux hédonistes aussi bien que les malheureux pessimistes étaient comme raidis par le principe opposé ; celui de la fierté. Le pessimiste était fier du pessimisme parce qu'il pensait que rien n'était assez bon pour lui ; l'optimiste était fier de l'optimisme parce qu'il pensait que rien n'était assez mauvais pour qu'on l'empêchât d'en tirer un peu de bon. Il y avait dans l'un et dans l'autre clan des hommes de valeur ; des hommes ayant beaucoup de vertus ; mais non seulement ils ne possédaient pas la vertu à laquelle je pensais, mais ils n'y pensaient même jamais. Ils décidaient que la vie n'était rien de bon, ou qu'elle avait beaucoup de bon ; mais ils n'avaient aucun contact avec l'idée particulière d'éprouver beaucoup de gratitude même pour un tout petit peu de bon. Et comme je commençais à croire de plus en plus qu'il fallait chercher le fil directeur dans un tel principe, même si c'était un paradoxe, j'étais de plus en plus porté à rechercher ceux qui, pour ainsi dire, se spécialisaient dans l'humilité ; bien que, pour eux, ce fût la porte du ciel, et pour moi celle de la terre.

Car personne d'autre ne se *spécialise* dans cette humeur mystique où l'étoile jaune du pissenlit surprend comme une chose inattendue, imméritée. Il y a dans les philosophies autant de variétés que dans les fleurs des champs, et quelques-unes qui sont des mauvaises herbes, et quelques-unes des herbes vénéneuses. Mais aucune d'elles ne crée les conditions psychologiques dans lesquelles je commençais d'abord à voir, ou à désirer voir la fleur. Les hommes se couronnent de fleurs et en tirent vanité, ou bien dorment sur des fleurs et les oublient, ou bien dénombrent ou nomment toutes les fleurs dans le seul but de faire pousser une super-fleur en vue de l'Exposition Florale, nationale et internationale ; ou encore, dans un autre esprit, ils piétinent les fleurs comme ferait un troupeau de buffles, ou déracinent les fleurs dans un camouflage puéril de la cruauté de la nature, ou déchirent les fleurs avec les dents pour montrer qu'ils sont des philosophes pessimistes éclairés.

Mais, sur le problème essentiel d'où je suis moi-même parti, je veux dire : l'appréciation le plus large possible de la fleur, ils ne peuvent commettre que des bévues, parce qu'ils sont ignorants des faits élémentaires de la nature humaine ; parce que, travaillant désordonnément en tous sens, tous sans exception se mettent à la besogne dans le mauvais sens. Depuis le temps dont je parle, le monde, à ce point de vue, n'a fait qu'empirer. À toute une génération, on a enseigné à lancer à tue-tête des absurdités sur le « droit de vivre », le « droit à l'expérience », le « droit au bonheur ». Les penseurs lucides qui tiennent ce langage terminent généralement leur exposé de tous ces droits extraordinaires en disant que le droit et le tort, que le bien et le mal sont des choses qui n'existent pas. Il est un peu difficile, dans ce cas, de se demander d'où les droits leur sont venus ; moi, du moins, j'inclinais de plus en plus vers la vieille philosophie qui disait que leurs droits véritables leur venaient d'où venait le pissenlit ; et qu'ils ne jugeraient jamais à leur valeur l'un ou l'autre de ces droits sans en reconnaître la source. Et dans ce sens final, l'homme non créé, l'homme encore dans l'état de l'enfant encore à naître, n'a aucun droit, même pas celui de voir un pissenlit ; car il ne pourrait avoir inventé lui-même ni le pissenlit, ni la vue des choses.

Me voici revenu à une vaine image qui figurait déjà dans un volume de vers heureusement oublié ; c'est qu'une telle chose est légère et banale, et que les enfants la dispersent en soufflant comme ils font du chardon ; et elle conviendra on ne peut mieux à l'endroit où un argument formel serait déplacé. Mais, à moins que quelqu'un suppose que l'idée est sans rapport avec la discussion, ou n'est qu'une fantaisie sentimentale sur de mauvaises herbes et des fleurs sauvages, je dirai, légèrement, brièvement, comment l'image littéraire elle-même convient au contraire à tous les aspects de la discussion. La première chose que dira le critique dépourvu de méthode, c'est : « Quel non-sens que tout ceci ! Voulez-vous dire qu'un poète ne peut pas être reconnaissant pour l'herbe et pour les fleurs sauvages sans rattacher la chose à la théologie, pour ne même pas parler de votre propre théologie ? » À quoi je réponds : « En effet, j'entends dire qu'il ne peut pas être reconnaissant sans rattacher ce qu'il éprouve à la théologie ; à moins qu'il puisse le faire sans rattacher ce qu'il éprouve à la pensée. S'il peut réussir à être reconnaissant quand il n'y a personne à qui l'on puisse témoigner sa reconnaissance, alors c'est qu'il se réfugie simplement dans l'état de ne pas penser, pour éviter d'être reconnaissant ». Mais en vérité, l'argumentation va plus loin que la gratitude consciente ; elle s'applique à toute sorte de paix, de confiance, ou de repos, et même à une confiance ou à un repos inconscients. Même l'adoration de la nature éprouvée par les païens, même l'amour de la nature ressenti par les panthéistes dépend, en fin de compte, autant d'un dessein implicite et du bien positif contenu dans les choses, que de l'action de grâces directe que les Chrétiens ont éprouvée. En effet, la Nature n'est, au mieux, qu'un nom féminin que nous donnons à la Providence quand nous ne la traitons pas très sérieusement ; un élément de mythologie féministe. Il y a une espèce de féerie de coin du feu, qui convient mieux au foyer qu'à l'autel ; et dans cette féerie-là, ce qu'on appelle la Nature peut être une espèce de fée marraine. Mais il ne peut y avoir de fée marraine que parce qu'il y a des marraines ; et il ne peut y avoir de marraines que parce qu'il y a Dieu[23].

Ce qui m'a gêné pendant toute la vie concernant les sceptiques a été leur extraordinaire lenteur à en venir à question ; même à la question de leur propre position. Je les ai entendus dénoncés aussi bien qu'admirés pour leur hâte précipitée, pour leur ruée téméraire vers les innovations ; or j'ai toujours trouvé difficile de les amener à bouger de quelques pouces, et à terminer leur propre argumentation. Quand d'abord on insinua que l'univers pouvait ne pas être le résultat d'un grand dessein prémédité, pas autre chose qu'une croissance aveugle et indifférente, on aurait dû percevoir instantanément qu'une telle conception devait interdire à jamais à tout poète de se retirer dans la campagne verte comme chez soi, ou de regarder seulement le ciel bleu pour y chercher l'inspiration. Pas plus de raison d'accepter cette vérité traditionnelle en relation avec l'herbe verte, qu'avec une moisissure verte, ou qu'une rouille verte, ou que le vert-de-gris ; le ciel bleu ne devait rien évoquer de plus qu'un nez bleu amputé dans un monde mort et glacé. Les poètes, même païens, ne peuvent croire directement à la Nature que s'ils croient indirectement en Dieu ; si la seconde idée devait disparaître, la première suivrait tôt ou tard ; poussé

23. Jeu de mots : *godmother*, marraine, est composé avec le mot *god* (dieu).

par un triste respect pour la logique humaine, je voudrais que cela eût eu lieu plus tôt. Sans doute peut-on bien concevoir qu'un homme éprouve une admiration presque animale pour certains accidents de forme ou de couleur, pour un rocher, pour un étang, tout comme pour un sac de chiffons ou pour une poubelle ; mais est-ce là ce que les grands poètes ou les grands païens voulaient dire par les mystères de la Nature, ou l'inspiration due aux puissances élémentaires ? Non. Quand il n'y a même plus une idée vague de dessein ou de présence, la forêt multicolore n'est plus autre chose qu'un sac de chiffons, et le cortège scintillant des poussières rien de plus qu'une poubelle. On peut voir cette idée ramper comme une lente paralysie dans l'inspiration de tous ceux des nouveaux poètes qui n'ont pas réagi dans le sens de la religion. Leur philosophie du pissenlit n'est pas que toutes les mauvaises herbes sont des fleurs ; mais plutôt que toutes les fleurs sont de mauvaises herbes. En fait, elle rejoint quelque chose qui ressemble à un cauchemar ; tout se passe comme si la nature elle-même était artificielle. Peut-être est-ce pour cela qu'un si grand nombre d'entre eux tentent désespérément d'écrire sur les machines, au sujet desquelles personne encore n'a discuté l'argumentation d'un plan prémédité. Nul Darwin n'est encore venu prétendre que les moteurs ont commencé par n'être que des fragments de métal, dont la plus grande partie avait été par hasard jetée au rebut ; ou que seules les voitures sur lesquelles un carburateur avait poussé par accident, avaient survécu à la lutte pour la vie dans Piccadilly. Quelle que soit la raison, le fait est que j'ai lu des poèmes modernes évidemment conçus dans le dessein de faire ressembler l'herbe à quelque chose de parfaitement méprisable, de piquant et de malpropre, comme serait un menton mal rasé.

C'est là le premier point ; que ce commun mysticisme humain à propos de la poussière, du pissenlit, de la lumière du jour ou de la vie quotidienne de l'homme, s'il eut jamais quelque chose à voir avec la pensée humaine, dépend, et a toujours dépendu de la théologie. Et si l'on me demande ensuite pourquoi cette théologie-ci, et non une autre, je répondrai ici que c'est parce que c'est la seule théologie qui, non seulement a pensé, mais a pensé à tout. Que presque toute autre théologie ou philosophie contienne une vérité, je ne le nie point ; au contraire, c'est ce que j'affirme ; et c'est de cela que je me plains. Dans toutes les autres sectes, dans tous les autres systèmes que je connais, chacune ou chacun se contente de suivre une vérité, théologique ou théosophique, ou éthique, ou métaphysique ; et plus elles se targuent d'être universelles, plus cela signifie qu'elles se contentent de prendre une seule chose pour l'appliquer à tout. Un très brillant lettré et savant hindou me disait : « Il n'existe qu'une seule chose, c'est l'unité et l'universalité. Les points sur lesquelles les choses diffèrent entre elles importent peu ; la seule chose qui importe, c'est le point où elles se rejoignent. » J'ai répondu : « L'accord que nous désirons vraiment, c'est l'accord entre l'approbation et la désapprobation. C'est le sentiment que les choses diffèrent vraiment, bien qu'elles soient unes. » Longtemps après, je trouvai formulé bien mieux, par un écrivain catholique, Coventry Patmore[24], ce que j'avais voulu dire. Et c'est ceci : « Dieu n'est pas infini ; Il est la synthèse de l'infini et du limité ». En somme, les autres maîtres furent toujours des hommes d'une seule idée, même quand leur seule idée était l'universalité. Ils furent toujours singulièrement étroits quand leur idée unique était celle de largeur. Je n'ai trouvé qu'une seule croyance qui ne pouvait se contenter d'une vérité, mais seulement de la Vérité, laquelle est la synthèse d'un million de vérités, et qui pourtant n'est qu'une. Même dans cet éclaircissement fortuit sur l'une de mes idées personnelles, la chose a été deux fois démontrée. Si j'avais erré, comme Bergson ou comme Bernard Shaw, si j'avais édifié ma propre philosophie sur mon propre fragment précieux de vérité, uniquement parce que

24. Coventry Kearsey Deighton Patmore (1823-1896). Études privées. A publié en 1844 un volume de poèmes. Assistant-bibliothécaire au Département des Imprimés du British Museum (1846) ; se marie la même année ; veuf en 1864, se convertit au catholicisme. Un second volume de vers : *Tamerton Church-Tower* avait paru en 1853 ; un troisième : *The Angel in the House*, écrit entre 1854 et 1866, est un poème exquis, une véritable apothéose de la vie conjugale. Ami de Tennyson et de Ruskin, il a connu le groupe pré-raphaélite en 1849 ; a même collaboré à son organe : *The Germ*. Parmi ses autres ouvrages, citons : *The Unknown Eros and other Odes* (1877) et *Amelia* (1878) ; et parmi ses œuvres en prose : *Principle in Art* (1889) ; *Religio Poetae* (1893) ; *Rod, Rost and Flower*, qui est une longue méditation sur des sujets divers, et principalement sur des sujets religieux (1895). A également publié une anthologie : *The Children's Garland*, et une *Autobiography of Barry Cornwall* (1787-1874), auteur qui fut très estimé de son vivant.

Mme Alice Meynell (voir note 24, chap. XIII), a publié, en 1895, des « Pages Choisies » de Coventry Patmore.

c'était moi qui l'avais trouvé, j'eusse bientôt trouvé cette vérité se déformant jusqu'à devenir une erreur. Même dans ce cas-là, il existe deux façons dont elle eut pu se retourner contre moi, et me déchirer : l'une en encourageant la désillusion à laquelle j'étais le plus enclin ; l'autre en excusant l'erreur que je tenais pour la moins excusable. Premièrement, l'exagération même du sentiment que la lumière du jour, les pissenlits et toute l'aventure terrestre forment une vision proprement incroyable si elle n'est pas équilibrée par d'autres vérités, aurait abouti dans mon cas à un véritable déséquilibre. Car cette idée d'une vision était dangereusement proche de mon vieux cauchemar dont j'ai parlé, celui qui m'avait conduit à circuler dans la vie comme dans un rêve ; et en même temps à perdre le sens de la réalité, et, avec lui, une bonne part du sentiment de la responsabilité. En outre, pour ce qui est de la responsabilité, dans le domaine plus pratique et plus moral, elle eût pu me contraindre à une sorte de quiétisme[25] politique, à l'égard duquel j'étais réellement et au même degré un objecteur de conscience qu'à l'égard du quakerisme. Qu'aurais-je pu dire, en effet, si quelque tyran avait sournoisement utilisé cette idée de contentement transcendantal comme une excuse à la tyrannie ? Imaginez qu'il m'ait cité mes vers sur la suffisance de l'existence élémentaire et la vision verte de la vie, et qu'il s'en soit servi pour prouver que le pauvre devrait être content de tout ; s'il avait dit, comme le vieil oppresseur : « qu'ils mangent donc de l'herbe ! »

En un mot, j'avais l'humble dessein de ne pas être un maniaque, mais surtout de n'être pas un monomane ; par-dessus tout, de n'être pas le monomane d'une idée pour l'unique raison que c'était mon idée à moi. L'idée était normale, en somme, et tout à fait conciliable avec la foi ; en fait, elle faisait déjà partie de la foi. Mais c'est seulement comme faisant partie de la foi qu'elle avait pu demeurer normale. Et

25. On sait que le « Quiétisme » est le nom donné à un tour de pensée religieux et mystique qui cherche à atteindre l'illumination intérieure et la perfection par une attitude purement passive, ouverte à la révélation, aux communications avec le divin et excluant toute conscience de soi et tout sentiment des choses extérieures, indépendamment de la pratique des vertus. Ce mouvement fut lancé par Miguel Molinos (1640-1696), prêtre espagnol dont le *Guide Spirituel* parut en 1675, son principal disciple en France fut l'extatique Mme de Guyon (1648-1717) qui influença le pieux Fénelon et passe pour responsable du fait que les *Maximes des Saints* de l'archevêque de Cambrai furent condamnées par Rome comme pouvant avoir des effets fâcheux sur la morale.

je crois que la chose est vraie de presque toutes les idées dont les plus capables de nos contemporains ont tiré de nouvelles philosophies, dont beaucoup étaient, tout bien considéré, assez normales au départ. C'est pourquoi j'en suis venu à cette conclusion qu'il existe une croyance contemporaine totalement fausse sur cette idée de liberté des idées individuelles ; que telle fleur pousse mieux dans un jardin, et même pousse plus belle dans un jardin ; et que, dans le désert, elles se dessèchent et meurent.

Là encore, je suis préparé à ce que quelqu'un me pose la question normale et raisonnable qui vient naturellement à l'esprit : « Voulez-vous dire qu'un homme ne peut pas désapprouver que l'on demande à des gens de manger de l'herbe, s'il ne partage votre croyance particulière ? » À quoi, pour l'instant, je me borne à répondre : « Oui, c'est là ce que je veux dire ; mais pas exactement de la manière que vous pensez ». Je me contenterai d'ajouter ici, en passant, que ce qui vraiment me révolte, moi, et tout le monde, quant à cette fameuse provocation du tyran, c'est qu'elle implique une certaine tendance à traiter les hommes comme des bêtes. J'ajouterai encore que ma désapprobation resterait entière, même s'il y avait assez d'herbe pour les bêtes, ou si les botanistes avaient démontré que l'herbe est le plus nourrissant des régimes.

Dès lors, pourquoi ai-je offert ici cette poignée de sujets, de types, de métaphores dépareillés, tous entièrement sans lien entre eux. C'est que je ne m'occupe point pour l'instant de développer un système religieux. Je termine un récit, ordonnant ce qui fut, pour moi au moins, plein de romanesque, et, pour une bonne part, plein de mystère. Narration purement personnelle, qui a commencé aux premières pages de ce livre ; et je ne réponds qu'à la fin aux questions que j'ai posées au début. J'ai dit que j'avais eu dans l'enfance, et que j'ai partiellement conservé une fois sorti de l'enfance, un certain romanesque de la réceptivité qui n'a été tué ni par le péché, ni même par le chagrin ; car, bien que n'ayant pas eu de graves soucis, j'en ai eu beaucoup. Un homme ne peut vieillir sans avoir d'ennuis, mais j'ai réussi à vieillir sans être excédé. L'existence reste à mes yeux une chose étrange ; et comme je ferais à une étrangère, je lui donne la bienvenue. Eh bien, pour commencer, je confronte ce début de toutes les impulsions de mon intelligence avec l'autorité à laquelle je suis venu pour finir ; et je trouve qu'il était là avant même que je l'y eusse placé. Je me trouve confirmé dans la conscience que j'ai du miracle d'être vivant ; non point vivant dans le sens vague, littéraire où l'entendent les sceptiques, mais dans un sens dogmatique défini ; d'être fait vivant par ce qui seul peut faire des miracles.

J'ai dit que cette religion rude et primitive de la gratitude ne m'avait pas gardé de l'ingratitude ; du péché qui est peut-être pour moi le plus horrible parce que c'est l'ingratitude. Mais ici encore, j'ai trouvé que la réponse m'attendait. Précisément parce que le mal était surtout dans l'imagination, il ne pouvait être tué que par ce concept de la confession, qui est la fin de la solitude et du secret. Je n'avais trouvé qu'une seule religion qui osât descendre avec moi dans les profondeurs de moi-même. Il va sans dire que je sais que la pratique de la confession, après avoir été avilie au cours de trois ou quatre siècles et durant la plus grande partie de ma vie, a été maintenant tardivement restaurée. Les matérialistes scientifiques, toujours en retard sur le temps, ont restauré tout ce qui avait été avili en elle comme indécent ou introspectif. On m'a dit qu'une secte nouvelle a remis encore une fois en faveur la pratique propre aux monastères les plus primitifs, et traité la confession comme se pratiquant devant la communauté tout entière. Mais, contrairement à ce que faisaient les moines primitifs au désert, elle semble tirer une certaine satisfaction de pratiquer le rite en habit de soirée. Bref, je ne voudrais pas qu'on me crût ignorant du fait que le monde moderne, dans divers de ses groupements, est prêt maintenant à nous pourvoir des avantages de la Confession. Mais, à ma connaissance, aucun de ces groupes ne professe accorder l'avantage mineur de l'absolution.

J'ai dit que mes états morbides furent mentaux aussi bien que moraux ; et qu'ils atteignirent aux plus affreuses profondeurs du scepticisme et du solipsisme[26] fondamental. Là encore, j'ai trouvé que l'Église m'avait devancé, et avait établi ses fondations adamantines ; qu'elle avait affirmé l'actualité des choses extérieures ; afin que des déments même puissent entendre sa voix ; et que par une révélation tout à fait interne de leur pensée ils puissent commencer à en croire leurs yeux.

---

26. Terme philosophique qui signifie la forme extrême de l'idéalisme subjectif.

Finalement, j'ai dit que j'avais tenté, si imparfaitement que ce fût, de servir la cause de la justice ; et que j'ai vu que notre civilisation industrielle avait ses racines dans l'injustice longtemps avant que le propos fût aussi banal qu'il l'est aujourd'hui. Quiconque se soucierait de feuilleter les collections des grands journaux, même de ceux qui étaient censés être des journaux radicaux, pour voir ce qu'ils ont dit des grandes grèves, et mettrait en regard ce que mes amis et moi-même disions à la même époque, pourrait aisément décider si ce que j'en dis est une vantardise ou un fait patent. Mais quiconque lira ce livre (en admettant que la chose arrive) verra que, dès le commencement, mon instinct de justice, de liberté et d'égalité fut un peu différent de celui qui a cours à notre époque ; différent aussi de toutes les tendances à la concentration et à la généralisation. Ce fut le fait de mon instinct de défendre la liberté des petites nations et des familles pauvres, c'est-à-dire de défendre les droits de l'homme, y compris le droit de propriété ; mais surtout la propriété du pauvre. Je ne comprenais pas très bien ce que j'entendais par Liberté, jusqu'à ce que je l'entendisse appeler du nouveau nom de Dignité Humaine. Le nom était nouveau pour moi ; bien que la chose fît partie d'une croyance vieille de plus de deux mille ans. En somme, j'avais aveuglément désiré que l'homme eût le droit de posséder quelque chose, quand ce n'eût été que son corps. Pour peu que la concentration matérialiste continue, l'homme sera un jour en possession de rien du tout ; et même pas de son propre corps. Déjà plane à l'horizon le fléau ravageur de la stérilisation ou de l'hygiène sociale, appliquées à chacun, et imposées par personne. Du moins ne discuterai-je pas ici avec ce qu'on a bizarrement nommé dans le clan opposé les autorités scientifiques. J'ai trouvé une autorité, en ce qui me concerne.

Cette histoire-ci ne peut donc finir que comme toute histoire de détective devrait finir, c'est-à-dire par les réponses à ses questions particulières et par la solution de son problème initial. Des milliers d'histoires totalement différentes, et posant des problèmes totalement différents, ont fini au même point, leurs problèmes résolus. Mais pour moi, ma fin est mon commencement, comme disait Maurice Baring de Mary Stuart ; et cette conviction inéluctable qu'il existe une clef pouvant ouvrir toutes les portes me ramène au souvenir de mon premier aperçu du don glorieux fait de ses sens à l'homme ;

et à l'expérience sensationnelle de la sensation. Et voici se lever de nouveau devant moi, dressée nettement, se découpant clairement, comme au vieux temps, la silhouette d'un homme passant sur un pont et portant une clef, tel enfin que je le vis le jour où mon regard s'ouvrit pour la première fois sur le monde de la féerie, par la fenêtre du théâtre optique construit par mon père. Mais je sais que celui qu'on appelle Pontifex, le Bâtisseur du Pont, s'appelle aussi Claviger, le Porte-Clefs ; et que ces clefs lui furent données pour enfermer et pour délivrer, alors qu'il n'était qu'un pauvre pécheur, dans une lointaine province, au bord d'une petite mer, presque secrète.

TABLE DES MATIÈRES

Note du traducteur 7

Avant-propos 9

Éléments d'une chronologie 11

  1. Témoignages par ouï-dire 15

  2. L'Homme à la clef d'or 49

  3. L'art d'être un cancre 77

  4. L'art d'être loufoque 107

  5. Le nationalisme et Notting Hill 137

  6. Le faubourg fantastique 173

  7. Le crime d'orthodoxie 203

  8. Visages de Fleet Street 235

  9. L'Affaire contre la corruption 251

10. Amitiés et Escapades 273

11. L'ombre du glaive 299

12. Quelques célébrités politiques 327

13. Quelques célébrités littéraires 351

14. Portrait d'un ami 369

15. Le voyageur inaccompli 391

16. Le dieu à la clef d'or 405

Ce volume,
le quarante-septième
de la collection « le goût des idées »,
publié aux Éditions Les Belles Lettres,
a été achevé d'imprimer
en décembre 2014
sur les presses
de l'imprimerie SEPEC
01960 Péronnas

Impression & brochage SEPEC - France
N° d'édition : 8008 - N° d'impression : 05425151220
Dépôt légal : janvier 2015

PEFC 10-31-1470 / **Certifié PEFC** / Ce produit est issu de forêts gérées durablement et de sources contrôlées. / pefc-france.org

GILBERT KEITH
CHESTERTON